国家重点档案专项资金资助项目

抗战时期国民政府军政部兵工署第五十工厂档案汇编

1

重庆市档案馆　编

中華書局

图书在版编目（CIP）数据

抗战时期国民政府军政部兵工署第五十工厂档案汇编 / 重庆市档案馆编. －北京：中华书局，2021.3
（抗日战争档案汇编）
ISBN 978-7-101-14532-8

Ⅰ. 抗… Ⅱ. 重… Ⅲ. 军工厂－档案资料－汇编－重庆－1938　1947 Ⅳ. F426.48

中国版本图书馆 CIP 数据核字 (2020) 第 066012 号

书　　名	抗战时期国民政府军政部兵工署第五十工厂档案汇编（全八册）
丛 书 名	抗日战争档案汇编
编　　者	重庆市档案馆
策划编辑	许旭虹
责任编辑	李晓燕
装帧设计	许丽娟
出版发行	中华书局 （北京市丰台区太平桥西里38号 100073） http://www.zhbc.com.cn E-mail:zhbc@zhbc.com.cn
图文制版	北京禾风雅艺文化发展有限公司
印　　刷	天津艺嘉印刷科技有限公司
版　　次	2021年3月北京第1版 2021年3月第1次印刷
规　　格	开本889×1194毫米　1/16 印张259¾
国际书号	ISBN 978-7-101-14532-8
定　　价	4200.00元

抗日战争档案汇编编委会

重庆市抗日战争档案汇编编委会

总序

为深入贯彻落实习近平总书记「让历史说话，用史实发言，深入开展中国人民抗日战争研究」的重要指示精神，国家档案局根据《全国档案事业发展「十三五」规划纲要》和《「十三五」时期国家重点档案保护与开发工作总体规划》的有关安排，决定全面系统地整理全国各级综合档案馆馆藏抗战档案，编纂出版《抗日战争档案汇编》（以下简称《汇编》）。

中国人民抗日战争是近代以来中国反抗外敌入侵第一次取得完全胜利的民族解放战争，开辟了中华民族伟大复兴的光明前景。这一伟大胜利，也是中国人民为世界反法西斯战争胜利、维护世界和平作出的重大贡献。加强中国人民抗日战争研究，具有重要的历史意义和现实意义。

全国各级档案馆保存的抗战档案，数量众多，内容丰富，全面记录了中国人民抗日战争的艰辛历程，是研究抗战历史的珍贵史料。一直以来，全国各级档案馆十分重视抗战档案的开发利用，陆续出版公布了一大批抗战档案，对揭露日本帝国主义侵华罪行，讴歌中华儿女勠力同心、不屈不挠抗击侵略的伟大壮举，弘扬伟大的抗战精神，引导正确的历史认知，发挥了积极作用。特别是国家档案局组织有关方面共同努力和积极推动，「南京大屠杀档案」被联合国教科文组织评选为「世界记忆遗产」，列入《世界记忆名录》，捍卫了历史真相，在国际上产生了广泛而深远的影响。

全国各级档案馆馆藏抗战档案开发利用工作虽然取得了一定的成果，但是，在档案信息资源开发的系统性和深入性方面仍显不足。正如习近平总书记所指出的：「同中国人民抗日战争的历史地位和历史意义相比，同这场战争对中华民族和世界的影响相比，我们的抗战研究还远远不够，要继续进行深入系统的研究。」「抗战研究要深入，就要更多通过档案、资料、事实、当事人证词等各种人证、物证来说话。要加强资料收集和整理这一基础性工作，全面整理我国各地抗战档案、照片、资料、实物等……」

国家档案局组织编纂《汇编》，对全国各级档案馆馆藏抗战档案进行深入系统地开发，是档案部门贯彻落实习近平总书记重要指示精神，推动深入开展中国人民抗日战争研究的一项重要举措。本书的编纂力图准确把握中国人民抗日战争的历史进程、主流和本质，用详实的档案全面反映一九三一年九一八事变后十四年抗战的全过程，反映中国共产党在抗日战争中的中流砥柱作用以及中国人民抗日战争在世界反法西斯战争中的重要地位，反映国共两党「兄弟阋于墙，外御其侮」进行合作抗战、共同捍卫民族尊严的历史，反映各民族、各阶层及海外华侨共同参与抗战的壮举，展现中国人民抗日战争的伟大意义，以历史档案揭露日本侵华暴行，揭示日本军国主义反人类、反和平的实质。

编纂《汇编》是一项浩繁而艰巨的系统工程。为保证这项工作的有序推进，国家档案局制订了总体规划和详细的实施方案，明确了指导思想、工作步骤和编纂要求。为保证编纂成果的科学性、准确性和严肃性，国家档案局组织专家对选题进行全面论证，对编纂成果进行严格审核。

各级档案馆高度重视并积极参与到《汇编》工作之中，通过全面清理馆藏抗战档案，将政治、军事、外交、经济、文化、宣传、教育等多个领域涉及抗战的内容列入选材范围。入选档案包括公文、电报、传单、文告、日记、照片、图表等多种类型。在编纂过程中，坚持实事求是的原则和科学严谨的态度，对所收录的每一件档案都仔细鉴定、甄别与考证，维护档案文献的真实性，彰显档案文献的权威性。同时，以《汇编》编纂工作为契机，以项目谋发展，用实干育人才，带动国家重点档案保护与开发，夯实档案馆基础业务，提高档案人员的业务水平，促进档案馆各项事业的发展。

守护历史，传承文明，是档案部门的重要责任。我们相信，编纂出版《汇编》，对于记录抗战历史，弘扬抗战精神，发挥档案留史存鉴、资政育人的作用，更好地服务于新时代中国特色社会主义文化建设，都具有极其重要的意义。

抗日战争档案汇编编纂委员会

编辑说明

一九三七年抗日战争全面爆发后，国民政府为支撑抗战，实施东部各兵工厂的内迁战略，其中绝大部分兵工厂迁至重庆。与此同时，为适应战争的需要，国民政府又在重庆新建了一批兵工厂。到抗战胜利前夕，重庆的兵工厂多达十七家。随着国民政府军政部兵工署对各兵工厂生产职能和出品计划作出的调整，在渝各兵工厂形成了分工明确、互相配合的生产格局，除先进的坦克不能制造生产外，战争所需其他常规武器，如大炮、轻重机枪、掷弹筒、步枪、甲雷、手榴弹以及各种枪弹等，均能生产且质优量多。重庆成为抗战时期我国兵器工业的主要聚集地和兵工生产中心，也是供给中国正面战场数百万军队进行对日战争的主要武器来源地。

本书选用抗日战争时期国民政府军政部兵工署第五十工厂档案。该厂前身为创建于一九三三年八月的广东第二兵器制造厂，一九三七年六月被兵工署接管并改称为广东第二兵工厂，一九三八年四月奉命迁往重庆郭家沱，并更名为兵工署第五十工厂。一九三九年该厂接收原四川兵工厂残留部分，改称兵工署第五十工厂艺徒学校。一九四一年七月，改组为兵工署第五十工厂成都分厂。第五十工厂主要出品为炮和炮弹，成都分厂主要生产六〇迫击炮炮弹及炮弹引信等，是抗战时期国民政府最主要的重武器生产厂家。

重庆市档案馆馆藏该厂档案七千余卷，包括抗日战争时期的大事记、内迁概况、章则办法、会议记录、人员名录、机器设备、生产过程、出品情况、业务计划报告、财务报表等，这些档案全面记录了该厂及成都分厂在抗日战争时期的机构沿革、生产管理、职工概况与财务情况，真实地反映了该厂对支撑长期抗战、为西南大后方经济建设和兵工厂人才培养做出的重大贡献。

本书选用档案起自一九三三年，迄至一九四七年。全书主要分为机构概况、章则办法、会议记录、人员名录、生产、财务、其他等七个部分，按照专题顺序排序，同一专题下按照时间顺序排列。

选用档案均为本馆馆藏原件全文影印，未做删节；如有缺页，为档案自身缺页。档案中原标题完整或基本符合要求的使用原标题，对原标题有明显缺陷的进行了修改或重拟；无标题的加拟标题。档案中人名使用通用名并以括号标明原档案写法，机构名称使用机构全称或规范简称，历史地名沿用当时地名。档案所载时间不完整或不准确的，作了补充或订正。档案无时间且无法考证的标注「时间不详」。只有年份、月份而没有日期的档案，排在本年或本月末。

本书使用规范的简化字。对标题中人名、历史地名、机构名称中出现的繁体字、错别字、不规范异体字、异形字等，予以径改。限于篇幅，本书不作注释。

由于时间紧，档案公布量大，编者水平有限，在编辑过程中可能存在疏漏之处，考订难免有误，欢迎方家斧正。

编　者

二〇一八年九月

总目录

第一册

一、机构概况

第二册

一、机构概况

二、章则办法

第三册

三、会议记录

第四册

三、会议记录

四、人员名录

第五册

四、人员名录

第六册

五、生产

（二）工厂内迁

（三）出品

（四）机器设备材料

第七册

五、生产

（四）机器设备材料

（六）基建

第八册

五、生产

（六）基建

六、财务

七、其他

本册目录

一、机构概况

一、机构概况

国民革命军第一集团军总司令部关于颁发筹建工厂办事处钤记小章的训令（一九三三年八月十二日）

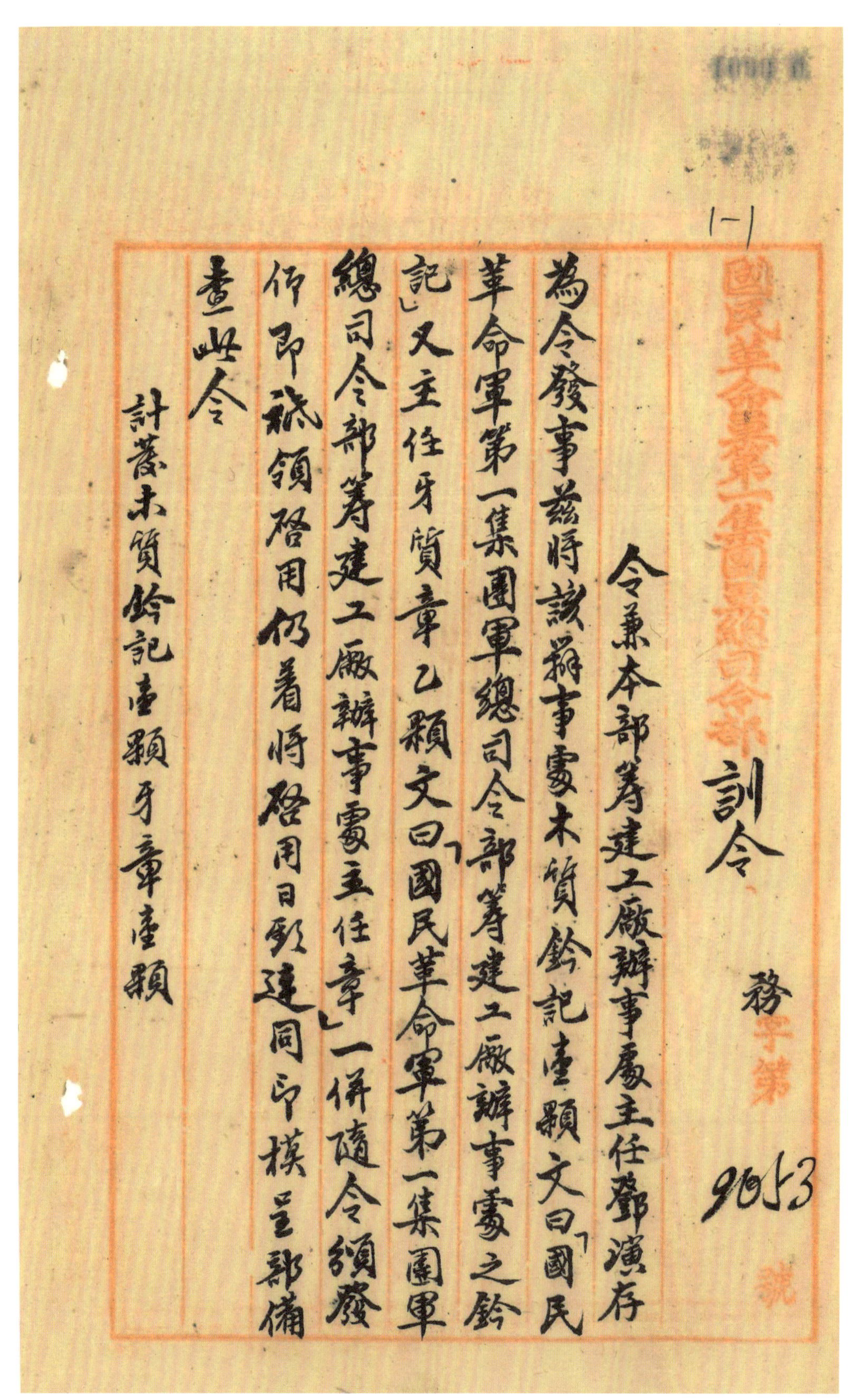

1-1

國民革命軍第一集團軍總司令部訓令　務字第9053號

令兼本部籌建工廠辦事處主任鄧演存

為令發事茲將該辦事處木質鈐記壹顆文曰「國民革命軍第一集團軍總司令部籌建工廠辦事處之鈐記」又主任牙質章乙顆文曰「國民革命軍第一集團軍總司令部籌建工廠辦事處主任章」一併隨令頒發仰即祗領啓用仍着將啓用日期連同印模呈部備查此令

計發木質鈐記壹顆　牙章壹顆

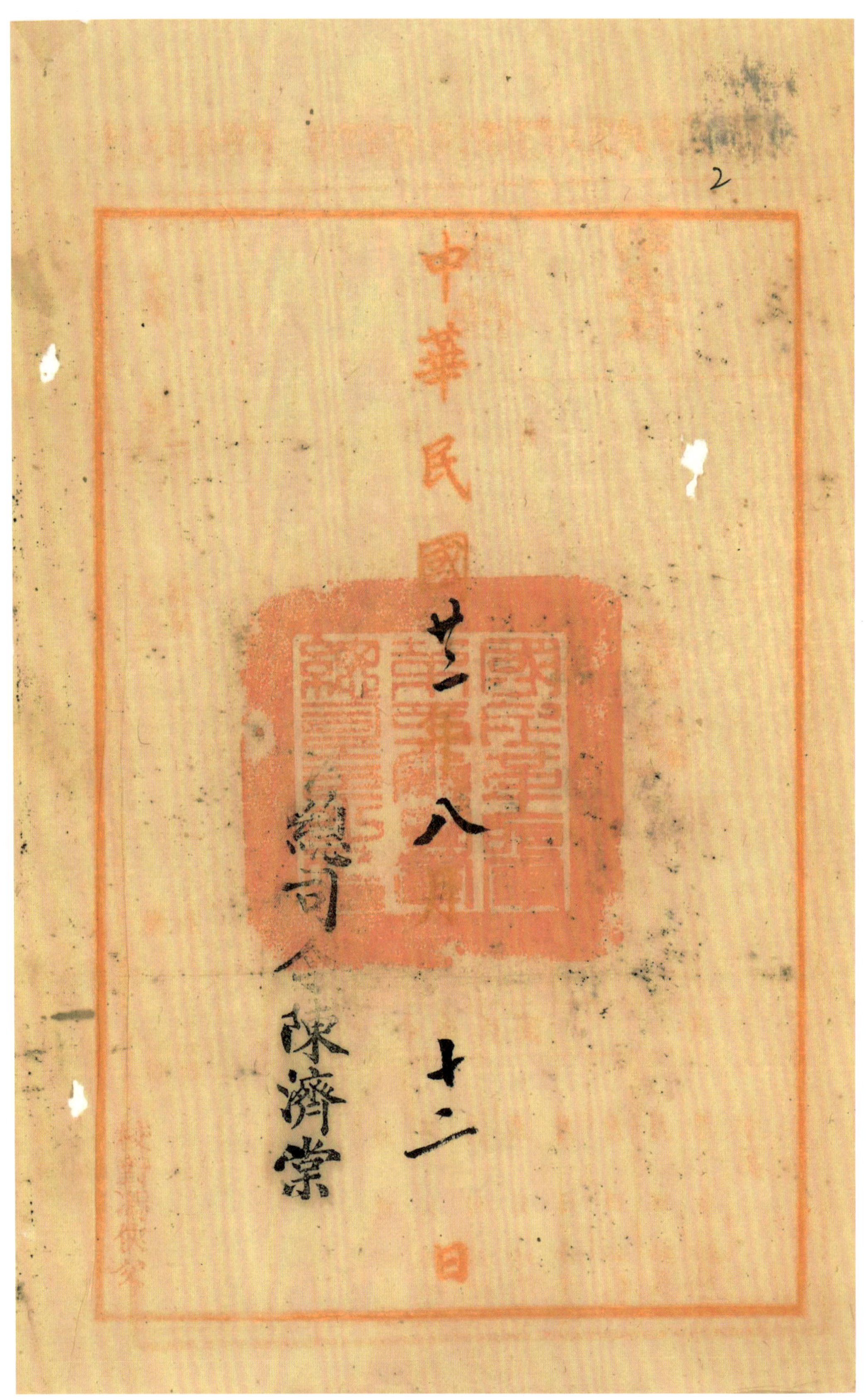

2

中華民國廿二年八月十二日

總司令 陳濟棠

国民革命军第一集团军总司令部筹建工厂办事处为陈报就职日期致总司令部的呈（一九三三年八月十四日）

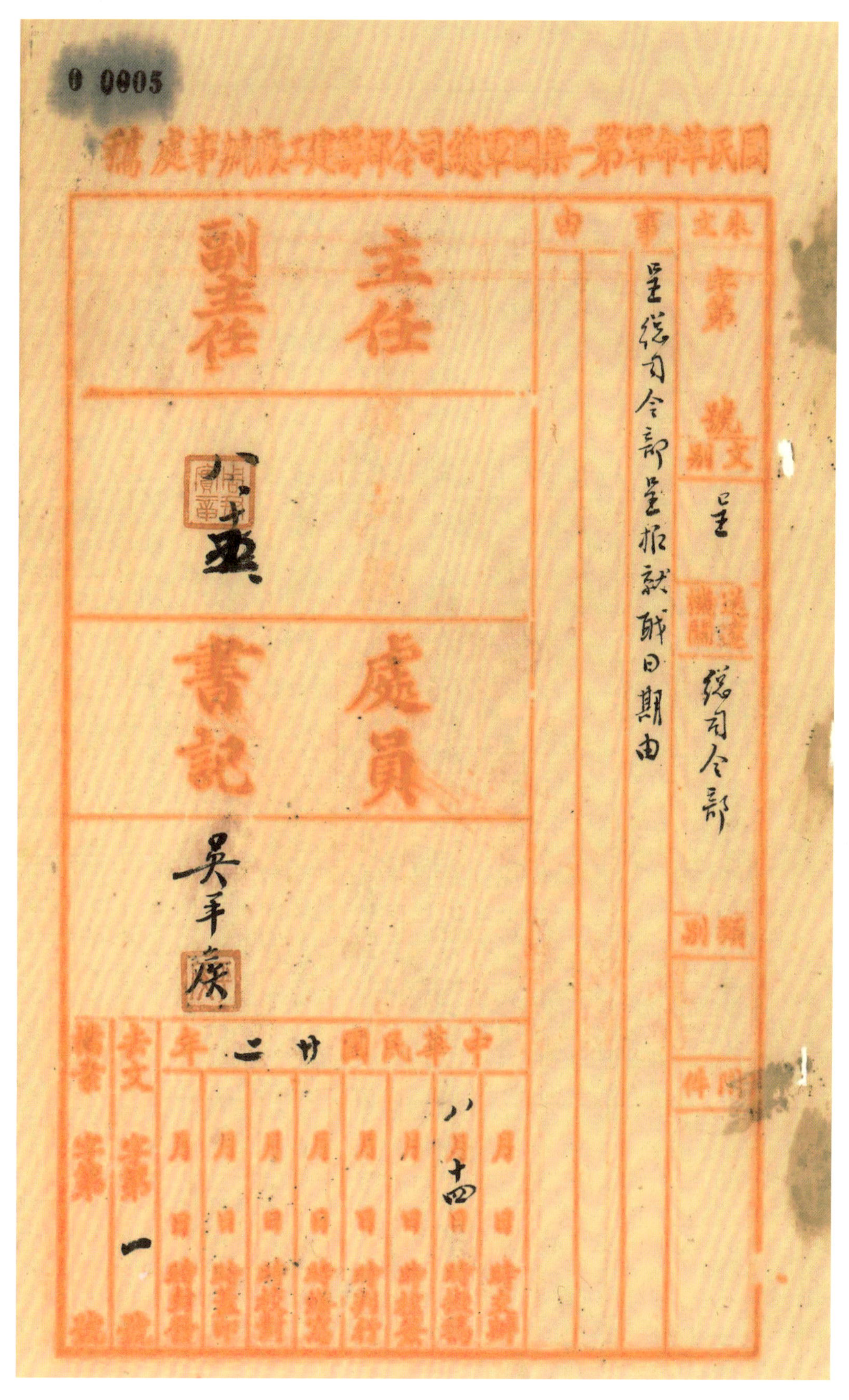

0 0005

國民革命軍第一集團軍總司令部籌建工廠辦事處稿

來文 字第 號

文別 呈

送達機關 總司令部

附件

事由 呈總司令部呈報就職日期由

主任

副主任

八月十五

處員

書記

吳平庚

中華民國廿二年 八月十四日

去文字第一號

收發字第 號

5-1

呈第一号

呈为呈报就职日期乞鉴事。

钧部委令务字第五〇〇七号开：为令委事，兹委该员兼任本部筹建工厂办事处主任，此令。又奉

委令务字第五〇〇八号开：为令委事，兹委该员兼任本部筹建工厂办事处副主任，此令。等因。奉此，遵于八月十四日分别就职视事。理合备文呈请

钧核备案。谨呈

第一集团军总司令涂

全衔主任刘〇〇

0 0006

副主任周〇〇

6-1

中華民國二十二年八月十四日

繕寫
校對
監印

国民革命军第一集团军总司令部筹建工厂办事处为陈报启用钤记日期致总司令部的呈（一九三三年八月十五日）

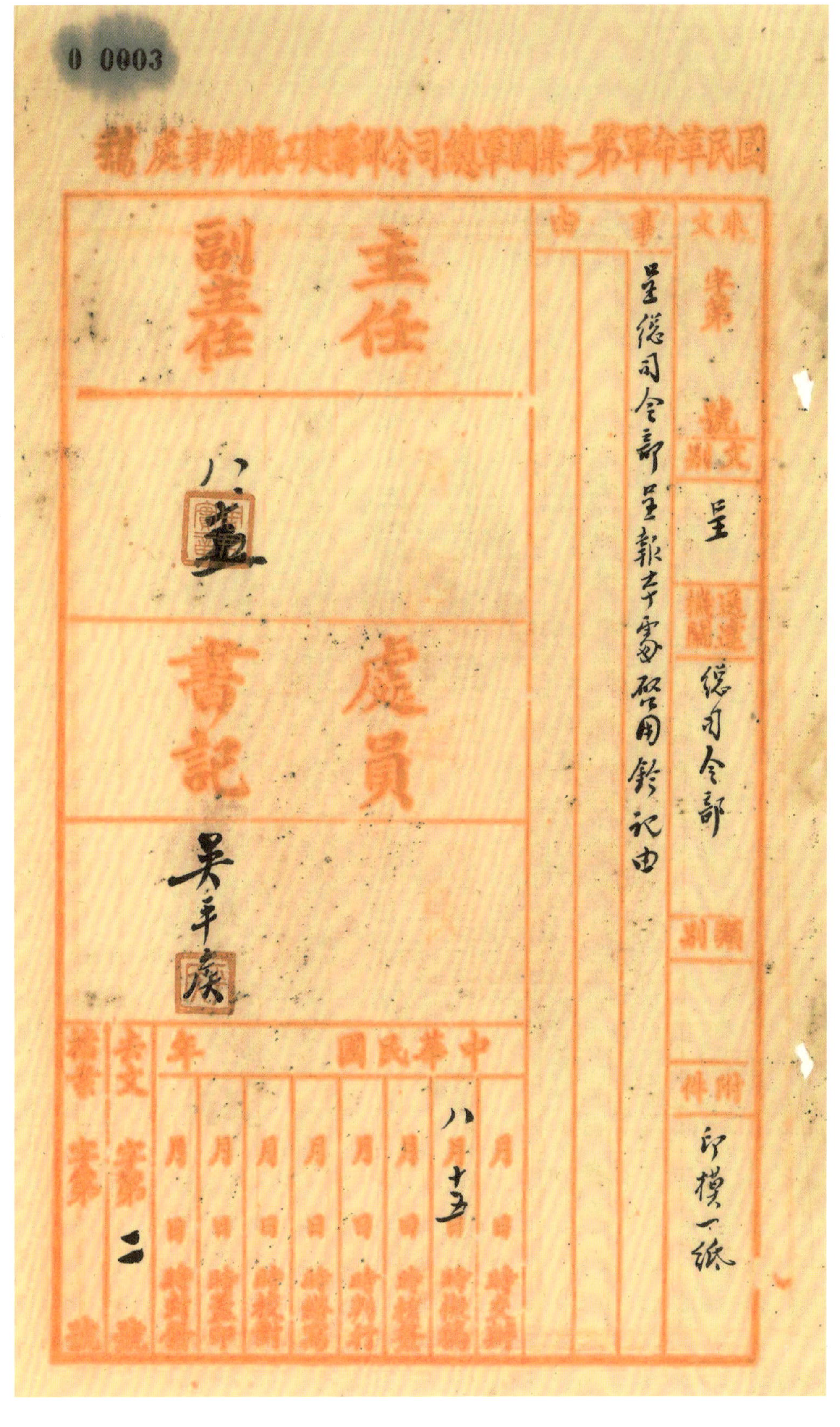
0 0003

國民革命軍第一集團軍總司令部籌建工廠辦事處稿

來文	字第 號
文別	呈
送達機關	總司令部
事由	呈總司令部呈報本處啓用鈐記由
附件	印模一紙

主任 副主任 八、董
處員 書記 吳平康

中華民國 年 八月十五日
來文 字第二號

呈第二号

呈為呈報設處并啓用鈐記及章、案奉

鈞部訓令務字第二〇五三号内開為令發事、茲將該辦事處木質鈐記壹顆、文曰國民革命軍第一集團軍總司令部籌建工廠辦事處之鈐記又主任木質章乙顆、文曰國民革命軍第一集團軍總司令部籌建工廠辦事處主任章、一併隨令頒發、仰即祗領啓用仍着將啓用日期、連同印模呈部備查、此令等因、計發木質鈐記壹顆、木章壹顆、奉此遵於八月十四日成立、并啓

鈐視事、謹將印模一紙、呈請

0 0004

鈞核備案謹呈

第十一集團軍總司令宋

附印模一紙

職 總司令部

全衛主任鄧○○

副主任周○○

4-1

中華民國二十二年八月十四日

繕寫
校對
監印

国民革命军第一集团军总司令部筹建工厂办事处为告知本处成立日期及启用钤记日期致各机关的公函
（一九三三年八月十六日）

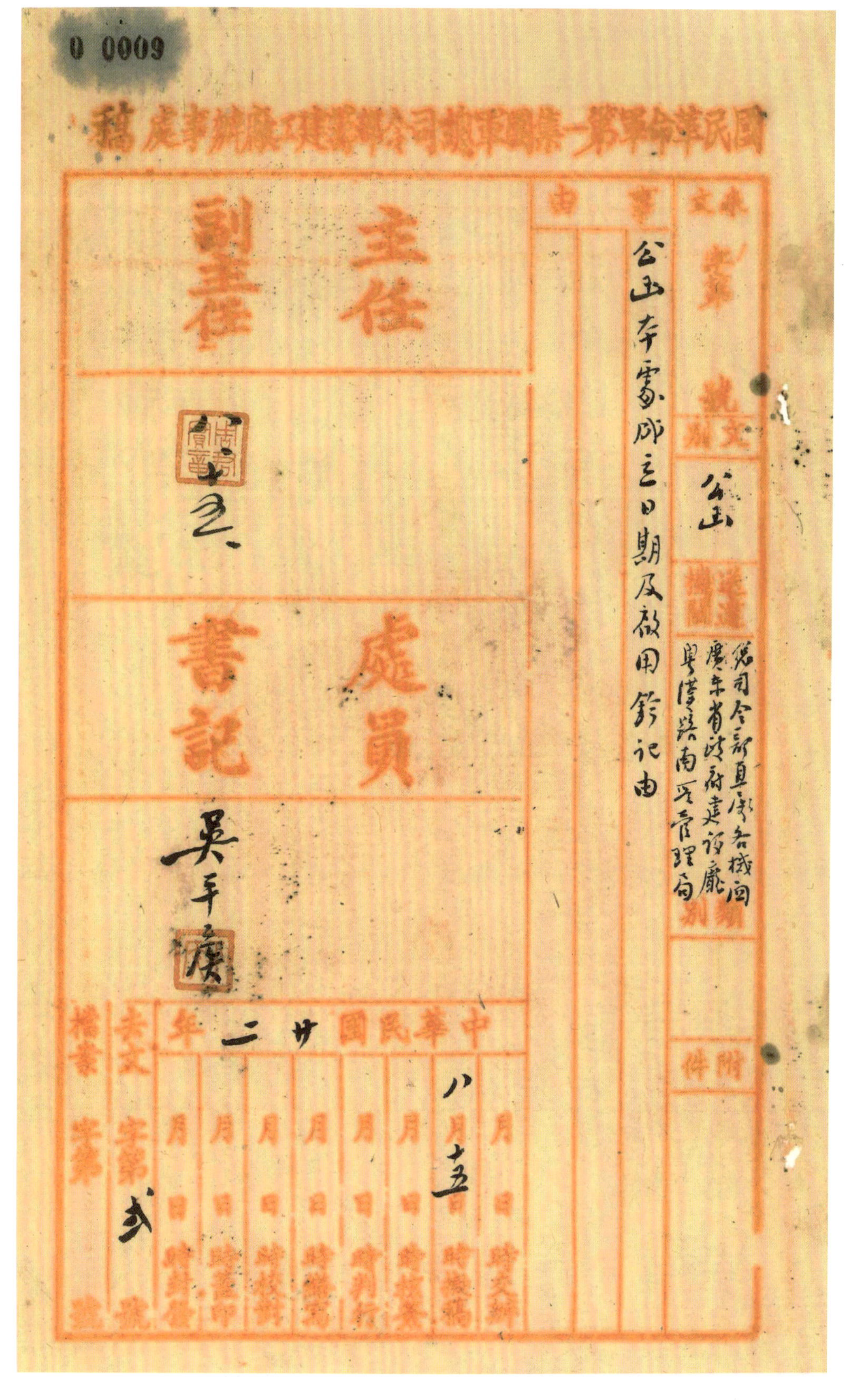

0 0009

國民革命軍第一集團軍總司令部籌建工廠辦事處稿

收文 字第 號	
文別	公函
送達機關	總司令部直屬各機關 廣東省政府建設廳 粵漢路南段管理局
事由	公函本處成立日期及啟用鈐記由
附件	
主任	
副主任	
處員	
書記	吳平廣

中華民國廿二年

辦文	擬稿	核稿	判行	繕寫	校對	蓋印	封發
月 日 時	八月十五日 時	月 日 時	月 日 時	月 日 時	月 日 時	月 日 時	月 日 時

去文 字第 弍 號

檔案 字第 號

9-1

公函第二號

逕啟者，案奉

第一集團軍總司令部委令務字第五〇七號開為令

委乃莽委該員兼任本部籌建工廠辦事處主任

此令。又奉

委令務字第五〇八號開為令委乃莽委該員兼任

本部籌建工廠辦事處副主任。此令。等因並發木質

鈐記壹顆，文曰國民革命軍第一集團軍總司令部

籌建工廠辦事處之鈐記。又主任牙質章乙顆，文曰

國民革命軍第一集團軍總司令部籌建工廠辦事

憲主任章、奉此、即遵於八月十四日同時就職啓鈐視

事、除呈報備案外、相應函請

查照此致

公函

本部直屬各機關

首都建設廳　粤漢路南段管理局

兼主任鄧〇

兼副主任周〇

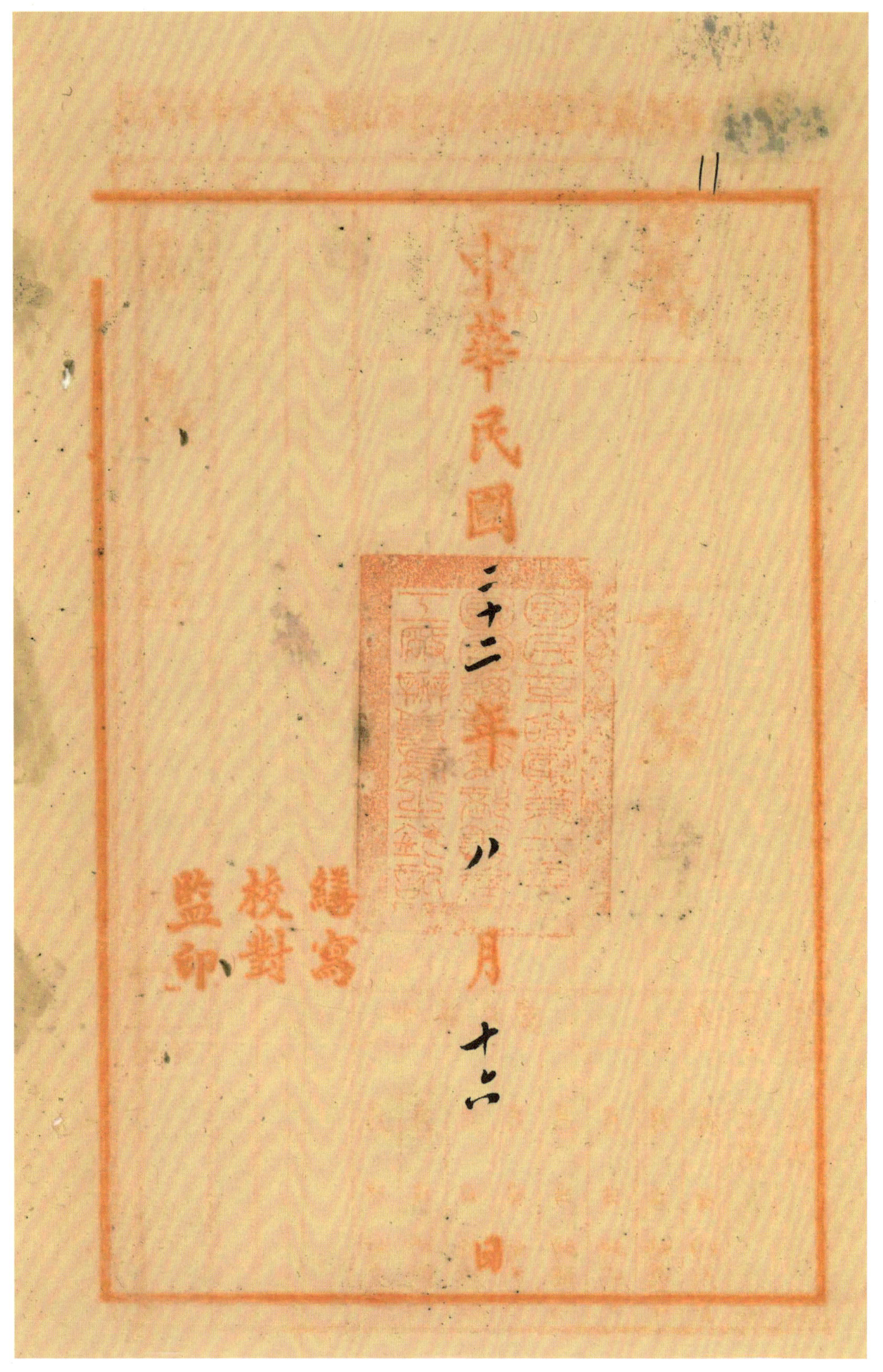
中華民國二十二年八月十六日

繕寫
校對
監印

国民革命军第一集团军总司令部关于该部筹建工厂办事处改为广东第二兵器制造厂等事宜给邓演存的密令（一九三五年十一月二十五日）

附：邓演存委任令一份

867

国民革命军第一集團軍總司令部 密令 務字第2930號

令秉本部籌建工廠办事處主任鄧演存

為密令飭遵事現經本部核定將原有廣東兵器製造廠改為廣東第一兵器製造廠原有籌建工廠办事處改為廣東第二兵器製造廠并改委該員為廣東第二兵器製造廠中將廠長又調本部科學研究会總務主任王超為廣東第二兵器製造廠上校副廠長支少將薪除將王超委令令發科學研究会給領飭遵外合將鄧演存一員委令隨發仰即祗領遵照尅日分別就職改組仍將各該員就職及改組日期連同現職詳細履歷相片各六份呈部備查至該廠編制

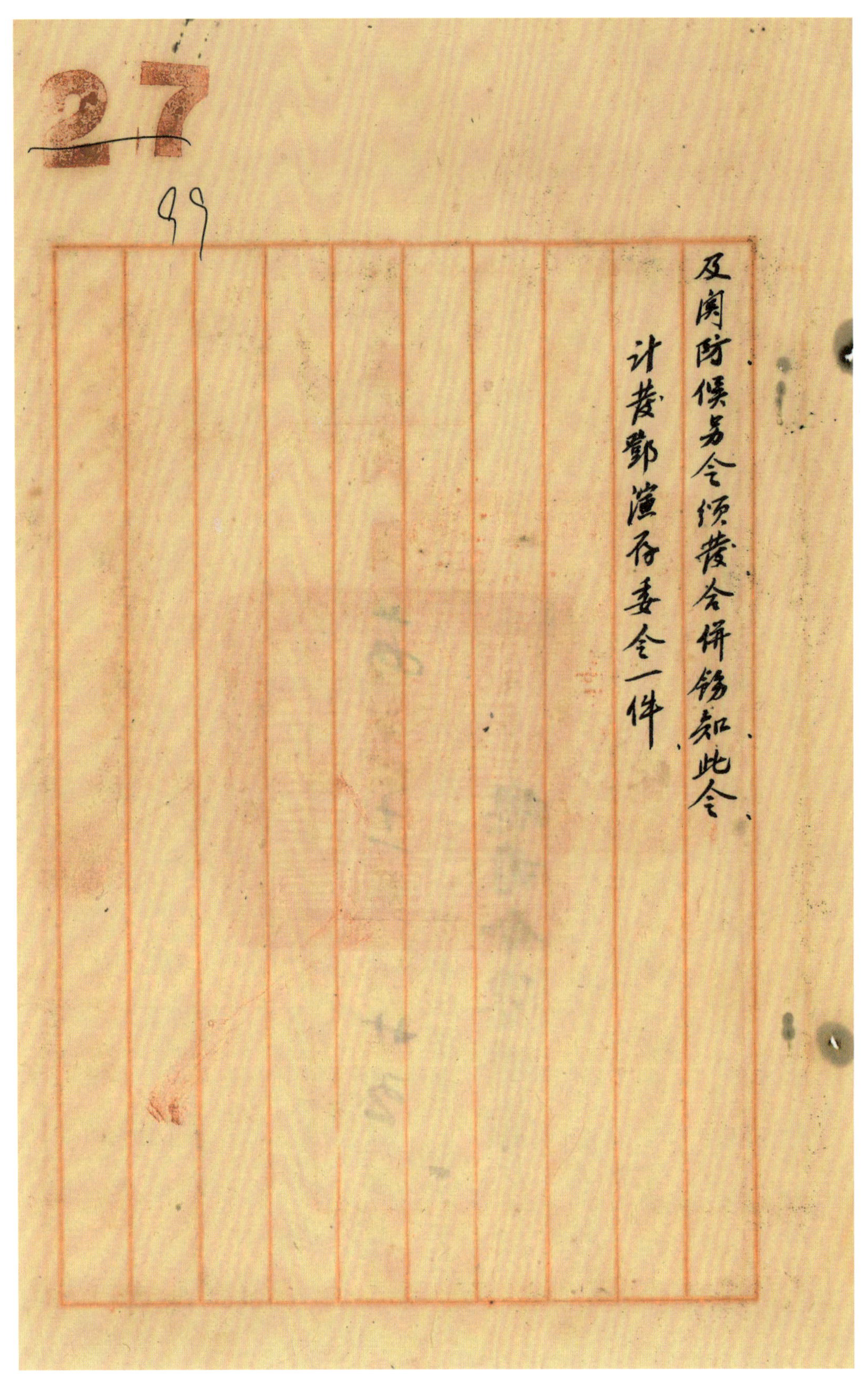

27

99

及閲防候另令颁发合併饬知此令

计发邓滋存委令一件

55-1

中華民國廿年十一月廿五日

總司令陳濟棠

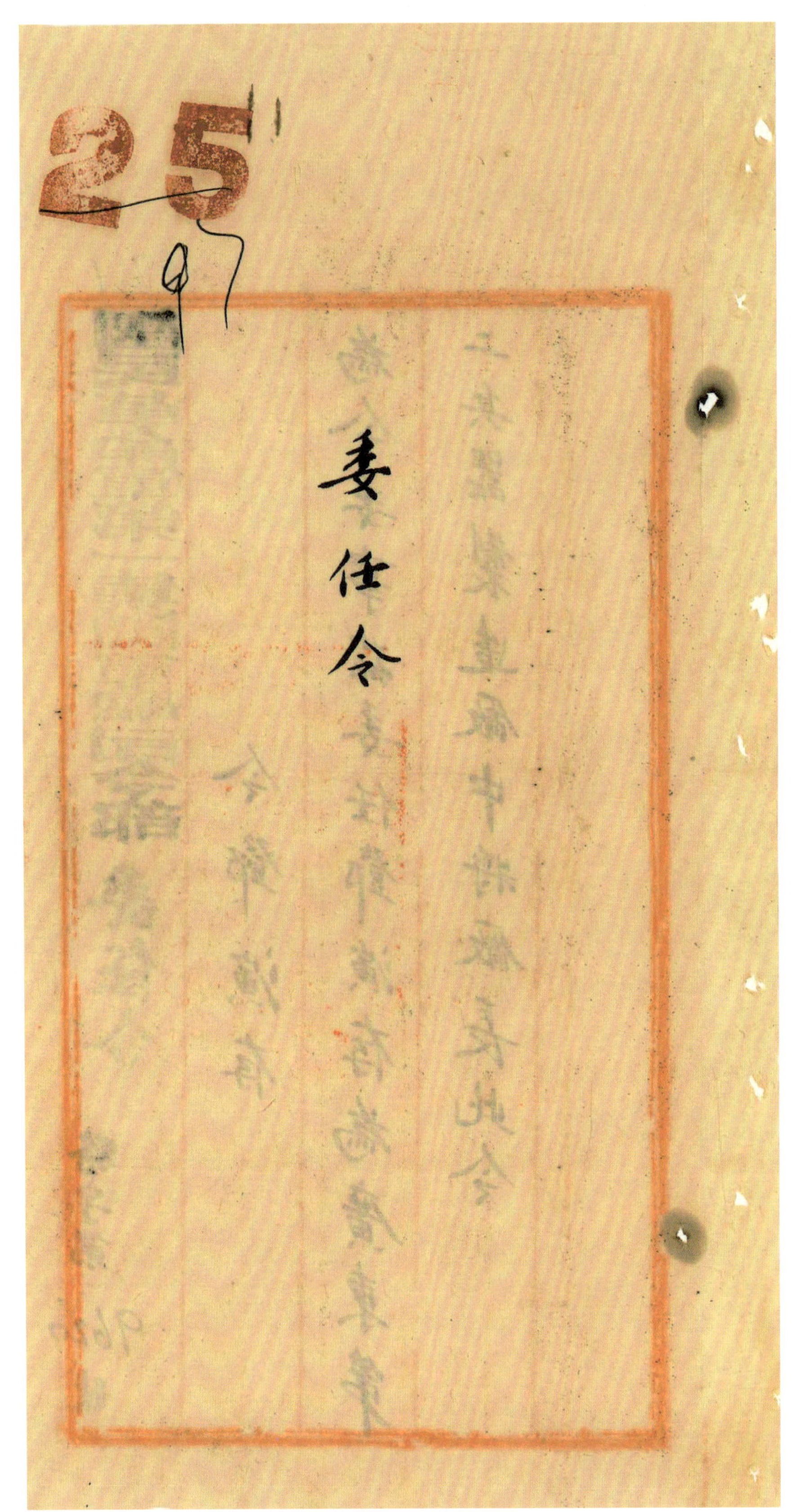
委任令

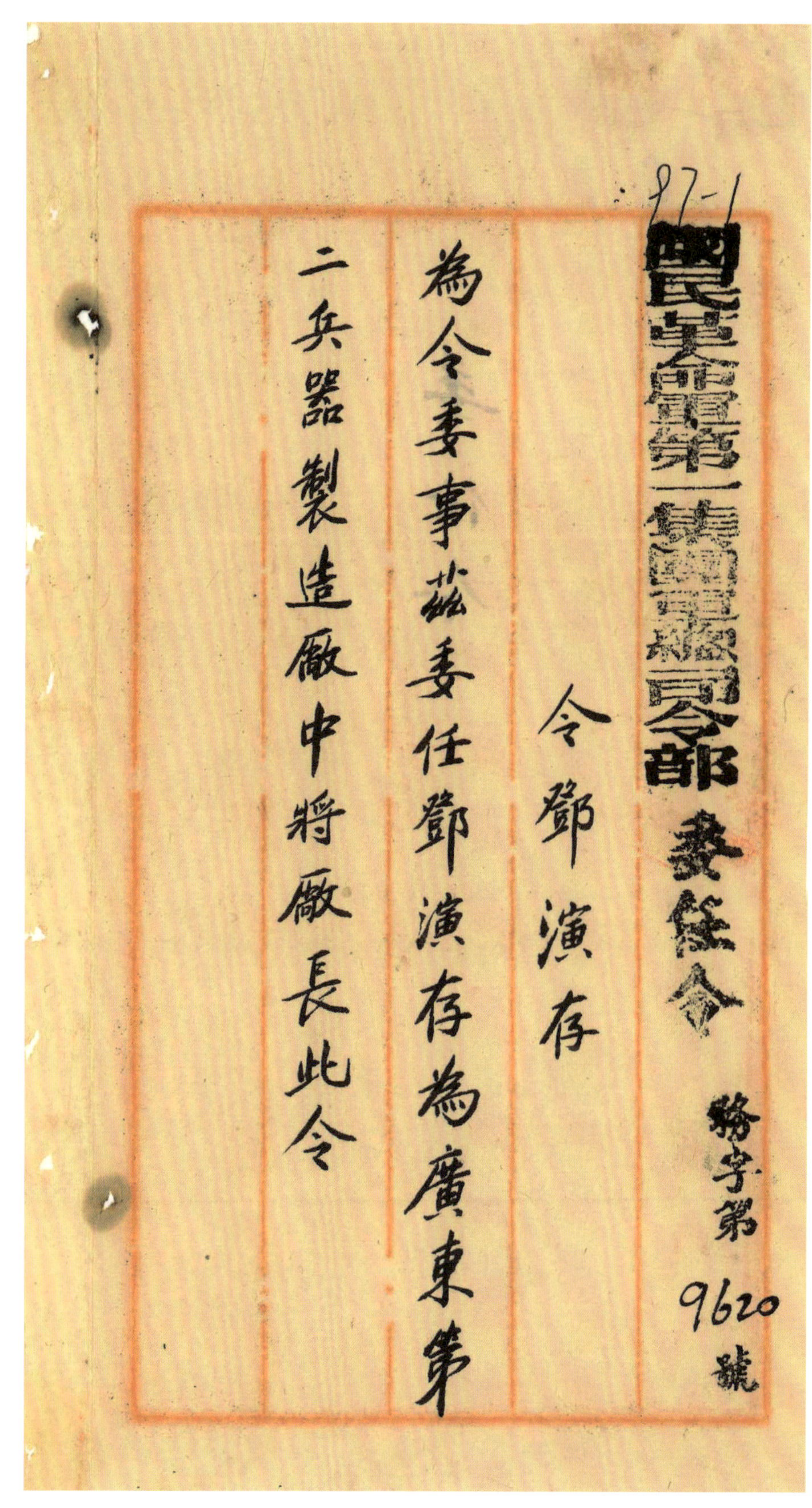
97-1

國民革命軍第一集團軍總司令部委任令

務字第9620號

令鄧演存

為令委事茲委任鄧演存為廣東第二兵器製造廠中將廠長此令

中華民國廿四年十一月廿五日
總司令陳濟棠

147

国民革命军第一集团军总司令部训令 务字第2938号

令广东第二兵器制造厂厂长郑演存

为令发事、兹刊就该厂木质镶锡关防一颗、文曰「广东第二兵器制造厂之关防」、又牙质小章一颗、文曰「广东第二兵器制造厂厂长章」、一併随令颁发、仰即祗领启用、仍将启用日期连同印模、呈部备查、併着将旧发记小章截角缴销为要、此令、

计发木质镶锡关防一颗、牙质小章一颗、

15

中華民國廿四年十二月廿八日

總司令陳濟棠

邓演存为报告就职广东第二兵器制造厂厂长日期致陈济棠的呈（一九三五年十二月）

28

100

呈為呈報到差日期請備案由

如文

1021

呈為呈報到差日期事、竊奉

鈞部務字第二九三零號密令內開、為密令飭遵事、現經本部核定將原有廣東兵器製造廠改為廣東第一兵器製造廠、原有籌建工廠辦事處改為廣東第二兵器製造廠、並改委該員為廣東第二兵器製造廠中將廠長、又調本部科學研究會總務主任王超、為廣東第二兵器製造廠上校副廠長支少將薪、除將王超委令令發科學研究會給領飭遵外、合將鄧演存一員委令隨發、仰即祗領遵照、尅日分別就職改組、仍將各該員就職及改組日期、連仝現職詳細履歷相片各六份、呈部備查、至該廠編制及關防、候另令頒發、合併飭知、此令等因、計發委令一件、奉此、遵於本年十二月一日到差服務、奉令前因、理合備文連仝現職詳細履歷表相片各六份、送請

鈞部備案、謹呈

30

102

總司令陳

附呈履歷表六份

廣東第二兵器製造廠廠長鄧演存

广东第二兵器制造厂为报告启用关防日期致国民革命军第一集团军总司令部的呈（一九三五年十二月）

0 0016

呈为呈报启用关防日期仰祈鉴事窃奉

钧部本年十二月八日秘令内开为令发事兹制就该

厂木质镶铜关防一颗文曰云云并将旧有钤记小章

截角缴销为要此令计发木质镶铜关防一颗牙质小章

一颗奉此遵于本年十二月一日起启用关防理合备文连同印

模送呈钧部备案至旧有钤记小章俟截角后另文缴销请

核备令遵

附呈印模一份

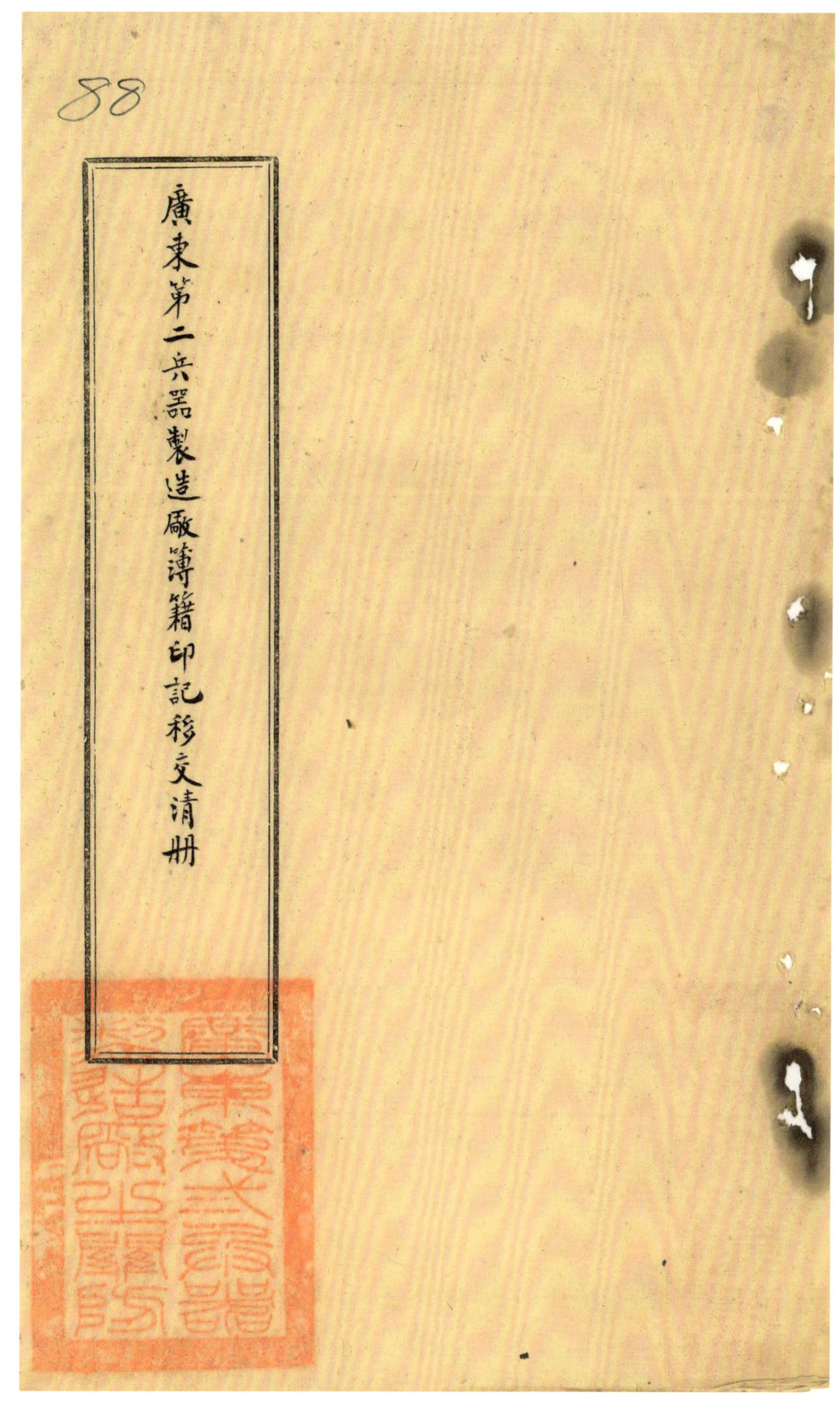

88

廣東第二兵器製造廠簿籍印記移交清冊

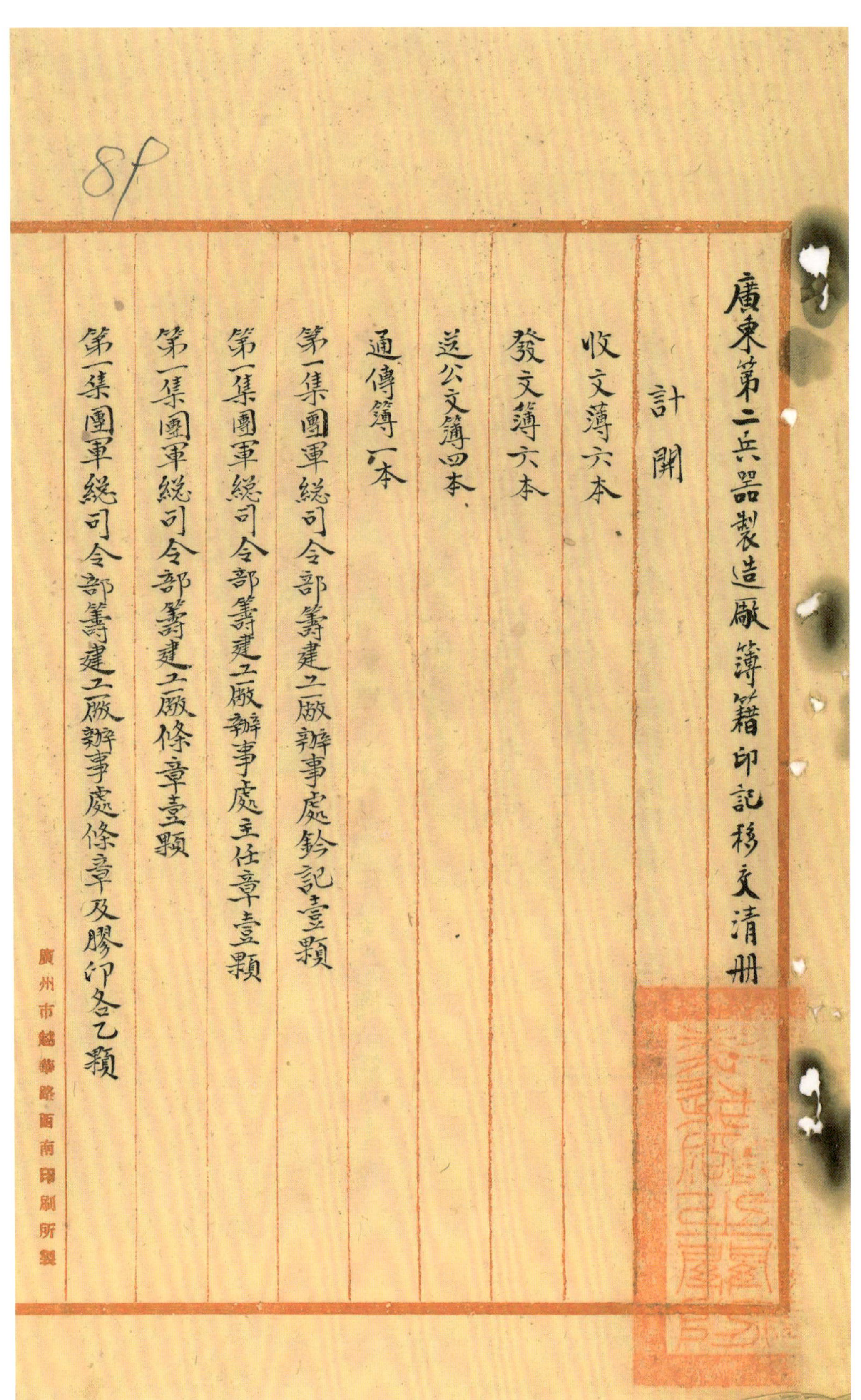

81

廣東第二兵器製造廠簿籍印記移交清册

計開

收文簿六本

發文簿六本

送公文簿四本

通傳簿一本

第一集團軍總司令部籌建工廠辦事處鈐記壹顆

第一集團軍總司令部籌建工廠辦事處主任章壹顆

第一集團軍總司令部籌建工廠條章壹顆

第一集團軍總司令部籌建工廠辦事處條章及膠印各乙顆

廣州市越華路西南印刷所製

89

第一集團軍總司令部籌建工廠辦事處收發條章壹顆

防毒面具廠條章壹顆

防毒面具廠收發條章壹顆

廣東器材廠收發室條章壹顆

中華民國國民革命抗日救國軍第一集團軍防毒面具廠關防壹顆

廣東第二兵器製造廠關防壹顆

廣東第二兵器製造廠廠長印壹顆

廣東第二兵器製造廠條章壹顆

廣東第二兵器製造廠駐省辦事處條章及膠印各乙顆

廣東器材廠條章壹顆

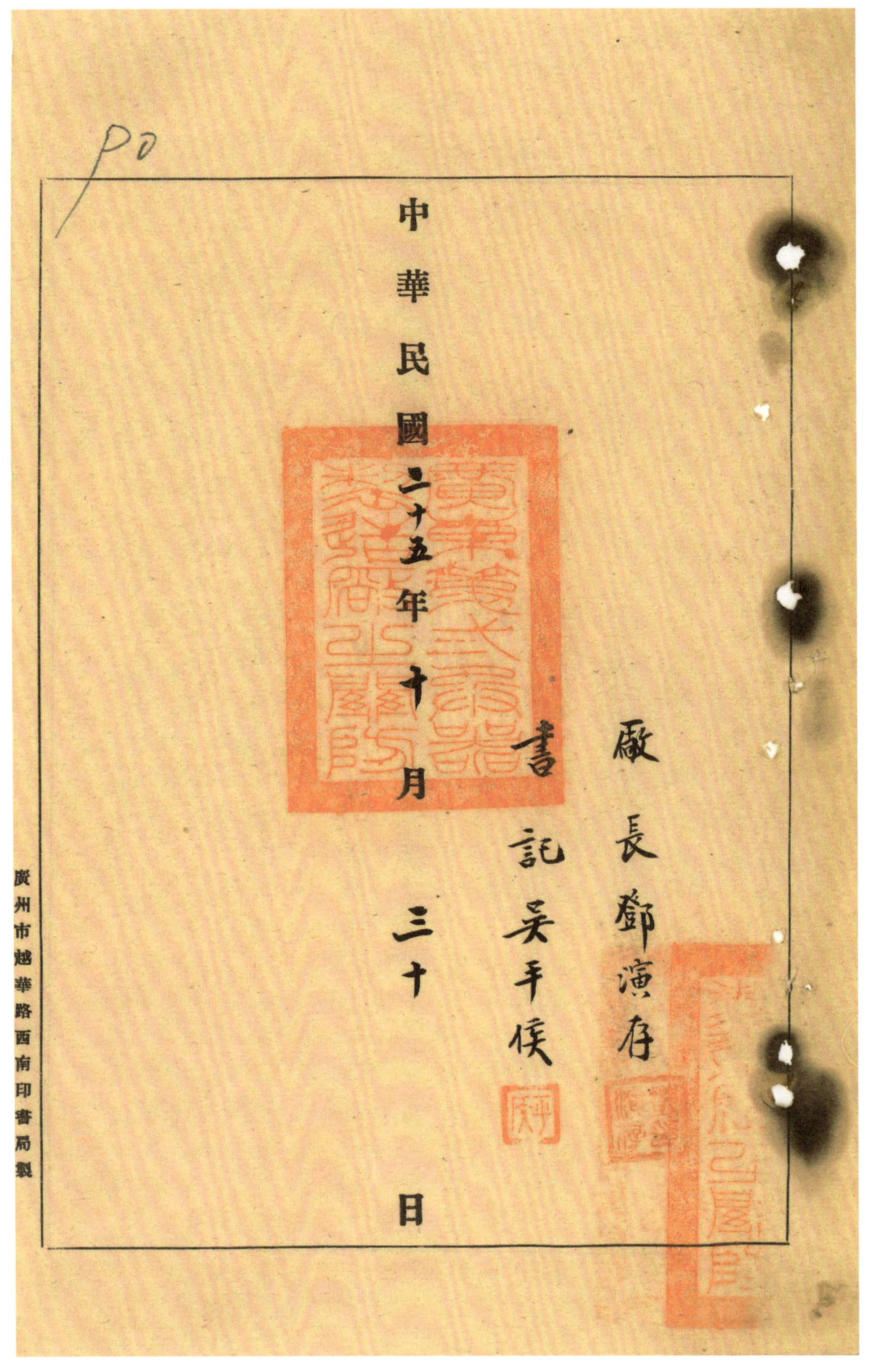

P0

廠長鄧演存

書記吴平侯

中華民國二十五年十月三十日

廣州市越華路西南印書局製

军政部兵工署广东第二工厂接收委员会为编定接收委员会组织大纲致兵工署的呈（一九三六年十月三十一日）

附：军政部兵工署广东第二兵工厂接收委员会组织大纲

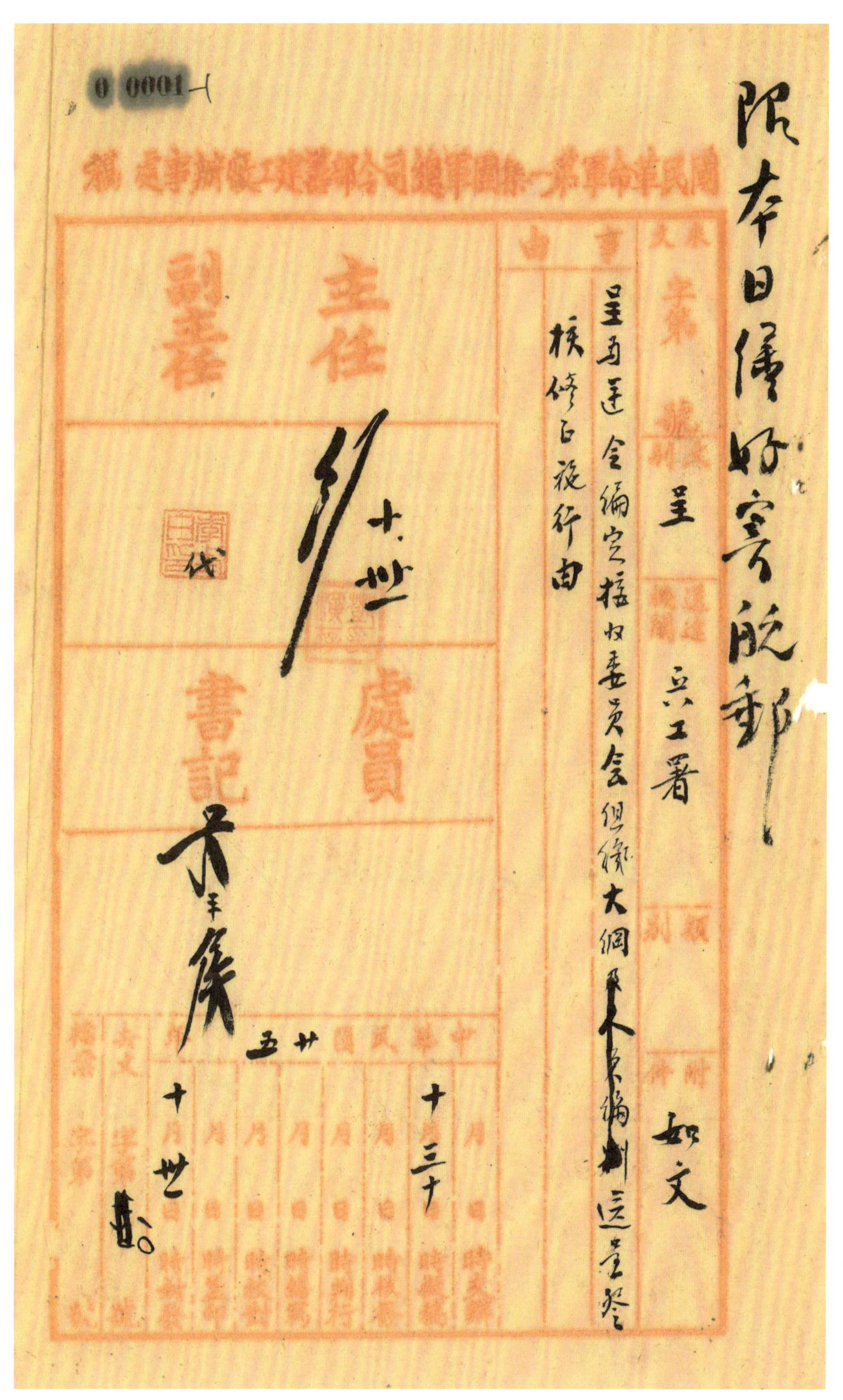
0 0001

國民革命軍第一集團軍總司令部兵器製造廠工務處稿

事由：呈為送呈編定接收委員會組織大綱，請核備由

呈 兵工署

附件 如文

主任 副主任

處員 書記

中華民國廿五年十月卅日

十月三十日

限本日繕好寄該部

12

呈　第　　號

呈為遵令編定接收委員會組織事業奉

鈞座梗電內開查接收正副主任早經委座派定并

由本署增派人員參加關於接收委員會之組織應

先行成立所有該廠舊組織自屬取銷原有人員可

酌予編配分組工作該會組織及辦事手續希迅全

詳擬呈核等因奉此遵即編定接收委員會組織

大綱人員編制及暨並定本年十一月一日成立開始辦公

至於全會經常費預算俟鈞署將組織大綱核定後再行編送合併陳明

奉令前因理合具文連同組織大綱送呈

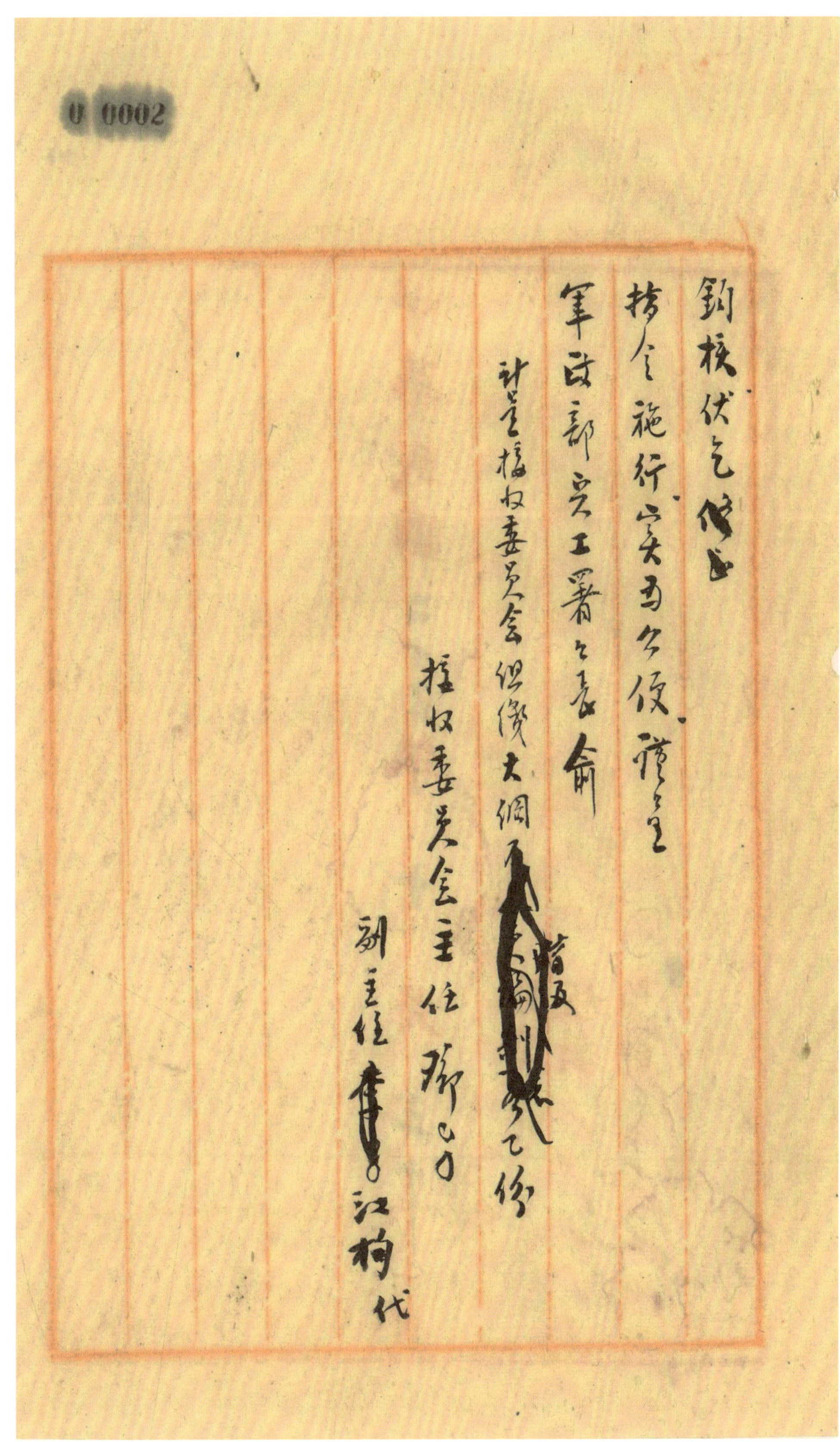

0 0002

鈞核，伏乞俯准

轉令施行，實為公便。謹呈

軍政部兵工署署長俞

計呈接收委員會組織大綱暨[illegible]各乙份

接收委員會主任 鄭[illegible]

副主任 李[illegible] 江杓 代

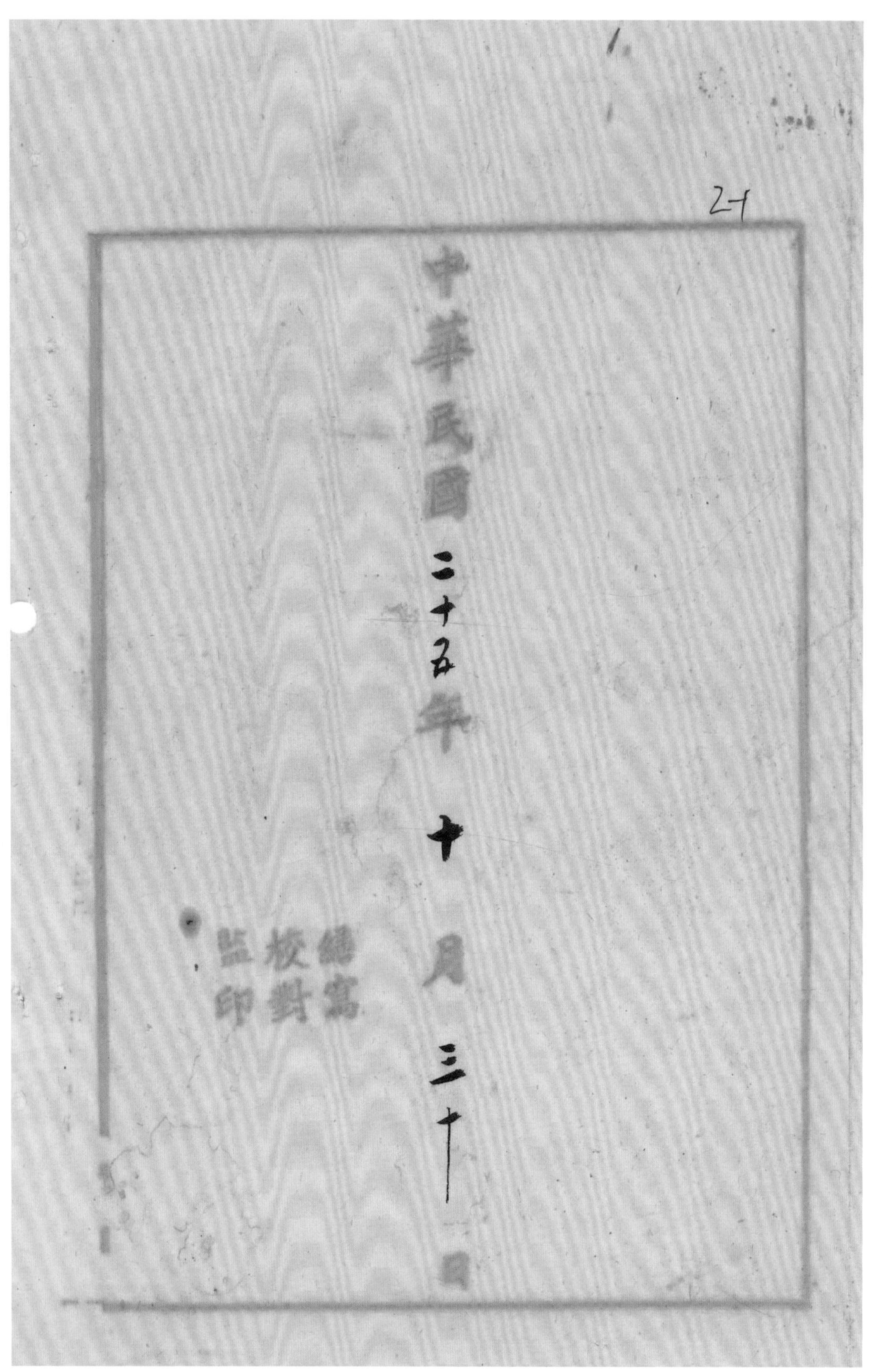

24

中華民國二十五年十月三十一日

編寫
校對
監印

0 0005

軍政部兵工署廣東第二兵工廠接收委員會組織大綱

第一條 本會隸屬軍政部兵工署辦理接收廣東第二兵器製造廠各項事宜並籌備完成之

第二條 本會設正副主任委員各一人委員若干人由兵工署分别呈請委任或調用其辦事細則另定之

第三條 本會設總務工務建築會計四組分理所屬一切事務各組辦事細則另定之

第四條 本會各組設組長一人技術員及事務員各若干人由本會呈請委任之

第五條 本會正副主任委員承兵工署之命監理本會一切

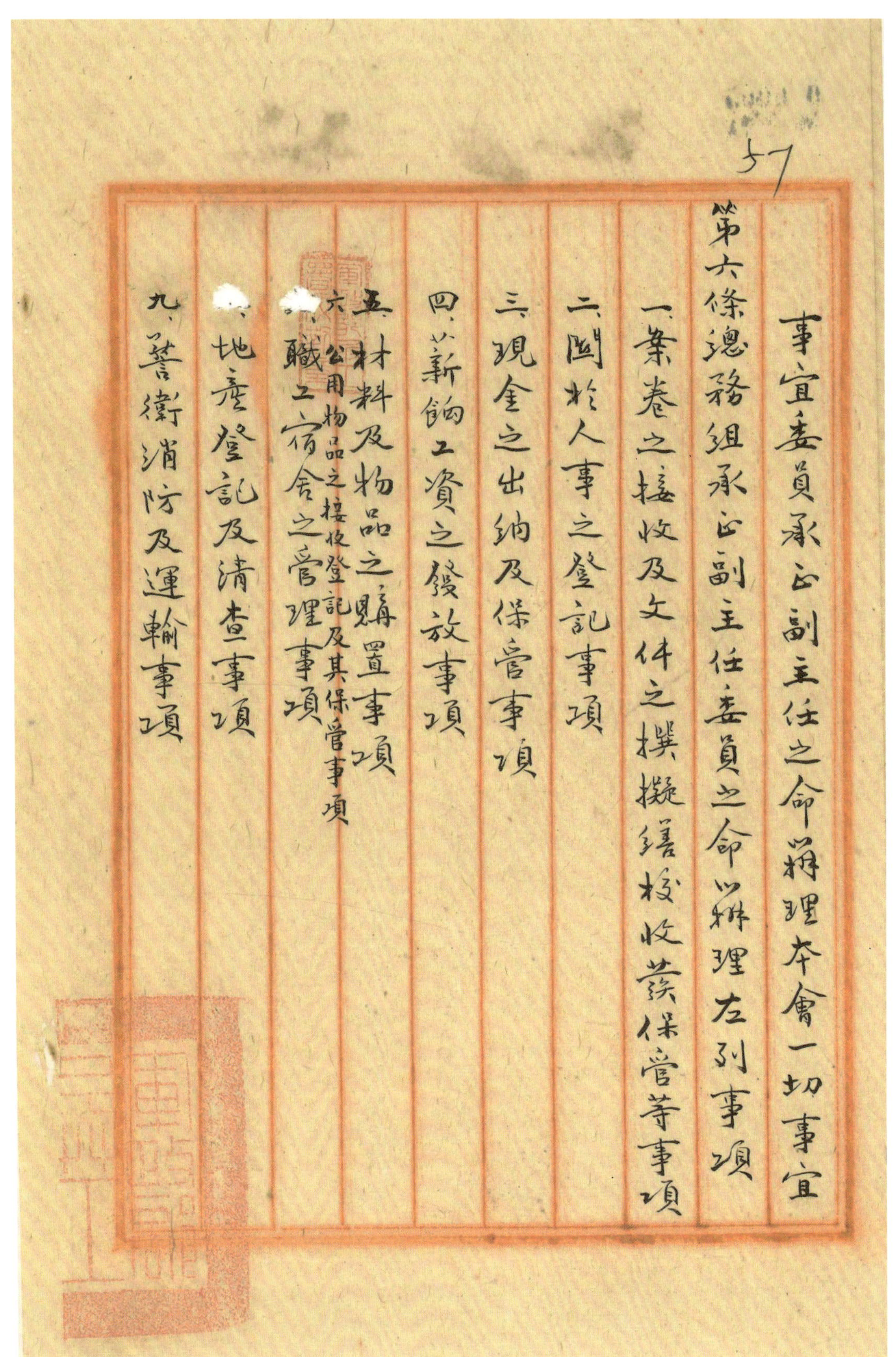

57

事宜委員承正副主任之命辦理本會一切事宜

第六條　總務組承正副主任委員之命以辦理左列事項

一、案卷之接收及文件之撰擬繕校收發保管等事項

二、關於人事之登記事項

三、現金之出納及保管事項

四、薪餉工資之發放事項

五、材料及物品之購置事項

六、公用物品之接收登記及其保管事項

七、職工宿舍之管理事項

八、地產登記及清查事項

九、警衛消防及運輸事項

十、士兵公役之訓練及管理事項

十一、關於全廠之衛生事項

十二、擬定本組應用之各種表冊

十三、處理不涉他組之一切事項

第七條 工務組承正副主任委員之命辦理左列事項

一、機器樣板工具儀器之接收保管及估價事項

二、成品半成品與物料之點收及保管事項

三、各種製造圖表之接收保管及繪製事項

四、工人之登記管理及工作分配事項

五、工資之釐定及記工事項

6-1

六、招募工人之筹备事项

七、材料预算请购及其保管事项

八、机力之测定及新制品之筹造事项

九、本组各项表格帐册之制订事项

第八条 建筑组承正副主任委员之命办理左列事项

一、全厂房屋道路桥梁沟渠等建筑物及其各种图表册籍之接收保管暨估价事项

二、拟造建筑物之设计估价及监工事项

三、地产之测定清理及估价事项

四、未完各项建筑之清查及继续施工事项

五、各建築物之修繕事項

六、測繪儀器之保管事項

第九條 會計組承正副主任委員之命辦理左列事項

一、各項帳目之接收事項

二、各種帳單之審核事項

三、編製兵工會計之各項簿籍表冊事項

四、籌備兵工會計之實施步驟

五、機器房屋地產之折舊計算事項

六、編[illegible]預決算及報銷事項

七、薪餉工資之結算事項

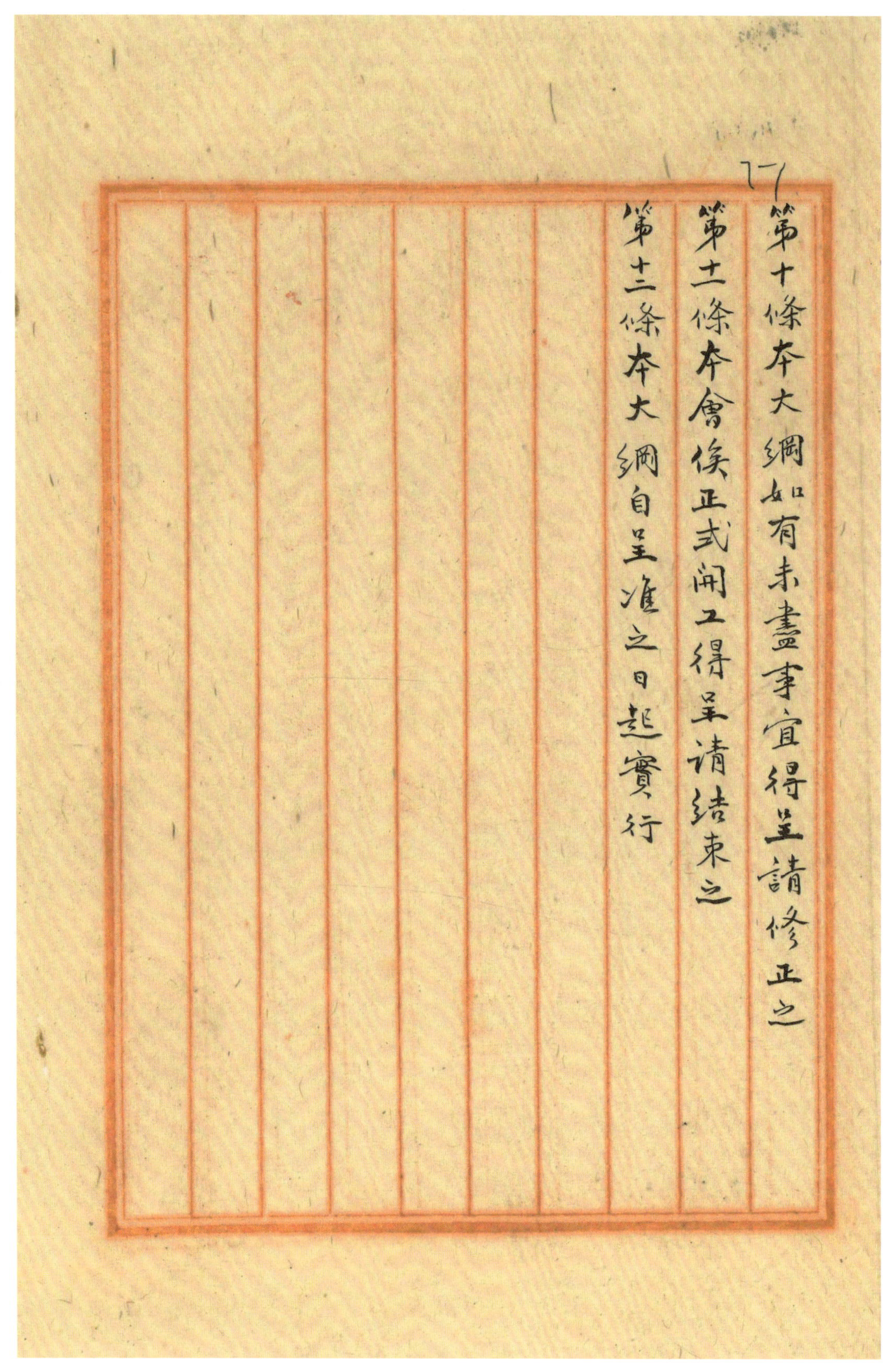

第十條　本大綱如有未盡事宜得呈請修正之
第十一條　本會俟正式開工得呈請結束之
第十二條　本大綱自呈准之日起實行

军政部兵工署关于准予先行试行组织大纲给邓演存的指令（一九三六年十一月七日）

U 0015

军政部兵工署指令　邓演存

事由	拟办	决定办法	备考
据呈组织大纲准予先行试行仰即造具编制预算由	建筑	总务 工务 会计 初核 十一、七	

附件

指令　字第　号

廿五年十一月十四日　时到

收文　字第36号

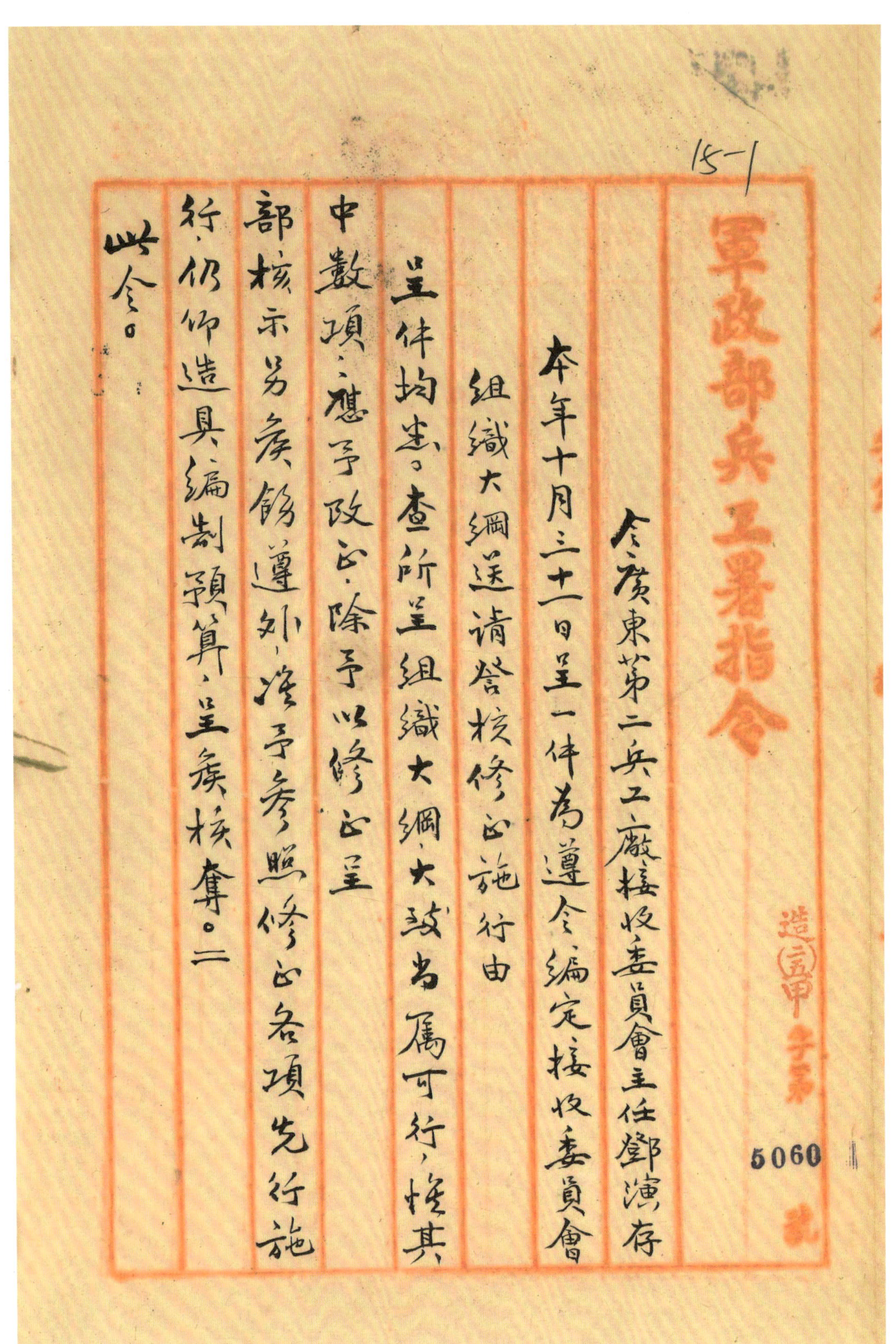

15-1

軍政部兵工署指令

造（三五）甲字第5060號

令廣東第二兵工廠接收委員會主任鄧演存

本年十月三十一日呈一件為遵令編定接收委員會組織大綱送請鑒核修正施行由

呈件均悉。查所呈組織大綱大致尚屬可行，惟其中數項，應予改正。除予以修正呈部核示另案飭遵外，准予參照修正各項先行施行，仍仰造具編制預算，呈候核奪。

此令。

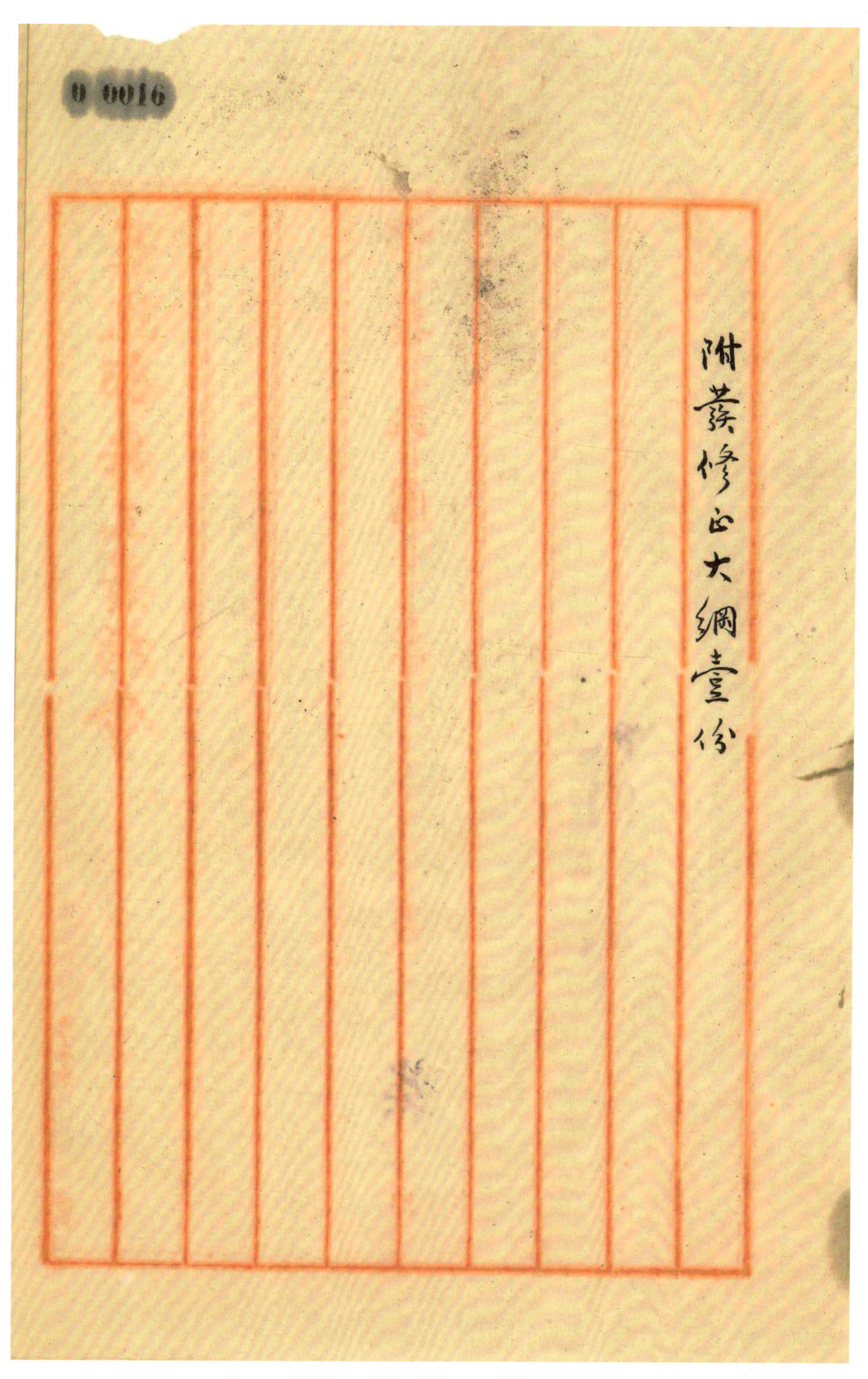

0 0016

附發修正大綱壹份

167

中華民國二十五年十一月柒日

俞大維

監印周椽樓

校對劉俊

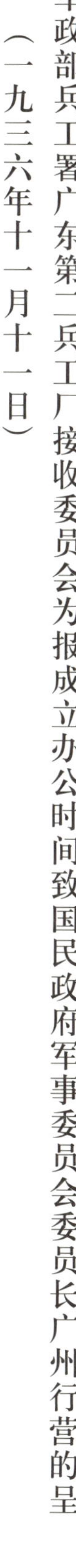

军政部兵工署广东第二兵工厂接收委员会为报成立办公时间致国民政府军事委员会委员长广州行营的呈
（一九三六年十一月十一日）

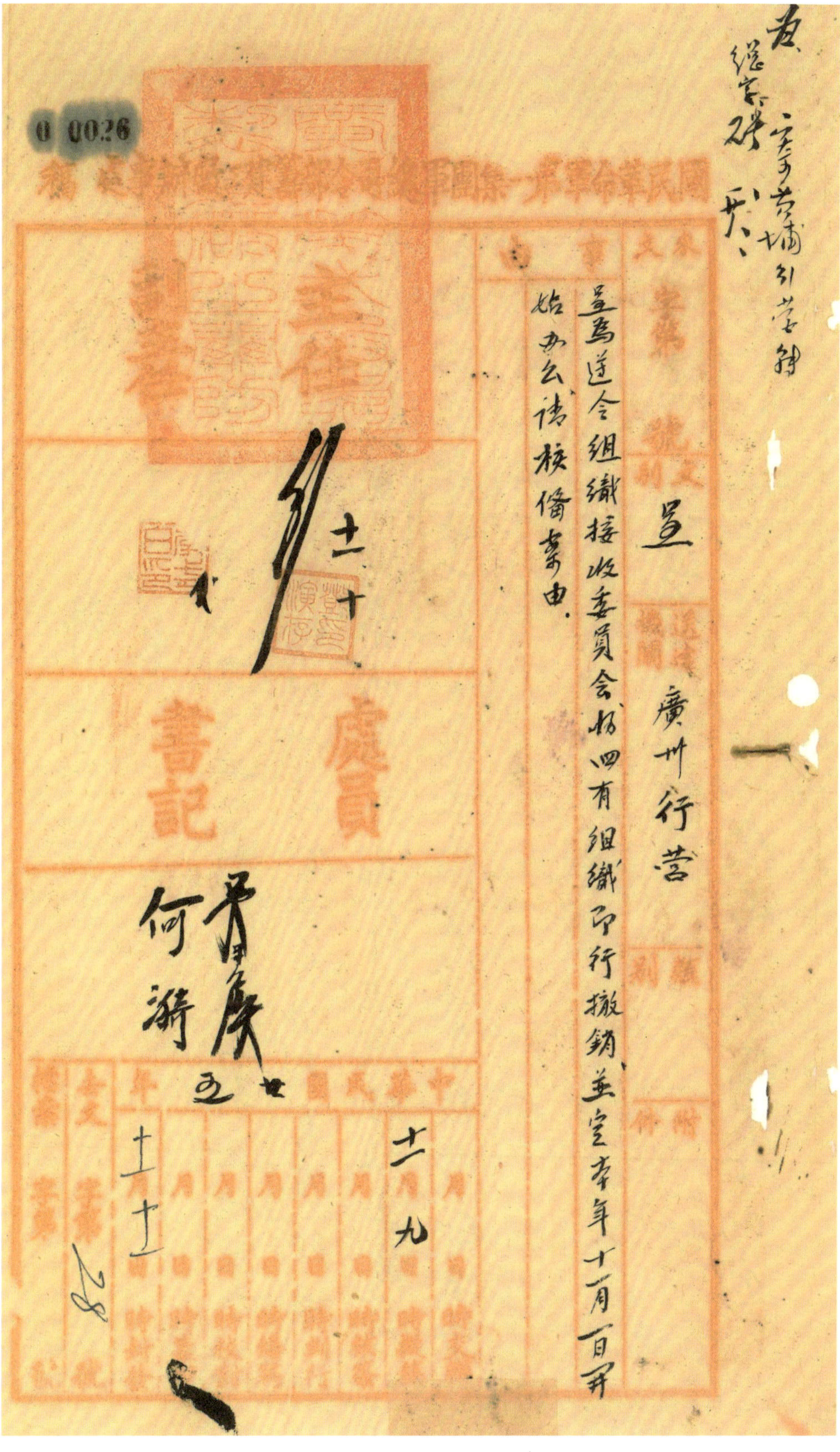
呈

廣州行營

呈為遵令組織接收委員會，將原有組織即行撤銷，並定本年十一月一日開始辦公，請核備案由。

何瀚

26-1

呈爲呈報事。竊職奉

鈞座委任接收廣東第二兵器製造廠正副主任，並奉

軍政部兵工署令飭組織接收委員會，將舊有組織

即予撤銷等因，奉此，遵即先行組織接收委員會，

並定本年十一月一日成立，辦公除呈報暨令飭外，

理合備文呈請

鈞座鑒核備案，實爲公便。謹呈

軍事委員長蔣

全銜　主任鄧〇〇

劉立位 泣

0

27-1
中華民國 卅 廿五 年 十一 月 九 日
編寫
校對
監印

军政部兵工署为颁发钤记并要求报告启用日期给广东第二兵工厂接收委员会的指令（一九三六年十一月十六日）

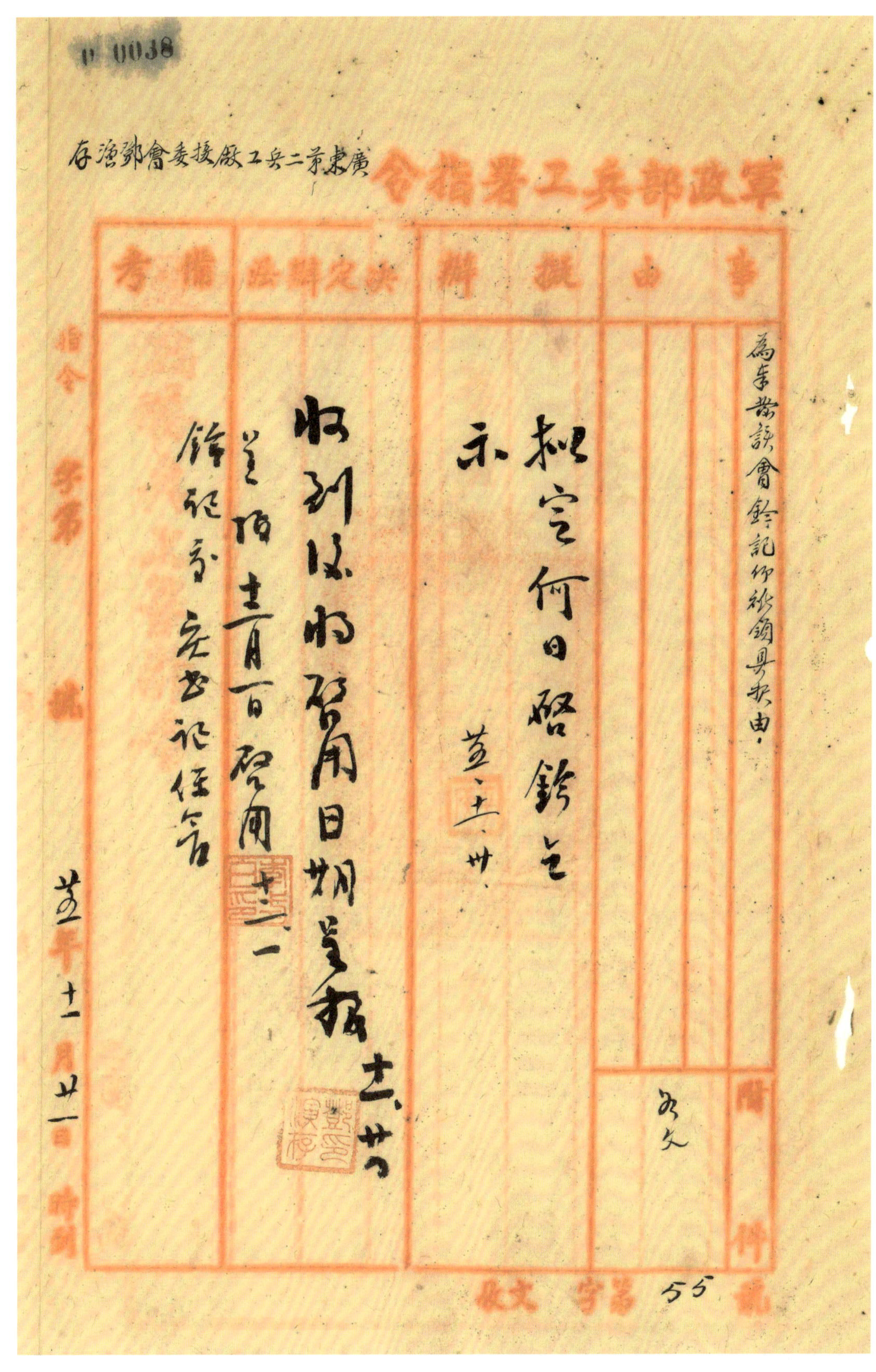
P 0038

军政部兵工署指令

广东第二兵工厂接收委员会存滀部

事由	拟办	决定办法	备考
为奉发该会钤记仰祇领具报由。	拟定何日启钤令示 兹十、卅	收到该钤启用日期呈报 十、卅 兹于十二月一日启用 十二、一 钤记分别送邮政总局往官	

附件：如文

收文 字第55号

指令 字第 号

廿五年十一月廿一日 时到

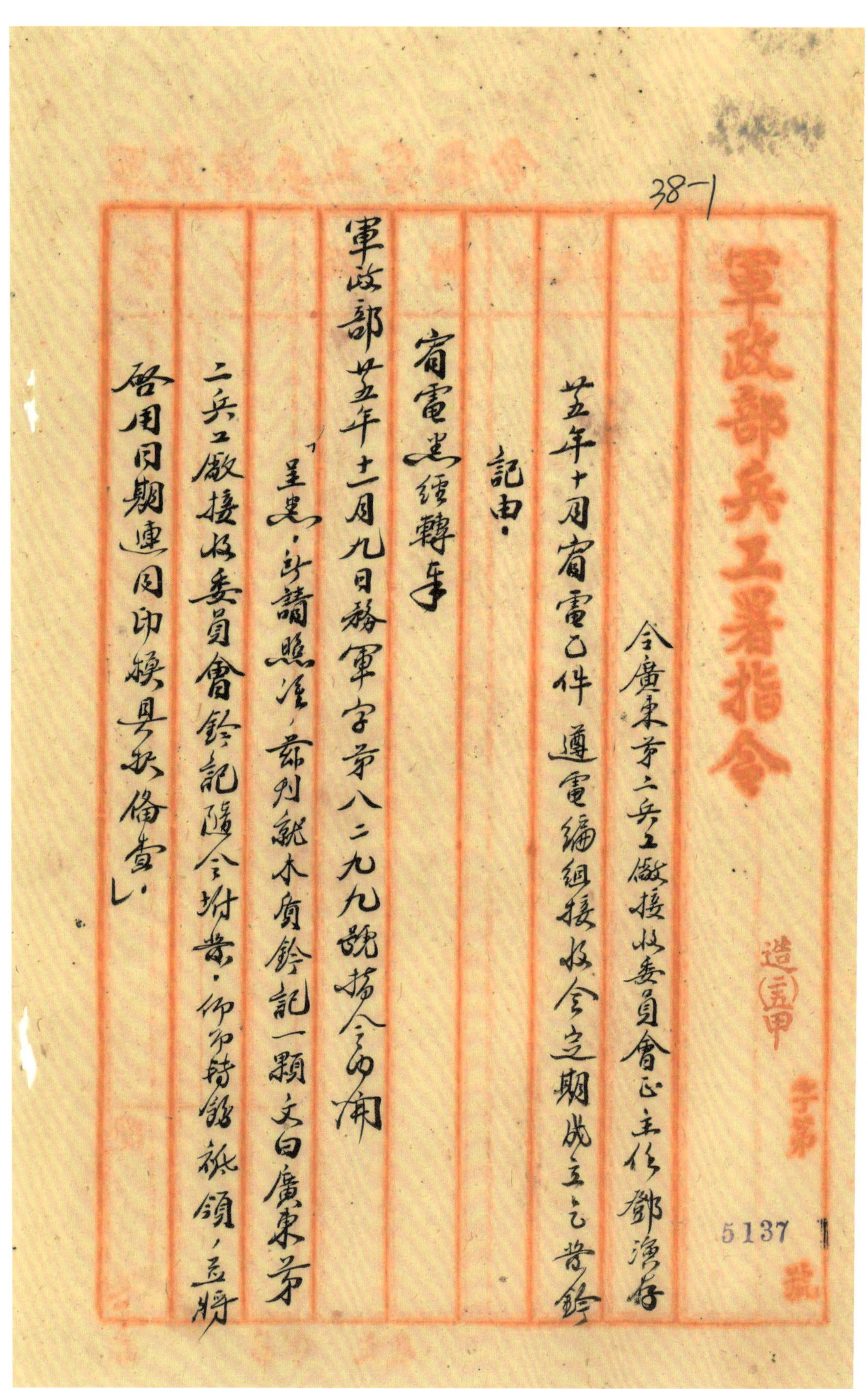

38-1

軍政部兵工署指令

造（五）甲字第5137號

令廣東第二兵工廠接收委員會正主任鄧演存

卅五年十月宥電乙件 遵電編組接收會並擬成立之鈐記由。

宥電悉。經轉奉

軍政部卅五年十一月九日務軍字第八二九九號指令開：「呈悉。所請照准，並刊就木質鈐記一顆，文曰『廣東第二兵工廠接收委員會鈐記』，隨令附發。仰即祗領，並將啓用日期連同印模具報備查。」

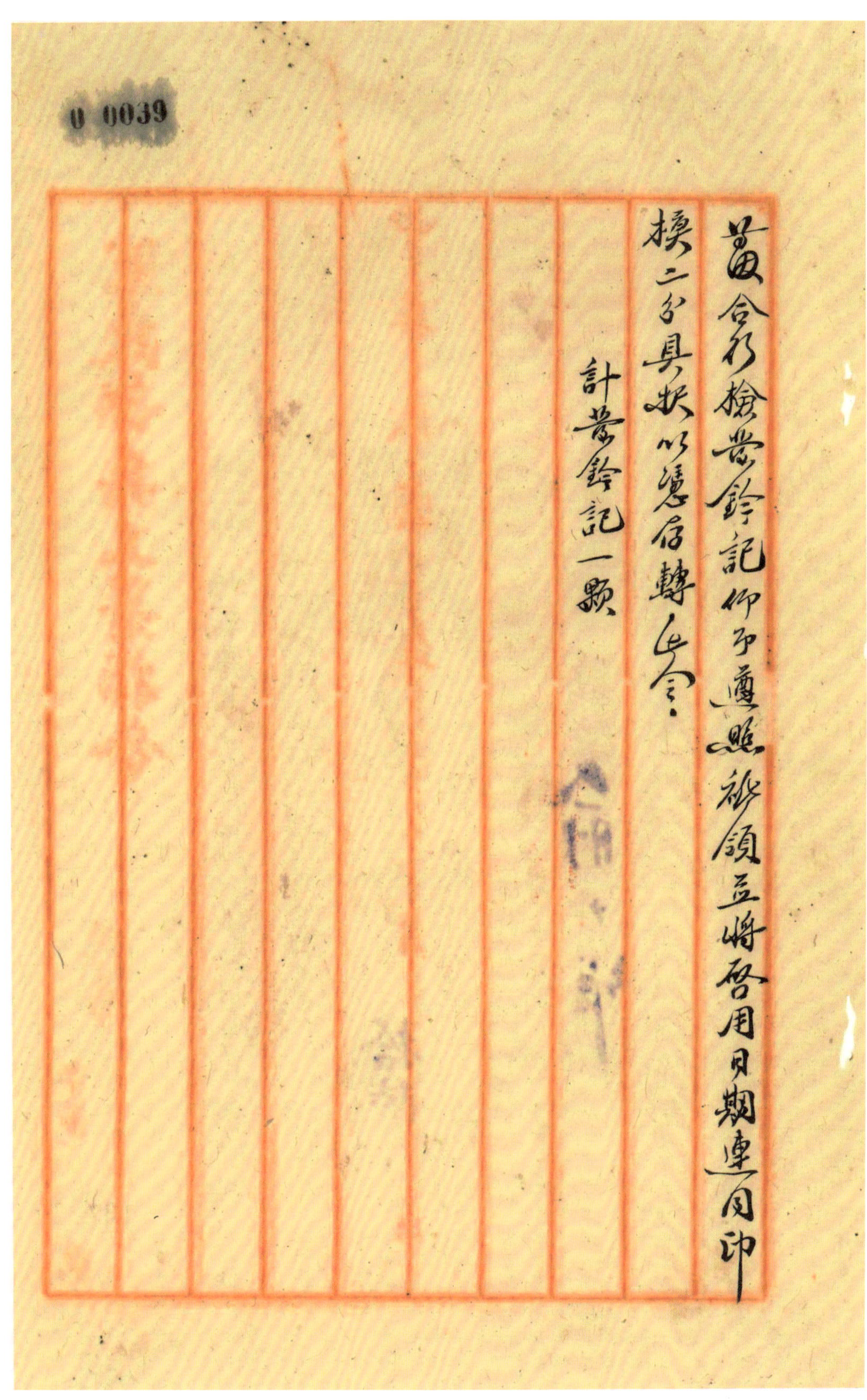

飭合行檢發鈐記仰予遵照祗領並將啓用日期連同印

模二分具報以憑存轉　此令。

計發鈐記一顆

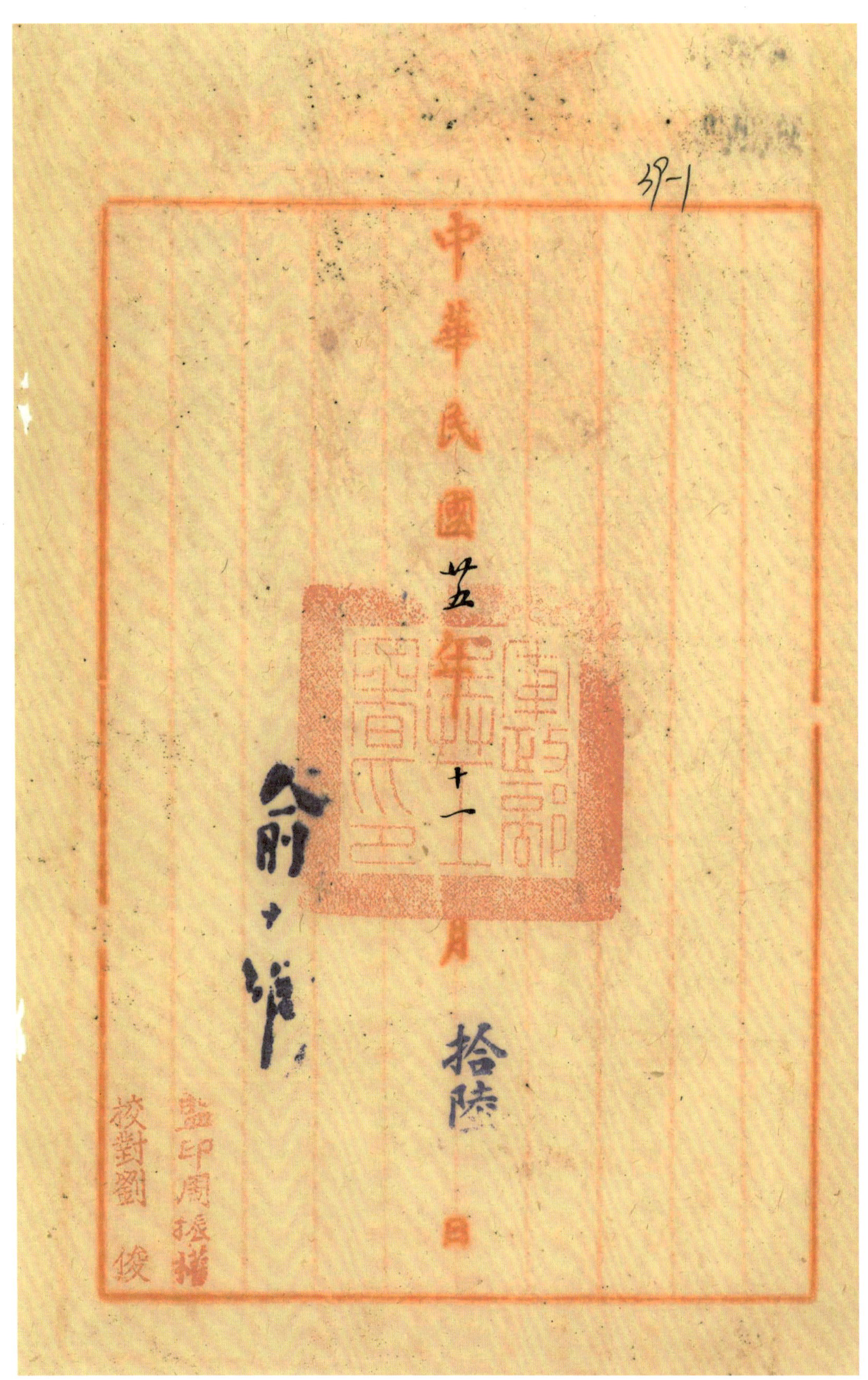

39-1

中華民國廿五年十一月拾陸日

俞大維

監印周振權

校對劉俊

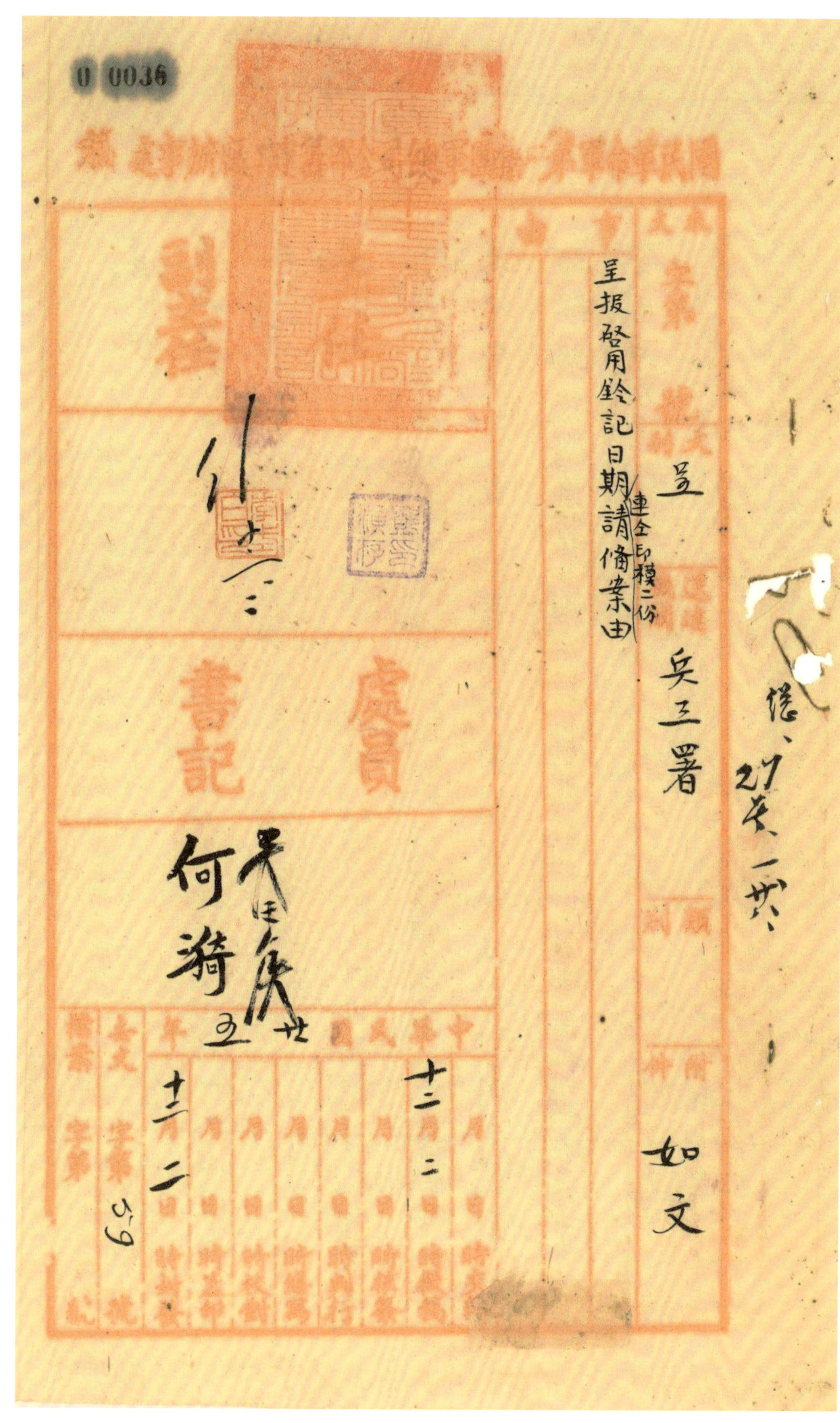
U 0036

国民革命军军事委员会委员长广州行营兵工第二厂公文稿

事由：呈报启用钤记日期请备案由（连全印模三份）

呈 兵工署

附件 如文

何淮 吴钰庚

军政部兵工署广东第二兵工厂接收委员会为报告启用钤记日期致兵工署的呈（一九三六年十二月二日）

36-1

呈第　　號

呈為呈報事案奉　鈞署二十五年十一月十六日造(五)甲字第五一三七號指令內開宥電悉經轉奉

軍政部二十五年十一月九日務單字第八二九九號指令內開呈悉所請照准茲特刊就木質鈐記一顆文曰廣東第二兵工廠接收委員會鈐記隨文令該處仰即轉飭祗領並將啓用日期連同印模具報備查等因合行檢發鈐記仰即遵照祗領並將啓用日期連同印模二份具報以憑存轉此令等因計發鈐記一顆奉此遵於本年十二月一日啓用除呈報暨分函外理合將啓鈐日期連同印模二份具文呈報

鈞署備案伏乞指令祇遵實為公便謹呈

兵工署署長俞

計呈印模二份

全銜 主任鄧〇〇

副主任江〇

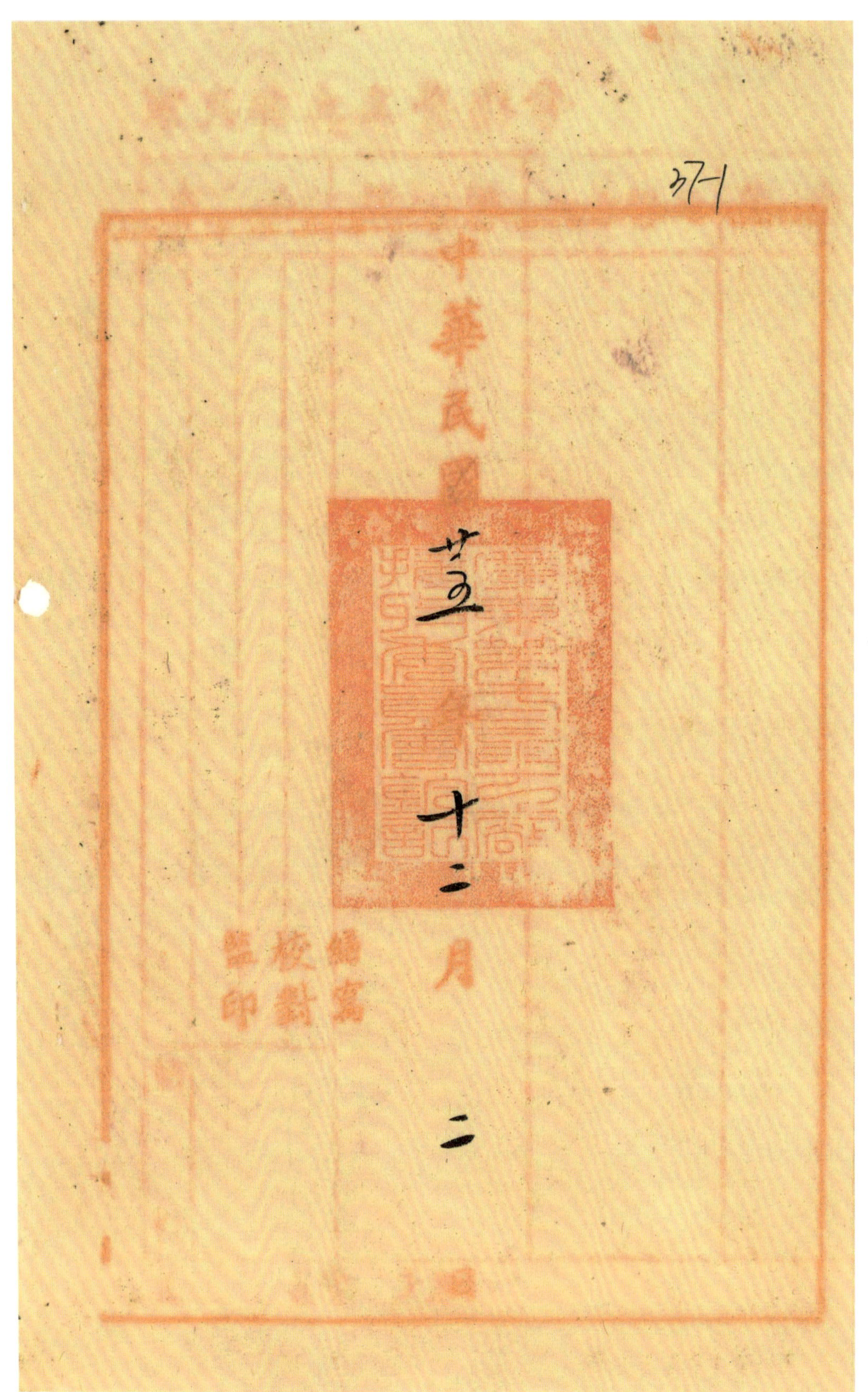

371

中華民國廿五年十二月二

繕寫
校對
監印

军政部兵工署广东第二兵工厂接收委员会接收格兰公司承建该厂机器合同报告书（一九三六年十二月）

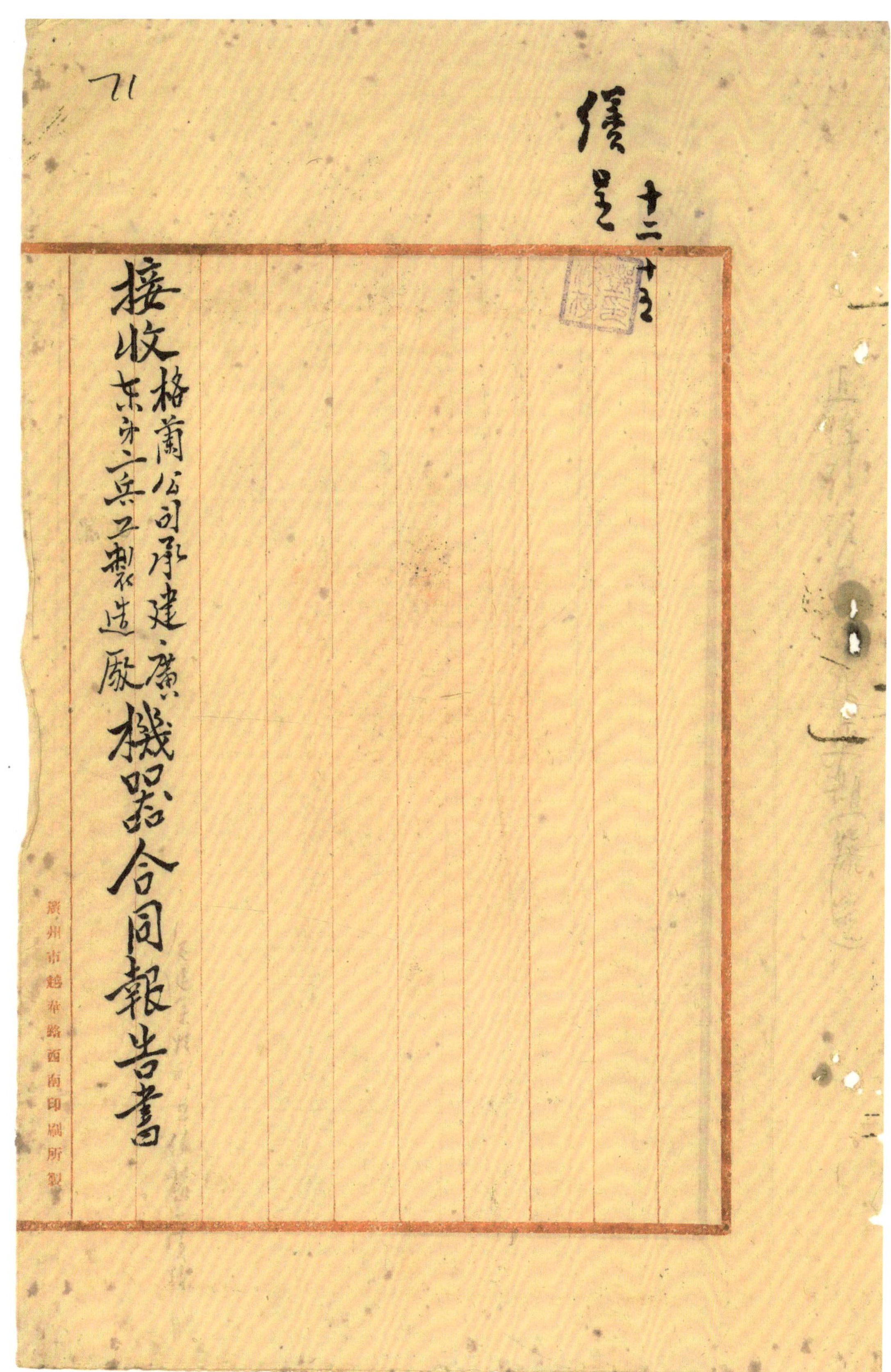

接收格蘭公司承建廣東第二兵工製造廠機器合同報告書

廣州市越華路西南印刷所製

72

報告

廿五年十二月 日于廣東第二兵工廠接收委員会

事由：竊職會成立後即行通知松蘭公司準備各項移交清册以便接收，迄廿五年十一月六日即派員分别點收下列各項計開：

(一)各廠圖說文件

(二)各廠廠房及其他建築物

(三)砲廠及打鉄廠所有機器、工具、儀器及樣板等全部

(四)砲彈廠及木廠所有機器、工具、儀器及樣板等全部

(五)動力廠及自来水、電路、電燈、機器、工具及儀器等全部

(六)工具廠所有機器、工具、儀器及材料等全部

上列點收六項除第一項圖說文件詳加審核外其他各項僅據移交清冊作實物之點收至其工作之能力精度之測量設備之安裝裝等端究竟如何須俟繼續審核也謹將各種情形縷陳於後

一、合同摘要

本合同於民國二十二年（即西曆一九三三年）八月一日在廣州市訂定買主由第一第四集團軍總司令代表售主由格蘭公司格蘭（簽字）同時發生效力

本合同共十六節大部分係付款手續之訂定其關於格蘭公司應負責建築者及應行供給之圖說

73

文件第八第一节及第二节始见规定兹将全文录下：

第一节

售主应在须主指定灉江口之南段地点建设下列各厂，迄于全部完成开工为止。

甲、砲厂：每月二百五十工作小时（按每月二十五日每日十小时计算）可制造：

一公式七公分五步兵用榴弹砲九门

一六式七公分五野砲九门

一六式十公分五野战用轻榴弹砲五门

乙、砲弹厂：内分弹体、铜壳及引信等部，每月出弹

一萬二千五百磅（按每月二十五日每日出五百磅計算）

丙、化學廠：內分鹽酸廠、分解室及自動裝彈室等設備

丁、面具廠：

戊、包裝、運輸、保險、建築及工廠設備等

按面具廠之設備並訂定合同時因製造式樣尚未決定，故機價亦未正式確定，隨後另訂合同由原價六萬五千元增至三十五萬元。

第二节

格蘭許得佣金百分之六，惟應負責供給工廠規格

74

製品圖樣製造規格、試驗規格、驗收規格及其他一切新式秘密工作方法等圖說文件

二、接收範圍

按上列合同訂定本廠建設之各部分爲化學廠及面具廠全部與砲廠之製造七公分五輕榴彈砲所有工具儀器樣板及圖說文件等截至接收時尚未到達故未接收此外格蘭公司試造完成之一六式7.5野砲及一六式10.5榴彈砲各一門與現在製造中之一六式10.5榴彈砲一門因未列冊移交故亦未接收

三、接收意見

74-1

查合同內容，除關於付款手續有詳細之訂定外，餘均含混籠統。其關於機器設備之數量、大小、樣板、工具之種類、多寡，及廠房建築之式樣、材料等等，均無圖說訂定，以致接收時無從根據，現暫按照售主所列清單點收，並根據製造上之需要與普通工廠慣例，加以批判，簽註意見。凡認為本廠不可缺少之圖說設備等，則彙列成表，以便交涉。

甲、圖說文件 見圖說清冊（計二十七頁）

查移交之圖說文件，約可分為三類：（一）製造圖說，凡製品、工具、樣板、備樣、工作程序、檢驗規格、材料供給條例

75

等属之；（二）机器图说：凡机器登记片、安装图样、用法说明、试验证书等属之；（三）建筑图样：厂房建筑图属之。三类合计，图样约七八千张，表册计千余件，机关前移交时原未列册，编以数巨类繁，为免错误零乱之弊，乃令分别列册，并按册计数，以便点收。图说之完备与否，关系将来制造甚钜，故对于有关制造之图说详加审核，并拟定以图样目录（Stückliste）为审查图样是否齐全之基础，再以制品图（Werkstückzeichnungen）为根据，审查其应备之样板、工具、夹具等图样与工作图说、工作程序以及验收规格等是否齐备。前将审查结果，彙列四表（第一、二、三、四号）附呈。除普通工具、夹具等及各机器附件，各製造机器之工厰例不附送备樣外，其他表中所列缺少之备说，多为製造上所必需，似应责格蘭公司補交，以成完璧。至各種机器之备说（Prospekte）使用说明等，亦多不全，且以机器之转数、进程以及各机附带零件等均不甚明晰，虽於製造無关，但於管理上则諸多不便，故将各机缺少之备说彙列一表（第五号），請转饬格蘭公司照補也。

乙、機器 見机器清册（共二十四页）

總計全批大小机器共三百八十五部，除内中机件零件为机

76

度表年電鑽及油箱等四十五件，不應列入机器項內外，實計全批机器，祇得三百四十部，其中大部分係德國一等廠家出品，並均用個别電動机直接或間接拖帶，關於各机之能力精度及安裝等，諸以時間關係，未及審核，惟其中百餘部附有出廠試驗証書，尚合標準精度之規定，總觀全批机器，個别批評除少數外，大致尚佳，但缺少机器設備為數甚多，極應向德商交涉，令其從速添補，以資完善（見附表第六號），茲將各廠机器設備情形分述如下：

（一）動力廠：本廠發電机俱用柴油机發動，其發電机

76-1

器壽命及常年維持費用等端，殊不經濟，且柴油須由外國輸入，易為人所操縱。本廠計有大發電機四部，每部計三百七十五開維埃（KVA），另有小發電機一部，計五十開維埃，係專供夜間電燈之用。查全廠現有設備，需用動力（電燈在內）約六千匹馬力左右，將來應以大發動機一部為備用，而同時開用三部，則祇得動力一千三百二十五匹馬力，兩相比較，供給約佔需要之數百分之二十，雖各種工作機需力不能同時至最高限度，按衡之普通工廠供電應佔需電百分之七十五至八十五之規定，不敷殊鉅，且各廠所缺乏之設備，尤難彈

77

廠之壓彈鎔銅輾片等等機器，皆需動力，尚多又創動力廠之增加發電機，似甚需要也。且此全廠俱用電纜埋在地下，各廠電燈防空通道係完全正式，自來水管其必要者業經裝置，並有救火栓三個，將來應視需要再為補充也。

（二）工具廠之本廠祇有正式工作機器二十餘部，而鍛火設備僅具雛形，以之修理工具，尚可應付，若兼用製造全廠應用工具，似不可能。且本廠無翻砂廠設備，遇有需要鑄件之處，勢須求之廣州，訂貨搬運，殊不勝其繁。此外樣板之需要，為數既夥，消耗又快，更非此少數機器所能應付矣。惟此廠設備範圍，於合同上未見規定，似應早日從事擴充，以資將來開工時之應用也。

(三)砲廠：本廠共有工作机器約百部，扶助机器及其他机件不能列入机器項內者共約二十餘件，該有机器之構造式樣，尚不陳舊，安裝佈置，亦尚適宜，惟查有多部双槓車床，現僅有光槓而將螺絲槓省去者，工作分配，尚多困難，且整批机件缺少者亦復不少，如初次鑽膛机，調質鋼料設備，與製造瞄準机彈簧及皮件設備等，均付缺如。

(四)打鐵廠：本廠共有正式工作机器七八部，及其他扶助机件，如油爐等十餘件，查現有設備对於中小機件者可應付，若較大机件，如砲架之架腿護板等，

78

仍不能鍛製夾矣、

（五）砲彈廠：本廠內分彈體、銅殼及引信三部，計共有工作机器壹百三十餘部，其他設備之不能列入机器項內者二十餘件，關於火工作業如炸藥、傳爆藥及紙殼之壓製、白藥之製造、小火帽、雷管之裝配等機器均付缺，茲將各部情形分述如下：

1. 彈體部：本部所有机器大部為普通車床，雖式樣未盡新穎，而品質尚屬上品，惟內中有車床數部為舊置便宜起見，竟將縱向移動之机面截去，殊屬不當，查本部工作係由壓安彈筒作為出發原料，故全部彈倣壓榨引長杭、壓口圈杭以及切料杭与緩冷噴沙等設備、尚付缺如。

2. 銅殼部：本部整批杭器，似係舊杭加以修理而非全新者，為磨擦壓杭之工作檯面滿帶傷痕、重銅殼杭上油盖（盒）之滚花部份、錢者磨平等，設非使用日久，不應有此現象，此与合同第九節検蘭應供給新杭之規定殊相抵觸，查本部工作係由沖成之銅餅出發，故整個之鎔銅輾片、[illegible]等設備以及銅殼査收口发其口部應需回火之設備，均待補充。

3. 引信部：本部杭器，多屬自動車床及轉刀架車

79

床構造式樣者屬新穎可用，惟雷管火帽及彈簧等件均須購買，成品非本廠所能製造，宜向售主交涉令其賠償也。

（六）木工廠：本廠共有機器十餘部，設備規模太小，祇可勉供砲廠砲架車輪製造，至若加製彈藥車輪則恐難勝任，其中劃節机一部雖未為製造木箱之用，但為供給砲彈廠多量之木箱非另行擴充不可也。

丙、工具、儀器、樣板等 見工具儀器樣板清冊

售主所點交工具、儀器及樣板等件屬合同未見

79-1

明白規定，祇得按照移交清冊逐件點收，查其中大部份樣板係由德國運來，亦有利用本廠機器在滬江製造者，其精確程度如何，有須逐件詳加檢查之必要，惟用儀器不全，及時間短促，尚未從事審查。至於數量相差亦多。查關於工具方面，其為本廠製造之零件，則必需者均有一套，似可足應用，惟打鐵廠之壓模則不甚完全，關於機器方面，其最低限度應有之件大致尚備，惟試驗速膛壓及破片等設備與測驗樣板之精細儀器，以及金屬組織理化試驗室等設備均付缺如，關於樣板方面，因其種類複雜，

80

茲更分別言之、

本砲廠所有樣板、計分兩種、一為普通樣板、乃按DIN式製造者、一為特別樣板、乃按砲之各部分特別製造者、查售主所交之各種小尺寸之普通樣板、每有兩套、此種普通樣板、本係工作樣板、但兼作驗收之用、而特別樣板發交時、並無另列專冊、係按照驗收規格內之寸度檢驗表出之、故亦係驗收樣板、但兼作工作之用、似此混合兼用、殊不合乎規定、至於榴彈砲及野砲其零件寸度相同、得能共用之樣板、祇得一套、亦不敷用、若基礎樣板(Urlehre)對板(Gegenlehre)樣板(Abnützungsprüfer)(損度檢查之)

損度
檢查
等

度檢查器等均付缺如、至特別樣板之數目種類暨之
否亦全均須按圖檢查、限於時間尚未及清理也、
乙、砲彈廠該有樣板均係無驗收樣板、其數量至不
一致、大部份為一二件、間有至三四件不等、其關於基礎樣
板、對板及樣板損度檢查器等有若干、但不亦全、似此
情形對於大量生產、不敷殊甚、
丁、龍廠動力建築物
本廠出品按照合同訂定每月以二十五日、每日以十小時
工作計算、每月應製造一六式七公分五步兵用榴彈砲
九門、一六式七公分五野砲九門、一七式十公分五野戰用輕榴

81

彈砲五門及各種砲彈廿一萬二千五百發
查本廠現有機器除動力廠工具廠及木工廠與製
造出品無直接關係外其他在砲廠砲彈廠及打鐵廠
等計有大小機器計共二百四十餘部究竟此二百餘部
機器能否製造上列出品數目在未正式開工前似難
驟下斷語一則因各種砲及砲彈之零件應從何種
狀況做起二則因何種零件應向外訂購成品均於
合同上未有明白規定且足以能力大小解釋互異就目
前狀況而言則砲廠方面須向外訂購全套成品者
有瞄準機角度測定機等須向外定購半成品者

有砲筒砲身及砲架等其他規格成品（[illegible]）須
向外訂購者亦不下數百餘件至砲彈廠方面須向
外訂購成品者有火帽雷管及炸藥等須向外
訂購半成品者有彈體及口圈等凡此種種既須向外
訂購即無製造上列各件之設備此外現有機器
因難製造其他零件之用亦一疑問向一則以各種
砲及砲彈零件太多合計約二千餘件非短促時間
所能審定二則以製造方法各有不同機器能力或有
差異而中外工匠勤惰巧拙亦不一致故非加以核算比
較不克決定也

茲就售主發交工作程序內所列工作方法及工作時間（指假定其所列工作時間為正確者）為根據分別核算（見附表第七八九號）以視現有機器之能否應付至實在情形似係開工後始能確定也）茲謹將砲廠及砲彈廠之主要機器能力計算分別述之

（一）砲廠之現以合同訂定之一八式七公分五步兵榴彈砲其圖說文件等未經發交故僅就其他兩種砲之工作程序從事審查

查砲廠主要機器原係依其種類或大小分其逐若干組工作程序所列各道工作應需用之機

82-1

器大部分係該定机器之組織現即將十組机器能力加以考察其方法則將各道工作所需时间按組別彙加乘以每月製配總數而得各該組机器應行工作之總时间再以各該組机器數除之而得每机應行工作之时间以此与每机每月實在所能工作时间（即每机每月工作时间為二十五日乘十小时乘六十分等于一萬五千分）相比而得每机盈餘或不足时间至鏇工鉗工鉚工及燒焊等工作在工作程序内或漏而未列或列而不全故無從核算其就車銑刨鋼等工作所需时间分別核算其結果第一組

83

与第五組機器已感不敷（參看附表第七號）且現在計算係假定各組内之機器大小与能力相等使其工作平均負担而言惟實際上因製品之大小関係必須指定用某種大機工作在此少數大機能否勝任尚待核算至工作時不可避免之廢品等似未計及也以上所述祇就一六式七公分五野砲及一六式十公分五野戰用經榴彈砲而言若再加一八式七公分五步兵用榴彈砲每月九件尚更成疑問也

（二）砲彈廠之接合問題　新定砲彈廠每日製造各種砲彈共五百發至每種砲彈數量之分配未行規定

83-1

茲暫以每月製砲數量爲審查標準，假定每日製造七公分五榴彈二百發、七公分五野砲彈百發及十公分五輕榴彈一百發，合計共五百發。今七公分五榴彈用L.W.M.Z.23引信每日應製二百發，七公分五野砲彈及十公分五輕榴砲彈同用A.Z.23引信每日應共製三百發，又傳爆管、藥螺、假引信及S/Z23底火等各種砲彈所同用者每日應各製五百發。茲按工作圖說內所載工作方法及工作時間分別核算，則彈體部及引信部之二部分機器似不敷應用（參見附表第八、九號），至鋼殼部因工作圖

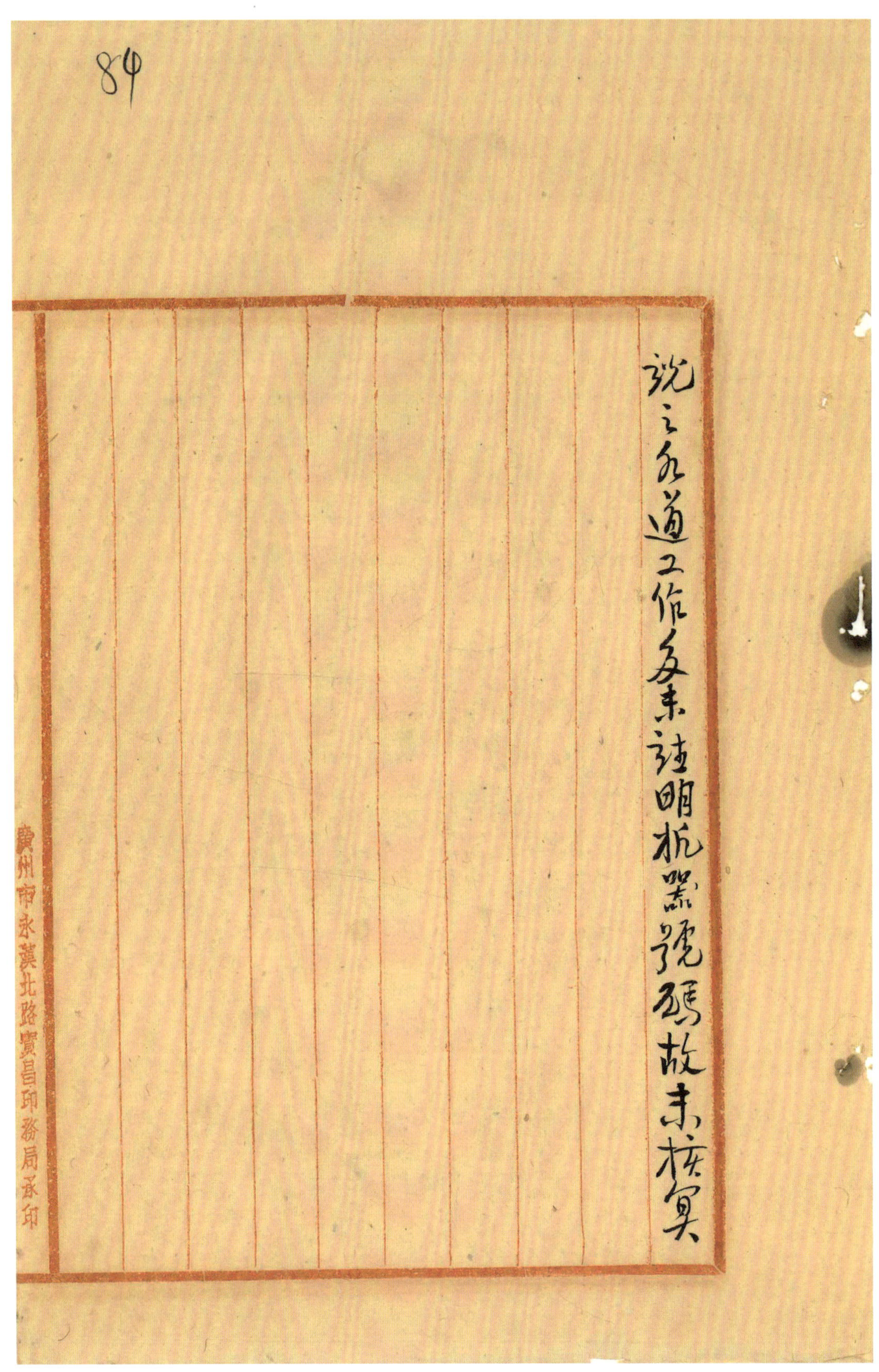

84

說之各道工作多未註明機器號碼故未核算

廣州市永漢北路實昌印務局承印

85

債七 十二

己、債權與債務

查校前曾於二十二年八月一日與第四集團軍總司令部訂約承建遷江兵工廠，計價港幣3,550,800.00元，旋又於二十三年九月八日與訂約承建廣州河南防毒面具廠，計價港幣3,600,000.00元，除內有660,000.00元，仍由前約內撥劃外，實補價295,000.00元，總共兩約共價港幣6,785,800.00元，惟按第一合約第五節、第二合約第七節條文解釋，不啻訂明法幣6,785,800.00照計、

85-1

有书字面（南）（编）仍需要商榷，措辞请予
删除。按本厂合同订明有利、机器设备、由其选
为安全，且是否为当事者需补，以不应提
出本章程范围，始不至（编），
按约该项系由其厂付款日期，未加限定外，复
江南工厂借款，则应自二十二年八月十日起，
至二十四年六月一日止，清付，不过为第一期
国军总部未能如期付款，而按商公司亦
未能依照如期完成，计自二十二年八月九
日起至二十五年七月三日止，第一期国军总部

86

先後已付價款法幣507,860.00元，按付款日期匯兌率折合，合法幣504,289.05萬元，前合約定價相較，計只付法幣681,501.95萬元，不過毒氣廠及防毒面具廠機器，迄今未到，仍應扣價法幣84,008.00馬克，若以已完成之工廠計價僅准，實已多付法幣中166,469.05馬克，表列只付價款數目，係毒氣廠防毒面具廠未完成時，尚屬一種或有負債，並非實在負債也（附表一 第十二頁）此外樣舖公司代廣東第二兵工廠墊付

廣州市越華路西南印刷所製

86-1

各项用费（详细数见附表第十二号），计港币一〇、七四八.〇〇元，中查前有五项，有贰项前系呈准在案，亦有由怡和洋行公司接洽办理者，均拟作为付款项处理。至怡和洋行公司团建第二厂，曾向前英国军部领用水泥，值价港币二、八四六.〇〇元（经手）砲厂前借款项港币19,000.00元，以三五四折合港币6,625.28元；（经手建造者）法国技术人员宿舍延期借款项港币10,200.00元，以三五四折合国币6,543.41元；续承建造第一次水塘多领价款港币7,688.00元，拟均作为借款项处理

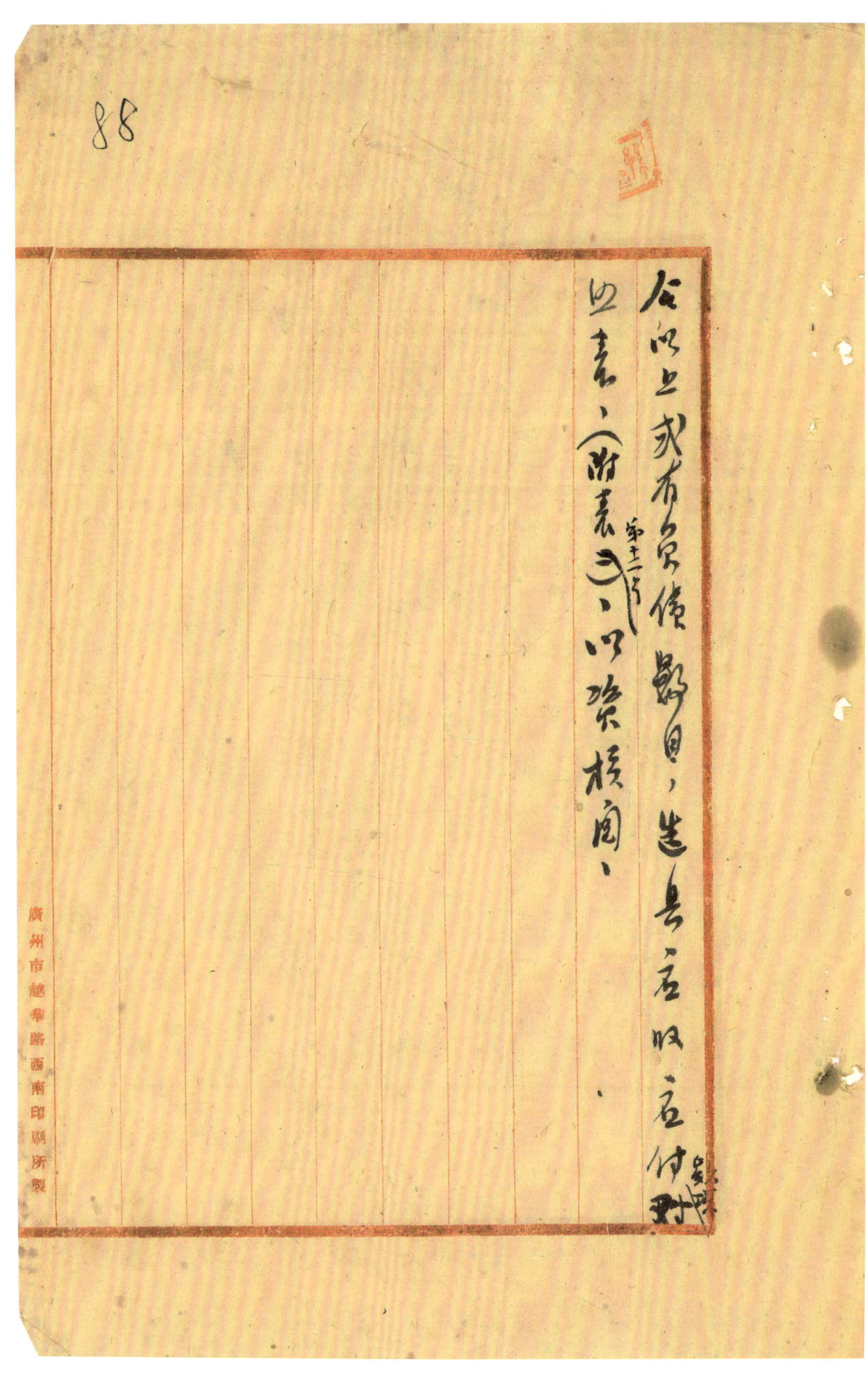

88

合將上述市負債數目，造具存收存付對照表，（附表第十二號）以資核閱，

廣州市越華路西南印刷所製

87

續信

第　頁

俟核以上各項將光南移交各項機器圖樣擇凡上述各種光南承建各廠房之建築
情形暨各光南借欠各款債權各種責集一一列入本會次第接洽接洽之兩
方收支接現在之情況分別加具意見並其未盡完備各點應如何改善之處
職會未便接收擬[struck: 光南本在現在南京國府接收對甘]請由
鈞署就近與光南先生直接辦理以收敏捷之效是否有當伏乞
鈞裁

廣東第二兵器製造廠條箋　月　日

廣州市越華路西南印刷所製

军政部兵工署广东第二兵工厂接收委员会为报送接收广东第二兵器制造厂移交各项清册致兵工署的呈

（一九三七年一月十四日）

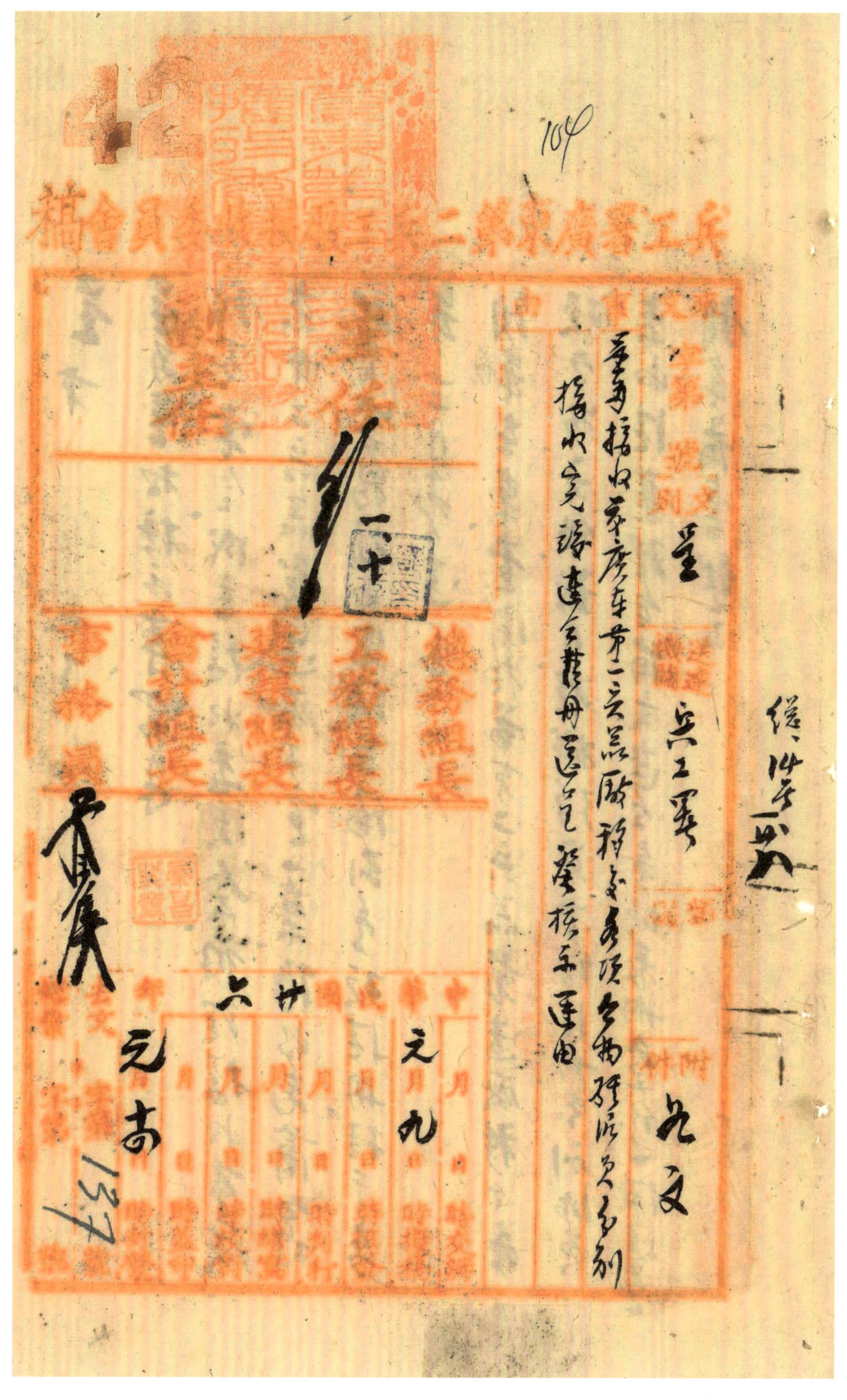

兵工署廣東第二兵器廠接收委員會稿

文別：呈

送達機關：兵工署

附件：如文

事由：呈爲接收廣東第二兵器廠移交各項清冊分別接收完竣造具清冊送呈鑒核示遵由

總務組長　工務組長　建築組長　會計組長　審核處

104-1

呈　字　號

為呈報接收事宜事。竊奉

鈞署電令成立接收委員會辦理接收前廣東第二兵器製造廠事宜一案，除將收竣關於現有案卷接收完竣並編列各項清冊，隨于去年十二月九日送呈

鈞署核在案。查關於前第二兵器製造廠移交各項公物、文件、款目、機械、彈藥等項清冊分別照具，並將清楚，理合備文連同各項表冊各五份一併送呈

鈞鑒備案。謹呈

奉之祗遵譯生

軍政部第二署長前

計呈接收廣東第二兵器製造廠移交職員名冊、機械士兵名冊、各役士兵名冊、文卷清冊、關防印記清冊、傢俬器具清冊、文具清冊、測量儀器清冊、電器材料工具清冊、建築圖底清冊、防疫衛生材料清冊、械彈清冊、僱人傢俬清冊、經費收支四柱清冊、建築工程費收支四柱清冊、守衛營官兵花名清冊、守衛營各項軍記圖書數目清冊、守衛營服裝移交清冊、守衛營械彈移交清冊、守衛營公文數目表冊、守衛營移交各項清冊各二份。

105-1

繕寫
校對
監印

兵工署广东第二兵工厂接收委员会为报编制表致军事委员会广州行营的呈（一九三七年三月六日）

附：广东第二兵工厂接收委员会暂行编制表

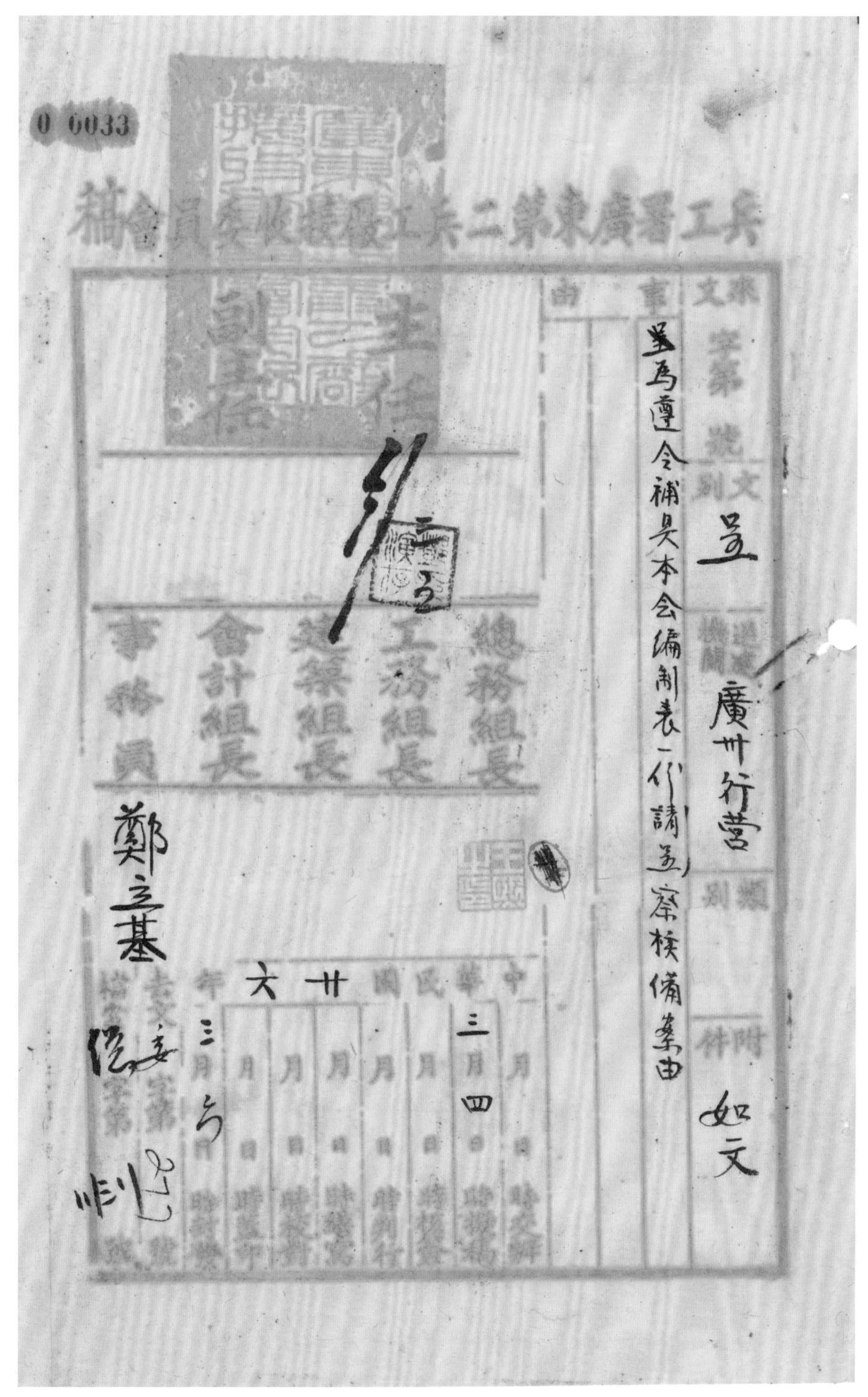
0 0033

兵工署廣東第二兵工廠接收委員會稿

來文	字第　號
文別	呈
送達機關	廣州行營
類別	
附件	如文

事由：呈為遵令補具本会编制表一份請鑒察核備案由

主任　副主任

總務組長　工務組長　建築組長　會計組長　事務員

鄭立基

中華民國廿六年三月四日 擬稿　三月六日 封發

去文字第　號

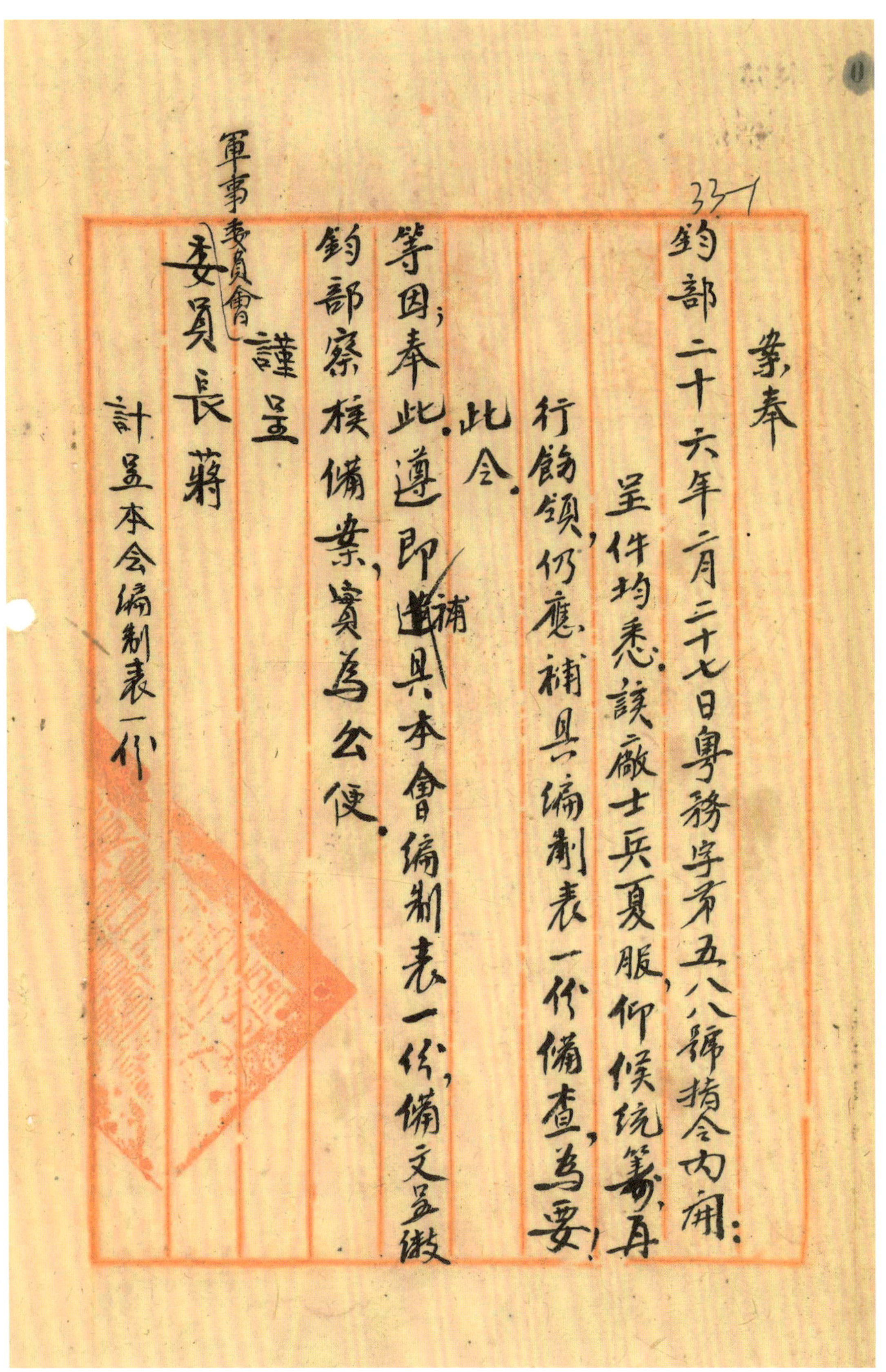

案奉

鈞部二十六年二月二十七日粤務字第五八八號指令內開：

呈件均悉。該廠士兵夏服，仰候統籌，再行飭領，仍應補具編制表一份備查，為要！此令。

等因；奉此，遵即補具本會編制表一份，備文呈繳

鈞部察核備案，實為公便。

謹呈

軍事委員會委員長蔣

計呈本會編制表一份

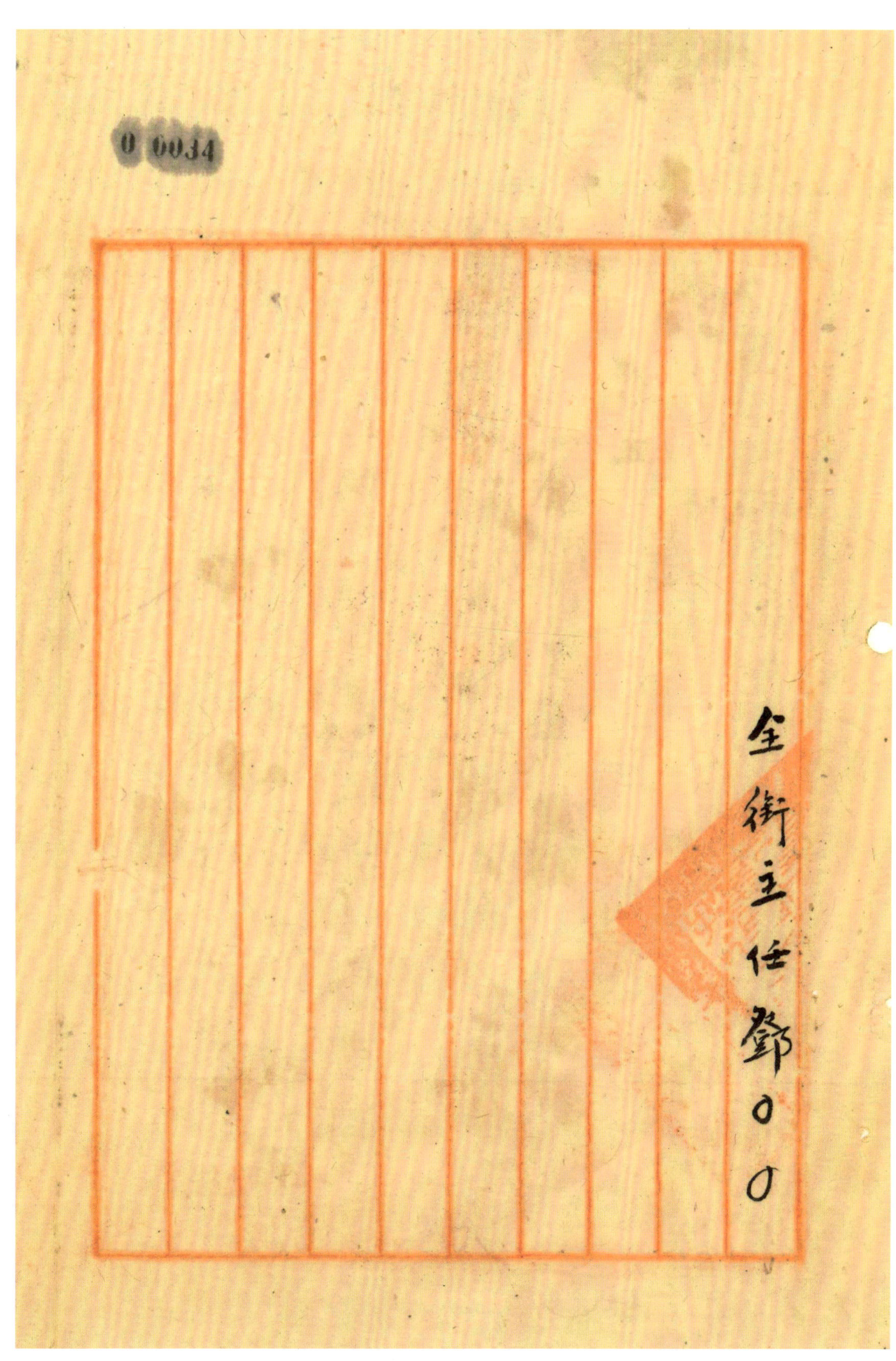
0 0034

全衛主任鄧○○

中華民國廿六年叁月四日
繕寫
校對
監印

廣東第二兵工廠接收委員會暫行編制表

區分	職別	階級	員名額	備考
委員會	主任委員	少將或簡任四級	一	
	副主任委員		一	由兵工署技術司長兼任不支薪
	委員		不定額	由兵工署派不支薪
總	組長	中校	一	
	事務員	少校	一	
		上尉	四	
		中尉	四	
	軍醫	三等軍醫正	一	
		一等軍醫佐	二	
	司藥	三等司藥佐	一	
	書記	同上尉	一	
		同中尉	一	
	司書	同准尉	四	
	傳達士兵	下士	一	
		上等兵	二	

431

務			
看護士兵		中（上）等兵、上士	二、二
公役		二、三、四、五、六等	二、二、九、五、四
炊事兵		上、一、二等兵	一、二、三
警衛本隊	隊長	少校	一
	隊附	上尉	一
	副官	中（少）尉	一
	軍需	（三）等軍需佐	一
	軍醫	（三）等軍醫佐	一
	書記	同中（少）尉	一
	文書軍士	同上士	一
	軍需軍士	上士	一
	司務軍士	中士	一

0 0044

部			
職別	階級	人數	
看護士兵	中(下)士、上等兵	一、二	
傳達士兵	下士、上一等兵	一、二、二	
炊事兵	上一等兵	一、一	
小計	官佐、士兵	六、一三	

各中隊（三中隊）		
職別	階級	人數
中隊長	上尉	一
分隊長	中少尉	一、二
特務長	准尉	一
文書軍士	同上士	一
號兵	上等兵	二
班長	中下士	三、六
列兵	上一二等兵	一八、三六、五四
炊事兵	上一二等兵	一、二、四
小計	官佐、士兵	五、一二七

66-1

組隊	職別	官等（階級）	員額	備考
合計		官佐	二一	全隊計分三中隊，每中隊分三分隊，每分隊分三班，每班以班長一名、上等兵二名、一等兵四名、二等兵六名編成之
		士兵	三九四	
工務組	組長	薦任五級至三級	一	如由兵工署派員兼代不另支薪
	技術員	委任一級至薦任五級	二	同右
		委任三級至一級	八	同右
		委任五級至三級	五	同右
		委任十級至五級	一一	同右
	事務員	上尉	二	同右
		中（上）（少）尉	八	同右
	繪圖員	委任十二級至八級	五	同右
建築組	組長	薦任六級至四級	一	同右
	技術員	委任二級至薦任六級	一	同右
		委任五級至三級	二	同右
	監工員	委任十二級至八級	二	同右

組別	職別	官等	員額	備考
組	繪圖員	委任十二級至八級	一	同右
會計組	組長	委任三級至一級	一	同右
	會計員	委任八級至四級	一	同右
		委任十級至七級	二	同右
	司書	同准(少)尉	二	
總計	官佐		九八	
	士兵		四二九	
附記				

兵工署广东第二兵工厂接收委员会为办理结束造具移交清册致军政部广东第二兵工厂的咨文（一九三七年五月三十一日）

11-1

兵工署廣東第二兵工廠接收委員會　咨

總　字第535號

為咨移事：：本年五月十七日，奉

兵工署造（六）甲字第2799號訓令開：

案奉委員長本年三月艷侍參杭電令調任本署技術司司長江杓為

廣東第二兵工廠廠長飭即尅日赴粵就職並以該員調充本署兵工研究委員等

因復奉軍政部二十六年五月七日總信（人）字第一七三零號令發委令二件下署除分

令外合行檢同原件令仰遵照祗領並將該會各項事務迅即分別結束移交具

報。此令。

等因，附發委令乙件；奉此，當經遵照將本會各項事務結束，除本會經常，臨時，建築各費收支數目，另案移交呈報，面具廠，藥廠因格蘭公司尚未移交，行軌汽車因未驗收，均未列冊移交外，相應將本會人員，鈐記，卷宗，未辦文件，及機器，儀器，材料，圖籍，建築物，械彈，服裝，暨一切傢俬，器具等，分別造具移交清冊三十六種，隨文咨送

貴廠長查核，按冊點收，接管，並請給回交代清結證明書，以便轉呈備案，至級公誼。

此咨

廣東第二兵工廠廠長江

附官兵花名移交清冊一份

印信圖記移交清冊一份

印信　壹顆

砲彈廠引信部工具儀器樣板移交清冊一份。

砲彈廠彈頭部工具儀器樣板移交清冊一份。

12-1

各種証章移交清冊一份　打鉄廠工具儀器移交清冊一份

車船票移交清冊一份　砲廠工具儀器樣板移交清冊一份

武器彈葯移交清冊一份　治療所衛生器材移交清冊一份

機器移交清冊一份　各種建築圖表移交清冊一份

圖説移交清冊一份　建築材料移交清冊一份

物料庫材料移交清冊一份　測量用具移交清冊一份

動力廠儀器材料移交清冊一份　本會傢俬器具移交清冊一份

工具廠儀器樣板移交清冊一份　德員宿舍傢俬器具移交清冊一份

木工廠工具儀器移交清冊一份　被服裝具移交清冊一份

砲彈廠銅売部工具儀器樣板移交清冊一份　文具移交清冊一份

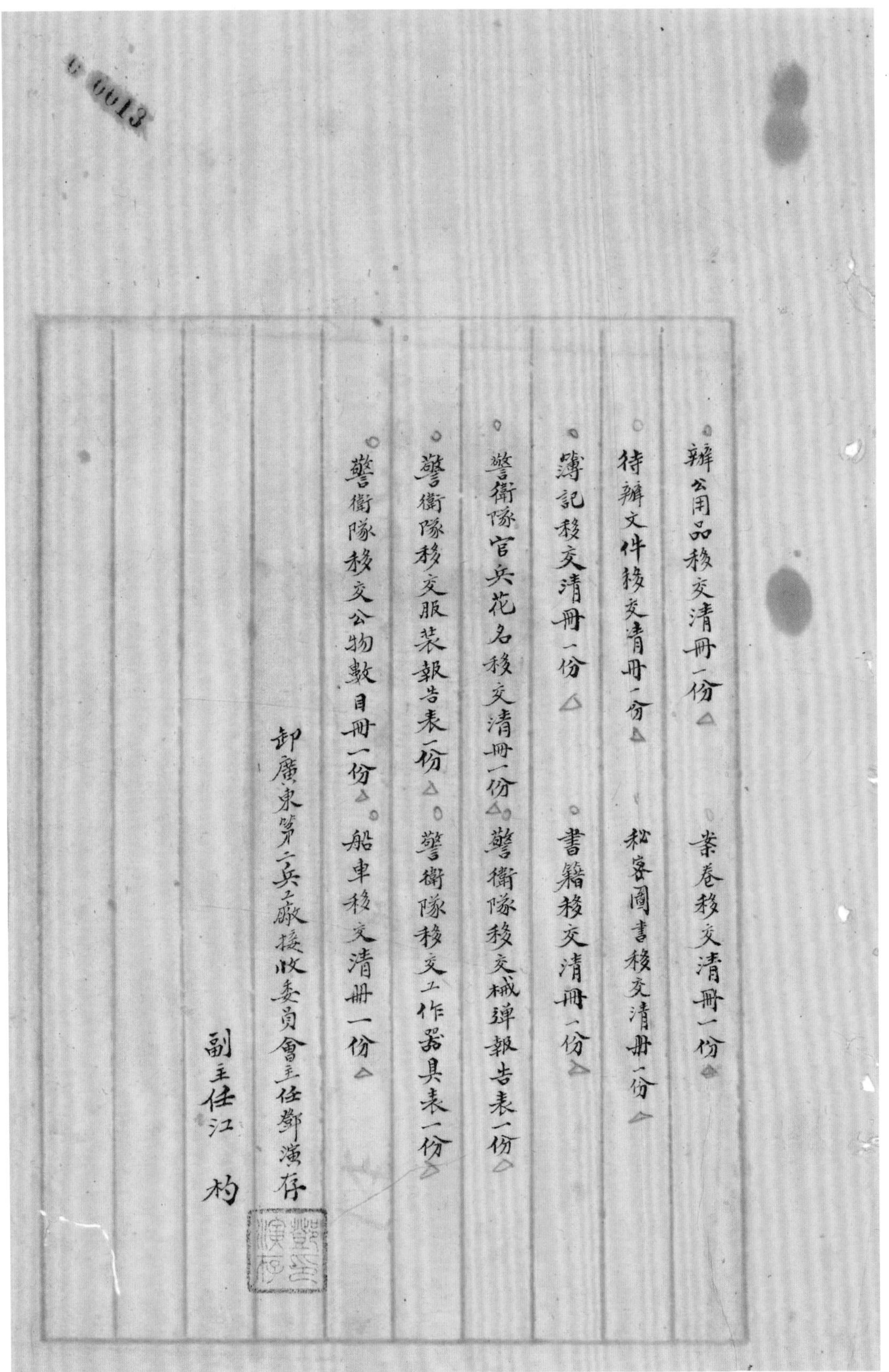

辦公用品移交清冊一份　　案卷移交清冊一份

待辦文件移交清冊一份　　秘密圖書移交清冊一份

簿記移交清冊一份　　書籍移交清冊一份

警衛隊官兵花名移交清冊一份　　警衛隊移交械彈報告表一份

警衛隊移交服裝報告表一份　　警衛隊移交工作器具表一份

警衛隊移交公物數目冊一份　　船車移交清冊一份

前廣東第二兵工廠接收委員會主任鄧演存

副主任江杓

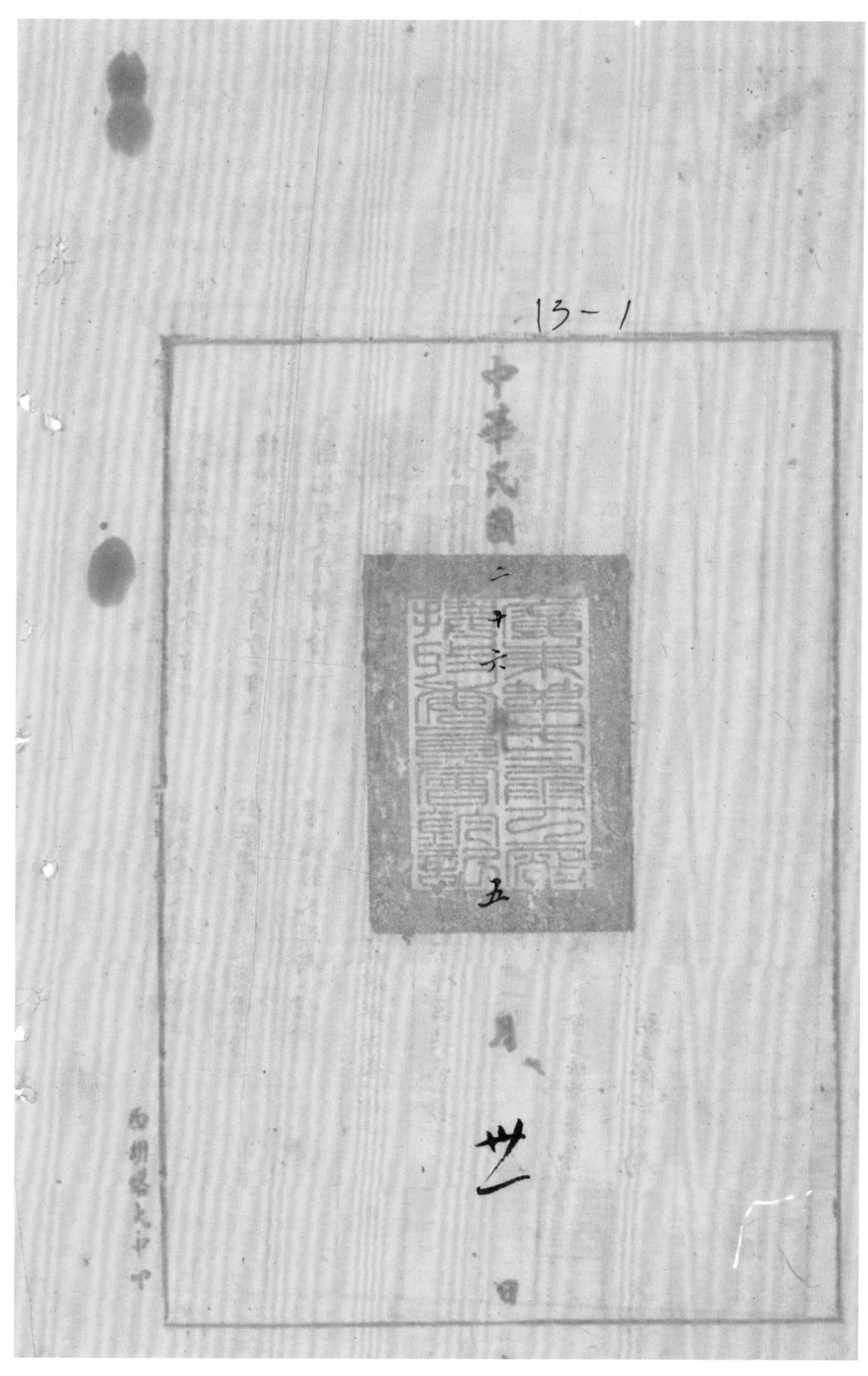
13-1
中華民國二十六年五月廿二日

军政部兵工署广东第二兵工厂先行到差职员名册（一九三七年六月十六日）

軍政部兵工署廣東第二兵工廠先行到差職員名冊

借印

軍政部兵工署廣東第二兵工廠先行到差職員名冊

職務	階級	姓名	薪額	到差日期	備考
廠長	簡任五級	江杓	四四〇 〇〇	五月十六日	
秘書	同上校	翁聯桂	二四〇 〇〇	六月一日	
仝上	同中校	李昌基	一七〇 〇〇	六月八日	
秘書室事務員	同上尉	周瑛	八〇 〇〇	五月十六日	
仝上	同上尉	馬季魯	八〇 〇〇	六月一日	
仝上	同中尉	吳平俟	六〇 〇〇	六月一日	
仝上	同少尉	容伯常	四二 〇〇	六月一日	
仝上	同少尉	陸淞安	四二 〇〇	六月一日	

廣州市越華路西南印刷所製

41-1

秘書室司書	同准尉	鍾澄波	三二	〇〇	六月一日	
出納室事務員	同少校	張亞飛	一三五	〇〇	五月十六日	
庶務室主任	同少校	徐鑑泉	一三五	〇〇	五月十六日	
庶務室事務員	同上尉	喻義	八〇	〇〇	六月一日	
仝上	同中尉	王有慶	六〇	〇〇	六月一日	
仝上	同中尉	周金沛	六〇	〇〇	六月一日	
仝上	同中尉	王耀武	六〇	〇〇	六月一日	
稽查室主任	同中校	王熙	一七〇	〇〇	六月一日	
職工福利處處長	荐任四級	梁步雲	二八〇	〇〇	五月十六日	
職工福利處醫院醫師		李葶芳	二五〇	〇〇	六月一日	兼代院長

42

職別	官等	姓名	薪額		到職日期	備考
職工福利處醫院藥劑師		李樹芳	一三〇	〇〇	六月一日	
職工福利處醫院護士		郭金華	四〇	〇〇	六月一日	任司葯工作
職工福利處事業課課員	委任六級	廖威	一〇〇	〇〇	六月九日	
職工福利處事業課事務員	委任十級	梁沛之	六〇	〇〇	六月一日	
職工福利處訓育課課員	委任十一級	李大觀	五〇	〇〇	六月一日	
會計處簿記課課員	委任十二級	張性榮	四〇	〇〇	六月一日	
會計處簿記課司書	公少尉	譚濂	四二	〇〇	六月一日	
會計處審核課課員	委任十級	胡國材	六〇	〇〇	六月一日	
會計處審核課司書	同准尉	鄭玉麟	三二	〇〇	六月一日	
會計處工薪計核課課員	委任十級	姚鴻治	六〇		六月八日	調出納室工作

廣州市越華路西南印刷所製

42-1

職別	官等級	姓名			日期	備考
工務處處長	薦任三級	李式白	三一〇	〇〇	五月十六日	
工務處製砲所主任	薦任四級	關若珍	二八〇	〇〇	六月一日	
工務處工程師	薦任三級	李錚	三一〇	〇〇	六月一日	
工務處鍛工所主任技術員	薦任六級	張式齡	二二〇	〇〇	六月一日	
工務處事務課課員	同上尉	馮磯堅	八〇	〇〇	六月一日	
工務處事務課司書	同准尉	李陵溪	三二	〇〇	六月一日	
工務處工程師室繪圖員	委任八級	賈桂生	八〇	〇〇	六月九日	調彈夾所服務
工務處工程師室司書	同少尉	田廣彰	四二	〇〇	六月一日	
工務處繪[illegible]員	委任十二級	陳錦坤	四〇	〇〇	六月一日	
仝上	委任十二級	林[illegible]明	五〇	〇〇	六月一日	

43

工務處繪圖員	委任八級	董謙	八〇〇〇	六月一日
仝上	委任十級	吳學志	六〇〇〇	六月一日
工務處工具樣板所技術員	委任六級	郝藎臣	一〇〇〇〇	六月九日
仝上	委任六級	王運豐	一〇〇〇〇	六月一日
工務處彈夾所技術員	委任六級	劉天威	一〇〇〇〇	六月一日
工務處彈夾所事務員	同少尉	何漪	四二〇〇	六月一日
工務處木工所技術員	委任六級	侯從孔	一〇〇〇〇	六月一日
工務處水電所技術員	委任八級	楊一儂	八〇〇〇	六月一日
工務處製砲所司書	同准尉	梁德馨	三二〇〇	六月一日
材料保管科科員	同上尉	關式度	八〇〇〇	六月一日

三

廣州市越華路西南印刷所製

43-1

材料庫庫員	同上尉	程志濂	八〇	〇〇	六月一日	暫在零件庫服務
軍械庫庫員	同少尉	李逢源	四二	〇〇	六月一日	
理化試驗室主任技術員	薦任四級	何家俊	二八〇	〇〇	六月一日	暫代檢驗科長
工務處工程師	薦任五級	潘尹	二五〇	〇〇	六月一日	暫代採購科長
採購科科員	委任六級	周慶超	一〇〇	〇〇	六月九日	
地產科土木工程室技術員	委任五級	吴錦疇	一二〇	〇〇	六月一日	
仝上	委任八級	秦庚春	八〇	〇〇	六月一日	
地產科土木工程室繪圖員	委任十級	鄭文驥	六〇	〇〇	六月一日	
地產科科員	委任十一級	何尚志	五〇	〇〇	六月一日	
警衛隊隊長	少校	林竹錡	一三五	〇〇	六月一日	

警衛隊隊附	上尉	劉漢光	八〇〇〇	六月一日
警衛隊副官	中尉	區耀南	六〇〇〇	六月一日
警衛隊軍需	二等軍需佐	鄭佳士	六〇〇〇	六月一日
警衛隊軍醫	一等軍醫佐	盧起濤	八〇〇〇	六月一日
警衛隊書記	同中尉	吳寶森	六〇〇〇	六月一日
警衛隊中隊長	上尉	關文標	八〇〇〇	六月一日
仝上	上尉	蔡琳	八〇〇〇	六月一日
仝上	上尉	高劍	八〇〇〇	六月一日
警衛隊分隊長	中尉	劉全玖	六〇〇〇	六月一日
仝上	中尉	鄔玉琛	六〇〇〇	六月一日

四

廣州市越華路西南印刷所製

45-1

仝上	中尉	張恕達	六〇	〇〇	六月一日
仝上	少尉	王耀光	四二	〇〇	六月一日
仝上	少尉	陳金生	四二	〇〇	六月一日
仝上	少尉	潘有望	四二	〇〇	六月一日
仝上	少尉	吴貴山	四二	〇〇	六月一日
仝上	少尉	林天任	四二	〇〇	六月一日
仝上	少尉	徐福	四二	〇〇	六月一日
警衛隊特務長	准尉	林泰年	三二	〇〇	六月一日
仝上	准尉	鄧競良	三二	〇〇	六月一日
仝上	准尉	唐天駒	三二	〇〇	六月一日

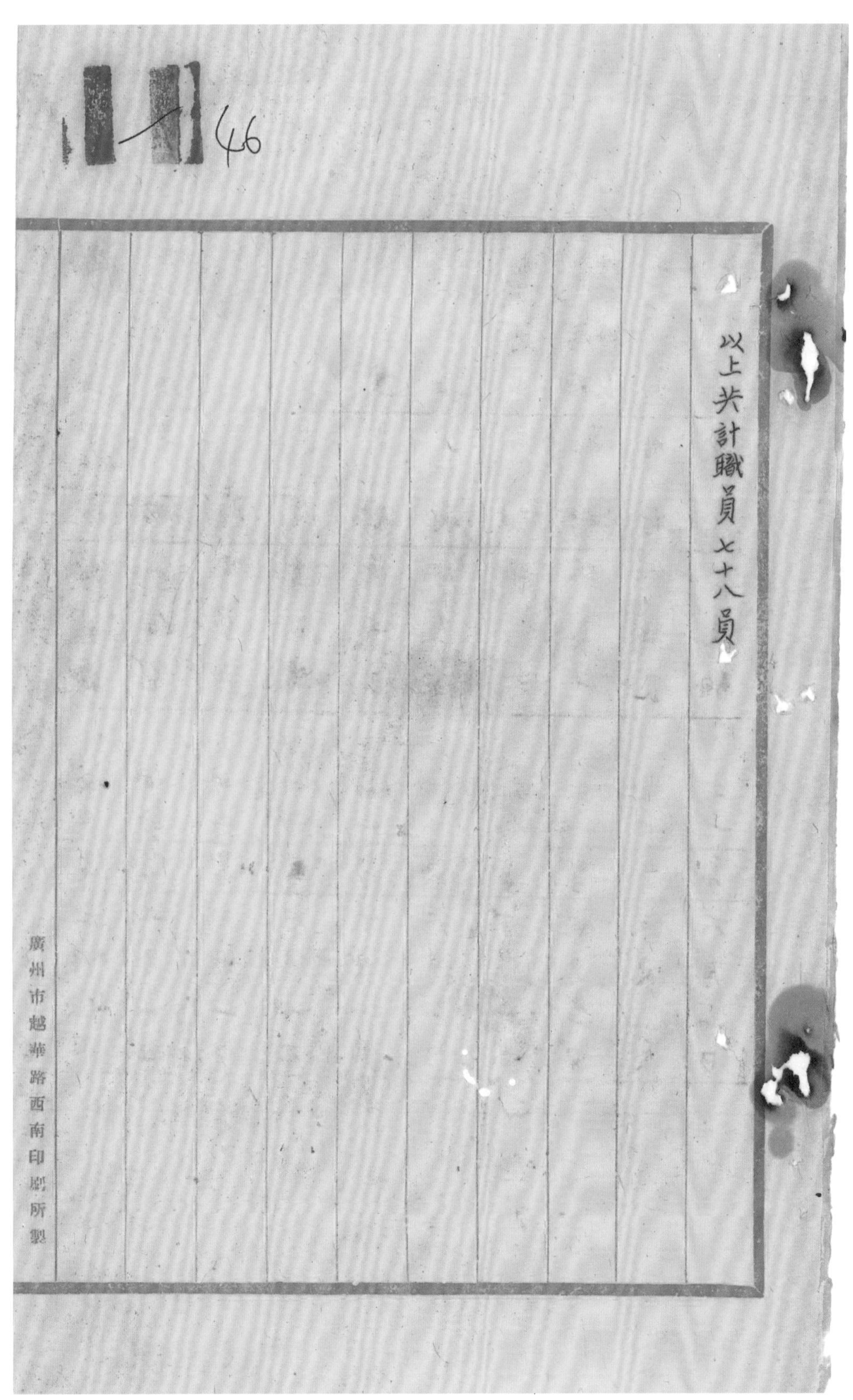

以上共計職員七十八員

廣州市越華路西南印刷所製

112

(47)

軍政部兵工署廣東第二兵工廠廠長江杓

借印

中華民國二十六年六月十六日

廣州市越華路西南印刷所印

江杓为报告就任广东第二兵工厂厂长日期致军事委员会委员长广州行营的呈（一九三七年六月）

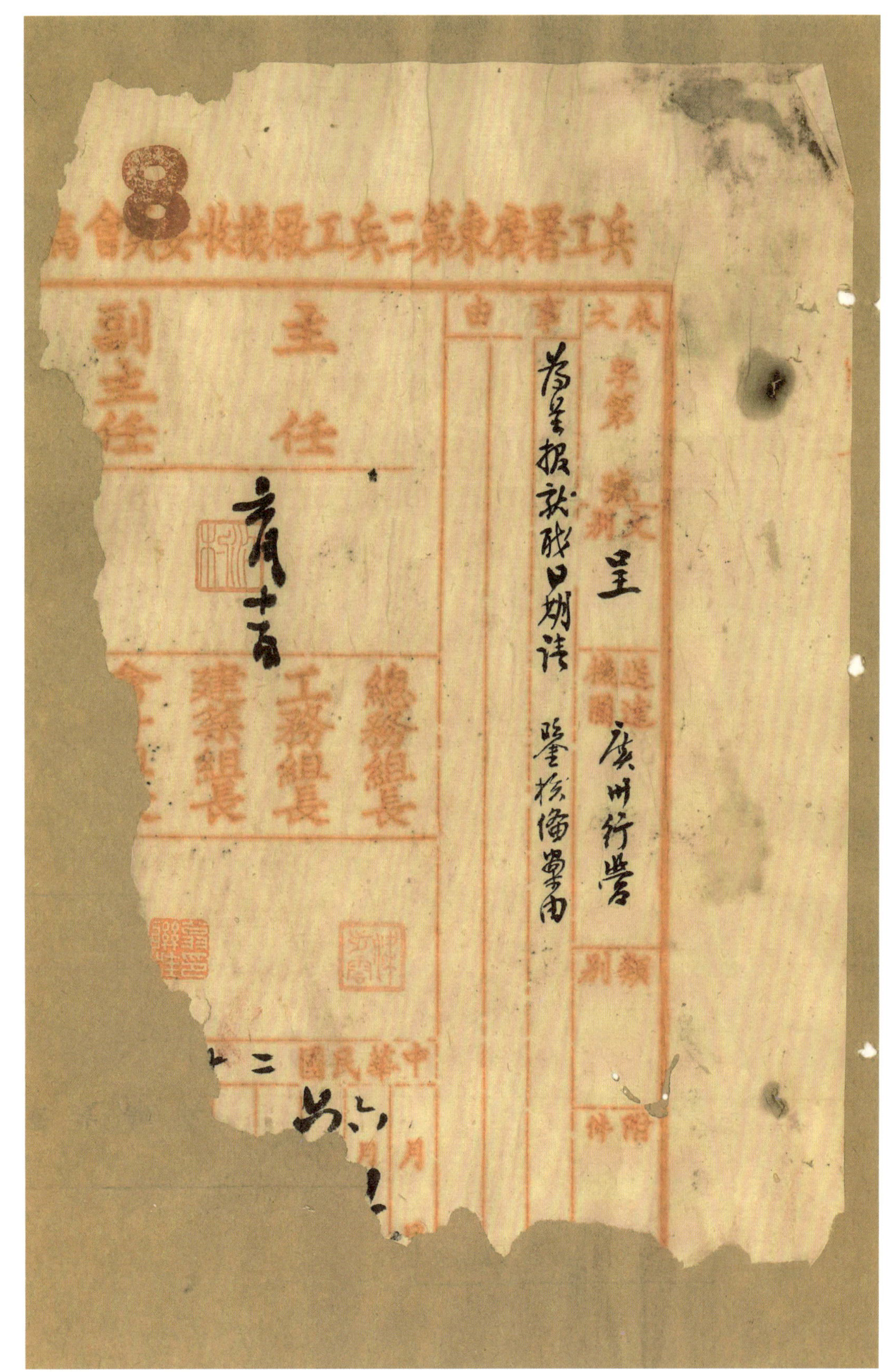

兵工署廣東第二兵工廠接收委員會

来文 字第 號 來文

事由 為呈報就職日期請鑒核備案由

呈 廣州行營

中華民國二十六年六月

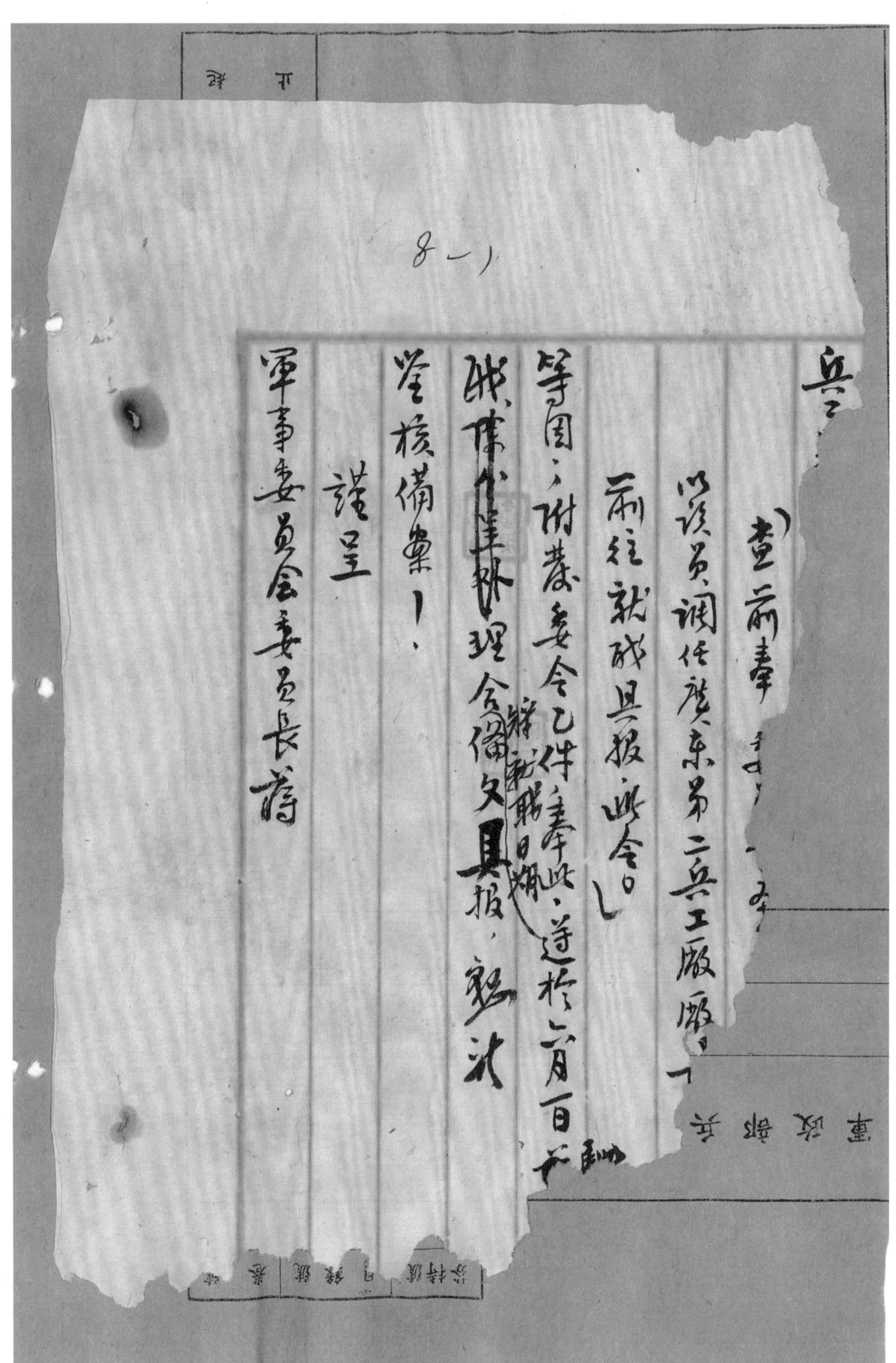

8-1

兵工署……

查前奉……

以該員調任廣東第二兵工廠廠……

前往就職具報，此令！

等因；附發委令乙件，奉此，遵於六月一日蒞職。

職……理合將就職日期備文具報，懇祈

鑒核備案！

謹呈

軍事委員會委員長蔣

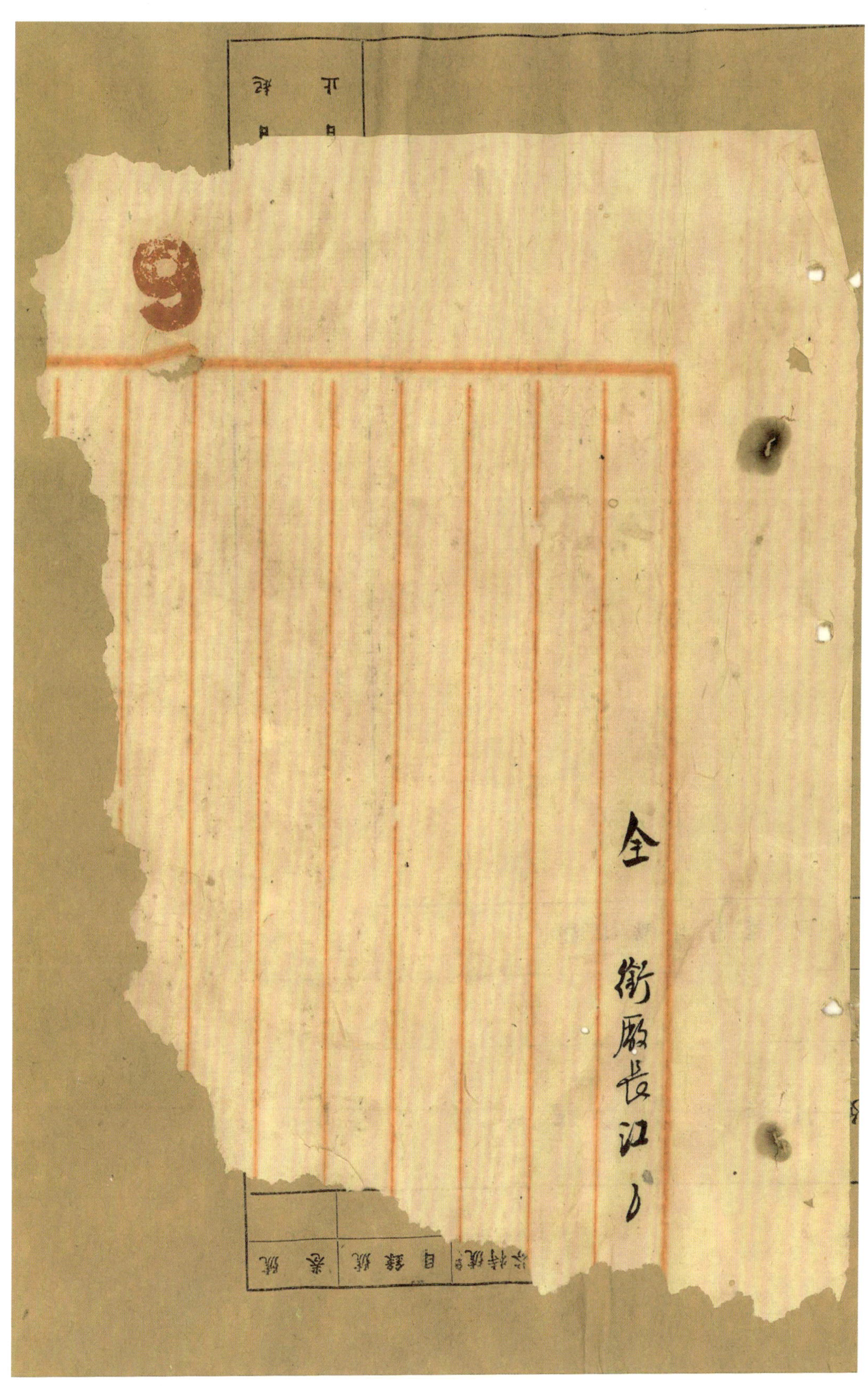

全

衛廠長江ノ

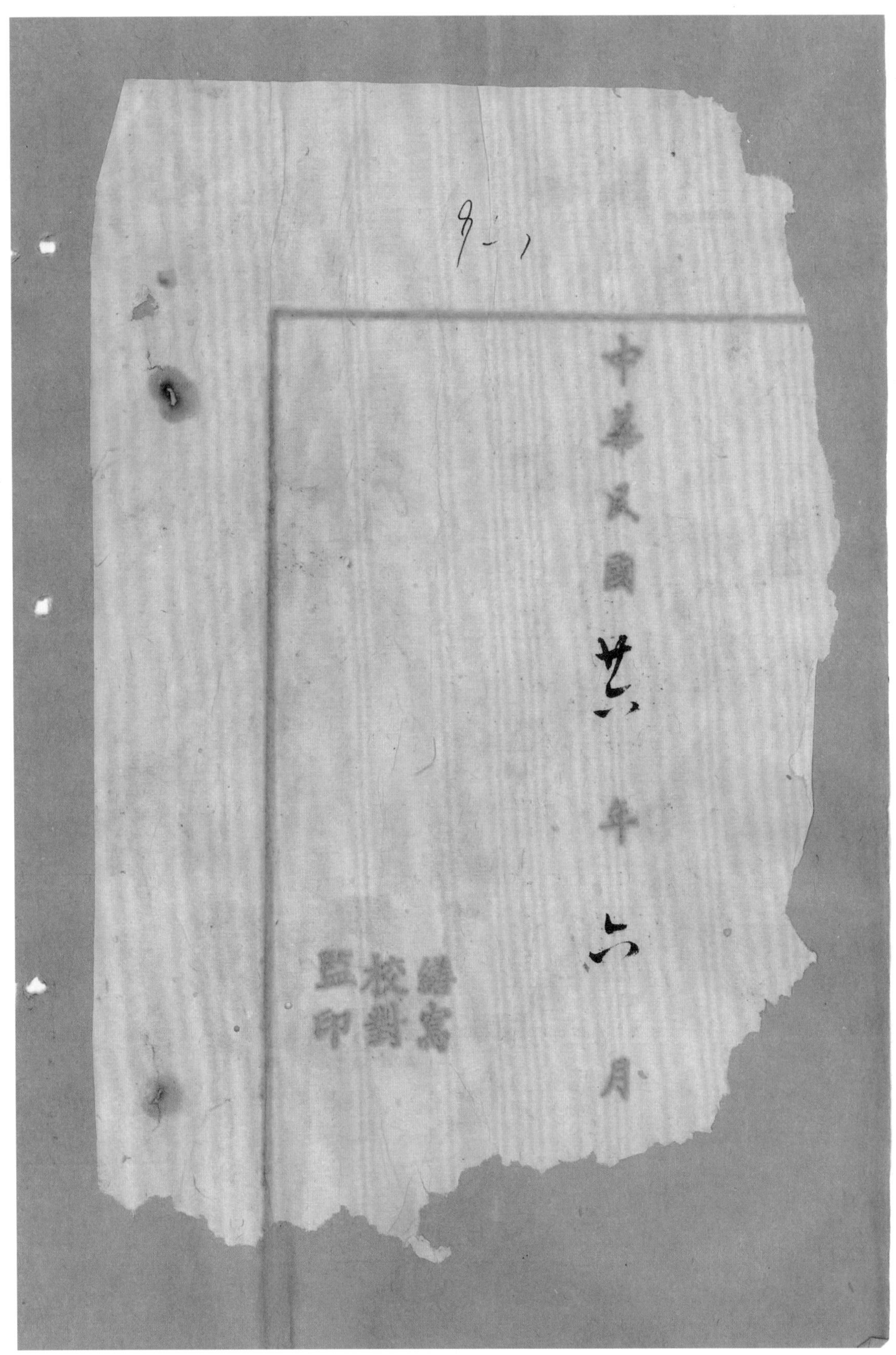
9-1
中華民國廿八年六月
繕寫
校對
監印

军政部兵工署关于颁发广东第二兵工厂关防小章的训令（一九三七年七月五日）

20

軍政部兵工署訓令

事由	擬辦	決定辦法	備考
具报由 為轉發廣東第二廠關防小章各一顆仰祗領	擬呈復 七、十九	存，並定於八月一日啟用 七十九	

中華民國廿六年七月拾九日收到

收文文字第459號

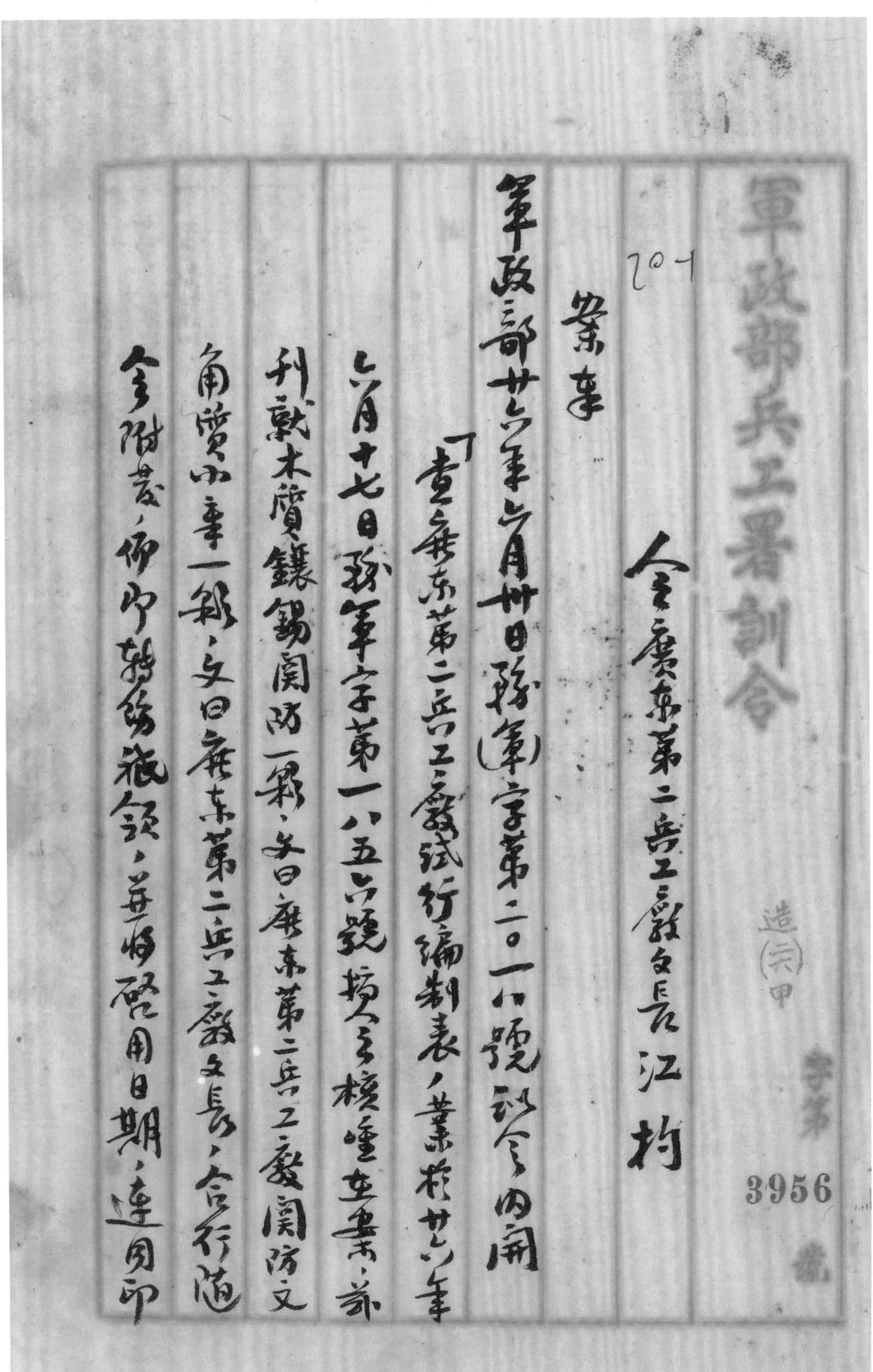
軍政部兵工署訓令

造（六）甲 字第3956號

201

令廣東第二兵工廠廠長江杓

案奉

軍政部廿六年六月卅日辦（軍）字第二〇一八號訓令内開：

「查廣東第二兵工廠試行編制表一案，業於廿六年六月十七日辦軍字第一八五六號指令核准在案。茲刊就木質鑲錫關防一顆，文曰『廣東第二兵工廠關防』，角質小章一顆，文曰『廣東第二兵工廠廠長』，合行隨令附發，仰即轉飭祗領，並將啓用日期連同印

模具报备查。

等因。合行检同原件随令附发，仰即遵照祗领，并将启用日期连同印模二分具报，以凭存转。再，换发前接收委员会钤记併仰截角缴销。此令。

计发关防小章各壹颗。

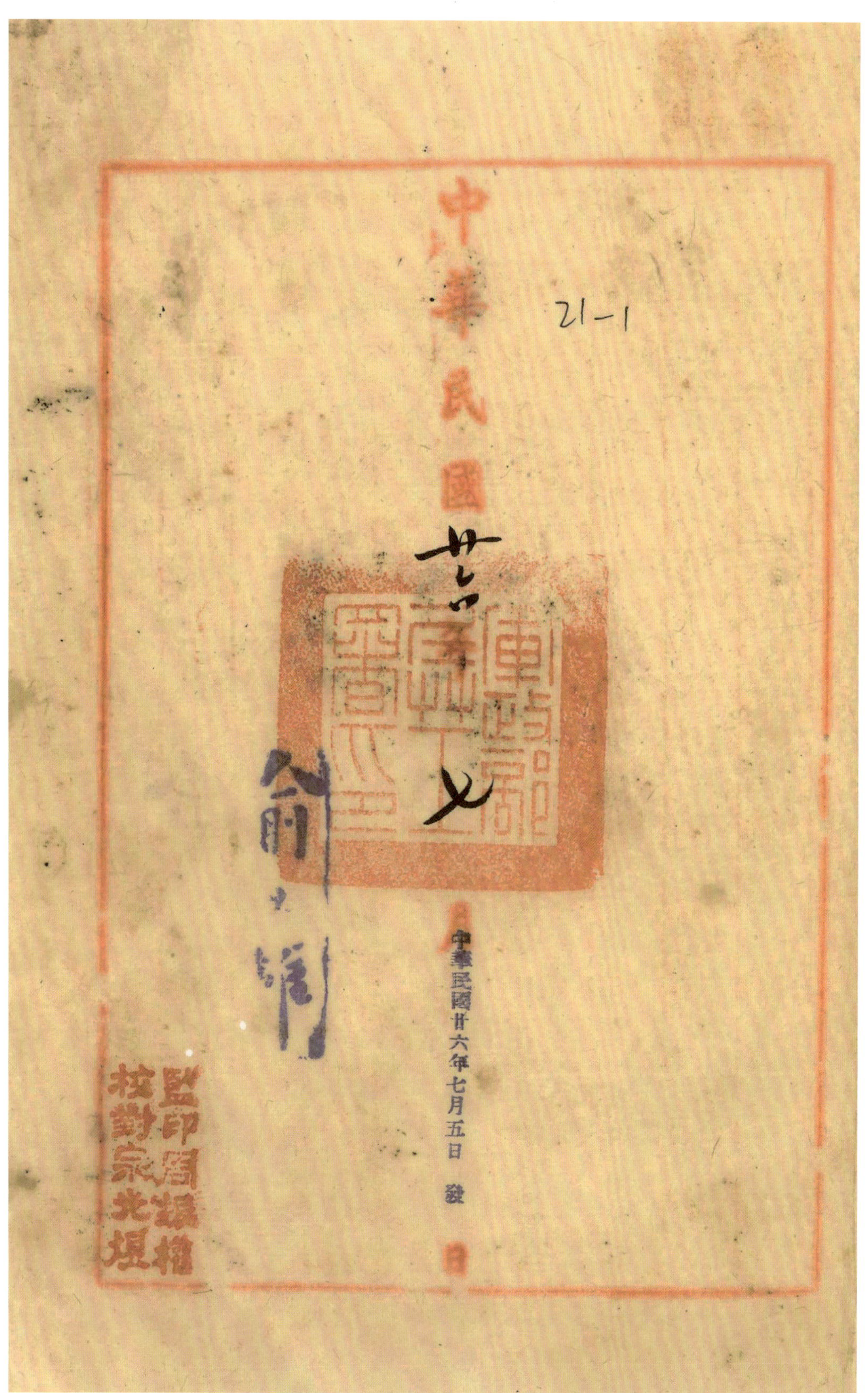
中華民國廿六年七月五日發

監印周振楷
校對永兆坦

军政部广东第二兵工厂为启用关防小章日期致兵工署的呈（一九三七年八月二日）

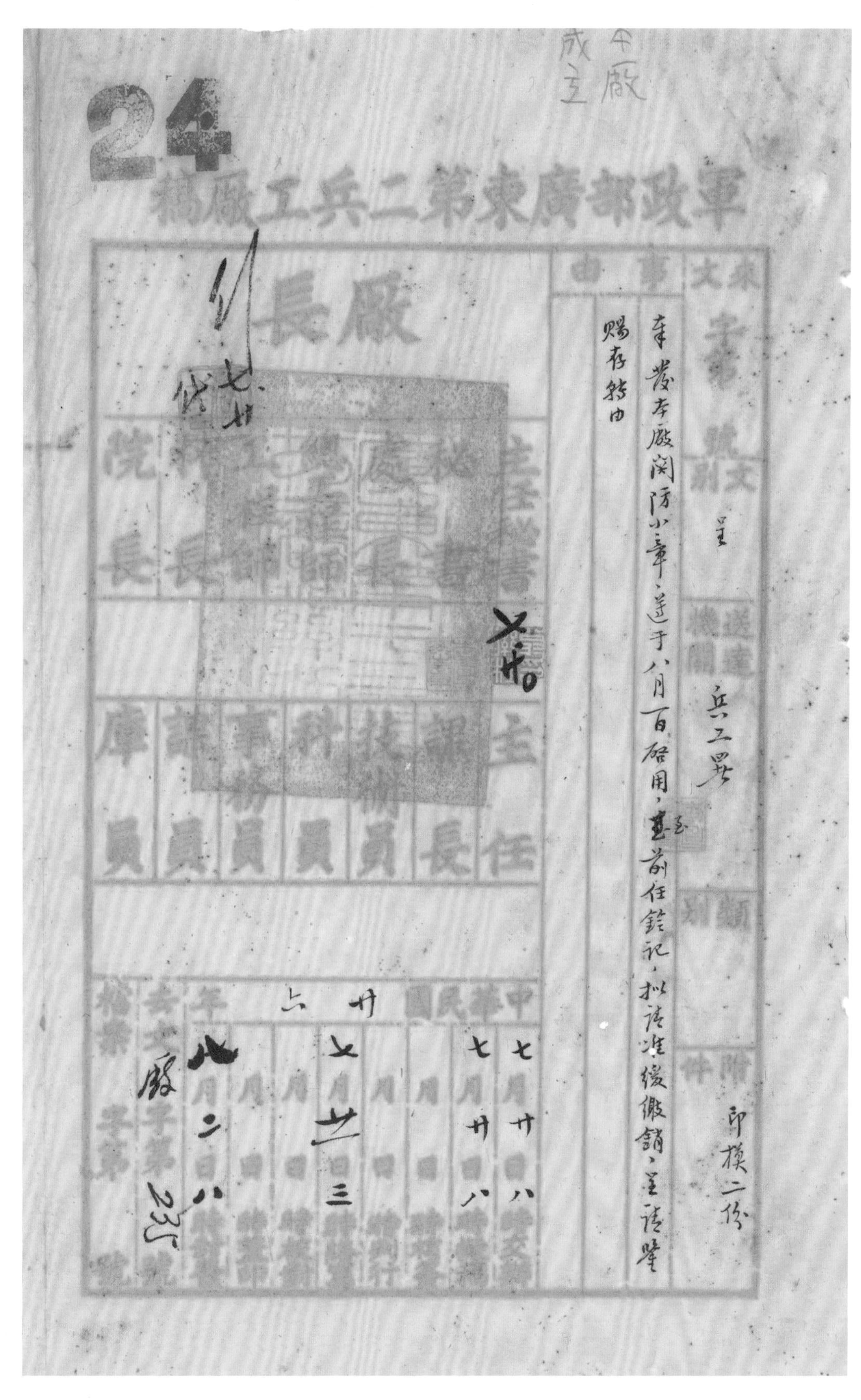

24

軍政部廣東第二兵工廠稿

廠長

事由：奉發本廠關防小章，遵于八月一日啟用，連前任鈐記，擬請准後繳銷，呈請鑒賜存轉由

文別：呈

送達機關：兵工署

附件：印模二份

中華民國廿六年

七月廿八日

七月廿八日

七月廿三日

八月二日

24-1

呈

案奉

鈞署造（六）甲字第三九五六號訓令節開：

「奉

軍政部二十六年六月卅日務（軍）字第二零一八號訓令，以刊就木質鑲錫關防一顆，文曰：廣東第二兵工廠關防。又角質小章一顆，文曰：廣東第二兵工廠廠長。合行隨令附發，仰即轉飭祗領，並將啓用日期連同印模具報備查。等因，合行檢同原件隨令附發，仰即遵照祗領，並將啓用日期，連同印模二份具報，以憑存

轉：再該廠前接收委員會鈐記，併仰截角繳銷。等因；奉此。遵於本年八月一日將奉頒之關防小章一併啓用。至前接收委員會鈐記，以前任關於會計部分，尚未移交清楚，有時仍需啓用，擬請俟前任移交手續完備後，再行截角繳銷。除分別呈函知外，理合將啓用關防日期，及前任鈐記，擬請准緩繳銷緣由，連同印模二份，備文呈請

鑒賜存查，實爲公便。

謹呈

兵工署署長俞

全銜汪〇

計附呈關防小章印模式份

军政部兵工署关于广东第二兵工厂编制的训令（一九三七年八月十三日）

附：广东第二兵工厂暂行编制

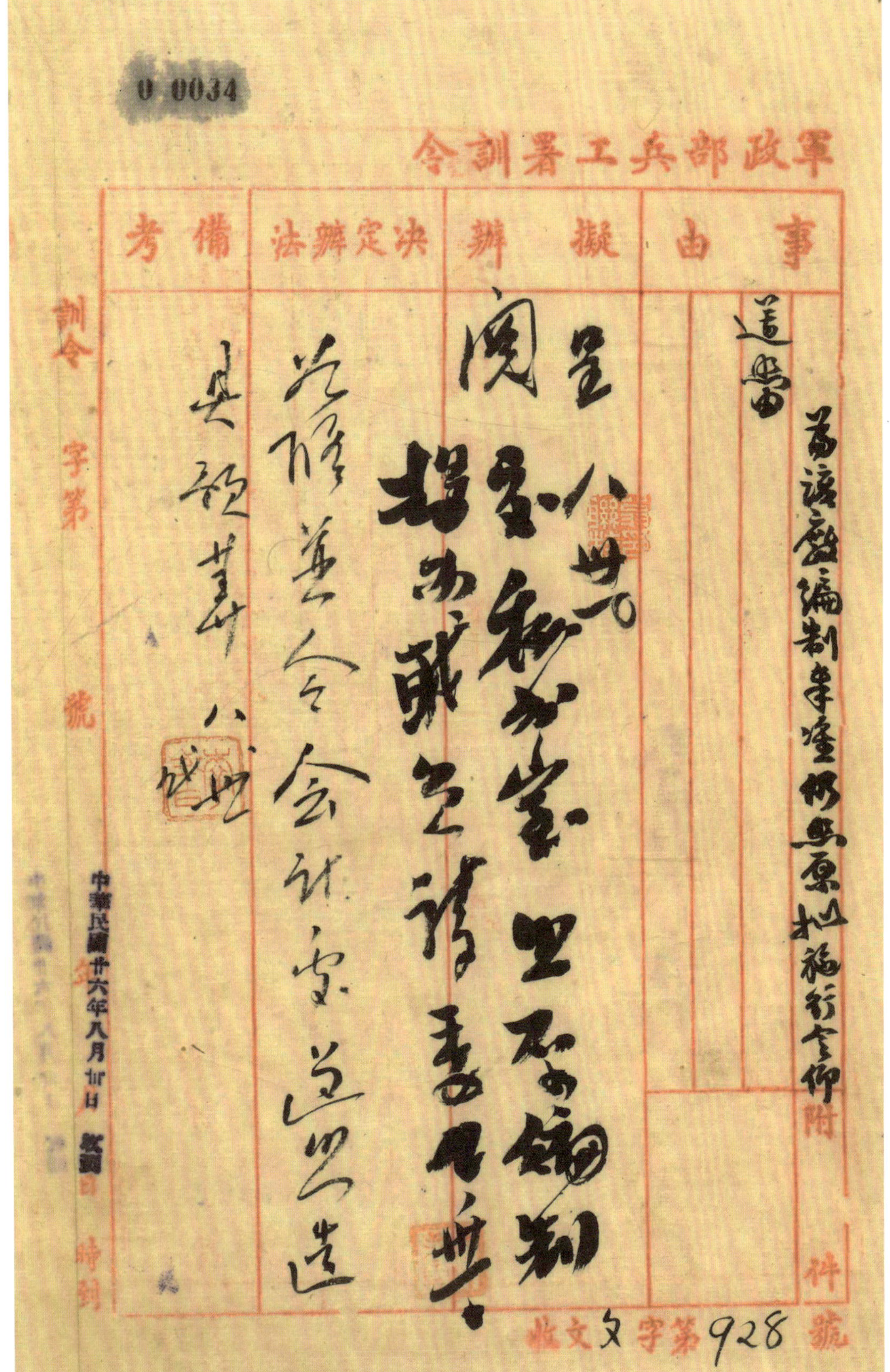

0 0034

軍政部兵工署訓令

事由	擬辦	決定辦法	備考

訓令 字第 號

收文字第928號

中華民國廿六年八月廿日收到

軍政部兵工署訓令

造(卅)甲字第4862號

令廣東第二兵工廠廠長江杓

查本署呈請將該廠編制照原擬全部予以施行一案，經奉

軍政部卅二年四月十日務(軍)字第二七零一號指令內開：

「呈悉。准予按照原擬編制表施行，惟原表中所列之新生活糾察委員會、無線電台、俱樂部及消費合作社等，應由該廠自行設置其經

屬列入編制之內，又查該廠所需之無線電台，業已由部另行派往，原表中所列之無線電台編制亦應刪除，除分別呈報令行外，仰即轉飭遵照」。

等因，合行令仰遵照。此令。

中華民國廿六年八月　日

中華民國廿六年八月十三日發

軍政部印

兪大維

監印周振權
校對宗允堤

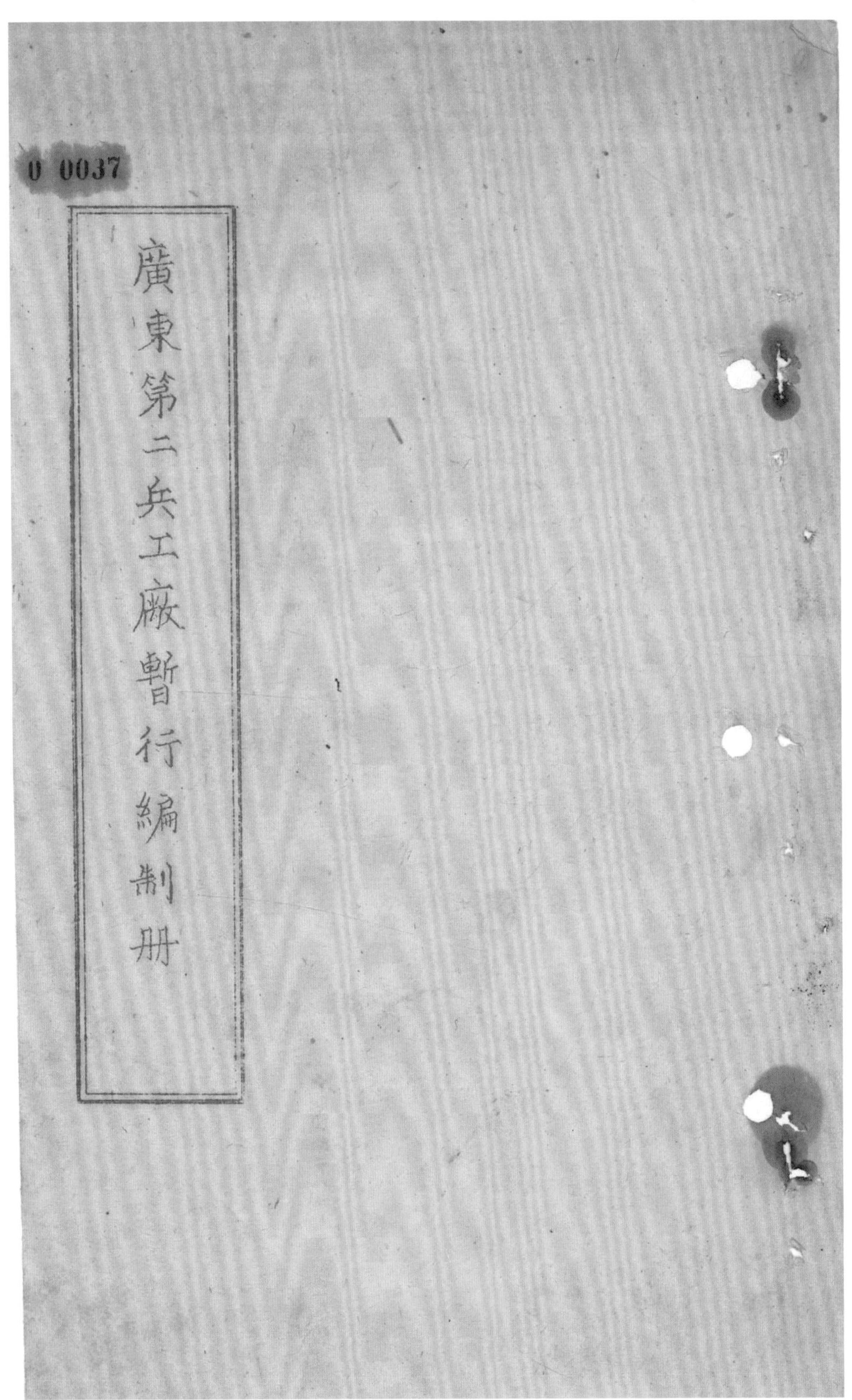

0 0037

廣東第二兵工廠暫行編制册

0 0038

廣東第二兵工廠暫行編製

二十六年八月三十日奉 兵工署造(天)甲字四八六二號訓令轉奉 軍政部八月十日務(軍)二之〇二号指令核准

職別	階級	員額	備攷
廠長	簡任五級至四級	一	
廠長秘書室			
主任秘書	薦任四級至簡任六級	一	秉承廠長處理事務於廠長離職時為代理職務之人
秘書	薦任六級至二級	一	主持本室事務
	同上校 中校	一 一	辦理文電之核擬
事務員	同中(少)校 上尉	一 三	辦理全廠職員人事
	同中(少)校	三	一、司檔案 一、司收發 一、典守印信
	同中尉	三	譯電一、中西文打字各一
	同少(准)尉	八	繕校文稿

381

辦公			
出納室			
出納主任	同中校	一	一主持本室事務
事務員	同少校 上尉	一 一	一辦理銀錢出納準備及發放薪餉等事
	同上尉 中尉	一 一	一、登記出納日記帳及銀行往來帳 一、編製有關出納表冊
	同少（准）尉	二	結算職員工人薪餉
庶務室			
庶務主任	同中校	一	主持本室事務
事務員	同（少校）上尉	一	一辦理交際應接事項
	同中（上）尉	三	辦理材料成品之廠外運輸事項以軍事學校出身人員任用之
	同少（准）尉	二	一司物品工役之管理 一辦理雜務
稽查			
稽查主任	上校	一	檢查及登記全廠職工進出廠時間、檢查及登記各廠門物品材料之出入、兼司各工作
稽查員	上尉 少尉	二—五 一〇—一五	秘密製造所之門警、維持廠內（廠房以外）秩序 兼負防備偵探間諜等任務稽查員

單位		職別	官等	員額	備考
廳	室	文書軍士	同上士	二	以學憲二界出身品學兼優者任之兼辦防空事宜
	無線電台	報務主任	少校	一	由部派往，應予刪除
		報務員	上尉	二	
	印刷工場	技術員	委六級至三級	一	本廠距離廣州甚遠、全廠所需印刷品、均擬由本工場自辦、藉省時間、並易於保守秘密．
			少尉	一	
會計處					
處		長	薦任五級至一級	一	
簿	課	長	委任二級至薦任六級	一	
	課	員	委任八級至三級	二—三	
計			委任十二級至八級	二—三	

課別	職別	官階	員額	備考
課	司書	同准（少）尉	二	
成本計算課	課長	委任二級至薦任六級	一	
	課員	委任八級至三級	十三	
		委任十二級至八級	十三	
	司書	同准（少）尉	三	
審核課	課長	委任二級至薦任六級	一	
	課員	委任八級至三級	十三	
		委任十二級至八級	十三	
	司書	同准（少）尉	二	
工課	課長	委任二級至薦任六級	一	本廠行使時間包工制，因工人底薪不同，每日每項之工資須計核，至費手續，課員八人，係暫以工人八百名規定者

新計算課			
課員	委任四級至二級	二	
	委任六級至四級	三	
	委任十級至六級	三	
司書	同准（少）尉	三	
工務處			
處長	薦任二級至簡任六級	一	
總工程師			
總工程師	薦任四級至簡任五級	一	
工程師	薦任二級至六級	五	
	薦任六級至四級	五	內一人兼管試驗工場
繪圖員	委任八級至五級	二	司圖樣收發事宜

單位	職別	階級	員額
室		委任十二級至八級	七十二
	司書	同准（少）尉	四
事務課	課長	中校	一
	課員	少校	二
		上尉	二
	司書	同准（少）尉	三
工作準備課	課長	薦任五級至三級	一
	技術員	委任一級至薦任五級	二
		委任三級至一級	二
	課員	上尉	一
		中尉	一
	司書	少尉	二

工料預算課	課長	薦任五級至三級	一
	技術員	委任一級至薦任五級	四
		委任三級至一級	四
	課員	上尉	一
	司書	少尉	二
工作分配課	課長	薦任五級至三級	一
	技術員	委任一級至薦任五級	三
		委任三級至一級	三
	課員	上尉 中尉	一 一
	司書	少尉	一

241

成品檢驗室	主任技術員	荐任五級至荐任四級	一	
	技術員	委任一級至荐任五級	二	引信一、火工一，
		委任三級至一級	二	砲一、砲彈一、
	事務員	中尉	四	
製砲所	主任	荐任四級至二級	一	
	技術員	荐任六級至四級	二	
		委任二級至荐任六級	二	
		委任四級至二級	二	
	事務員	上尉	一	
		中尉	一	
		少尉	二	

U 0042

所別	職別	官等	人數
鍛工所	主任技術員	薦任六級至四級	一
	技術員	委任二級至薦任六級	一
	事務員	中尉	一
彈[illegible]所	主任	薦任四級至二級	一
	技術員	薦任六級至四級	二
		委任二級至薦任六級	二
	事務員	上尉	一
		中尉	一
		少尉	二
引[illegible]	主任	薦任四級至二級	一

427

所別	職別	官等	員額	備考
信所	技術員	薦任六級至四級	二	
		委任二級至薦任六級	一	
	事務員	上尉	一	
		少尉	二	
工具樣板所	主任	薦任四級至二級	一	
	技術員	薦任六級至四級	四	兼理各廠機器修理事項
		委任三級至薦任六級	六	管理各所工具室
	事務員	上尉 中尉	一 一	
		少尉	五	
木	主任技術員	委任一級至薦任五級	一	

單位	職別	官等	員額	備考
工所	技術員	委任三級至一級	二	兼理裝箱事務
	事務員	中尉	二	
水電所	主任	薦任五級至三級	一	
	技術員	委任一級至薦任五級	二	內一人主持修理工場
		委任三級至一級	二	
	事務員	上 中尉	一一	
材料保管科				
科本	科長	委任二級至薦任六級	一	
	技術員	委任四級至二級	一	
	科員	上尉	一	

43-1

部	材料庫			半成品庫			零件庫		
司書	主任技術員	技術員	庫員	主任技術員	技術員	庫員	主任技術員	技術員	庫員
同准(少)尉	委任四級至二級	委任六級至四級	上中少尉	委任四級至二級	委任六級至四級	中少尉	委任四級至二級	委任六級至四級	中尉
二	一	一	一一二	一	一	三一	一	一	一

單位	職別	官等	員額
軍械庫	主任技術員	委任四級至二級	一
	技術員	委任六級至四級	一
	庫員	中尉 少尉	一 一
襍物庫	主任技術員	委任四級至二級	一
	技術員	委任六級至四級	一
	庫員	中尉	一
檢驗科			
本科	科長	薦任四級至二級	一
	技術員	委任二級至薦任六級	一
	科員	少校	二

2021-1

部別	職別	官階	員額	備考
部	司書	少尉	一	
理化試驗室	主任技術員	薦任五級至四級	一	
	技術員	委任一級至薦任五級	三	
		委任三級至一級	三	
	事務員	上尉	一	
	司書	少尉	一	
定品檢驗室	主任技術員	薦任五級至四級	一	
	技術員	委任一級至薦任五級	三	砲一、砲彈一、射擊一
	事務員	中尉	三	

0045

採購科			
科長	薦任四級至一級	一	本科掌理材料机器及其他物品之購置事項
科員	委任六級至一級	二	
	委任九級至五級	二	
司書	同准（少）尉	二—三	
地產科			
科長	薦任四級至一級	一	本科掌理不動產之利用修建登記及保管事項
科員	委任六級至一級	一—三	
	委任九級至五級	二	
司書	同准（少）尉	二—五	

24-1

單位	職別	官等	員額	職掌
土木工程室	主任	荐任六級至二級	一	本室掌理各種房屋道路及擴充工程之設計建築修繕事項
	技術員	委任三級至荐任六級	一	
		委任九級至五級	一—二	
	繪圖員	委任十一級至七級	一—二	
	司書	同准（少）尉	一—二	
林場	場長	委任四級至一級	一	本場掌理栽植擴護森林及本廠需用木材事項
	場員	委任九級至五級	一—二	
		委任九級至五級	一—二	
	司書	同准（少）尉	一	

職工福利處

本部									公	
軍醫	書記	文書軍士	軍需軍士	司號軍士	看護士兵		傳達士兵		炊事兵		中隊長	分隊長	
一(二)等軍醫佐	同中(少)尉	同上士	上士	中士	中(下)士	上等兵	上下士	一等兵	上等兵	一等兵	上尉	中尉	少尉
一	一	一	一	一	一	二	二	二	一	一	三	三	六

47

中隊		中隊（中隊）					其他士兵		
特務長	書軍士	號兵	班長	列兵	炊事兵	傳達軍士	傳達兵	公役	
准尉	同上士	上等兵	中下士	上一二等兵	上一二等兵	中下士	上等兵	一二三等兵	四五六等兵
三	三	六	九 十八	五四 一〇八 一六二	三 六 一三	一 一	四	一 三 四	一八七 十四 十四

級	總計
校事兵	
上二（二）等兵	官兵 佐役
一 三一七五	三三八一三三五 四九〇八三

一、廠長辦公廳不分課故一部份人員與製造所之辦事員均一律改稱事務員

二、職工子弟學校及藝徒學校校長教員辦事員等薪俸名額由廠長斟酌情形另行規定呈准兵工署聘用之

三、除現有各製造所外尚有製藥所熔銅所壓炸所火工所等各部份編制俟設備完成再隨時呈請增入

四、外籍職工之多寡視事實需要隨時呈請核辦故不列入本編制之內

五、本編制所列之薪餉數目係以國幣為單位

军政部兵工署为改定各厂厂名、抄发名称表给广东第二兵工厂的训令（一九三八年二月二日）

10

軍政部兵工署訓令　漢（己）字 598 號

令廣東第二兵工廠

查本署所屬各兵工廠現多已擇地遷移，原有名稱與新遷之所在地多已不相符合，茲為一勞永逸計，擬重行予以釐定，按照數字挨列，並為對外秘密起見，不冠以地名，僅簡稱為軍政部兵工署第幾工廠，每一省分為暫定十個單位，以便記憶。如第一工廠至第九工廠在湖北，第十工廠至第十九工廠在湖南，餘按此類推，將來遇有增設或遷移之時，釐定名稱仍是便利，尤可使外人聞及廠名對於兵工實力及廠址所在不能明瞭真相，業經簽奉

部長批開：「照辦」等因，除分別呈部請核發關防及小官章，並函令外，合行抄發改定名稱表，令仰遵照。此令。

抄發改定名稱表一分

10-1

中華民國二十七年　月　日

署長俞大維

中華民國廿七年貳月五日

11

兵工署直轄各兵工廠新擬名稱表

原名	擬改稱	所在地	備
漢陽兵工廠	第一工廠	湖北漢陽	
漢陽火藥廠	第二工廠	仝	
上海鍊鋼廠	第三工廠	仝	
砲兵技術研究處	第十工廠	湖南株州 辰谿	廣東第一兵工廠砲廠併入
鞏縣兵工廠	第十一工廠	湖南	臨時工廠設長沙
四川第一兵工廠	第二十工廠	四川重慶	
金陵兵工廠	第二十一工廠	仝	
軍用光學器材工廠	第二十二工廠	仝	
鞏縣兵工分廠	第二十三工廠	四川重慶	面兵廠在重慶化學廠擬在瀘州
重慶鍊鋼廠	第二十四工廠	仝	

11-1

陝西第一兵工廠	第三十工廠	陝西西安
廣西第一兵工廠	第四十工廠	廣西柳州
廣東第一兵工廠	第四十一工廠	廣西融縣
廣州面具廠	第四十二工廠	廣西柳州
廣東第二兵工廠（砲彈廠）	第五十工廠	雲南昆明

军政部广东第二兵工厂、兵工署关于迁移辰谿征地事宜的往来公文

军政部广东第二兵工厂致兵工署的呈（一九三八年二月二十四日）

附：广东第二兵工厂迁设厂址补偿征地价格表

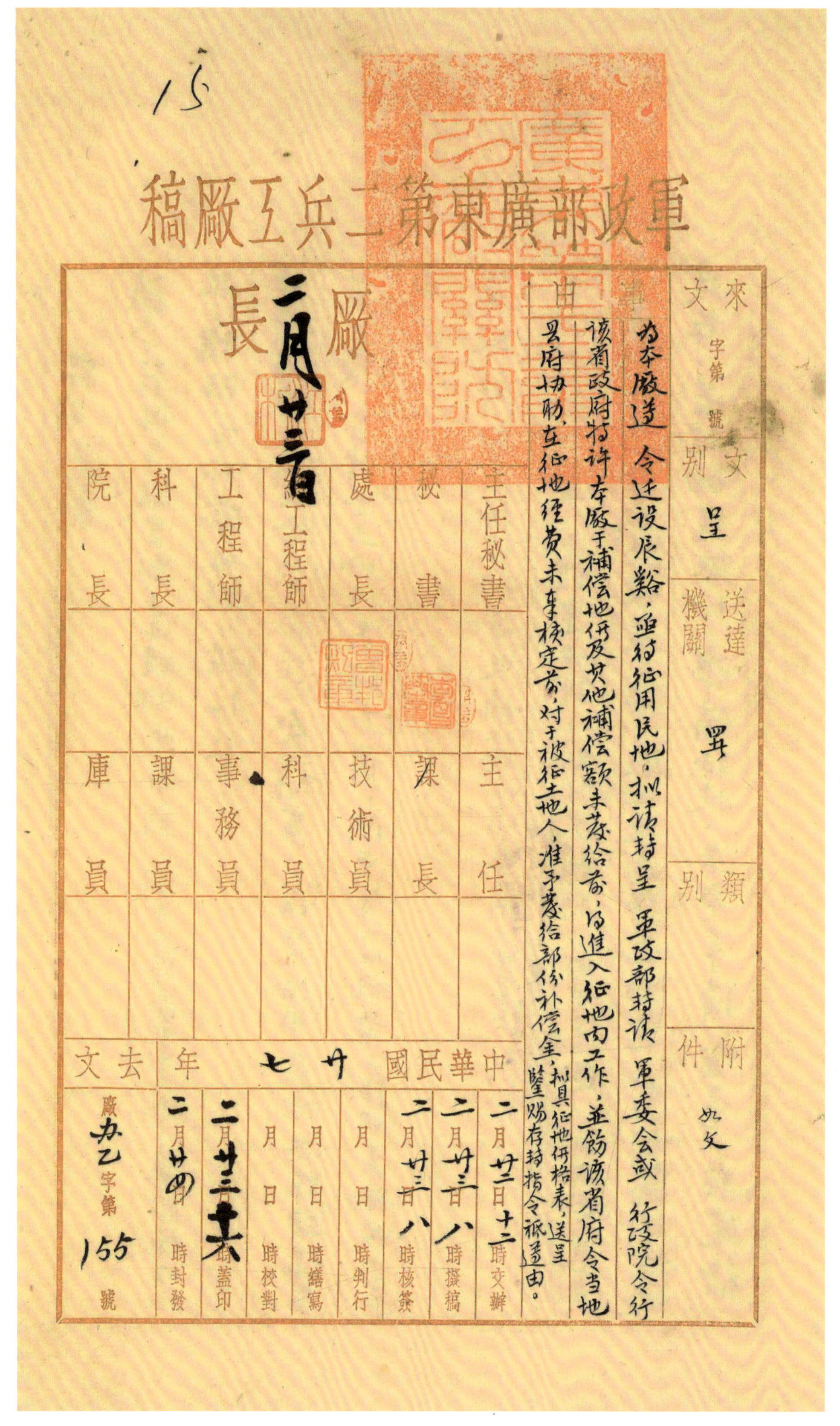

军政部广东第二兵工厂稿

厂长 二月廿三日

来文：字第 号
文别：呈
送达机关：署
类别：
附件：如文

事由：为本厂迁令迁设辰谿，亟待征用民地，拟请转呈军政部转请军委会或行政院令行该省政府特许本厂于补偿地价及其他补偿额未发给前，得进入征地内工作，并饬该省府令当地县府协助，在征地经费未奉核定前，对于被征土地人，准予发给部份补偿金，拟具征地价格表，送呈鉴赐存转指令祇遵由。

中华民国廿七年 去文

厂办乙字第155号

交办：二月廿二日十二时
拟稿：二月廿三日八时
核签：二月廿三日八时
判行：月 日 时
缮写：月 日 时
校对：月 日 时
盖印：二月廿三日十六时
封发：二月廿四日 时

15-1

窃职遵奉

钧令饬将本厂全部迁设湖南辰谿，关于工场需用土地，並须依法征收，惟际兹非常时期，设依照

中央政治委员会第四十四次会议"军事设施征用民地办法"决议案第三项："在修正土地法未颁布前，关于军事设施，征用民地时，应由二

军政部拟具征收计画及补偿办法专案，呈请

行政院核定之"之规定办理，则公文辗转，时日迁延，似非因时制宜之至计。盖本厂迁设辰谿，厂地既未预先勘定，器材急须择地庋存，若须勘定厂地，准备征收，未免手续繁重，与建设

遷，而器材無形之損耗，成品產量之減少，勢必削弱國防，影響抗戰，此急不及待者一。況擬具征地計劃，務必通盤籌算，為征地之面積，建築之圖樣，非以實地勘查，自難精密估定，然候地點勘定，計劃擬就，而後呈請征用之，則器材散置，奸宄窺伺，萬一敵機來襲，損失曷可勝言，此急不及待者二。基上原因，擬請特呈軍政部按照土地法第三百六十五條之但書規，轉請軍事委員會，或行政院令行該省政府特許需用土地人，於補償地價及其他補償額未發給前，得進入征收土地內實施工作，同時並飭該省政府令

16-1

当地县政府，于本厂地址划定后，出示公告，并派员协助登记，及精（清）文事宜。其征用民地计划书，俟厂址划定，自当造具专案，补呈核夺。至被征土地清文登记及契据审核各项手续完了，而征地经费预算未经呈奉核准前，对于被征收土地人，并请准予发给一部份之补偿金，以资体恤。（于预算核准，正式发给补偿金时扣除之）兹将拟具补偿征地价格表，随文送请鉴赐存转，理合呈请鉴核，指令祗遵！实为公便。

18

謹呈

署長俞

（全銜）江〇

附呈工廠遷設廠地補償給地價格表一份

（17）

广东第二兵工厂迁设厂址补偿征地价格表

（1）民田每亩十五元
（2）荒田每亩七元
（3）熟山每亩五元
（4）荒山每亩五角
以上无契溢地发六成

（5）青苗费每亩六元
（6）迁坟费每棺五元
（7）瓦房每方七元
（8）草房每方三元
以上全部发给

军政部兵工署给广东第二兵工厂厂长江杓的指令（一九三八年三月二十七日）

归档

军政部兵工署指令

事由	拟办	决定办法	备考
为该厂长筹征地可援用军事征用法先行征用仰将拟征民地之四址及亩数具报以便转请咨发征用书由	拟交地产科迅办 四、二八	如拟 四、二 抄寄陈代科长查照	通知

附件：签呈乙件

指令字第　号

中华民国廿七年四月　日到

收文文字第838号

19-1

軍政部兵工署指令

湘造(二七)丙字第280號

令廣東第二兵工廠廠長江杓

二十九年二月二十四日廠(二七)辦乙字第一五五號呈一件，為本廠遷設辰谿亟待徵用民地擬請轉呈 軍政部轉請軍委會或行政院令行該省政府特許本廠予補償地價及其他补償額未發給前得進入徵地內工作並飭該省府令當地縣政府協助在徵地經費未奉核定前對於被徵土地人准予發給部分补

償金撥具征地價格表送呈鑒賜存轉指令
祇遵由，

呈悉，各廠建設分廠或遷移安全地帶需用民地業經本署
簽奉
部座批准援用軍事徵用法先行徵用一面仍遵土地法規
定手續辦理該廠遷設辰谿仰即將擬徵民地地
點四址及約畧畝數呈報，以便轉請須發徵用
書，原簽呈抄發。此令。

抄發簽呈壹件

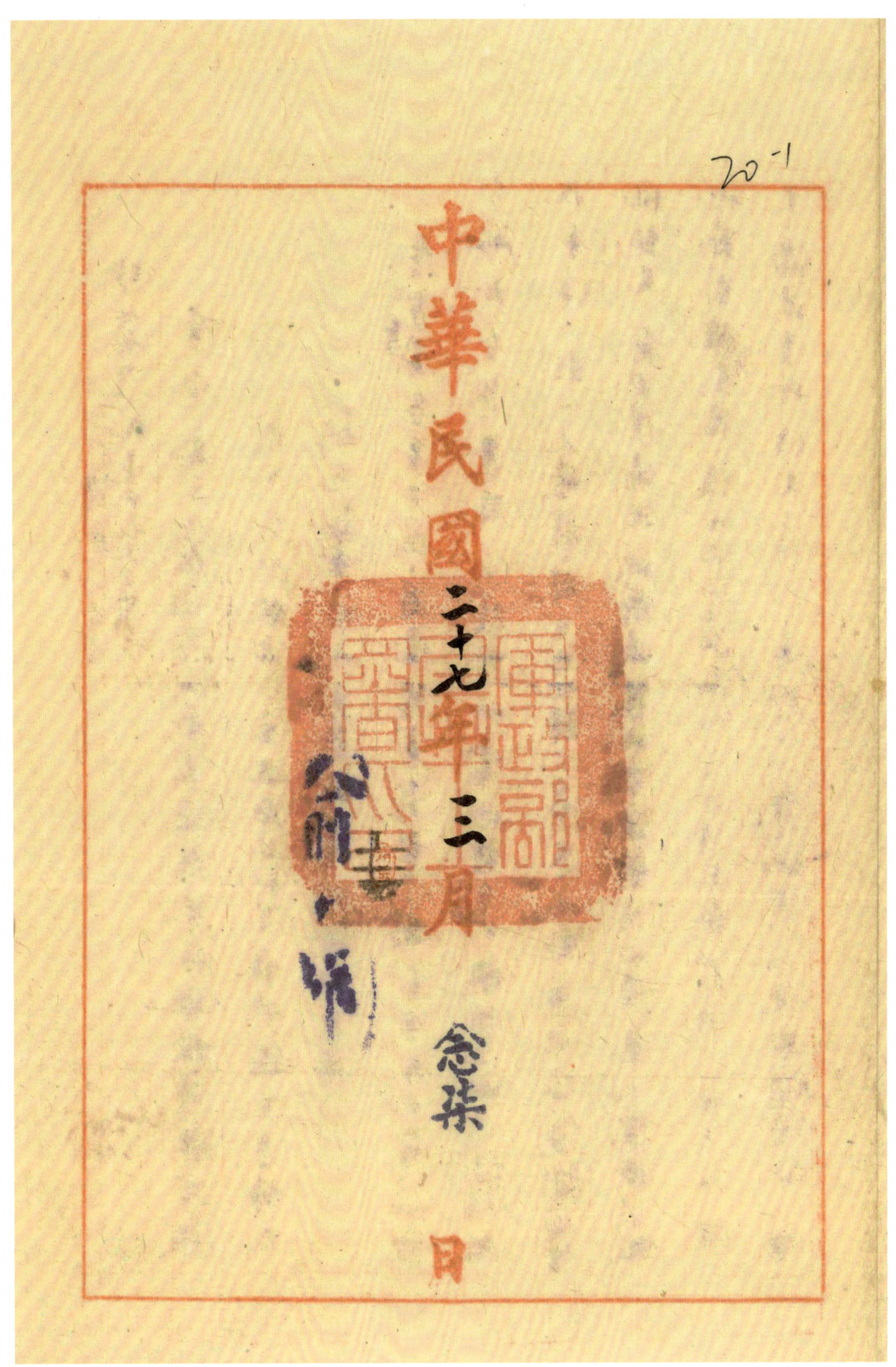

20-1

中華民國二十七年三月念柒日

21

抄簽呈　二十七年三月二十三日於漢口兵工署

事由：各兵工廠設立分廠或遷移用地擬援用軍事徵用法先行徵用一面遵照土地法辦理徵收手續以期迅赴事功而免貽誤軍机祈核示由。

案查署屬各兵工廠，因受戰事影響，擬在安全地帶設立分廠，或全部遷移，上項廠址，需地頗多，倘依土地法办理徵收手續，則公文輾轉，時日遷移，為求迅赴事功，而免貽誤軍机起見，前由漢陽兩廠擬具徵地變通辦法四項，其大意擬於徵地範圍確定後，請由該管政府公告办理驗契登記，一面分戶測丈，編造清冊，經測丈相符，即酌發一部分地價，以便取得該地之使

211

用權，同時办理征用手续，以符法令。上項办法，已经本署轉奉 鈞部经(衛)丁字第二一六號指令，以核與土地法究有不符，應照土地法第三百三十七條需用土地人與土地所有權人，得為直接協訂之規定，会同當地政府，商订收買價格，議有成数，呈部核定後，可酌發一部分地價，等因，自應遵办。惟查直接協訂地價，或以地主外出，或以刁民把持，事實上似尚難求其迅捷，蓋謹查軍事徵用法，第二條第三項不能依其他方法取得，或雖能依其他方法取得，而需時過久，足以貽誤軍机者，得徵用軍需物，同法第四條軍政部長有徵用權，同法第六條實施徵用之時期及區域，由最高軍事机關决定之，但遇戰机緊迫，不及由其

22

決定時有徵用權者，得先行決定，呈請補行核准，同法第七條第九項土地得為徵用標的之一，同法第十二條第一項有徵用權者對於徵用標的，有使用之處分權，同法第二十條徵用標的為土地時，得由徵用權者，簽發徵用書，送交付市縣行政長官鄉長鎮長就地徵用，同法第二十九條應徵人因徵用所受之損害，應賠償之」倘若援用上項各條之規定，將土地先行徵用，一面遵照土地法，辦理徵收手續，則事實法令俱能顧到，同時為尊重地主權益，並避免糾紛起見，於勘定地址，登記及測丈完竣後，會同當地政府，估計損害程度，先行簽給賠償金，上項賠償金，似可從寬估計，可於發給地價時，請予扣除，所擬

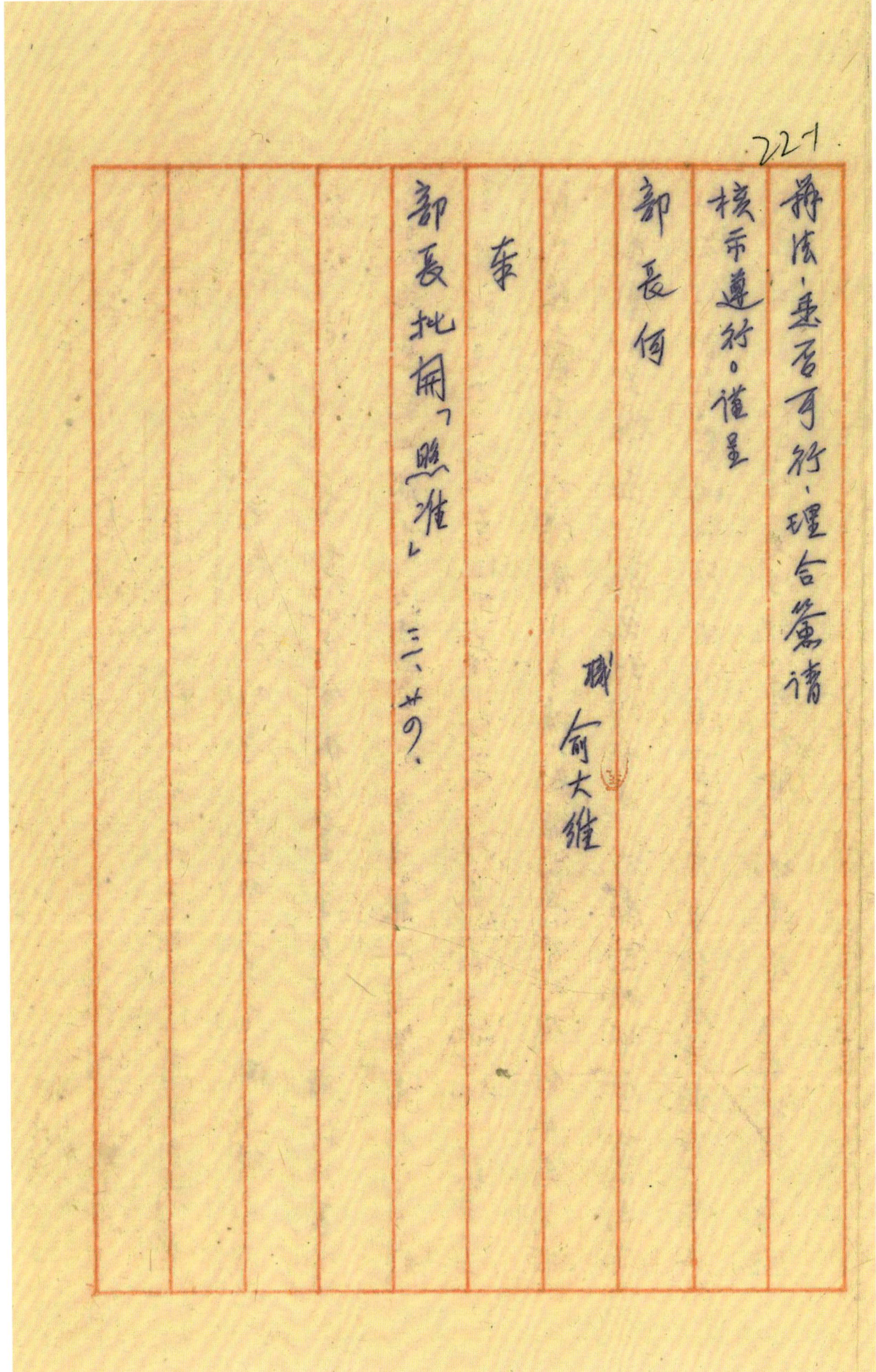
221

辦法，是否可行，理合簽請

核示遵行。謹呈

部長何

職俞大維

來

部長批開「照准」三、廿四、

江杓、俞大维关于兵工署第五十工厂关防启用时间的电文

军政部广东第二兵工厂江杓致俞大维电（一九三八年四月十六日）

000013

軍政部廣東第二兵工廠稿

來文	字第 號
文別	電
送達機關	漢口俞署長
類別	
附件	

事由

廠長 [印]

主任秘書	秘書	處長	總工程師	工程師	科長	院長

主任	課長	技術員	科員	事務員	課員	庫員
				[印]		

中華民國廿七年去文

交辦	擬稿	核簽	判行	繕寫	校對	蓋印	封發
月 日 時	四月十六日十八時	月 日 時	月 日 時	月 日 時	月 日 時	月 日 時	月 日 時

廠字第353號

13-1

電

6511漢口署長俞、進密、前奉漢[27][598]撫訓令、以本廠遷滇，改名為第五十工廠、嗣奉陽造漢電、復令本廠遷川，所定廠名、將來恐須更改，頂奉漢造[27][2006]代電、並須函章、可否暫緩啓用、請示。江杓 16.18

俞大维致江杓电（一九三八年四月）

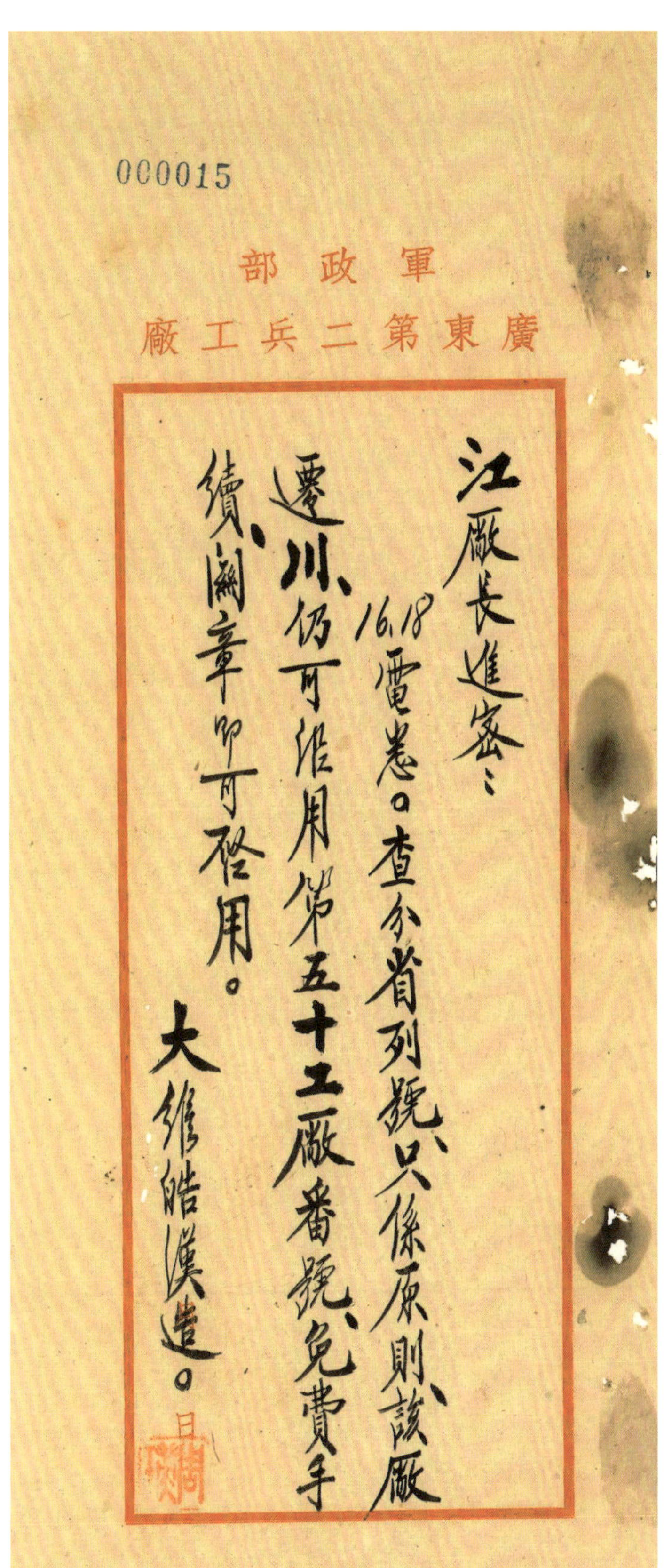
000015

軍政部
廣東第二兵工廠

江廠長進密：16、18電悉。查分省列號、只係原則、該廠遷川、仍可維用第五十二廠番號、免費手續、關章即可啓用。

大維皓漢造。

江杓致俞大维电（一九三八年四月二十日）

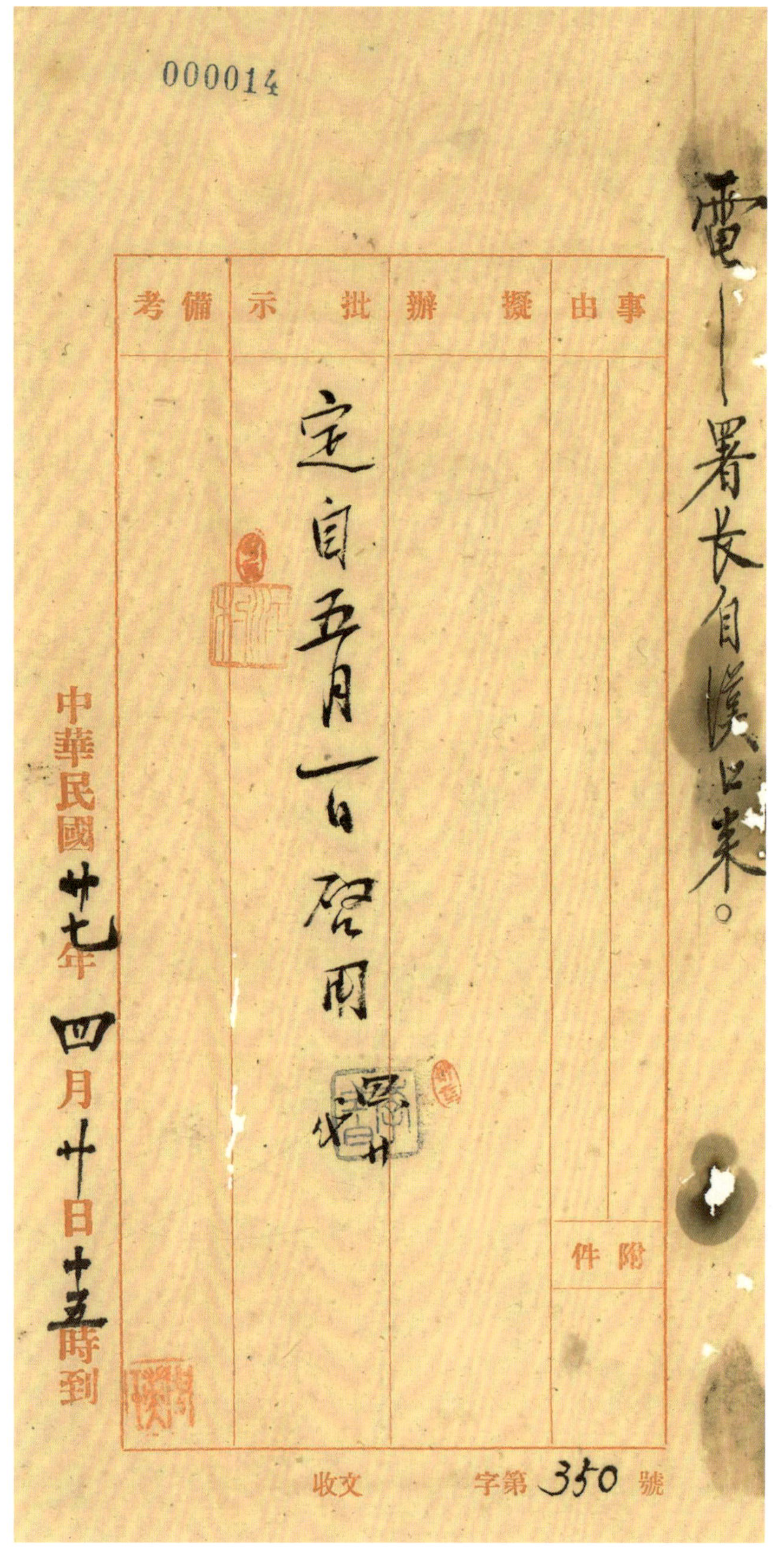

000014

電——署長自漢口來。

事由	擬辦	批示	備考
		定自五月一日啓用	

附件

中華民國廿七年四月廿日十五時到

收文　字第350號

军政部兵工署第五十工厂为厂名更改及启用关防致兵工署的呈（一九三八年四月二十一日）

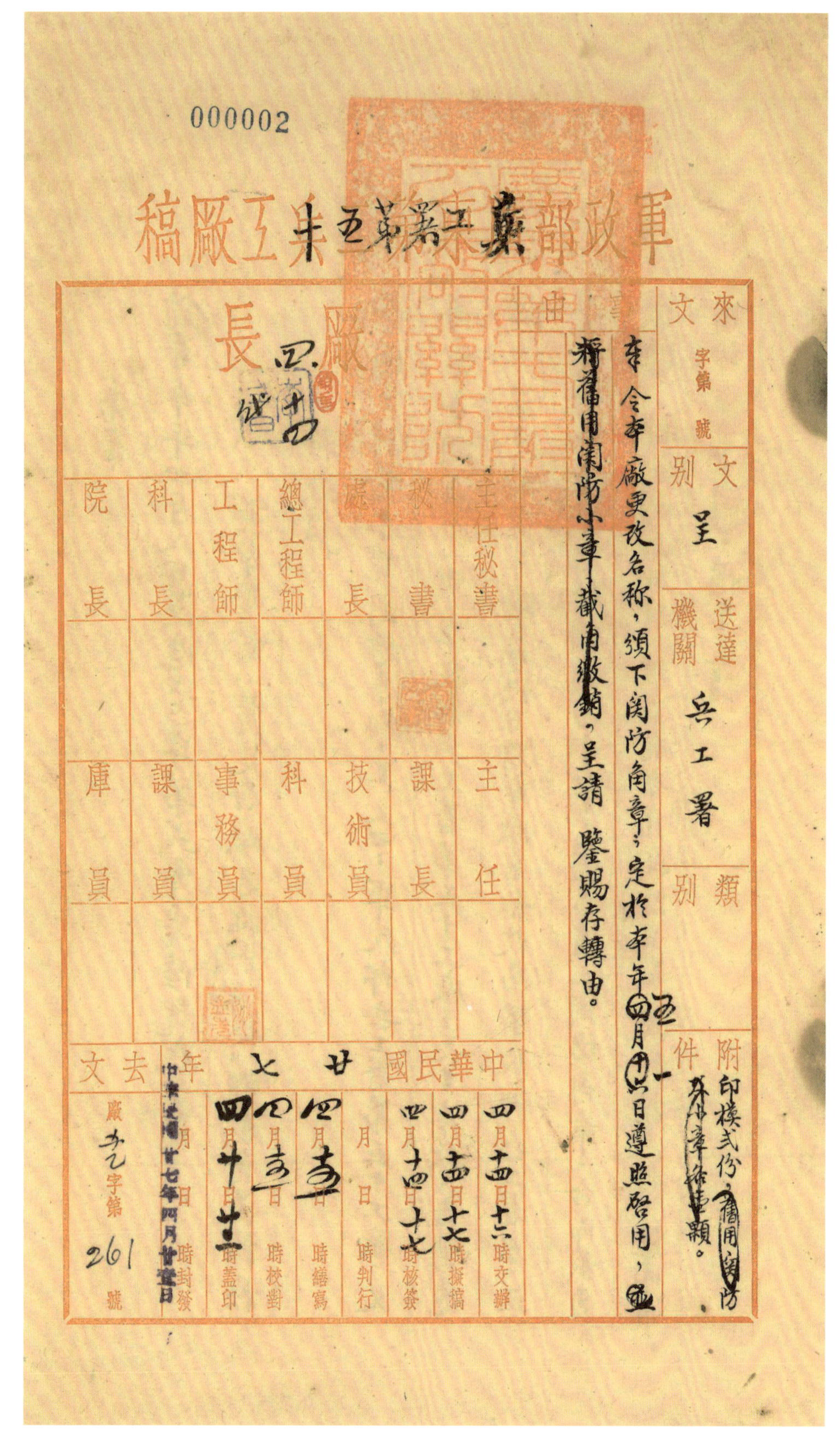

000002

軍政部兵工署第五十工廠稿

廠長

來文：字第 號

文別：呈

送達機關：兵工署

事由：本廠更改名稱，頒下關防角章，定於本年四月廿一日遵照啓用，並將舊用關防小章截角繳銷，呈請鑒賜存轉由。

附件：印模式份，舊用關防小章各一顆。

中華民國廿七年

四月十四日十六時交辦
四月十四日十七時擬稿
四月十四日十七時核簽
月日時判行
四月十五日時繕寫
四月十五日時校對
四月廿一日十一時蓋印
中華民國廿七年四月廿一日封發

去文：廠九乙字第261號

2-1

案奉

鈞署本年四月八日漢造(二七)字第弍零零陸號代電內開：

「查本署前以釐定各廠名称，擬至併仰截角呈候核轉繳銷」

等因，計發木質関防壹顆，其文曰：軍政部兵工署第五十工廠，又角章壹顆，其文曰：軍政部兵工署第五十工廠々長丁李缺，自應遵辦，茲定於本年五月十六日將本廠名称改為軍政部兵工署第五十工廠，並于同日啓用新頒関防小章，其舊有之関防角章，合即截角繳銷。除分别函知外，理合將啓用関防小章日期，及印模式份，連同舊用印章各壹顆，備呈送請

000003

鑒賜存轉~~并予撤銷~~。实為公便！

謹呈

署長俞

附呈印模式份，~~舊用關防及小章各壹顆~~。

（全　銜）廠長江〇

军政部兵工署第五十工厂为厂名更改启用关防致各机关的公函（一九三八年四月二十一日）

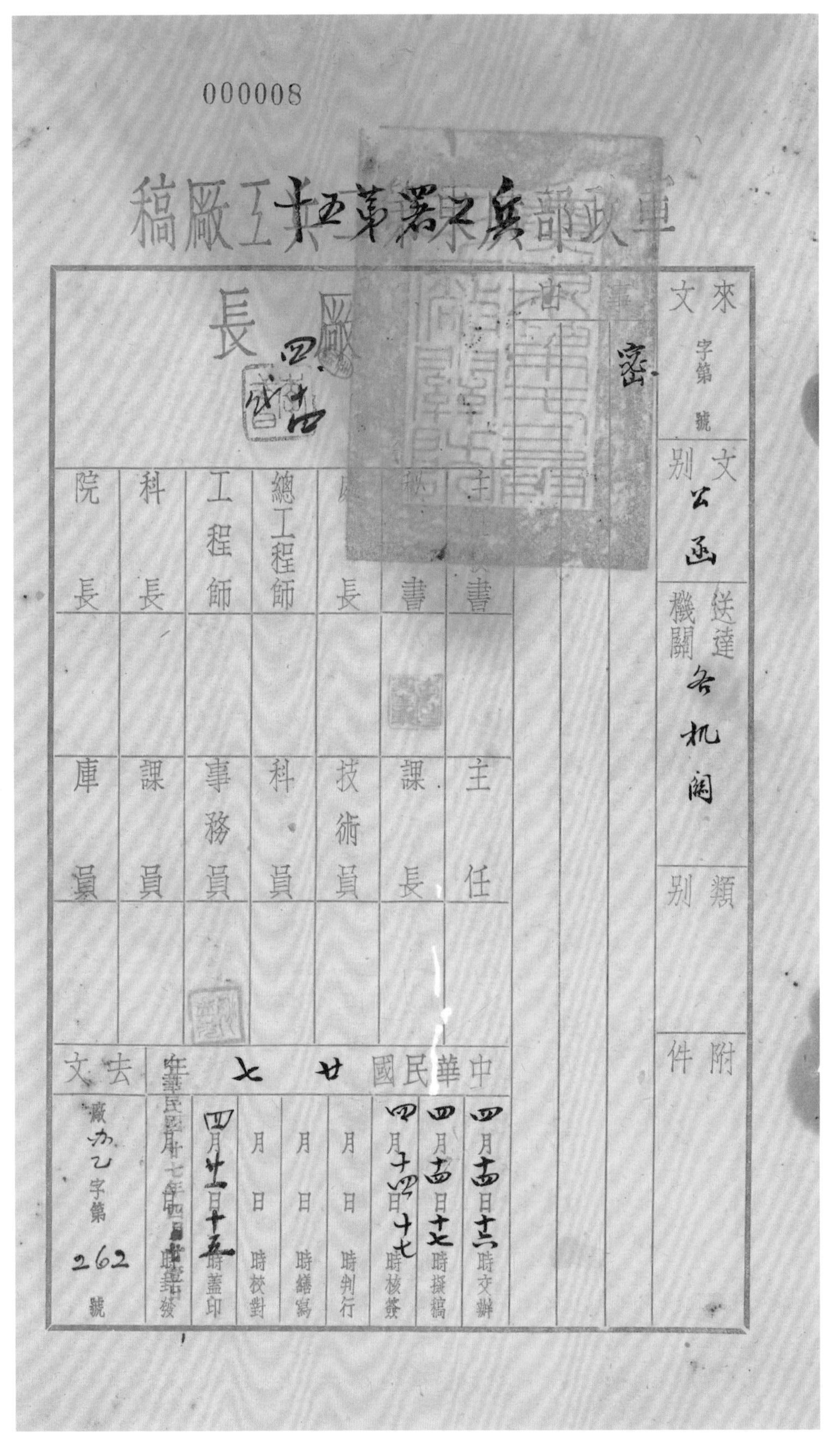

000008

軍政部兵工署第五十工廠稿

來文 字第 號

文別 公函

送達機關 各机關

類別

附件

密

廠長 四·廿

主任秘書　秘書　廠長　總工程師　工程師　科長　院長

主任　課長　技術員　科員　事務員　課員　庫員

中華民國廿七年

去文 廠办乙字第262號

四月廿一日十六時交辦

四月廿一日十七時擬稿

四月廿一日十七時核簽

月 日 時判行

月 日 時繕寫

月 日 時校對

四月廿一日十五時蓋印

民國廿七年四月 日 時發

8-1 分發

（全 衔）公函　　字第　　號

案奉

兵工署本年四月八日漢造（三）字第弍零零陸號代電内開：

（密件）「照抄至併仰截角呈候核轉繳銷」

等因，附發木質関防壹顆，其文曰：軍政部兵工署第五十工廠関防，又角章壹顆，其文曰：軍政部兵工署第五十工廠々長之章。茲定于本年~~四~~五月~~十~~一日將本廠名称改為軍政部兵工署第五十工廠，並將奉（本）頒之関防角章啓用，除分别呈报函知外，相應函達，即希

查照為荷！

000009

附致

第四路军总司令部　　广东肥田料厂

广东绥靖主任公署　　广东士敏土厂

广东宪兵区司令部　　广东制纸厂

第四路军陆军医院　　粤海关监督公署

广东省政府　　粤汉线区广州段车站司令办公处

广东省会警察局　　粤汉铁路管理局广州临时办事处

广东省政府建设厅　　广九路局

广东省营物产经理处　　西南运输处

广州中央信托局购料处　　兵工署第一工厂

9-1

兵工署第十工廠　柏林商務專員办公處

兵工署第十一工廠　格蘭公司代表夏樹德

兵工署第二十二工廠　廣州美孚行

兵工署第二十三工廠　香港美最時洋行

兵工署第四十工廠　香港德士古油洋行

兵工署第四十一工廠　軍政部學兵隊

兵工署第四十二工廠　第二百師

衡陽軍械庫

交通部湘黔鐵路工程局　航空學校

湘潭電報局　長江

漢口郵政局　中央銀行廣州分行

55

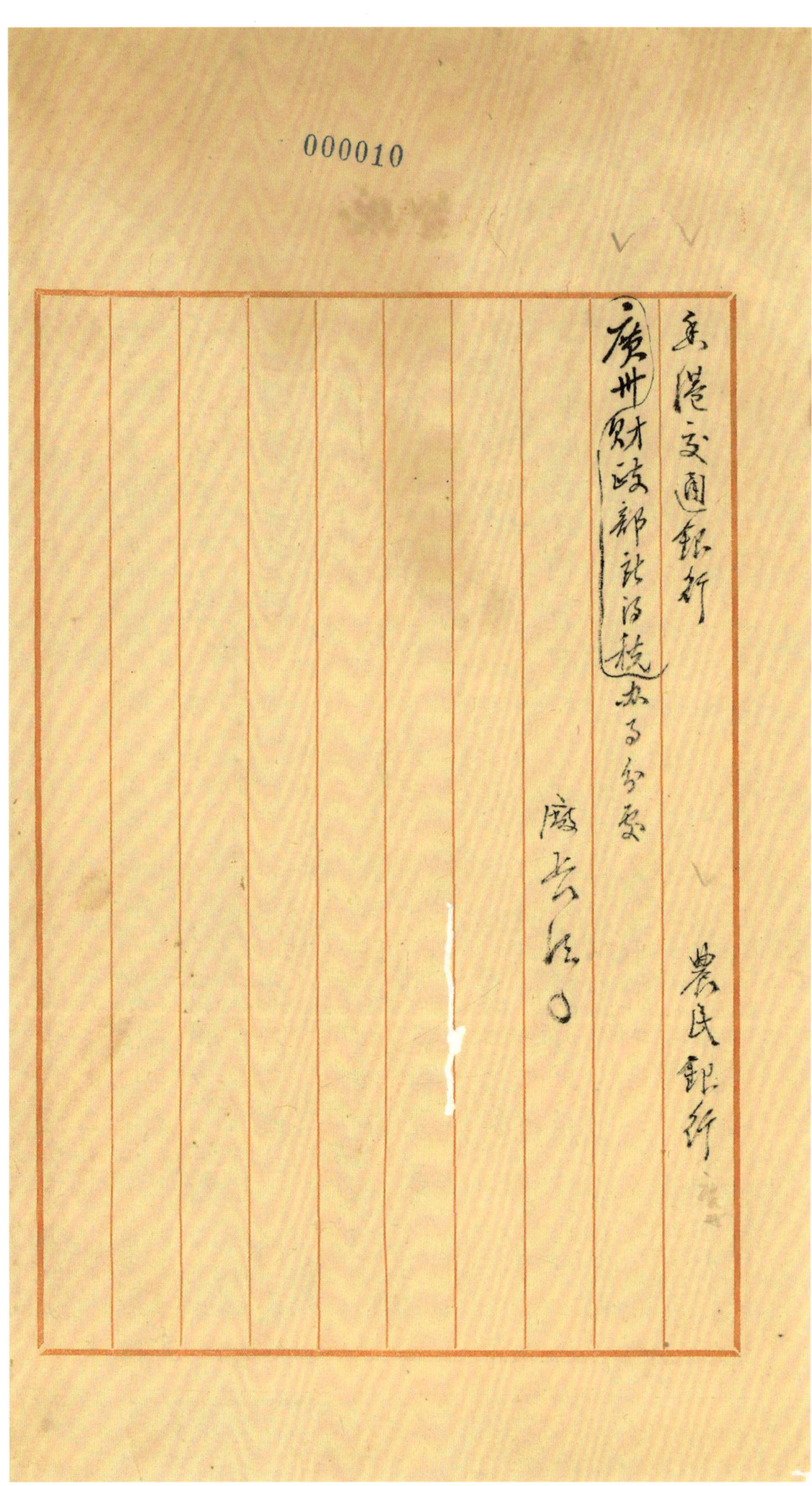
000010

东港交通银行
广州财政部税务总局分发
农民银行

厂长陈〇

军政部兵工署第五十工厂为告知该厂重庆通讯处成立致各机关的函（一九三八年五月二日）

0 0002

事人

軍政部廣東第二兵工廠稿

來文：字第　號

文別：箋函

送達機關：重慶市署部分機関

事由：

為函知本廠重慶通訊處於五月一日成立即請查照由

廠長：五月一日

中華民國廿七年

五月一日時交辦

去文：兵閑文字第3號

21

查本厂奉

令迁渝，经在本市十八梯一〇〇号设本厂重

庆通讯处，已于五月一日开始办公，相应函

达即希

查照为荷！

此致

重庆分部团

南岸□厂启

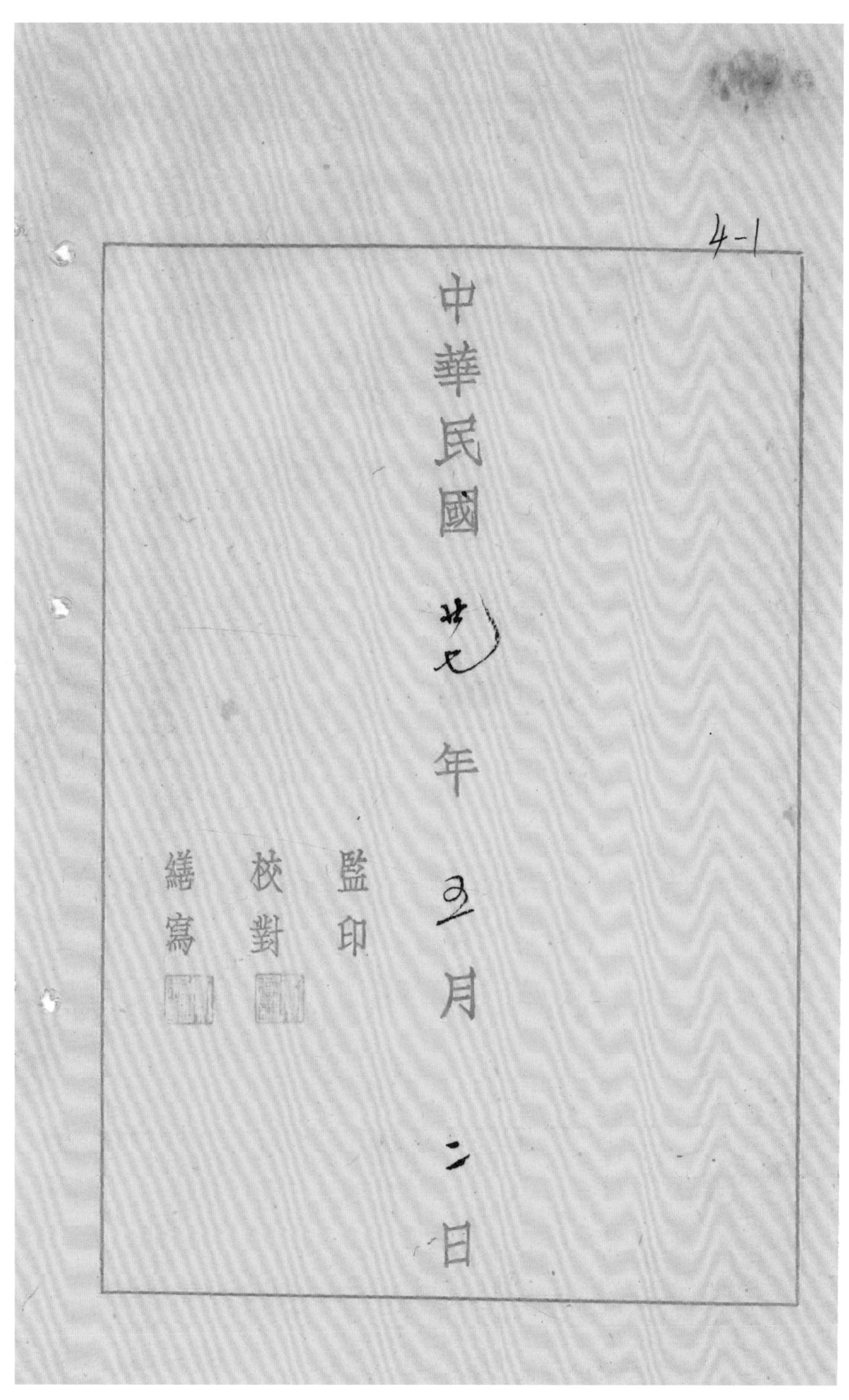
4-1

中華民國廿七年五月二日

監印

校對

繕寫

军政部兵工署第五十工厂为派员前来接收机器致军政部炮兵技术研究处的公函（一九三八年五月二十五日）

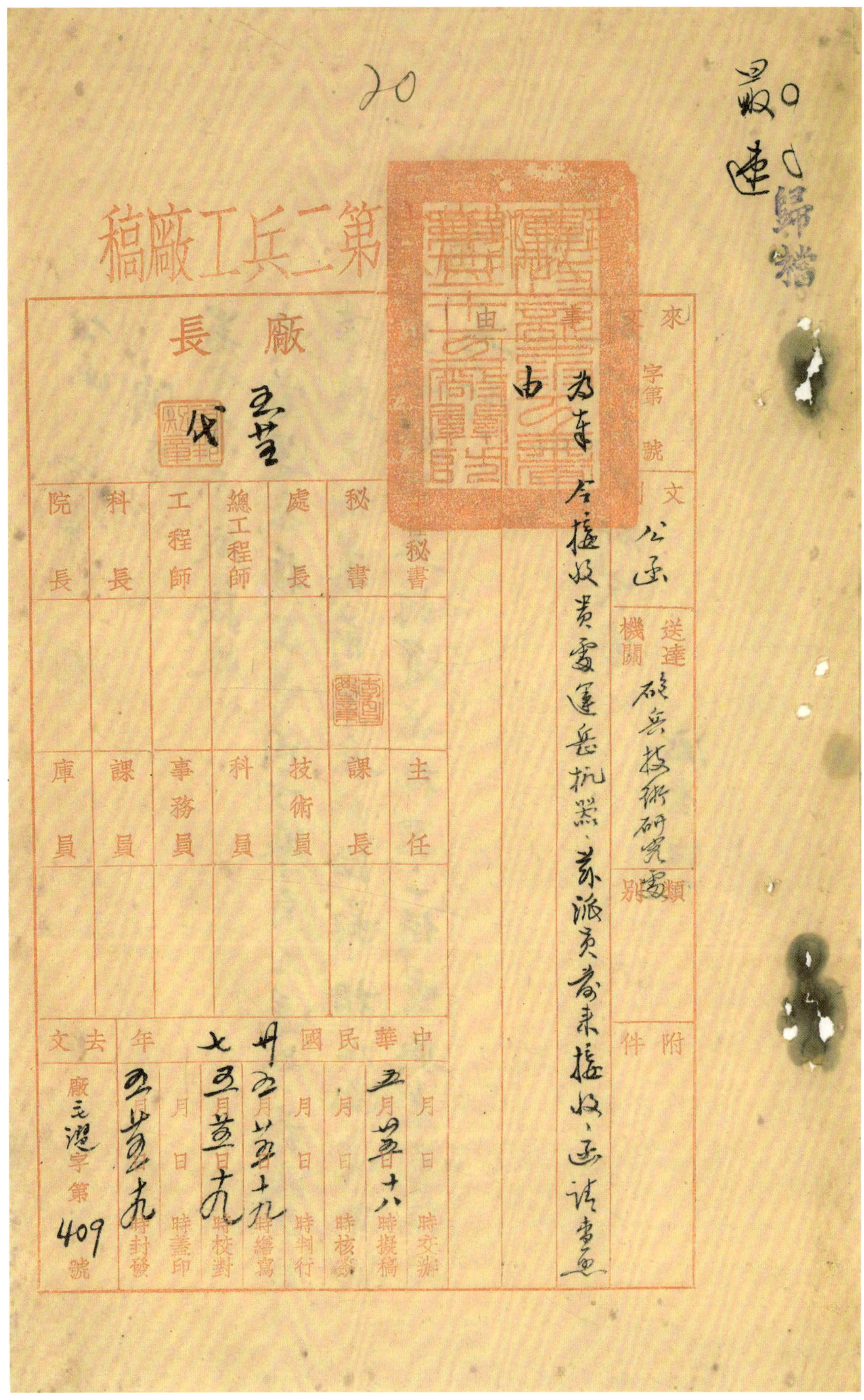

20

最速

歸檔

第二兵工廠稿

來文字第　號

文別：公函

送達機關：砲兵技術研究處

事由：為本廠接收貴處運岳機器，茲派員前來接收，函請查照。

附件：

廠長：代 王芸

中華民國廿七年

五月廿四日十八時擬稿

五月廿五日十九時繕寫

五月廿五日十九時校對

五月廿五日九時封發

去文：廠三渥字第409號

20-1

公函　字第　號

頃奉

署令著本廠接收

貴處運岳機器等因。下廠自應遵办。茲派本廠事務員喻義前來岳州洽辦，相應函達，即請

查照賜洽，並將運岳機器一併交與來員接收為荷。

此致

砲兵技術研究處

廠長　江〇

军政部兵工署炮兵技术研究处为开送拨交机器清单并请通知派员接收致第五十工厂的笺函（一九三八年五月二十五日）

附：拨交琶江兵工厂机器清单

27

砲技第一五四九號 第一頁

逕啓者查本處奉命移交

貴廠各機件除存株洲南站直立式銑床四箱已先行移交接收外現查尚有在常德者十三箱在鮎魚套者三箱在香港者三箱總共約一百六十噸左右所有各機名稱重量及木箱尺寸等茲特開列附單送請

詧洽又據報告在常德機船已於梗日啓程約儉日到岳相應函達

貴廠即祈

軍政部砲兵技術研究處用箋

字第　號第二頁

派員赴岳守候接收並希將派岳人員姓名住處隨
時通知本處以利進行再存岳滬之三箱已函請　方處
長轉知
貴廠駐滬人員接洽矣合併奉聞此致
第五十工廠
附接收機器清單一紙

軍政部兵工署砲兵技術研究處
啟
五・廿五

軍政部砲兵技術研究處用箋

撥交暨江兵工廠機器

机件编號	運輸编号	機件名稱	重量	体　　量	存放地点
K 15/1	4	卧鑽床	16000kg	37'×4½'×6'	常德
K 15/2	18	—〃—	740〃	7'×3'×3½'	〃
K 16	1	卧鑽床	13720〃	35'×4½'×6'	〃
K 17/2	29	拔丝床	2600〃	5'×4'×5'	〃
K 17/3	25	—〃—	2600〃	7'×7'×7'	〃
K 17/4	26	—〃—	1500〃	6'×6'×3'	〃
K 17/5	27	—〃—	1700〃	8½'×5'×2½'	〃
K 17/6	30	—〃—	1880〃	5'×4'×5'	〃
K 18/1	24	擦磨床	2515〃	13½'×3½'×2½'	〃
K 18/3	20	—〃—	1740〃	6'×4'×5'	〃
K 18/4	23	—〃—	1600〃	6'×6'×3'	〃
K 18/5	22	—〃—	4300〃	6'×7'×5'	〃
K 19	2	圆磨床	9402〃	25'×8'×7'	〃
K 5	40	长鉋床	11150〃	8'×5'×9'	鲇鱼套
K 17/1	28	拔丝床	3850〃	22'×3'×3½'	〃
K 18/2	21	擦磨床	6035〃	21'×4'×7'	〃
BYT 566/1		Müller + Mansa 直鑽床	6385〃	7'×6'×8¼'	株洲南站
BYT 566/2		—〃—	〃	〃	〃
BYT 566/3		—〃—	〃	〃	〃
BYT 566/4		—〃—	〃	〃	〃
BYT 683/1		Koellmann 长銑床	14800kg	19'×9½'×8½'	姜家垸车站
BYT 683/2		—〃—	~16000〃		马　[illegible]
BYT 683/3		—〃—	〃		〃
BYT 1020		Eischer 直銑床	8000〃		〃

此次机器已移交

军政部兵工署第五十工厂为接收留存各处机件办法致军政部炮兵技术研究处的笺函（一九三八年六月二日）

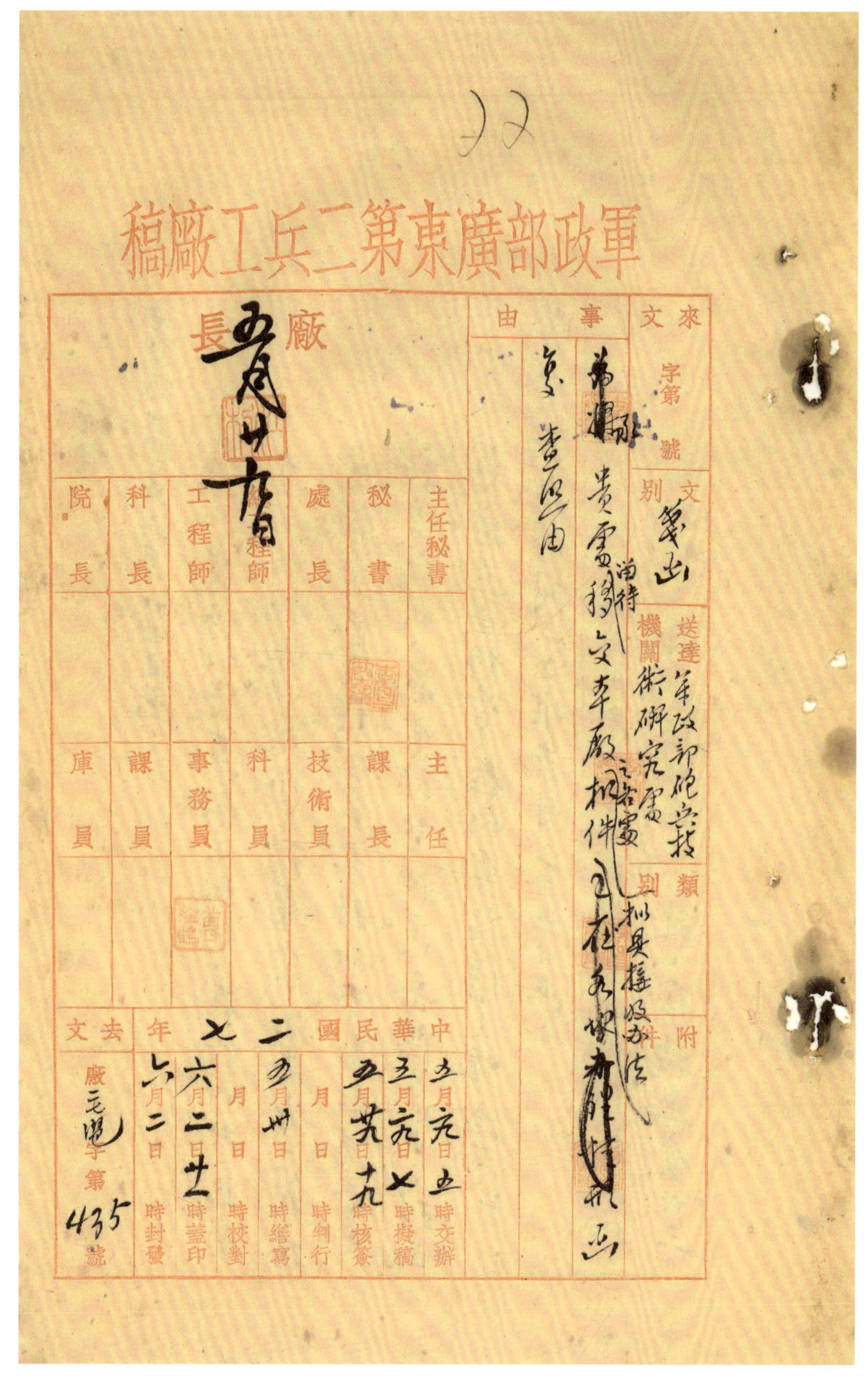
军政部广东第二兵工厂稿

来文：字第　号

文别：笺函

送达机关：军政部炮兵技术研究处

事由：为准函贵处移交本厂机件，已在本处□□机件请□□办法，函□查照由

厂长：五月廿九日

中华民国二十七年

五月二十五日交办
五月二十六日拟稿
五月二十九日核签
六月二十二日盖印
六月二日封发

去文：厂二七渝字第435号

22-1

鈞准
貴處本年二月廿四日函：
「置以移交本廠之機件，在株州者，已交
直立式銑牀四箱外，現董家墩尚存一箱，在
香港者，已電該方處長轉知本廠駐港人員，
就近接收，在常德者，押運員由岳陽途中，到岳
後應點交何人？在何處接洽？」囑函復已
等由，正辦理間，又准本月二十五日函：
「以存株州南站直式銑床四箱已移交外，
現機件之在常德者有十三箱，在鮎魚套者三

23

箱，在香港者三百箱，其在常德机船，於複日起程，仍候日到岳，請派員赴岳守候接收」各等由，过厰。查在港之机件，經由該大達華行設法運岳外，其尚存董家墩之一箱及鮎魚套之某箱，該仍移交株州粟樹街廿八號鄭科長大強接收，至等运岳州之机器，其在鮎魚套之三箱，亦請一併運至岳州移交，較為便利。茲已派本厰事務員喻義前往該处提等运。准此前由，相应函達，即希

查照為荷！二

此致

軍政部砲兵技術研究處

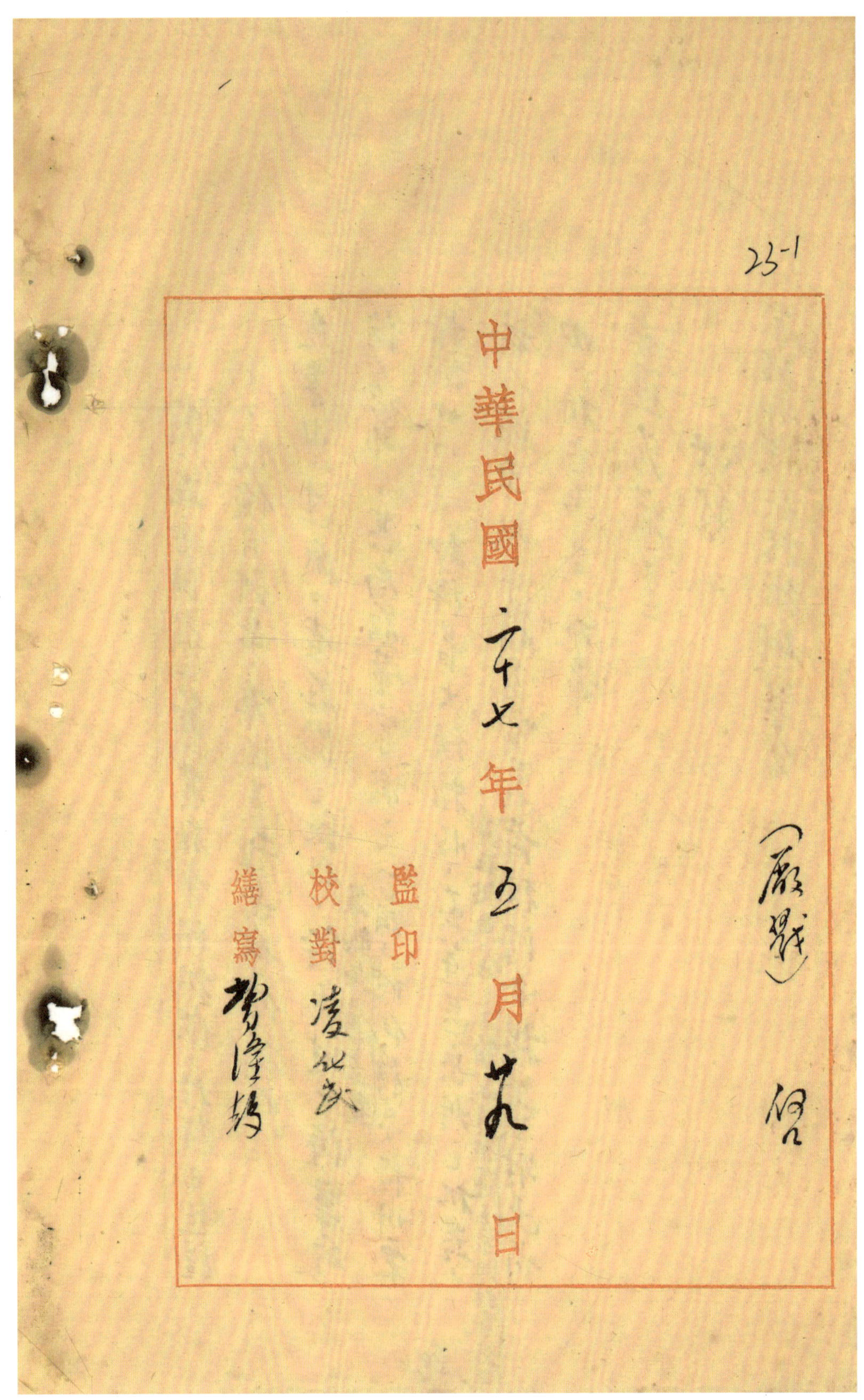

23-1

（厰號）　留

中華民國二十七年五月廿九日

監印

校對　凌仙震

繕寫　黄澤娟

军政部兵工署第五十工厂为告知该厂重庆通讯处迁移致各机关的函（一九三八年六月十六日）

0 0005

軍政部廣東第二兵工廠稿

來文	字第　號
文別	箋函
送達機關	各機關
類別	
附件	

事由：為函知本廠移至重慶三牌坊三二號請查照由

廠長						
主任秘書	秘書	處長	總工程師	工程師	科長	院長
主任	課長	技術員	科員	事務員	課員	庫員

中華民國　年

交辦	擬稿	判行	繕寫	校對	蓋印	封發
六月十六日　時	月同日　時	六月九日下午　時	月　日　時	月　日　時	月　日　時	六月十六日十二時

去文：渝同箋第58號

渝即發

翌　六，一九

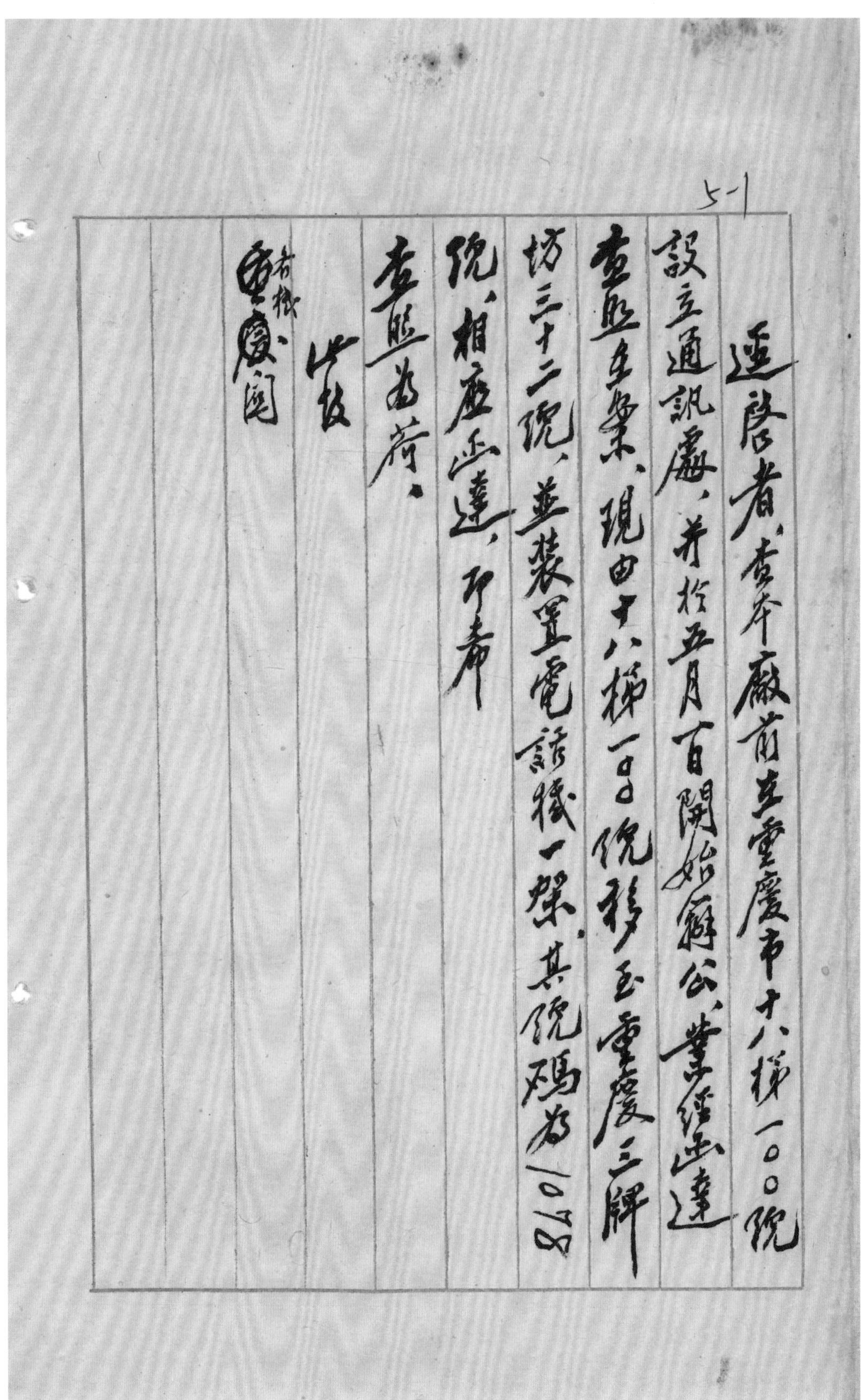

5-1

逕啟者，查本廠前在重慶市十八梯一〇〇號設立通訊處，并於五月一日開始辦公，業經函達查照在案。現由十八梯一〇〇號移至重慶三牌坊三十二號，並裝置電話機一架，其號碼為1078號，相應函達，即希查照為荷。

此致

重慶各機關

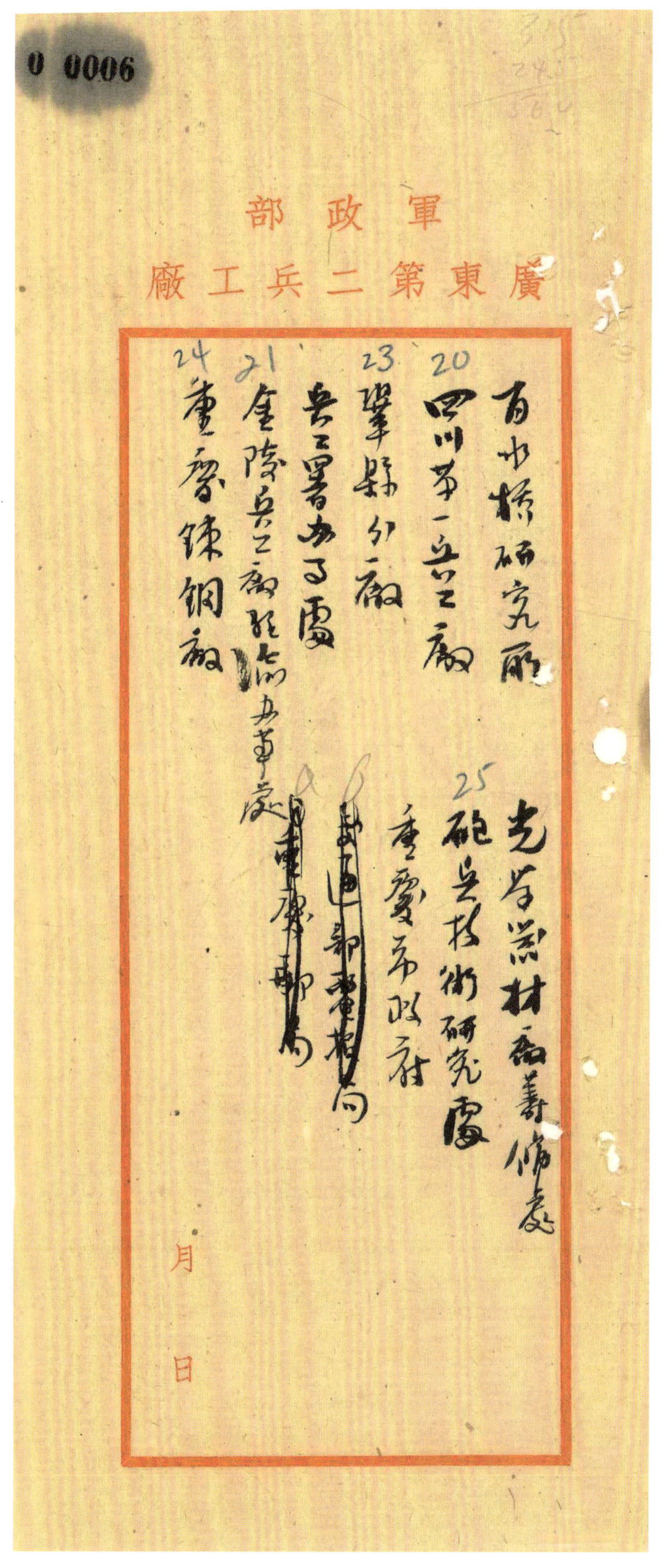

0 0006

軍政部
廣東第二兵工廠

百水橋研究所
20 四川第一兵工廠
23 犍縣分廠
兵工署[illegible]處
21 金陵兵工廠駐渝辦事處
24 重慶鍊鋼廠

光學器材廠籌備處
25 砲兵技術研究處
重慶市政府
~~兵工部重慶局~~
~~重慶郵局~~

月
日

7-1

中華民國廿七年六月十六日

監印

校對

繕寫

俞大维为请接收百水桥研究所之样板厂及精研处致江杓的电报（一九三八年七月二十五日）

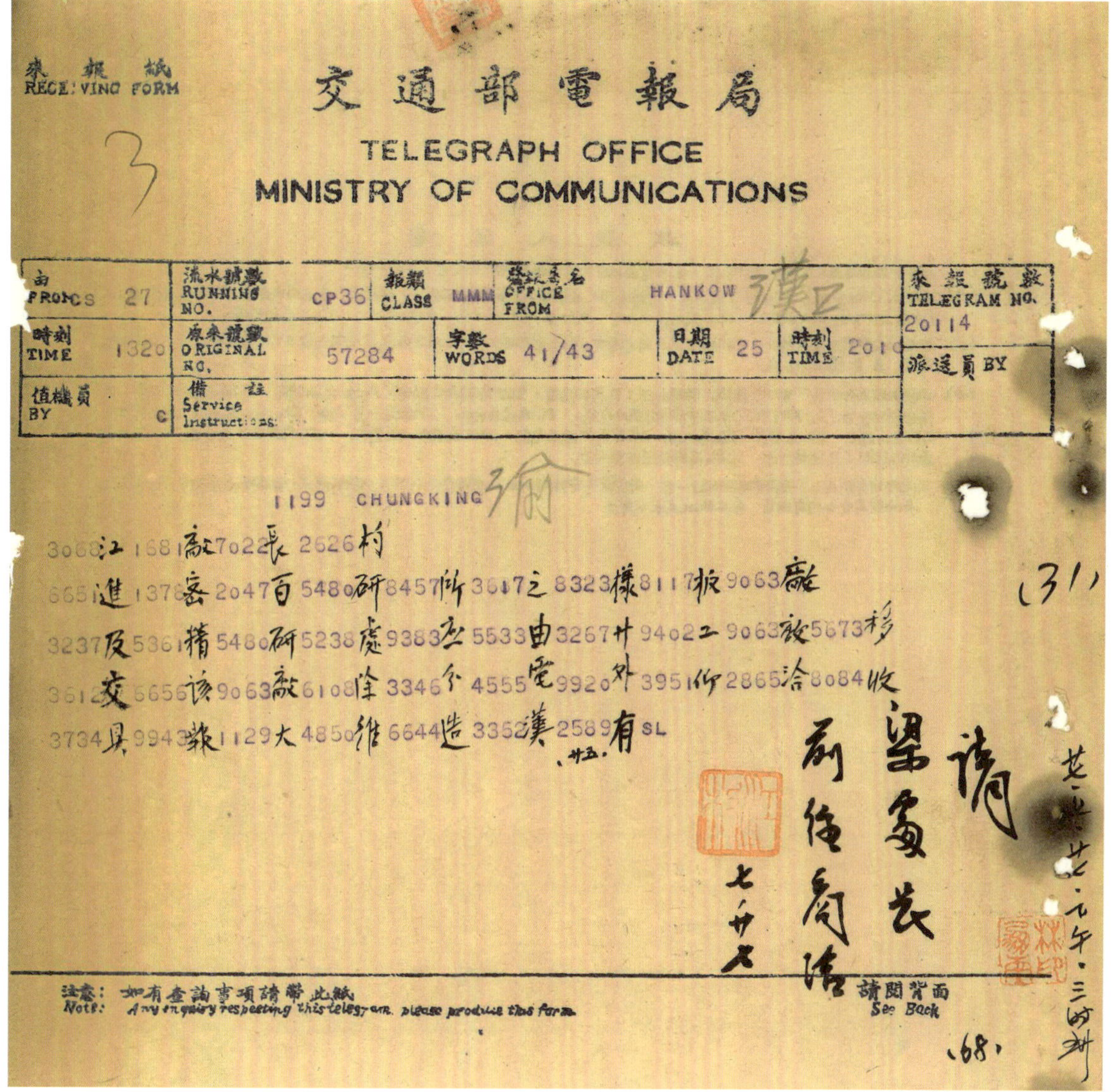

来报纸 RECEIVING FORM

交通部電報局

TELEGRAPH OFFICE
MINISTRY OF COMMUNICATIONS

由 FROM CS 27	流水號數 RUNNING NO. CP36	報類 CLASS MMM	發報局名 OFFICE FROM HANKOW 漢口	來報號數 TELEGRAM NO. 20114
時刻 TIME 1320	原來號數 ORIGINAL NO. 57284	字數 WORDS 41/43	日期 DATE 25　時刻 TIME 2010	派送員 BY
值機員 BY C	備註 Service Instructions:			

1199 CHUNGKING 渝

3068江 1681廠 7022長 2626杓
6651進 1378密 2047百 5480研 8457所 3647之 8323樣 8117板 9063廠
3237及 5361精 5480研 5238處 9383應 5533由 3267廿 9402二 9063廠 5673移
3612交 5656該 9063廠 6108除 3346介 4555電 9920外 3951仰 2865洽 8084收
3734具 9943報 1129大 4850維 6644造 3352漢 2589有 SL

請梁處長俞總局洽

七廿五

（31）

廿七·廿七·下午·三時卅

注意：如有查詢事項請帶此紙
Note: Any enquiry respecting this telegram, please produce this form.

請閱背面
See Back

（68）

梁步云为报告赴兵工署第二十工厂询洽接收样板厂及精研处情况致江杓的签呈（一九三八年七月三十日）

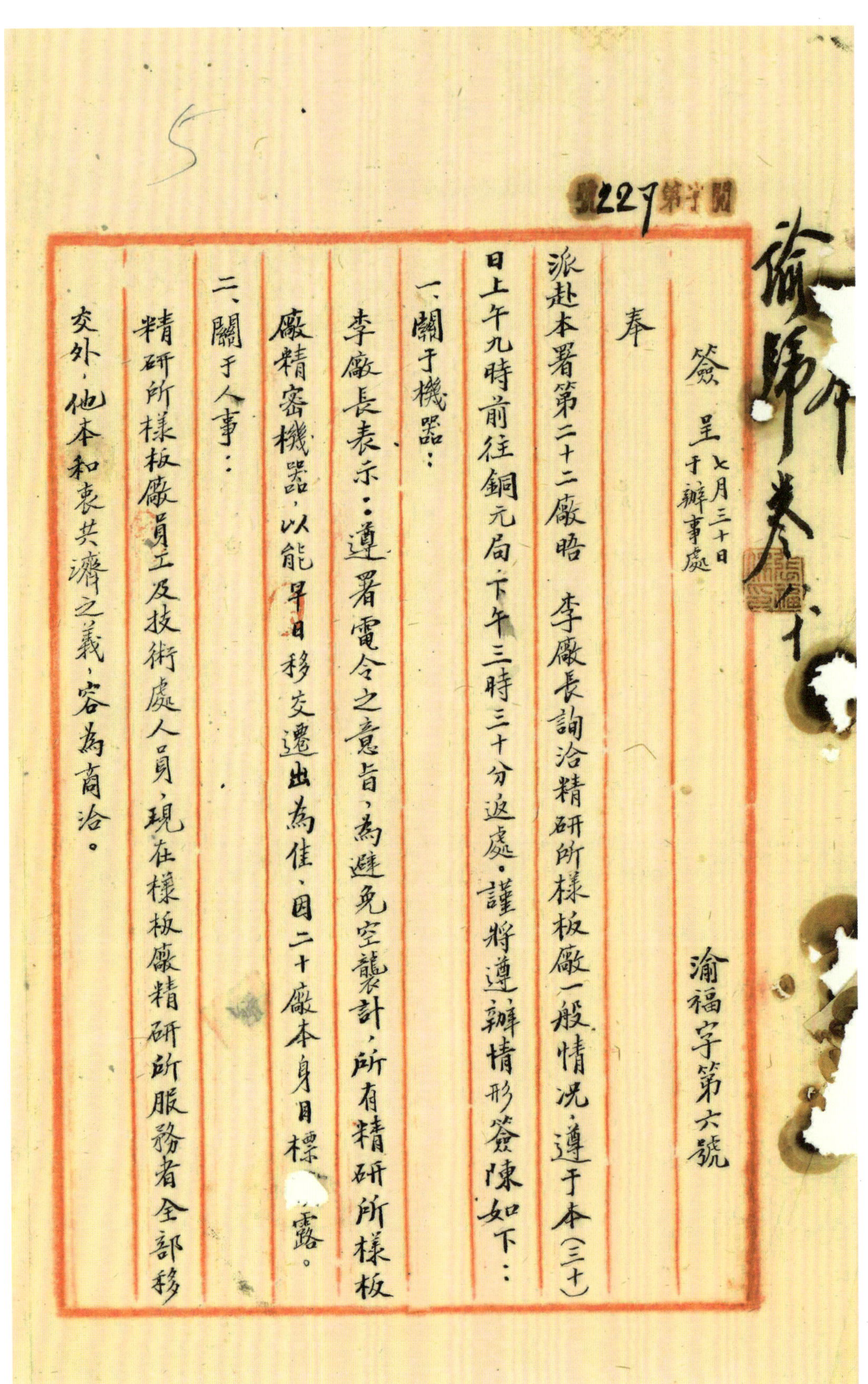

閱字第227號

渝福字第六號

簽呈 七月三十日于辦事處

奉

派赴本署第二十二廠晤李廠長詢洽精研所樣板廠一般情況，遵于本（三十）日上午九時前往銅元局，下午三時三十分返處。謹將遵辦情形簽陳如下：

一、關于機器：

李廠長表示：遵署電令之意旨，為避免空襲計，所有精研所樣板廠精密機器，以能早日移交遷出為佳，因二十廠本身目標暴露。

二、關于人事：

精研所樣板廠員工及技術處人員，現在樣板廠精研所服務者全部移交外，他本和衷共濟之義，容為商洽。

57

三、現時一般情况：

1、精研所方委員光圻談稱：本所儀器工具及傢俱等，均已購備齊全，只要有房屋辦公，在移遷一週内，即可照常工作。

2、樣板廠劉股長志旌意見：本廠拆卸機器，頗費時日，即搬運時，以其過去經驗，短程内可不必裝箱（由渝至郭家沱）。

3、百水橋研究所于精研所、樣板廠應移交各項清册，正在趕辦。

俟鈞座與李兼所長商定移接日期後，即可照辦。

理合抄同精研所樣板廠職工名册二份，簽請

鑒核！

謹呈

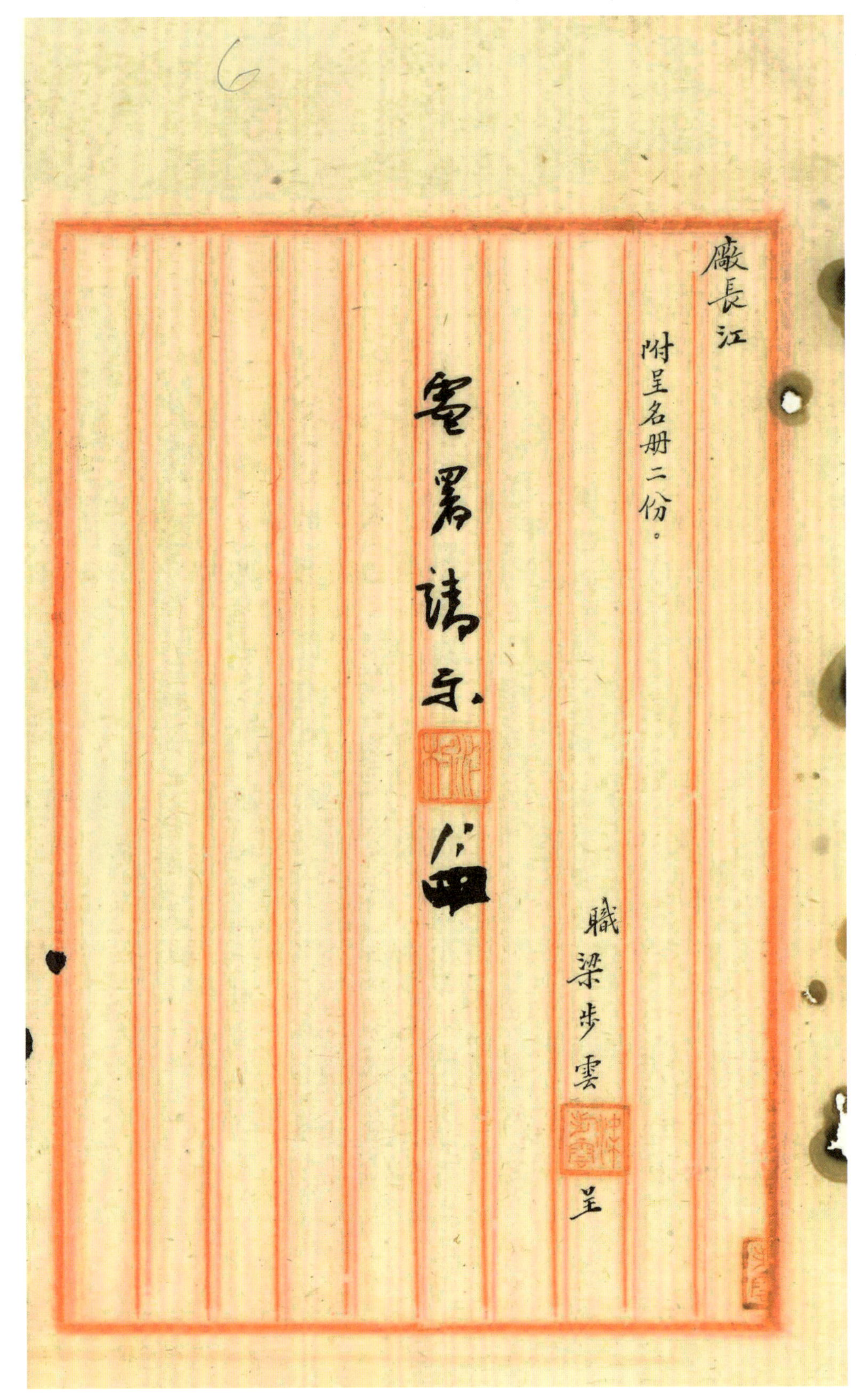

廠長江

附呈名册二份。

署鑒核備案！

職梁步雲 呈

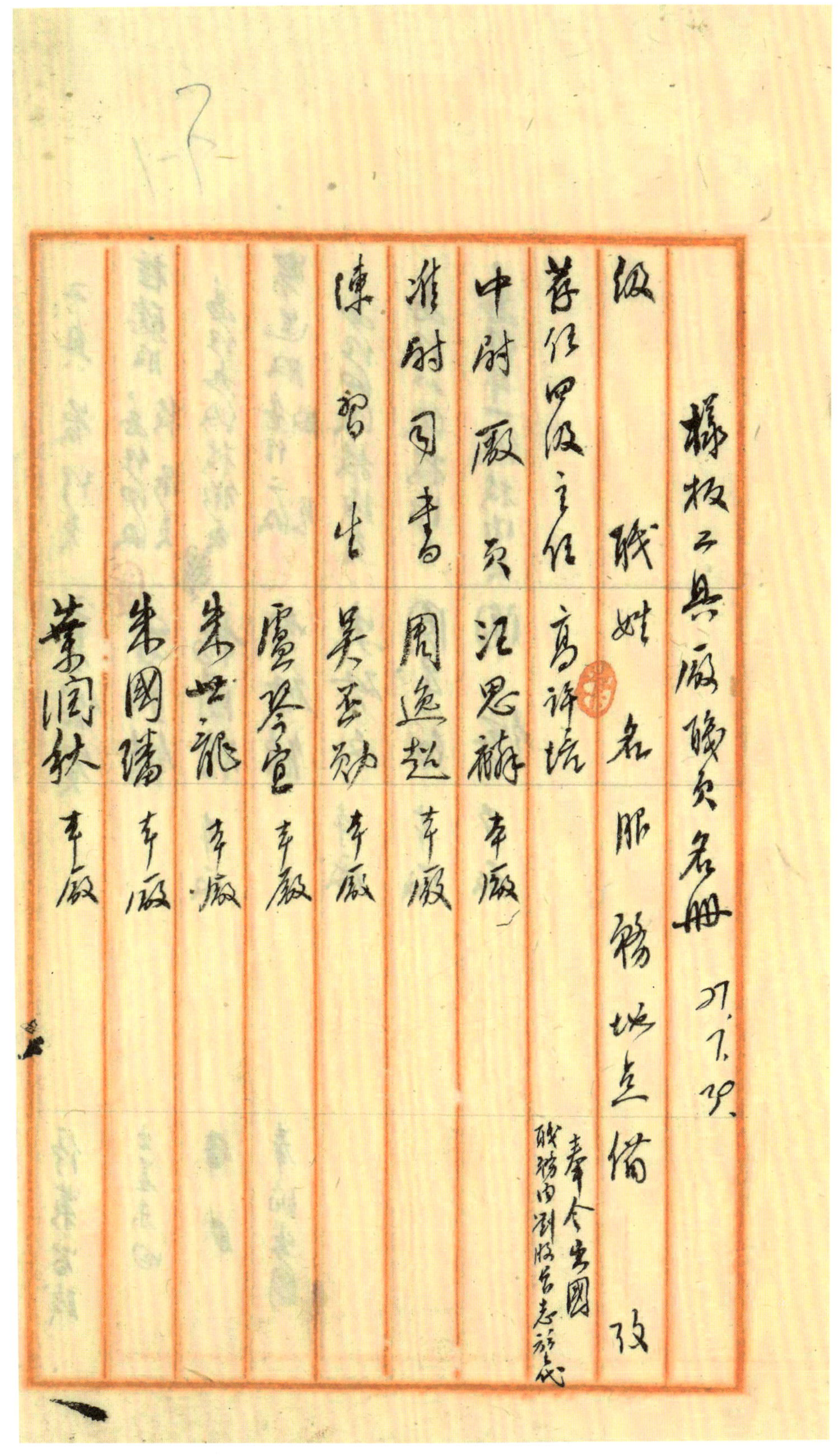

样板工具厂职员名册 37.7.29

级职	姓名	服务地点	备考
荐任四级主任	高许培		奉令出国 职务由刘股长志[illegible]代
中尉厂员	汪思麟	本厂	
准尉司书	周逸超	本厂	
练习生	吴丕勋	本厂	
	卢琴宣	本厂	
	朱世龙	本厂	
	朱国瑞	本厂	
	叶润秋	本厂	

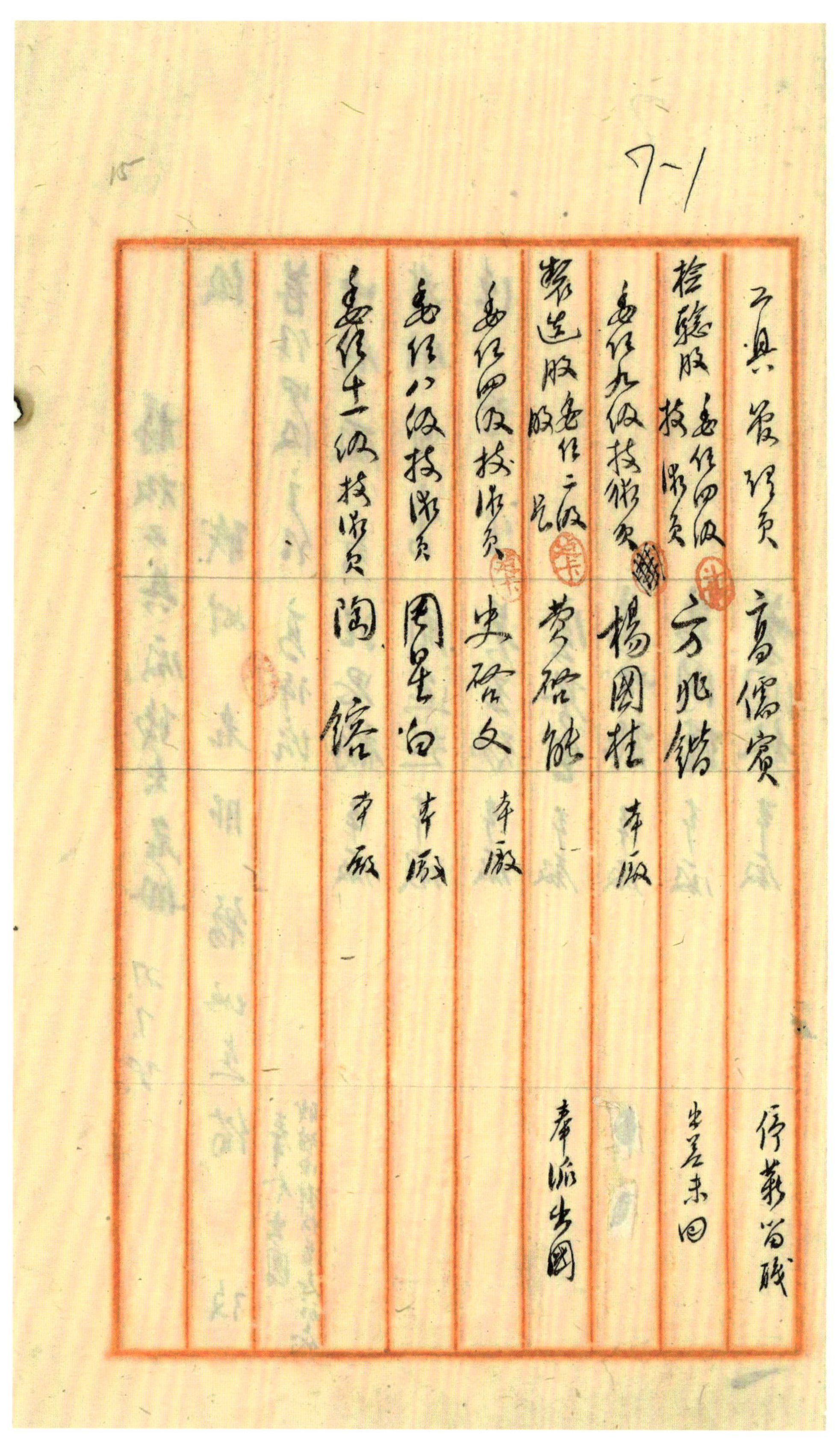

7-1

工具管理員 高儒賓 停薪留職
檢驗股委任四級技術員 方兆鎧 出差未回
委任九級技術員 楊國桂 本廠
製造股委任二級股長 黄啓銳 奉派出國
委任四級技術員 史啓文 本廠
委任八級技術員 周星白 本廠
委任十一級技術員 陶鎔 本廠

精確研究處職員名冊

27.7.30.

級　職	姓　名	服務地點	備　攷
主任研究委員（代處長職務）	方光圻	本處	
研究股股長 荐任六級	劉志譚	樣板廠、技術處	代樣板廠主任職務、技術處處長
委任六級技術員	錢紹宗		奉令出國
委任五級技術員	周祖彭		奉令出國
測驗股 委任八級技術員	黃朝吉	本處	出差未回
委任十二級技術員	熊松齡	本處	
練習生	杜驥業	本處	
	朱奎元	本處	

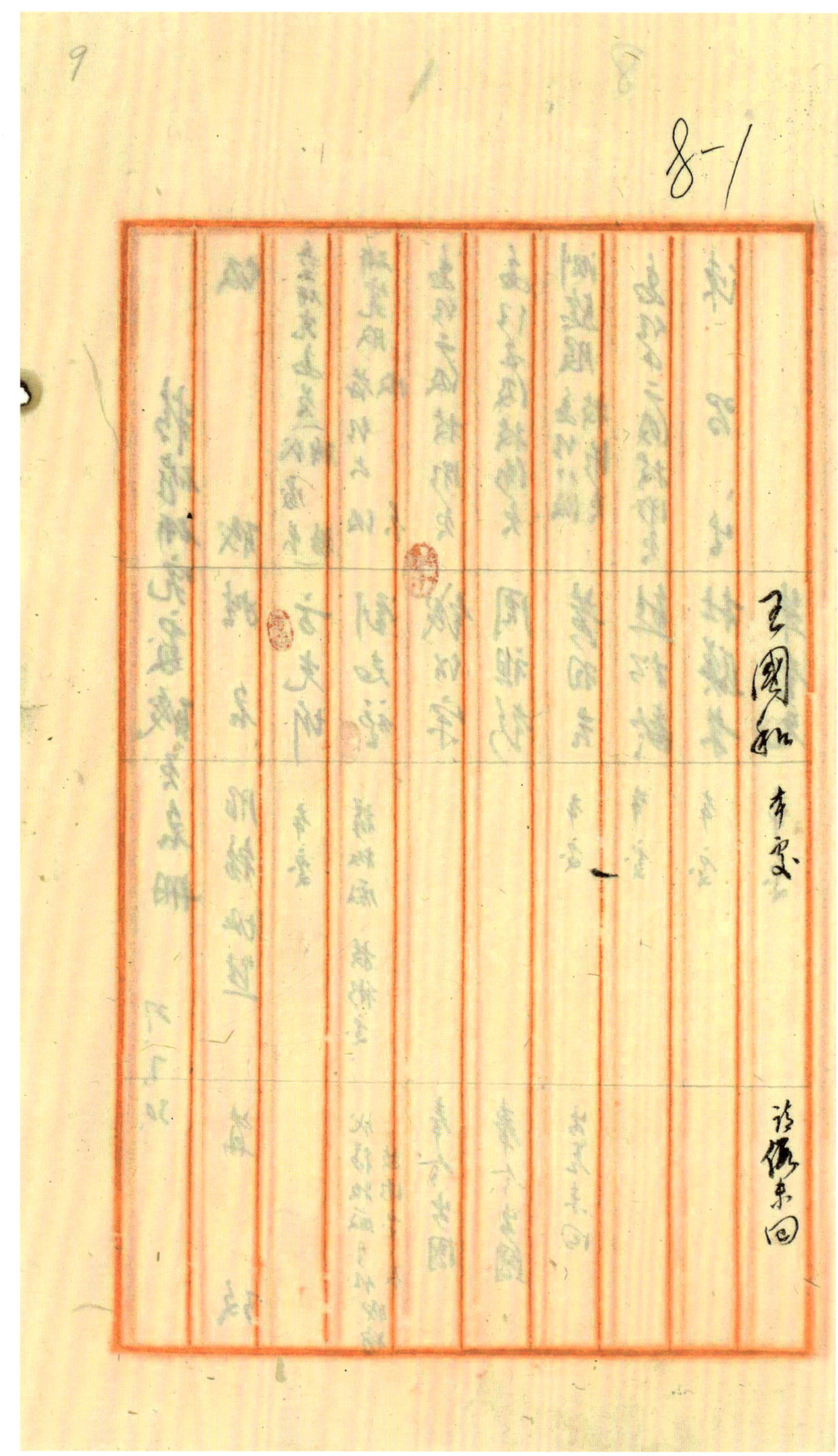

技術處職員名冊 37、7、30、

級職	姓名	服務地點	兼職
薦任三級處長	過靜宜	第二十二廠機檢廠	代機檢廠主任
准尉司書	潘文超	第二十二廠編置課	
練習生	李敦忠	第二十二廠機檢廠	
工務股委任五級技術員	沈陛揚		兼代電工股主管 出差駐宜
委任十級技術員	陳啓儒	樣板廠	
設計股委任七級技術員	張友彬	樣板廠	
委任十六級繪圖員	陳鏞	樣板廠	
繪圖員	婁良鴻	標准研究室	
顯標股委任十級技術員	劉承蔭	樣板廠	

军政部兵工署第五十工厂关于预计复工日期致兵工署的呈（一九三八年七月三十日）

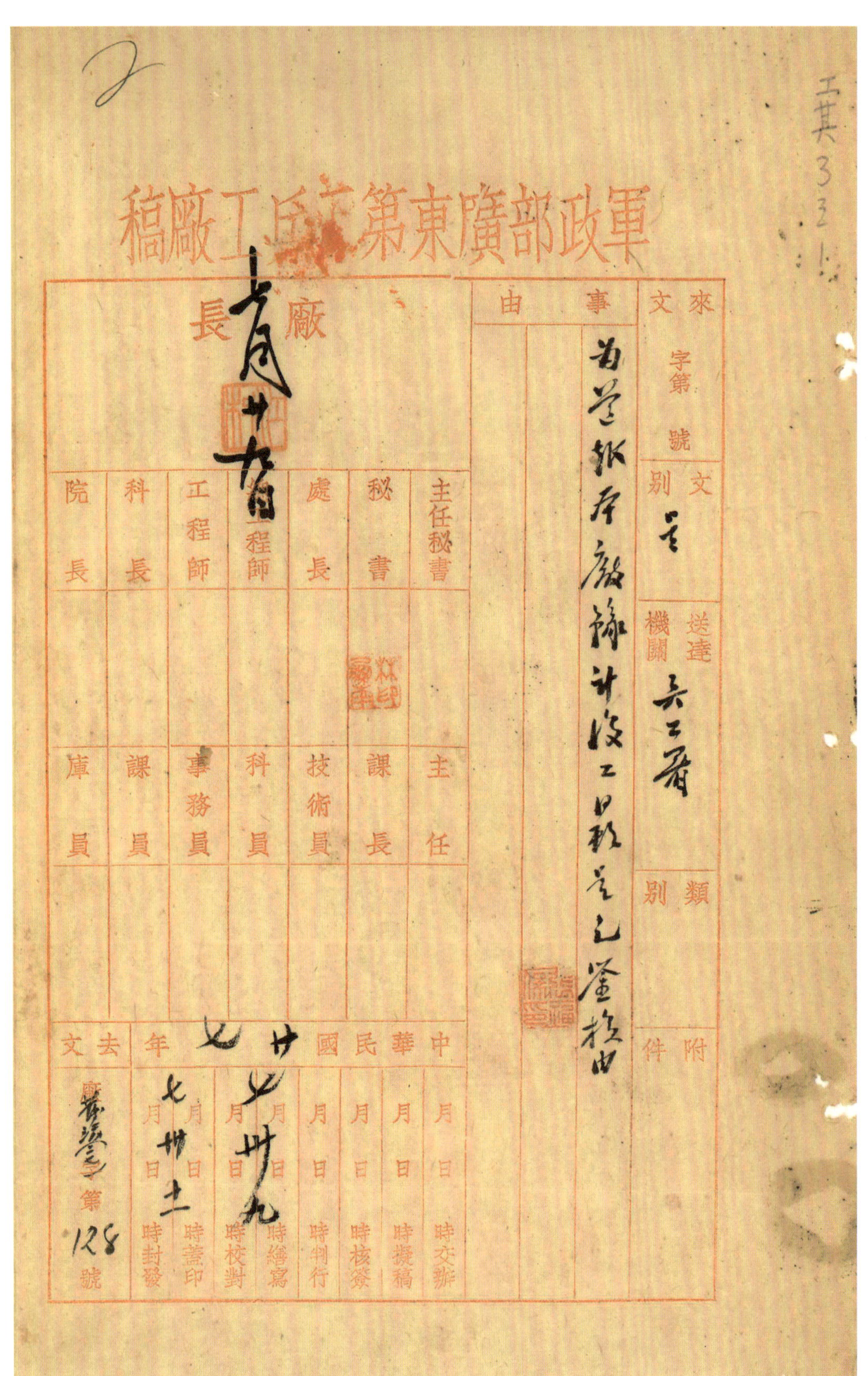

軍政部廣東第二兵工廠稿

事由：為遵飭本廠預計復工日期呈乞鑒核由

文別：呈

送達機關：兵工署

中華民國廿七年七月

去文廣(華)字第128號

案準

鈞署澤造三〇四字第四八三七號訓令，仰將協計復工日期、計劃具報。等因。奉此，謹擬本廠被壞情形報告，並付用紙之下，循承

鈞鑒，查自趕來機，現在業將全廠大小机件，以次運出，惟遷運工作，雖已計程可竣，而復工之標件，及廠方之建築，材料之補充，及工匠之召攬，皆為需時日，方可就緒，本廠各重要机件，机具內擬為

以故各廠所之建築設備，自敵兩焚毀，尚可引水電及動力之設備，應修碼頭及廠所之工程，統計各項

5

建築，西村今年底方可竣工。材料一事，經手創辦人，派由工務處李武臣、張德麗經理，所購材料，今年底可以運齊來滇，由滬運滇之機料，尚未計算在內。滇江西廠工人僅有百餘人，而全廠各部份開工後，需要之數，至少在千人，現正從速加以訓練，期能足敷應用之材。依上數端，和計本廠復工之期，至速當在明年三月，據此看來，本廠擬從最短之移期早日開工，以應此急，二則鈞命，不負殘專郵寄之速速建以來，

總之，

5-1

暨建築群情形，另案詳報外，理合先將職奉派勘辦計復工日期，具文報請

鑒核。謹呈

署長俞

銜全

中華民國　　年　　月　　日

監印

校對

繕寫

军政部兵工署百水桥研究所为奉令移交事致第五十工厂的公函（一九三八年八月十八日）

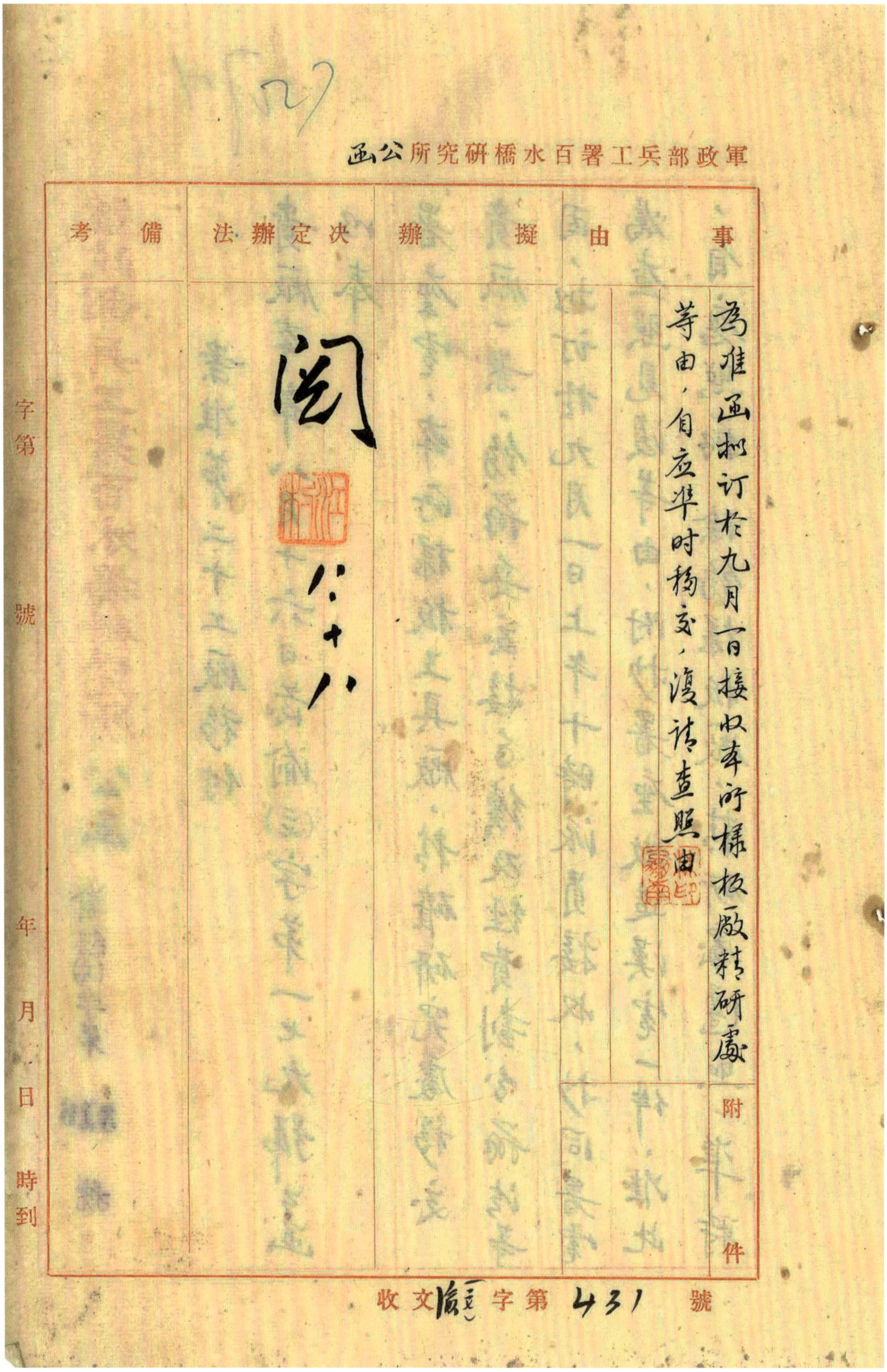

軍政部兵工署百水橋研究所公函

事由	擬辦	決定辦法	備考
為准函約訂於九月一日接收本所標板廠精研處等由，自應準時移交，復請查照由		閱 八、十八	

附件

字第　號　年　月　日　時到

收文渝字第431號

軍政部兵工署百水橋研究所公函

渝總(三)字第316號

案准第二十工廠移付

貴廠本年八月十六日蕋渝(三)字第一七九號公函

以奉

署座電，本所樣板工具廠，精確研究處移交

貴廠一案，飭辦妥交接手續及經費劃分辦法等

因，擬訂於九月一日上午十時派員接收，抄同署電

囑查照見復等由，附抄署座徽造漢電一件，准此

，自應照辦，除飭樣板廠，精研處遵照，準時

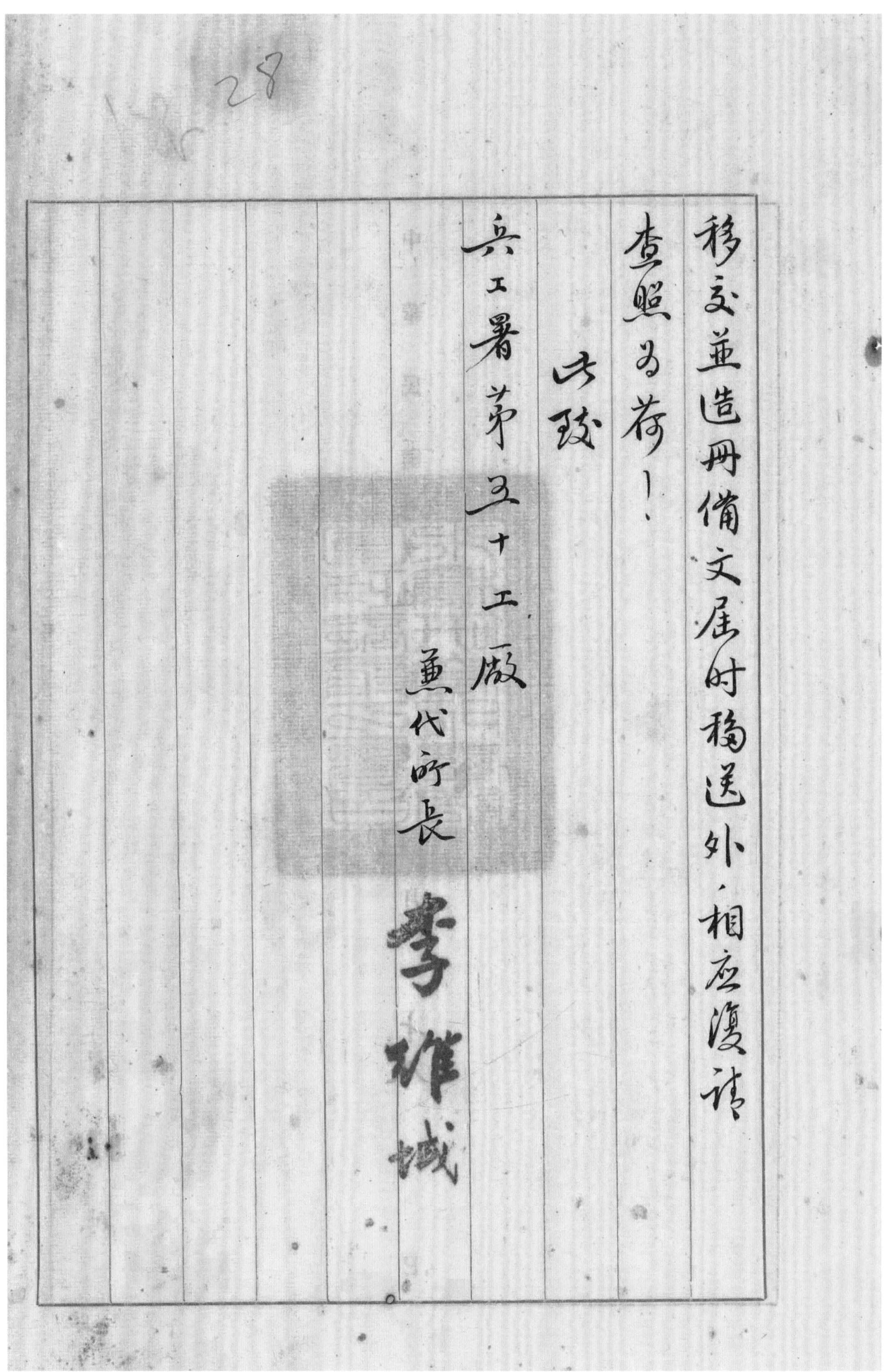

移交並造冊備文屆时補送外，相應復請

查照為荷！

此致

兵工署第五十工廠

兼代所長 李維城

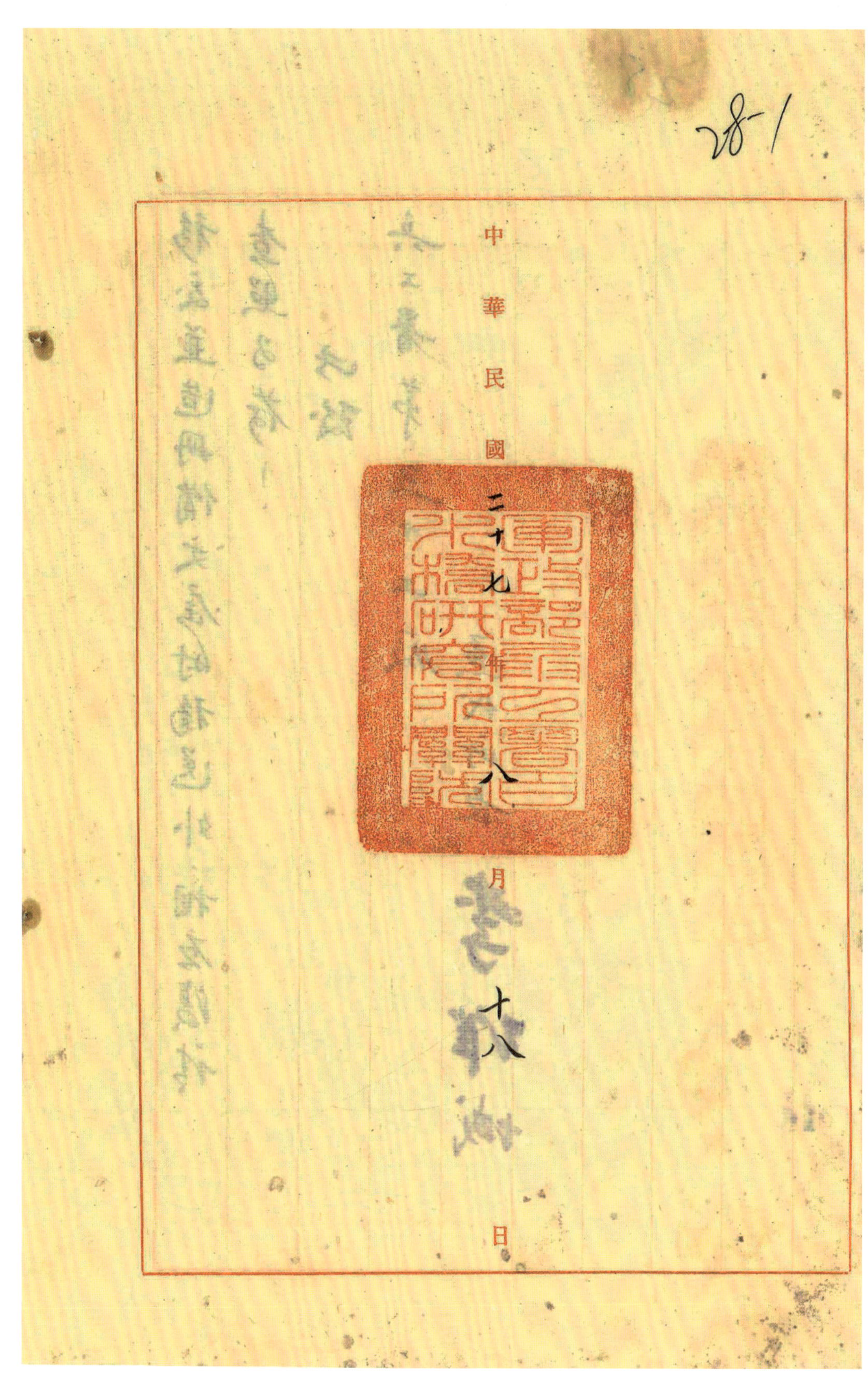

中華民國二十七年八月十八日

军政部兵工署第二十工厂为检送百水桥研究所组织系统表及试行编制表致第五十工厂的函（一九三八年九月二日）

附：军政部兵工署百水桥研究所组织系统、试行编制表

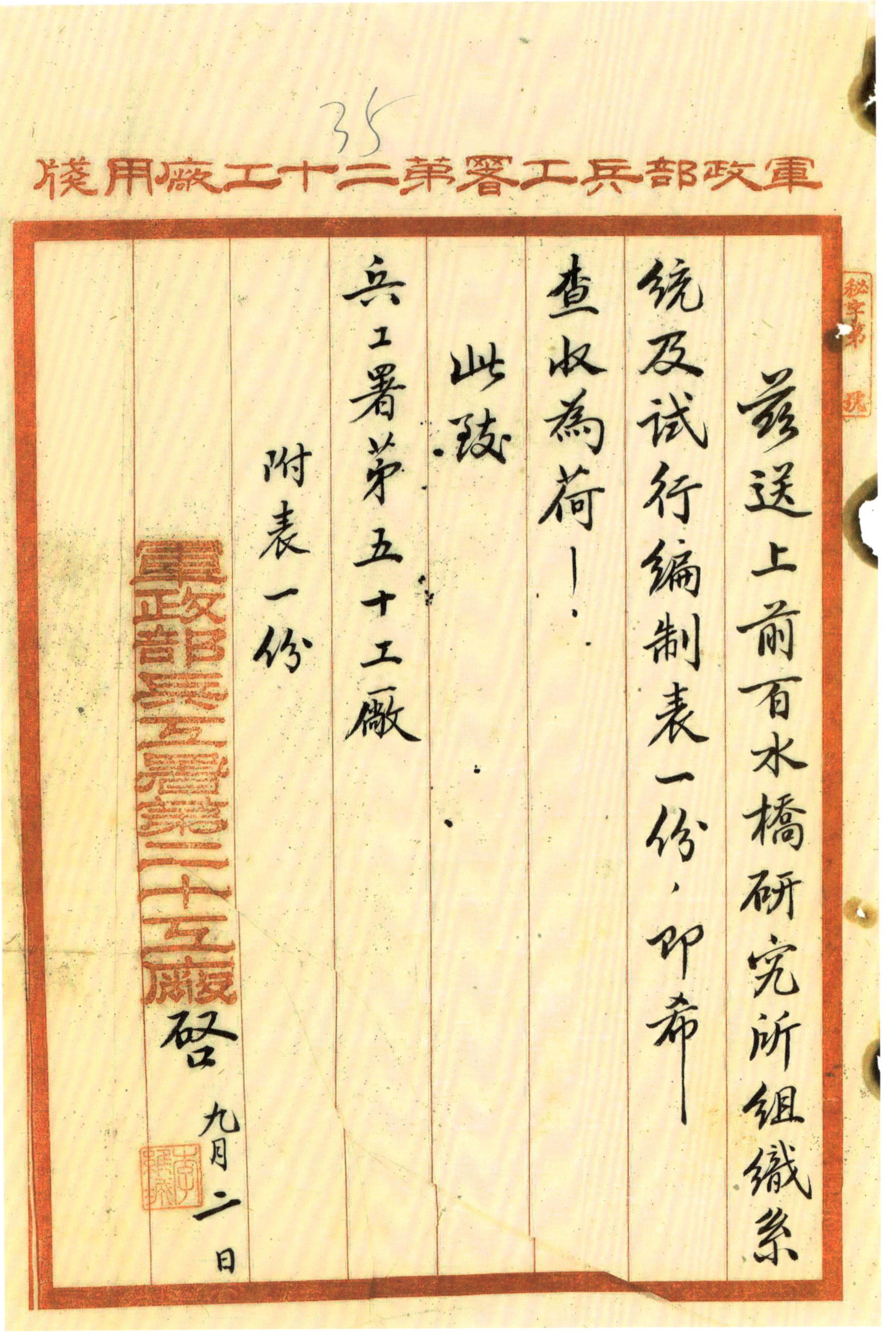

35

軍政部兵工署第二十工廠用箋

秘字第　號

茲送上前百水橋研究所組織系統及試行編制表一份，即希

查收爲荷！

此致

兵工署第五十工廠

附表一份

軍政部兵工署第二十工廠啓

九月二日

36

軍政部兵工署百水橋研究所組織系統表

軍政部兵工署百水橋研究所試行編制表

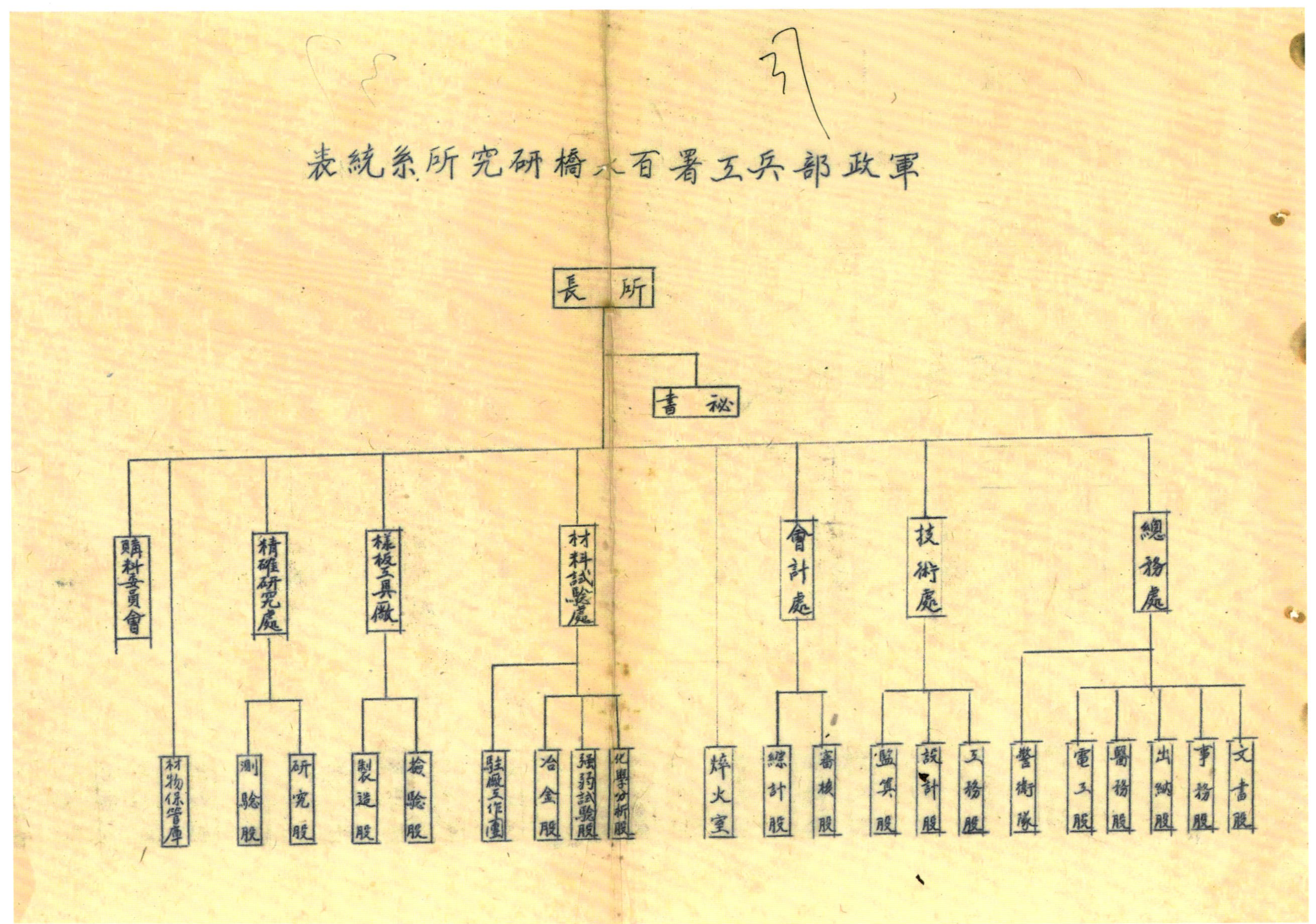

軍政部兵工署百八橋研究所系統表
所長
秘書
購料委員會
材物保管庫
精確研究處
測驗股
研究股
樣板工具廠
製造股
檢驗股
材料試驗處
駐廠工作室
冶金股
强弱試驗股
化學分析股
焠火室
會計處
總計股
審核股
技術處
監造股
設計股
工務股
總務處
警衛隊
電工股
醫務股
出納股
事務股
文書股

軍政部兵工署百水橋研究所試行編制表

職別	階級	額數	備考
所長	簡任六級至四級	一	
秘書	薦任六級或同中校	一	
總務處長	薦任三級或同上校	一	
文書股長	少（中）校	一	
文書股員	少校	一	
	上中少尉	一二一	
司書	同准尉	三	
事務股長	少校	一	
事務股員	上中少尉	二二二	

38-1

	股	司書	同准尉	二	
	出	股長	少校	一	
	納	股員	上中少尉	一	
	股	司書	同准尉	一	
	醫	股長	一（三）等軍醫正	一	
	務	軍醫 司藥	一（三）等軍醫佐正 二（三）等司藥佐	一 一 一	
	股	看護軍士	中下士	一 一	
務	電	股長	委任二級	一	
	工	技術員	委任五級至三級	一	
	股	工匠		五	內電工二，泥、瓦、木、工匠各一

39

處			
警衛隊			
隊長	上尉	一	
分隊長	中尉 少尉	一 二	
特務長	准尉	一	
文書軍士	上士	一	
班長	中士	九	
副班長	下士	九	
列兵	上 一等兵 二	八 七 七	
號兵	上等兵	二	
傳達兵	一等兵	三	兼服勤務
隊			
炊事兵	上 二(三)等兵	一 八	

單位	職別	官等	人數
技術處	處長	薦任三級至一級	一
工務股	股長	委任一級	一
	技術員	委任六五三級	一一一
	司書	同准尉	一
設計股	股長	委任二級	一
	技術員	委任六級	一
	繪圖員	委任土十八級	二一一
	司書	同准尉	一
監算	股長	委任二級	一
	技術員	委任六四級	一一

1

40

單位	職別	官等	員額
處	股司書	同准尉	一
會計處	處長	薦任五級	一
	處員	少校	一
審核	股長	少校	一
	股員	上中尉	三
	股司書	同准尉	一
綜計	股長	少校	一
	股員	上中尉	三
處	股司書	同准尉	一
淬	校術員	委任二級	一

火			委任四级	一
室			委任六级	一
材料	厰	長	簡任六级	一
	厰	員	少校	一
	司	書	同准尉	一
	化學分析股	股長	薦任一级	一
		技術員	薦任五级	一
			委任一三级	一二
			委任五七级	二二
		司書	同准尉	一

處	股	職別	官等	員額	備考
試驗處	強弱試驗股	股長	薦任一級	一	
		技術員	薦任六級	一	
			委任三五七級	一一一	
		司書	同准尉	一	
		股工匠		八	
	冶金股	股長	薦任一級	一	
		技術員	薦任五級	一	
			委任五六七級	一一一	
	駐廠工作團	技術員	委任一級	二	各員應由所內各部人員互相調撥派往各廠辦理統一材料標驗事項糾正各處驗收方法及校正
			委任七級	二	各所試驗機器設備

41-1

樣板工具廠

職別		官階	人數
主任		荐任一级	一
廠員		上(中)尉	一
司事		少尉	一
司書		同准尉	一
檢驗股	股長	荐任六级	一
	技術員	委任三六级	一一
		委任九级	二
製造股	股長	荐任五级	一
	技術員	委任一三级	二一
		委任五七级	二一

精確	處	長	薦任一級	一
	處	員	上尉	一
	司	書	同准尉	一
研究處	研究股	股長	薦任六級	二
		技術員	委任二級	一
			委任三級	一
	測驗股	股長	薦任五級	一
		技術員	委任六四級	一二
			委任八級	三
材	庫	長	委任一級	一

類別	職別	階級	員額
物保管庫	庫員	委任四八級	四一
	司書	同准尉	四
	庫兵	上等兵	四
其他士兵役	傳達士兵	下士 上等兵	二一
	公役	一二三等	二二一
		四五六等	八八四
	炊事兵	上二三等兵	八一
合計		官佐	一四一
		士兵匠役	一七一

43

附記

一、購料委員會人員由所長就本所各職員中指派兼任之

二、本所附設一藝徒學校其編制另定之

三三三

军政部兵工署第五十工厂关于接收川炮厂机器情况致兵工署的呈（一九三八年十一月三日）

附：接收川炮厂机器清单

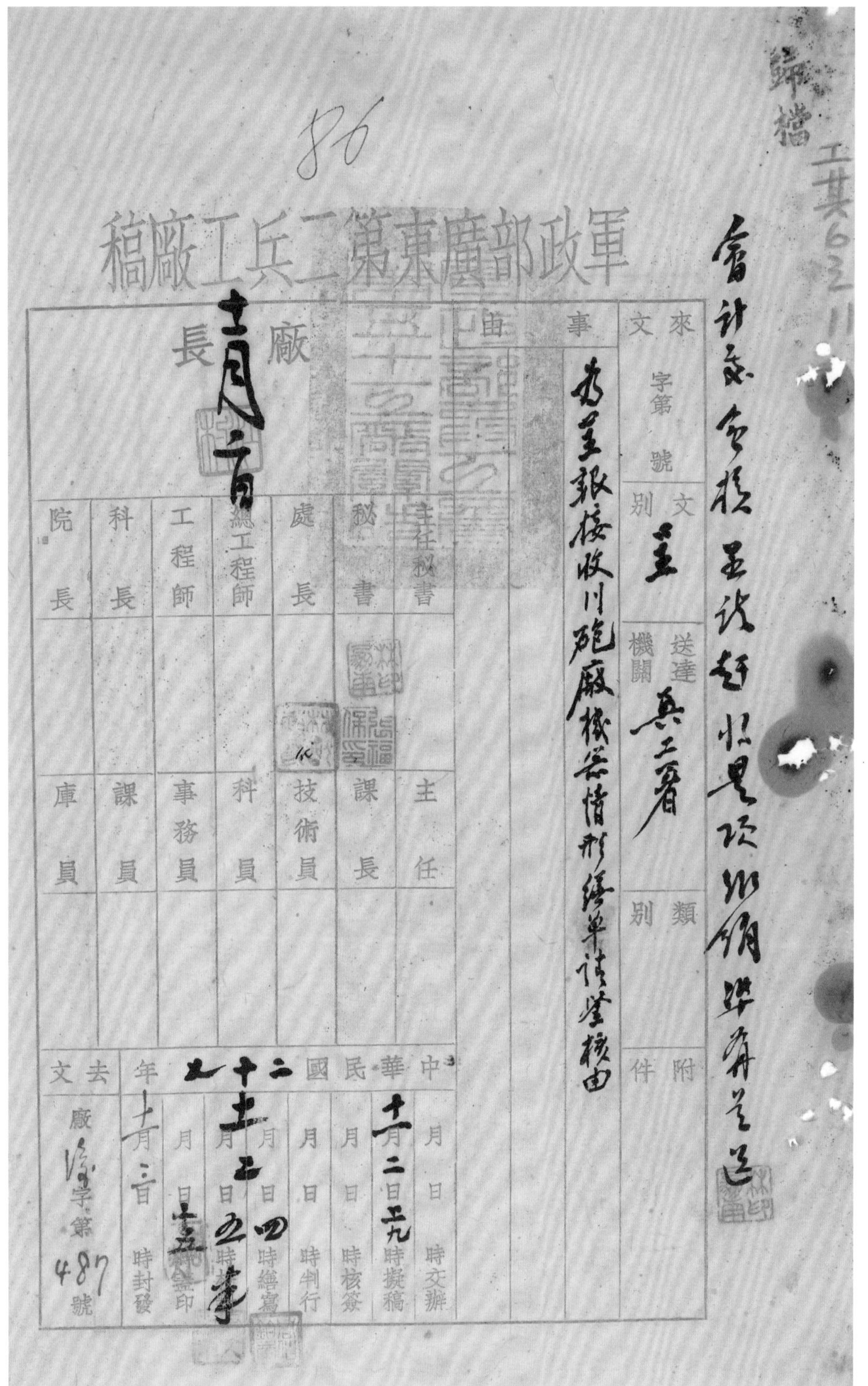

86-1

案查前奉

鈞長譽造漢電開：

「川砲廠機器，應渝交接者，仰該廠長向渝籌事處洽收具報」

等因；奉此，遵經向籌事處接洽，并由處函送機器清單到廠，嗣因該項機器，除重慶重要機件，原武昌修理所存有一部份外，其餘盡存在合川南溪，尚須向該所接洽，俟交回後再行運回外，遂於八月二十六日派本廠技術員施惟吾率同兵匠，并帶木駁船一艘，及船夫六名，馳往合川，按照單列存合機器，接收裝運，嗣時因江水面

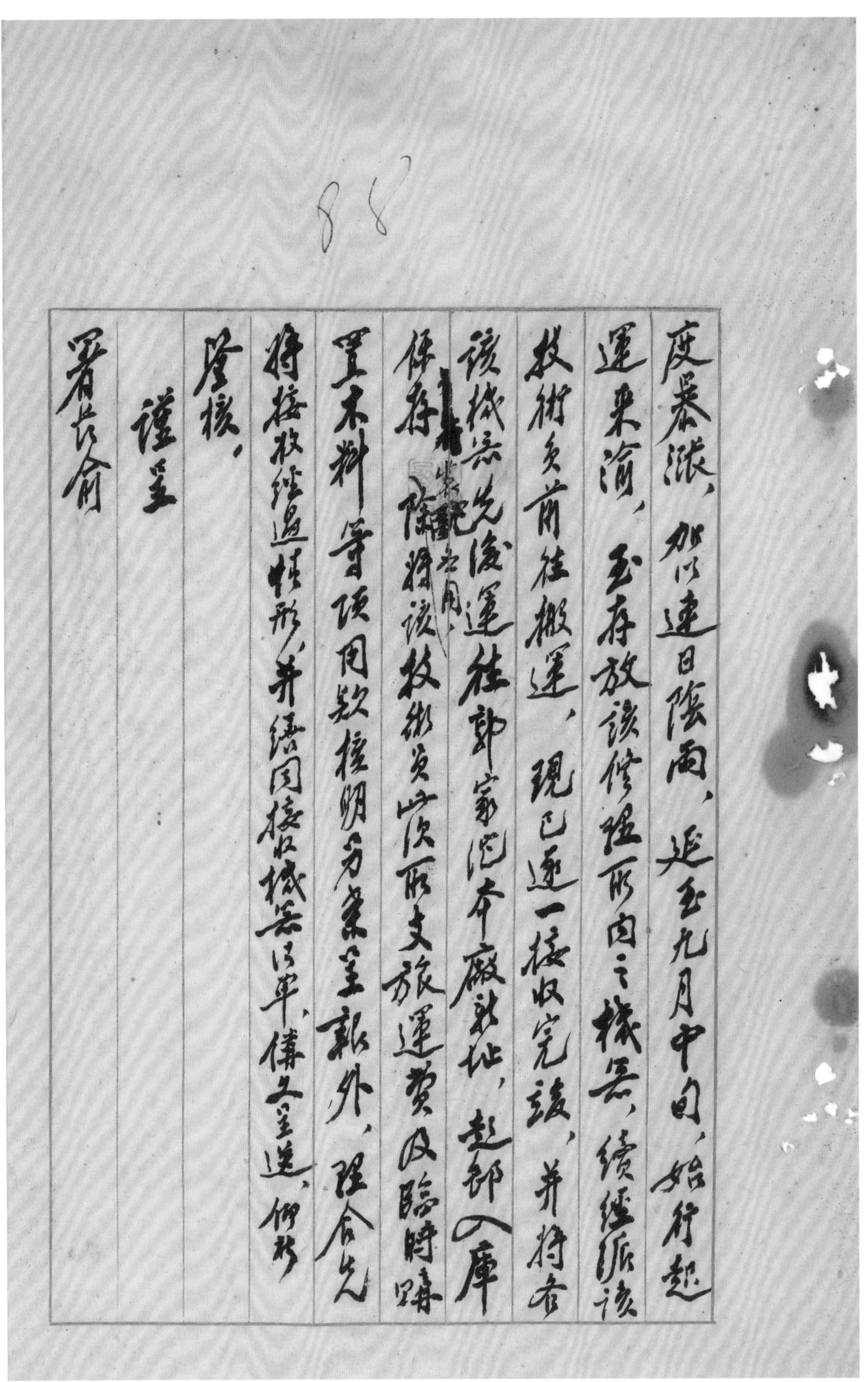

度暴涨，加以连日阴雨，延至九月中旬，始行起运来渝，并存放该修理所内之机器，续经派该技术员前往搬运，现已逐一接收完竣，并将该机器先后运往郭家沱本厂新址，起卸入库保存。除将该技术员此次所支旅运费及临时雇买木料等项用款核明另案呈报外，理合先将接收经过情形，并缮同接收机器清单，备文呈送，仰祈

鉴核。

谨呈

署长俞

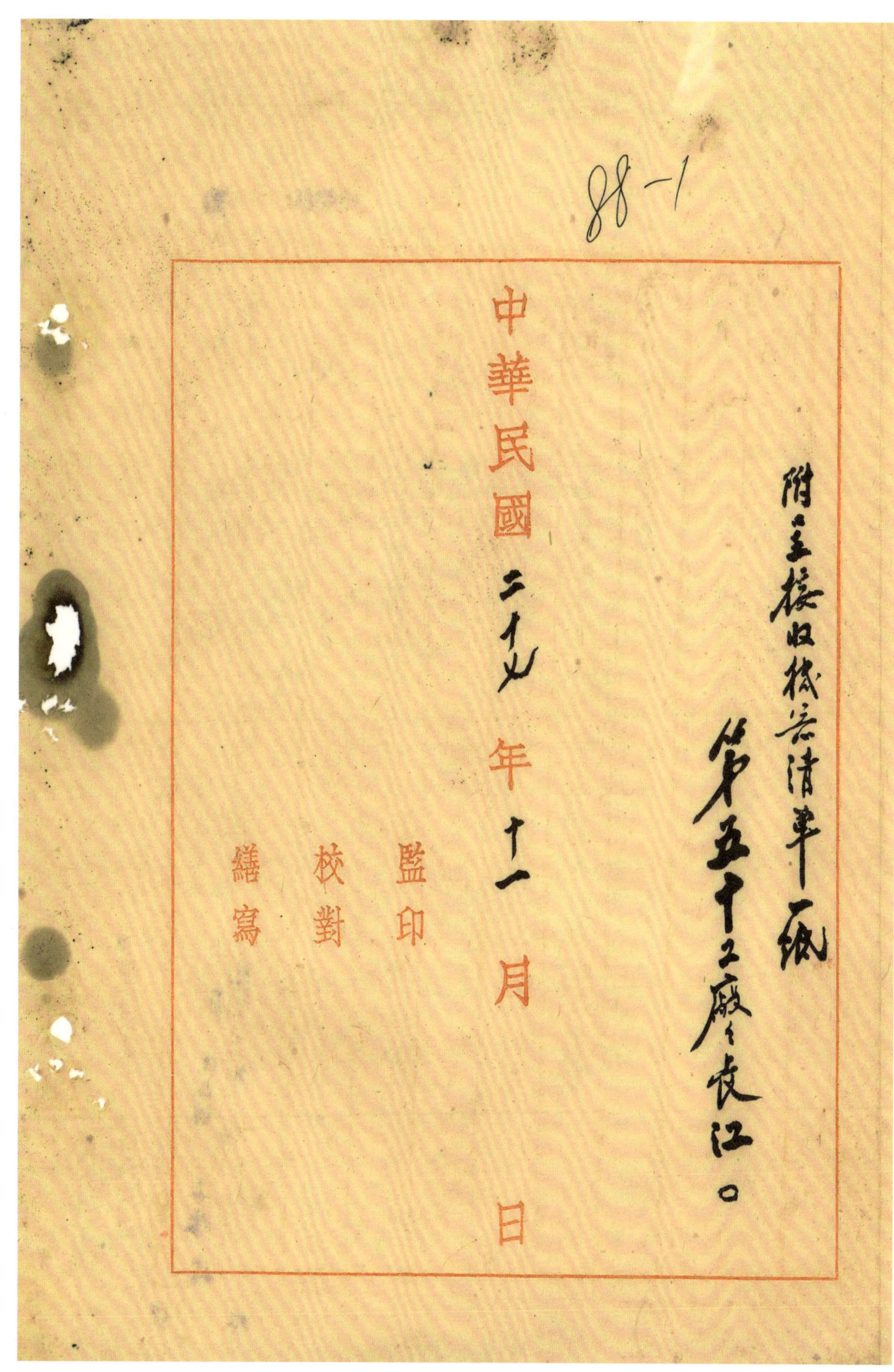
88-1

附呈接收機器清單一紙

第五十工廠廠長江〇

中華民國二十九年十一月　日

監印

校對

繕寫

稿底

接收川砲廠機器清單

廠名	原文名稱	中文名稱及用途	數量	接收地點	重量	備攷
賀氏滿	Four automatique "R"	"R"式自動車床(車砲彈)	1部	合川	5 噸	
"	Four automatique "R"	"R"式自動車床(光砲彈)	1"	"	5 "	
阿尔滿	Machine à mandriner	鑿方眼機	1"	"	3 "	
"	Machine à graduer du ligne droite	刻線機	1"	臨江門外武器修理所	10 "	
白氏列	Four à decolleter	自動轉刀車床(引管工作)	1"	"	2.41 "	
"	Accessories	造曲線盤專門工具 上項車床用的	4箱	"		
賀氏滿	Four automatique à Centrer "Seucca Fallis"	求砲彈中心自動機	1部	合川	1.5 "	
"	Four automatique 15/8	15/8 自動車床(車引信)	1"	修理所	8 "	
阿尔滿	Machine rectifier Universelle	萬能砂輪機	1"	"	3 "	
賀氏滿	Four automatique "V"	"V"式自動車床(車迫擊炮彈)	1"	合川	3 "	

上項車床用的

军政部兵工署第五十工厂、兵工署关于接收成都兵工厂厂址机器的往来公文

军政部兵工署第五十工厂致兵工署的呈（一九三八年十一月十六日）

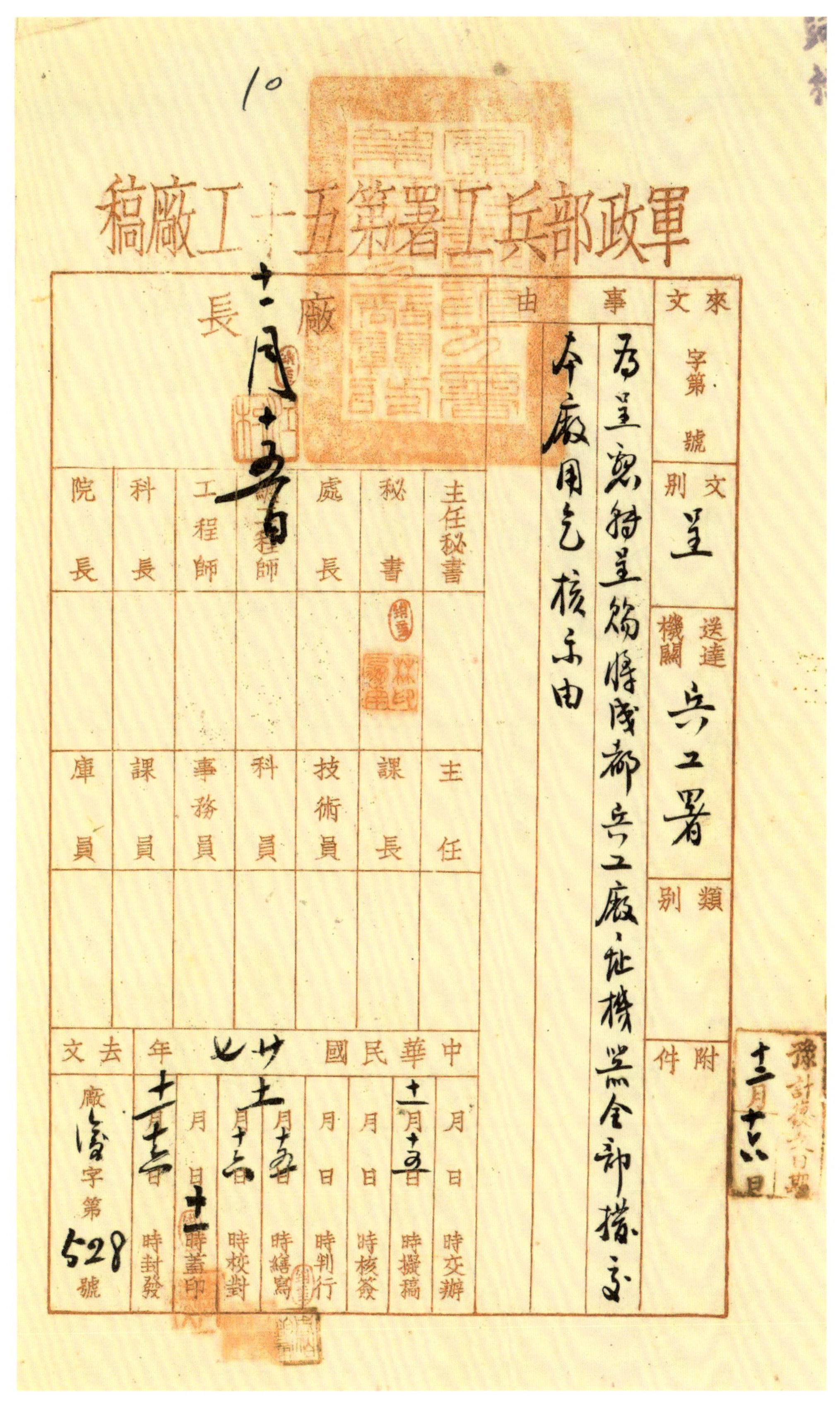

10

軍政部兵工署第五十工廠稿

來文：字第　號

文別：呈

送達機關：兵工署

類別：

附件：

事由：為呈報接收成都兵工廠廠址機器全部接收本廠用充核示由

廠長　十一月十五日

主任秘書　秘書　處長　工程師　工程師　科長　院長

主任　課長　技術員　科員　事務員　課員　庫員

中華民國廿七年

去文：廠（渝）字第528號

十一月十五日時交辦　十一月十五日時撰稿　月日時核簽　月日時判行　十一月十五日時繕寫　十一月十六日時校對　十一月　日時蓋印　十一月十六日時封發

十一月十六日

查成都兵工厂厂址及存机件，经呈奉

钧令，准派鄢技正大铭前往勘查，等因。当

于本月八日遴派员工，随同鄢技正出发，去

后。兹据该技正报称："该厂遗存机器大致尚少

剥落，厂址屋宇亦尚完整，稍加整理修葺

，均可应用。"等语。核拟借作本厂艺

徒学校之用，为此呈恳

钧署鉴予转呈

军事委员会委员长重庆行营，准将前项

厂址及机件，令部拨交本厂应用，是否可

13

行司理合具文呈請

鑒核示遵！

謹呈

署長俞

第五十工廠長江○

兵工署给第五十工厂的指令（一九三八年十二月八日）

12

軍政部兵工署 指令

渝造(元)丙字第　號

中華民國二十七年十二月八日發

1840

重慶

令第五十工廠廠長江杓

廿七年十一月十六日廠(元)渝字第148號呈一件為呈懇轉呈賜將成都兵工廠廠址機器全部撥示本廠應用乞核示由

呈悉。業經轉奉

委員長行營渝機三字第〇4[illegible]號指令「准予照辦」等因，奉此，合行令仰遵照办理并將接收情形具報

此令。

署長 俞大維

军政部兵工署第五十工厂为介绍本厂编制情形复兵工署炮兵技术研究处的笺函（一九三八年十一月二十九日）

9

軍政部兵工署第五十工廠稿

來文	字第 號
文別	箋函
送達機關	砲技處
類別	
附件	

事由：為函送本廠編制情形請查照由

廠長：十二月廿九日

主任秘書	秘書	處長	總工程師	工程師	科長	院長

主任	課長	技術員	科員	事務員	課員	庫員

中華民國二十七年 去文

交辦	擬稿	核簽	判行	繕寫	校對	蓋印	封發
月日時	十一月廿四日時	月日時	月日時	十一月廿五日時	月日時	月日十三時	十一月廿九日時

廠發字第588號

9-1

頃准

貴廠砲枝（元）字第三〇一八號箋函，為謀修訂編制時參考起見，屬將本廠最新編制見寄等由，查本廠編制現仍依照前廣東第二兵工廠舊制辦理，惟其中組織，與他廠略有不同之點，其名義相差，而內容迥殊者，間亦有之，例如主任秘書一職實即副廠長之別稱，庶務室則兼有副官室之性質，關於管理勤務伕役及辦理廠內外之運輸事宜，均由庶務室主辦，稽查室則司考勤警戒，負有廠內秩序及防姦之責，所有稽查員十餘人，均為尉官待遇，薪衛隊則專司外圍之警戒，採購科籌辦全廠購置事項，即零星雜物，在他廠屬於庶務室辦理者，本廠亦劃歸該科承辦，地產科即等於他廠之土木工程室，惟範圍較廣，如全廠之不動產，亦由該科主之，檢驗科即他廠之審核處，因其工作範圍甚小，故改設為科，保管科因全廠資產，均劃由該科保管收發，即外購材料或器材送，亦先由該科入帳，無隨再發交其他部份致人員使用，故其組織擴大，工師程室即他廠之繪圖室，凡軍械工具種種之研究設計，以及製圖曬圖，全廠圖樣之管理收發，均由該室主持，故其內容殊為充實，現因該員甚重，乃

10-1

將該室劃由廠長直轄，工務處下置各課，分任工務方面之先決事項，務使廠主任及各級技術員，得以專心於考勤及工作法之改進，會計處視他廠多一工薪計算課，因本廠須行包工制度，故特預為之計，職工福利處之大小則視廠址之環境如何以為斷，准函前由，相應分別略為說明，並檢同本廠組織系統表及稽查室辦事規程一冊，隨函送達，即希

查照參考為荷！

此致

兵工署砲兵技術研究處

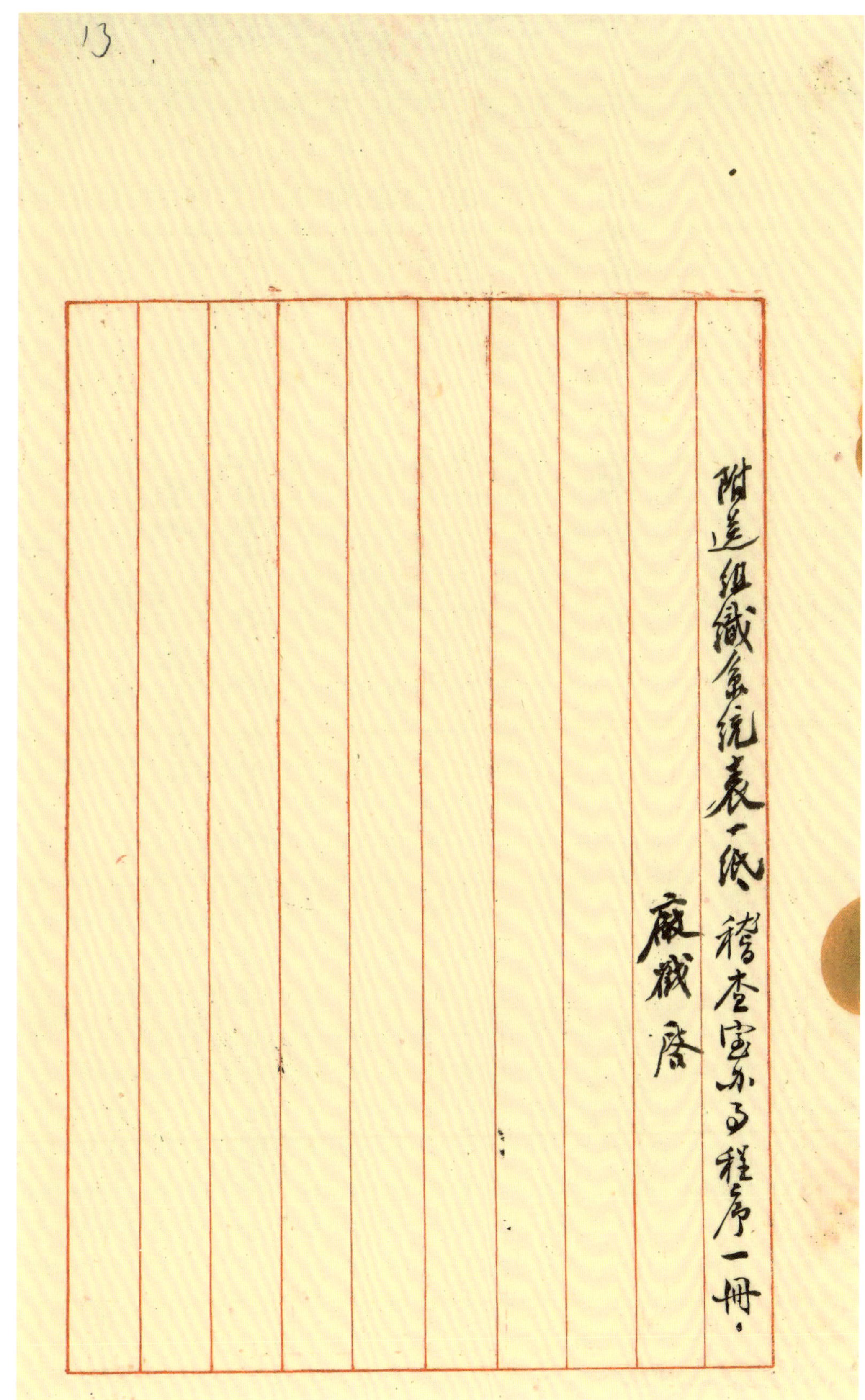

13

附送組織系統表一紙 稽查室辦事程序一冊。

廠職 啓

军政部兵工署第五十工厂为请派员监督接收成都兵工厂厂址机器致兵工署的呈（一九三八年十二月十日）

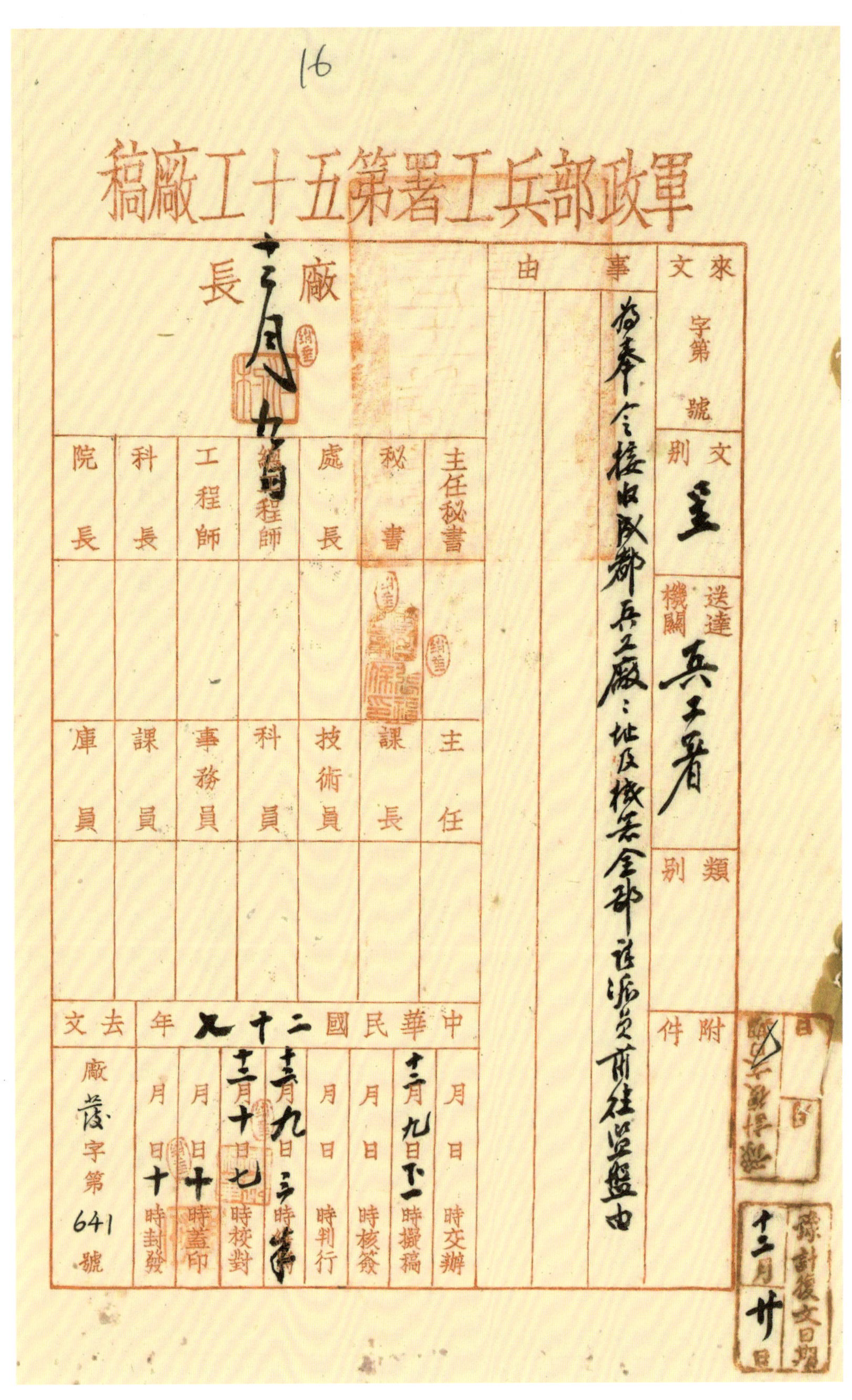
16

軍政部兵工署第五十工廠稿

來文字第　號

文別：呈

送達機關：兵工署

類別

附件

事由：為奉令接收成都兵工廠廠址及機器全部，請派員前往監盤由

廠長

主任秘書　秘書　處長　總工程師　工程師　科長　院長

主任　課長　技術員　科員　事務員　課員　庫員

中華民國二十七年

去文：廠發字第641號

十二月九日下一時擬稿

月　日　時核簽

月　日　時判行

十二月九日三時繕

十二月十日七時校對

月　日十時蓋印

月　日十時封發

月　日　時交辦

十二月廿日

16-1

案奉

鈞署十二月八日渝造（三）丙字第1840號指令，為本
廠呈請轉呈賜將成都兵工廠廠址及其機器全部
撥交本廠用由，內開：
「呈悉，業經轉奉
委員長行營渝機三字第0272號指令，「准予
照辦」等因，奉此，合行令仰遵照辦理，并
將接收情形具報」
等因，奉此，除令派鄭技正大鎔就近接收具報外，
理合備文呈請

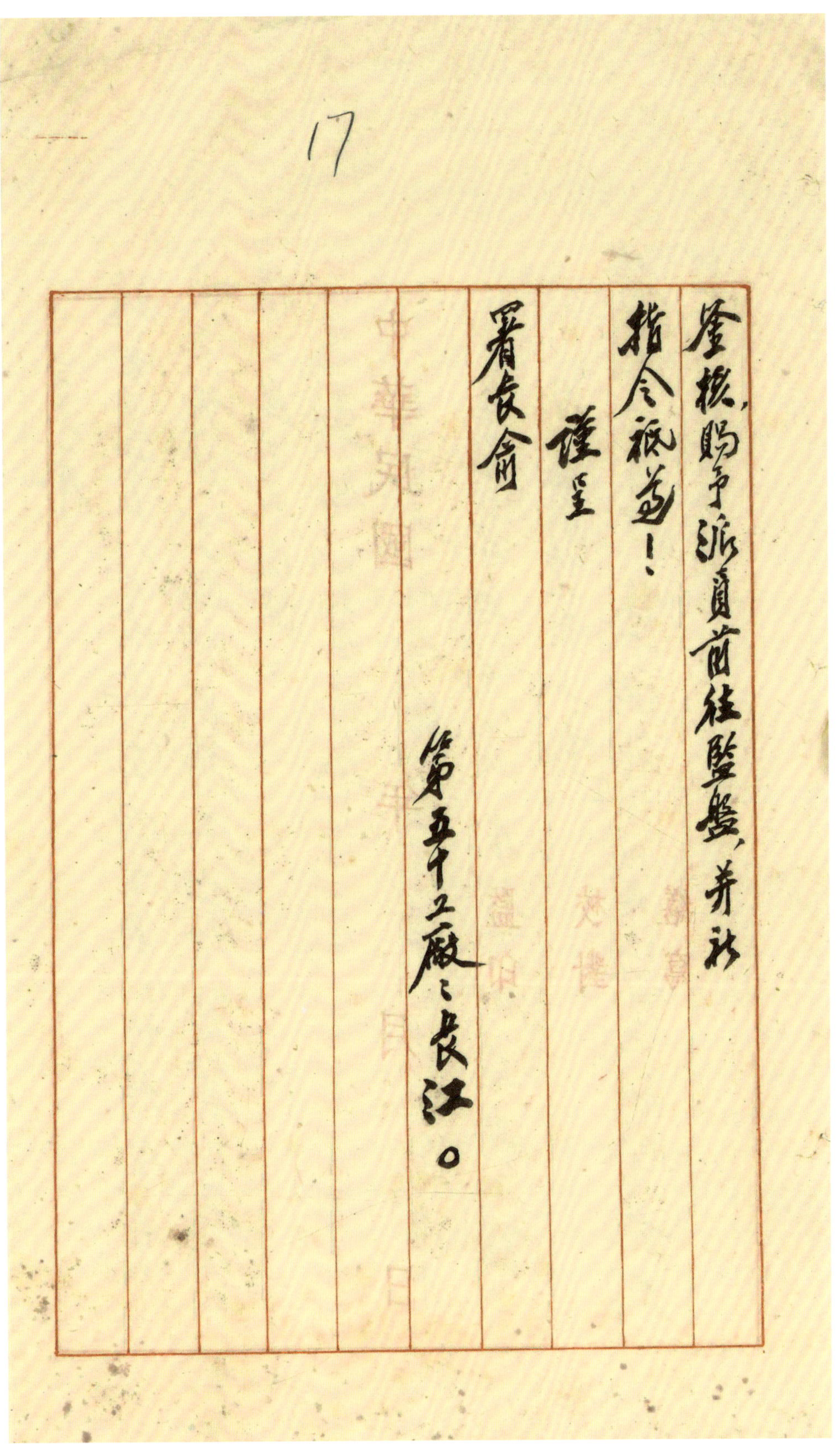
17

鉴核，赐予派员前往监盘，并祈
指令祗遵！
谨呈
署长俞

第五十工厂厂长江〇

郑大强为报告接收成都兵工厂情况上江杓的签呈（一九三八年十二月三十日）

89

儉字第88號

中華民國廿八年壹月拾貳日文到

一月十三日已辦 見箋函第19號

簽呈 於駐蓉通訊處 二七·十二·三〇 蓉(王)藝字第十八號

為呈請事竊查接收工作昨已結束所接收者為機器工具及設備三項所有廠房未列冊移交地契據云自叁拾年來即無經再三詢問始索到藍圖叁張擬即以此定廠之四界懇請

鈞座轉飭地產科照印五份連同原底一齊寄下以便由移交人蓋章後附在接收冊內備作參考至於其他廠產范云擬由伊呈繳軍政部軍需署計城內房產水田磚窰山地等因在該署有案也廠基既無契書似宜呈明軍政部轉向此地官產局照圖登記以免來日之糾紛是否有當

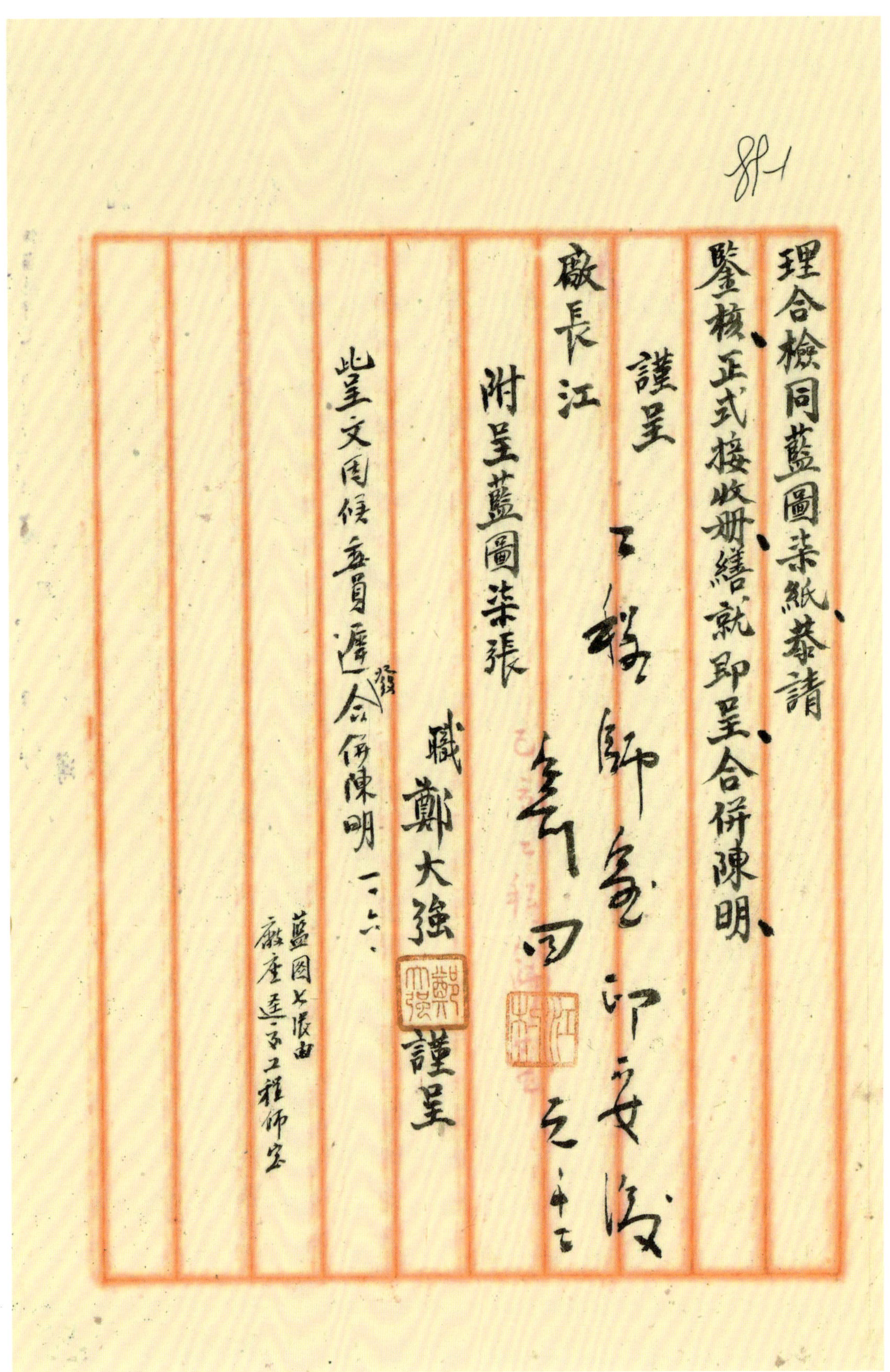
88-1

理合檢同藍圖柒紙，恭請
鑒核，正式接收，冊繕就，即呈，合併陳明。
謹呈
廠長江
附呈藍圖柒張
職 鄭大強 謹呈

军政部兵工署第五十工厂为报告接收成都兵工厂厂基机器及造药处厂基机械情况致兵工署的呈（一九三九年一月二十八日）

20

軍政部兵工署第五十工廠稿

會計處會章

來文	字第 號
文別	呈
送達機關	兵工署
類別	
附件	

事由：為呈送接收成都兵工廠廠基機器及造藥處廠基機械資產移交清冊請轉呈核示由

廠長 元月廿七日

主任秘書	秘書	處長	總工程師	工程師	科長	院長

主任	課長	技術員	科員	事務員	課員	庫員

中華民國二十八年去文

交辦	擬稿	核簽	判行	繕寫	校對	蓋印	封發
月日時	元月廿七日上午	月日時	月日時	元月廿八日	月日時	月日十四時	月日時

廠(六)蓉字第130號

70-1

案查四川成都兵工廠廠址及其全部機器，前經呈蒙
鈞署轉呈
委員長行營，令准撥交本廠應用，并奉
行營軍械處指派邱視察員羅舉、
鈞署派敝廠員康堂，會同前往監盤各在案。茲
經通知鄭校正大維遵照，并飭就近接收具報。去後，
并據該校正報告業已接收完竣，并繕具該兵工
廠廠基機器及造藥廠廠基機械器具移交清册，
暨關於廠基及附屬地址藍圖，請察核前來，

經核尚屬實在，現既接收告竣，所有該兵工廠保管廠一切經費，擬自本年一月十四日起，統由本廠暫行墊支，除將地址各藍圖另呈外，理合檢同移交清冊，先行備文呈送，仰祈

鑒核分別轉呈備案！

謹呈

署長俞

計呈四川成都兵工廠廠基機器移交清冊、造藥廠廠基機械器具移交清冊各三份

第五十工廠廠長江□

附（一）四川兵工厂厂基机器移交清册

四川兵工廠廠基機器移交清冊

廠別	編號	名稱	數目	備考
彈廠	一至四	軋銅機	四部	缺零件
	五至八	舂銅盂機	四部	僅存機身帶軸
	九	磨輥機	一部	缺零件
	十至二十	銅壳引長機	一一部	缺零件漏斗
	二一至二二	銅壳引長機	二部	缺零件立式
	二三至二四	銅壳引長機	二部	缺零件英造舊式
	二五至二六	銅壳切口機	二部	缺零件漏斗
一	二七至二八	銅壳切口機	二部	缺零件

38-1

二九至三三	銅壳切口機	五部	缺零件即桌上小手板機
三四至三五	彈壳切口機	二部	缺零件漏斗
三六至三八	圓凹機	三部	缺零件
三九至四一	壓底機	三部	同右
四二	舂鉛心機	一部	同右
四三	合鉛機	一部	同右
四四	合鉛機	一部	同右
四五	燒口機	一部	銹爛廢
四六至四七	車底機	二部	缺零件
四八至四九	圓尖機	二部	缺零件漏斗

39

五〇至五五	鑽眼機	六部	裝桌上銹爛廢
五六至五七	子夾機	二部	缺零件
五八至五九	裝火帽機	二部	一部廢一部缺零件
六〇至六一	收口機	二部	缺零件漏斗
六二	收口機	一部	缺零件
六三	舂火帽機	一部	同右
六四至六九	銅殼較量機	六部	同右
七〇至七二	彈頭較量機	三部	內有一部廢餘二部缺零件
七三	裝葯機	一部	僅存機身廢
七四至七六	合膛機	三部	缺零件

31-1

編號	名稱	數量	備考
七七	壓鉛條機	一部	廢
七八至七九	剪鉛條機	二部	缺零件
八〇至八三	秤彈頭機	四部	廢
八四	銅売點膠機	一部	同右
八五	磨模機	一部	缺零件
八六	切口機	一部	同右
八七至九二	鉸口機	六部	同右
九三至九五	鉸元凹機	三部	一部缺零件二部廢
九六	手搬壓力機	一部	缺零件
九七	子夾壓奶機	一部	同右

40

編號	名稱	數量	備註
九八	砂輪機	一部	缺零件
九九	剪刀機	一部	同右
一〇〇	搖光機	一部	同右
一〇一	搖光機	一部	同右
一〇二	搖光機	一部	同右
一〇三	鑽眼機	一部	同右
一〇四	冲元心機	一部	同右
一〇五	手板壓力機	一部	同右
一〇六	焠火爐	一部	同右
一〇七	焠火爐	一部	同右

401

编号	名称	数量	备注
一〇八至一一六	壓銅輥	九個	
一一七	壓片機	一部	缺零件
一一八至一二七	壓銅輥	十部	
一二八	剪刀機	一部	缺零件
一二九	剪刀機	一部	同右
一三〇	手搬剪刀機	一部	同右
一三一	修理火台機	一部	同右
一三二	修理火台機	一部	同右
一三三	緊口機	一部	同右
一三四	搖光機	一部	同右

41

一三五	打胚機	一部	廢
一三六	子夾機	一部	缺零件
一三七	子夾機	一部	廢
一三八	剪刀機	一部	缺零件
一三九	英式引長機	一部	同右
一四〇	弓形鋸料車	一部	同右
一四一	剪刀機	一部	同右
一四二	六尺元車	一部	同廢
一四三	六尺元車	一部	同
一四四	六尺元車	一部	同

41-1

编号	名称	数量	备注
一四五	六尺元車	一部	廢
一四六至一四八	三尺快元車架	三件	同
一四九	四尺快元車	一部	同
一五〇	三尺半快元車架	一件	同
一五一	三尺快元車架	一件	同
一五二	四尺元車架	一件	同
一五三	剪刀機	一部	缺零件
一五四	四尺快元車	一部	同
一五五	三尺快元車	一部	同
一五六	三尺快元車	一部	同

一五七	手搬剪刀機	一部	缺零件
一五八	沙輪機盤	一件	同右
一五九	絞口機	一部	同右
一六〇	手搬壓力機	一部	同右
一六一	英式引長機	一部	同右
一六二	烘櫃	三座	均廢
一六三	鹼缸	三個	同右
槍廠			
二〇一至二〇四	大號林肯銑床	四部	缺零件
二〇五至二二九	中號林肯銑床	二五部	內十五部齊全餘缺零件
二三〇至二五三	中號彎弓銑床	二四部	內十一部齊全餘缺零件

42-1

二五四至二六七	手板銑	十四部	内八部齊全餘缺零件
二六八至二七三	雙桿靠模銑	六部	一部缺軸一部缺台面餘缺零件
二七四	萬能銑	一部	廢
二七五至二七六	花刀銑	二部	缺零件
二七七至二七九	車槍筒機	三部	同右
二八〇至二八二	小快圓車	三部	内一部廢二部缺零件
二八三至二九三	圓車	十一部	五呎一部六呎八部内一部係白藹廠搬來餘缺零件八呎二部
二九四至二九七	小號六角車	四部	缺零件
二九八至三〇〇	中號六角車	三部	同右
三〇一至三〇七	單桿鑽床	七部	同右

43

三〇八至三一〇	雙桿鑽床	三部	同右
三一一至三一四	三桿鑽床	四部	一部尚全二部僅存二桿一部僅存一桿
三一五	四桿鑽床	一部	僅存二桿並缺零件
三一六至三二二	雙桿横鑽眼機	七部	缺零件三部僅有座
三二三至三二四	五頭光眼機	二部	一部缺零件一部僅剩面
三二五至三二六	挖角機	二部	缺零件
三二七至三二九	拔槽機	三部	同右
三三〇至三三三	捶床	四部	缺零件並廢一部
三三四	濾油機	一部	缺零件
三三五	壓字機	一部	同右

437

	三三六	單桿拔槽機	一部	同右
	三三七	雙頭牛頭刨床	一部	同右
	三三八至三四五	抛光機	八部	同右
	三四六	砂輪機	一部	同右
	三四七	大螺絲壓力機	一部	缺零件
	三四八至三五三	手搬壓力機	六部	同右
	三五四	槍筒壓直機	一部	銹爛缺零件
	三五五至三五七	拔絲機	三部	二部缺零件二部廢
	三五八	擦絲機	一部	廢
	三五九	焊準星機	一部	缺零件

44

編號	名稱	數量	備註
三六〇	弓形鋸料機	一部	缺零件
三六一至三六二	花刀鋸機	二部	即絞絲機
三六三	銑齒機	一部	係元車改造缺零件
三六四至三六九	印鎚	六部	缺零件銹爛較甚内頭二三號各二部
三七〇	汽鎚	一部	銹蝕不堪并缺零件
三七一至三七二	打風機	二部	
三七三	木壳刨槽機	一部	廢
三七四	木壳圓鋸機	一部	祇存機身廢
三七五	木壳帶鋸機	一部	缺零件
三七六至三八三	木壳刨車	八部	廢

44-1

三八四	木壳洗槽機	一部	銹爛不堪廢
三八五至三八六	木壳外光機	二部	缺零件銹爛較甚
三八七	木壳鑽通條眼機	一部	缺零件
三八八	木壳鑽眼機	一部	同右
三八九	木壳挖槽機	一部	同右
三九〇	彎弓車	一部	廢
三九一	彎弓車	一部	同
三九二至四一三	林根車	二二部	同
四一四	彎弓車	一部	同
四一五	彎弓車	一部	同

45

四一六彎弓車一部廢
四一七彎弓車一部同
四一八砂輪機一部同
四一九試槍架一座缺零件
四二〇試槍架一座缺零件
四二一試槍架一座缺零件
四二二小鍘車一部廢
四二三鑽馬牌座機一部同
四二四大壓力機一部同
四二五壓馬牌字機一部缺零件

485-1

四二六	板絲機	一部	廢
四二七	手動車座	一部	同
四二八	磨刀機盆	一件	同
四二九	平面細磨機	一部	同
四三〇至四三六	林肯車	七部	同
四三七	鑽鐵套眼機	一部	缺零件
四三八	鑽鐵套眼機	一部	同右
四三九	彎弓車	一部	廢
四四〇	車槍筒外光機	一部	同
四四一	小快元車	一部	同

46

四四二	拉力機座	一件	同
四四三	濾油機	一部	缺零件
四四四	燒焊爐	一座	廢
四四五	拔槽機	一部	同
四四六	大磨刀機盆	一件	同
四四七	大號淬火爐	一座	同
四四八	大號淬火爐	一座	同
四四九	小號淬火爐	一座	同
四五〇	小號淬火爐	一座	同
四五一至四五四	砝藍煮缸	四個	同

46-1

四五五	磨花刀機	一部	同
四五六	林肯車	一部	缺零件
四五七	林肯車	一部	同右
四五八	手動銑車	一部	同右
四五九	手動銑車	一部	同右
四六〇	手動銑車	一部	同右
四六一	看正槍筒眼機	一部	同右
四六二	看正槍筒眼機	一部	同右
四六三	小元車	一部	廢
四六四	三桿鑽車	一部	同

一

編號	名稱	數量	備註
四六五	單桿鑽車	一部	同
四六六	手搬機簧 管機	一部	缺零件
四六七	大冲車	一部	廢
四六八	快元車	一部	缺零件
四六九	六角轉刀車	一部	廢
四七〇	雙桿鑽車架	一[illegible]	同
四七一	三桿鑽車架	一件	同
四七二	五尺元快車	一部	同
四七三	四尺元快車	一部	同
四七四	光槍筒元車	一部	同

41-1

四七五	四尺元快車	一部	同
四七六	四尺元快車	一部	同
四七七	三尺快元車架	一件	同
四七八	四尺快元車架	一件	同
四七九	〢半尺快元車架	一件	同
四八〇	車套管螺絲機	一部	銹爛缺零件
四八一	車機簧 管內絲機	一部	廢
四八二	彎弓車	一部	同
四八三	彎弓車	一部	同
四八四	彎弓車	一部	同

48

四八五	彎弓車	一部	同
四八六	下料車	一部	同
四八七	砂輪機	一部	同
四八八至四九一	彎弓車座	四件	同
四九二	手動車座	一件	同
四九三	拋光機	一部	缺零件
四九四	彎弓車座	一件	廢
四九五	鐵套板手機	一部	同
四九六	拋光機	一部	同
四九七	彎弓車座	一件	同

四九八	鐵套拉槽機	一部	廢
四九九	鑽馬牌座機	一部	缺零件
五〇〇	林肯車	一部	廢
五〇一	林肯車	一部	廢
五〇二	林肯車	一部	同
五〇三	鑽馬牌座機	一部	同
五〇四	車槍筒絲機	一部	同
五〇五	車槍筒外光機	一部	同
五〇六	車槍筒外光機	一部	同
五〇七	林肯車	一部	同

48

編號	名稱	數量	
五〇八	三尺元車座	一件	同
五〇九	車鐵套內服機	一部	同
五一〇	六角車面	一件	同
五一一	林肯車	一部	同
五一二	四尺元車面	一件	同
五一三	六尺快元車	一部	同
五一四	六尺快元車	一部	同
五一五	彫刻機	一部	同
五弍六	焊馬牌座架	一件	同
五一七	焊馬牌座架	一件	同

484

五一八	濾油機	一部	廢
五一九	紋彈膛硫磺機	一部	同
五二〇	開螺絲口機	一部	同
五二一	絞絲機	一部	同
五二二	爬壁鑽	一部	同
五二三	壓火針簧機	一部	同
五二四	手板機 簧管機	一部	同
五二五	大壓力機座	一部	同
五二六	三尺快元車面	一部	同
五二七至五二九	平面細磨車	三部	同

鍛工房

編號	名稱	數量	備註
六〇一	鐵平磴	一個	
六〇二	鏄磴	一個	
六〇三	鏄磴	一個	
六〇四	鏄磴	一個	
六〇五	專門用打鐵機	一部	廢
六〇六	皮帶落錘座	一件	同
六〇七	打風機	一具	缺零件
六〇八	打風機	一具	同
六〇九	剪刀機	一部	同
六一〇	打鐵機	一部	廢

50-1

編號	名稱	數量	備註
六一一	專門打鐵機	一部	缺零件
六一二	平面四方爐	一座	廢
六一三	切邊機	一部、	同
六一四	切邊機	一部	缺零件
六一五	未成小鍋爐	一件	同
六一六	長方平磴	一件	
六一七	鐏磴	十一個	內廢十個
六一八	木風箱	十個	內廢六個
六一九	紅磚爐	九座	內廢五座
六二〇	切邊機	一部	缺零件

51

編號	名稱	數量	備註
六二一	切邊機	一部	同
六二二	大小磚爐	五座	均廢
六二三	木風箱	一架	廢
六二四	手搬剪刀機	一部	缺零件
六二五	手搬剪刀機	一部	同
六二六	砂輪機盤	一部	廢
六二七	剪刀機	二部	同
翻砂房			
七〇一	舊式鎔鐵爐	四座	同
七〇二	酒精气包（毛胚）	一件	鉛料
七〇三	起重機	一座	缺零件

514

編號	名稱	數量	備註
七〇四	烘車	一座	銹
七〇五	砂箱	十九件	
七〇六至七〇七	鎔鐵爐	二座	銹爛
七〇八	大風箱	一只	木製
七〇九	大小抬盆	八只	廢
七一〇	打風機	一部	缺零件
馬力房			
八〇一	1尺口徑小鍋爐	一座	缺零件廢
八〇二	四分厚鋼板	一張	
八〇三	鍋爐	一座	廢
八〇四	鍋爐	一座	同

52

	八〇五	鍋爐	一座	廢
	八〇六	大打水機	一部	缺零件
	八〇七	吸水機	一部	
	八〇八	吸水機	一部	缺零件
	八〇九	德式馬力機	一部	廢
	八一〇	英式馬力機	一部	同
	八一一	汽力機	二部	缺零件內十五馬力五馬力各一部
	八一二	電機	一部	廢
修理廠	九〇一	弓形起重機	一部	
	九〇二	手搬起重機	一部	缺零件

52-1

九〇三	起重機	一部	缺零件
九〇四	起重機	一部	同右
九〇五	起重機	一部	同右
九〇六	二丈元車	一部	同右
九〇七	平板	一件	
九〇八	平板	一件	
九〇九	平板	一件	
九一〇	平板	一件	
九一一	牌坊刨車	一部	缺零件
九一二	14丈刨車	一部	同右

53

編號	名稱	數量	備註
九一三	小汽油機	一部	廢
九一四	冲眼機	一部	缺零件
九一五	冲眼機	一部	同右
九一六	冲眼機	一部	同右
九一七	專門螺絲釘車	一部	同右
九一八	三面落底元車	一部	同右
九一九	火車式汽機	一部	廢
九二〇	三丈元車	一部	缺零件
九二一	二丈元車	一部	同右
九二二	一丈六尺元車	一部	同右

53-1

九二三	平板	一部	
九二四	鋼板	一張	
九二五	鋼板	一張	
九二六	大小鐵桿	五五節	
九二七	大工字鐵	二根	銹爛
九二八	工字鐵	四根	同右
九二九	沙盤機	一部	
九三〇	一文牌坊刨車	一部	

兹將四川兵工廠所有鉗桌木櫃廢皮帶及爛生鐵等項列后

廠別	編號	名稱	數目	備考
彈廠	一至三〇	大小木櫃	叁拾個	壞
彈廠淬火房	三一至三五	大小木櫃	伍個	同
烘銅房	三六至四四	大小木櫃	玖個	同
快槍廠	四五至六四	大小木櫃	弍拾個	同
翻砂廠	六五至六七	木櫃	叁個	同
木壳房	六八至六九	木櫃	弍個	同
花刀房	七〇至七四	大小木櫃	伍個	同
淬火房	七五至七六	木櫃	弍個	同

54-1

合槍房	七七至七八	木櫃	弍個	同
收發房	七九至八四	木櫃	陸個	同
刺刀房	八五至八六	木櫃	弍個	同
鎔銅房	八七至九〇	木櫃	肆個	同
修理廠	九一至九七	大小木櫃	柒個	同
白鐵房	九八至一〇三	大小木櫃	陸個	同
印模房	一〇四至一〇六	木櫃	叁個	同
馬力房	一〇七至一一〇	大小木櫃	肆個	同
彈廠	一一一至一二〇	鉗桌	拾張	同
烘銅房	一二一至一二六	鉗桌	陸張	同

55

快槍廠	一二七至一六〇	鉗棹	叁肆張	同
翻砂廠	一六一	辦公棹	弍張	同
同	一六二	鉗棹	弍張	同
木壳房	一六三至一六四	鉗棹	弍張	同
花刀房	一六五	鉗棹	弍張	同
淬火房	一六六至一六八	鉗棹	叁張	同
砝藍房	一六九	鉗棹	弍張	同
機簧管段	一七〇	鉗棹	弍張	同
合槍房	一七一	鉗棹	弍張	同
剌刀房	一七二至一七五	鉗棹	肆張	同

55-1

鍛工房	一七六	鉗棹	弍張	同
白鐵房	一七七至一八〇	鉗棹	肆張	同
印模房	一八一至一八七	鉗棹	柒張	同
木樣房	一八八	鉗棹	弍張	同
馬力房	一八九	鉗棹	弍張	同
彈廠	三〇一至三〇[illegible]	木架	叁個	同
木壳房	三〇四至三〇五	木架	弍個	同
木樣房	三〇六	木架	弍個	同

56

10寸 夾皮帶 肆文 廢

20寸 夾皮帶 叁文 同

13寸 夾皮帶 肆文 同

11寸 夾皮帶 貳文 同

8寸 夾皮帶 壹文 同

6寸 夾皮帶 貳文 同

5寸半 夾皮帶 叁文 同

5寸 夾皮帶 玖文 同

4寸 夾皮帶 壹陸文 同

3寸 單皮帶 捌文 同

56-1

3寸 夹皮带 壹拾丈 同

2寸半 單皮帶 伍丈 同

2寸半 夾皮帶 陸丈 同

2寸 單皮帶 壹貳丈 同

2寸 夾皮帶 玖丈 同

1寸半 單皮帶 貳拾貳丈 同

1寸 單皮帶 叁丈 同

翻砂房現存舊料生鐵壹噸半

57

附註　廠基四界以附圖所標註為準

重慶委員長行營監盤委員　邱耀聲

軍政部兵工署監盤委員　敬鹿笙

移交人軍政部兵工署四川兵工廠提調張思孔

管理員范奐明

接收人軍政部兵工署第五十工廠廠長江杓

接管員鄭大强

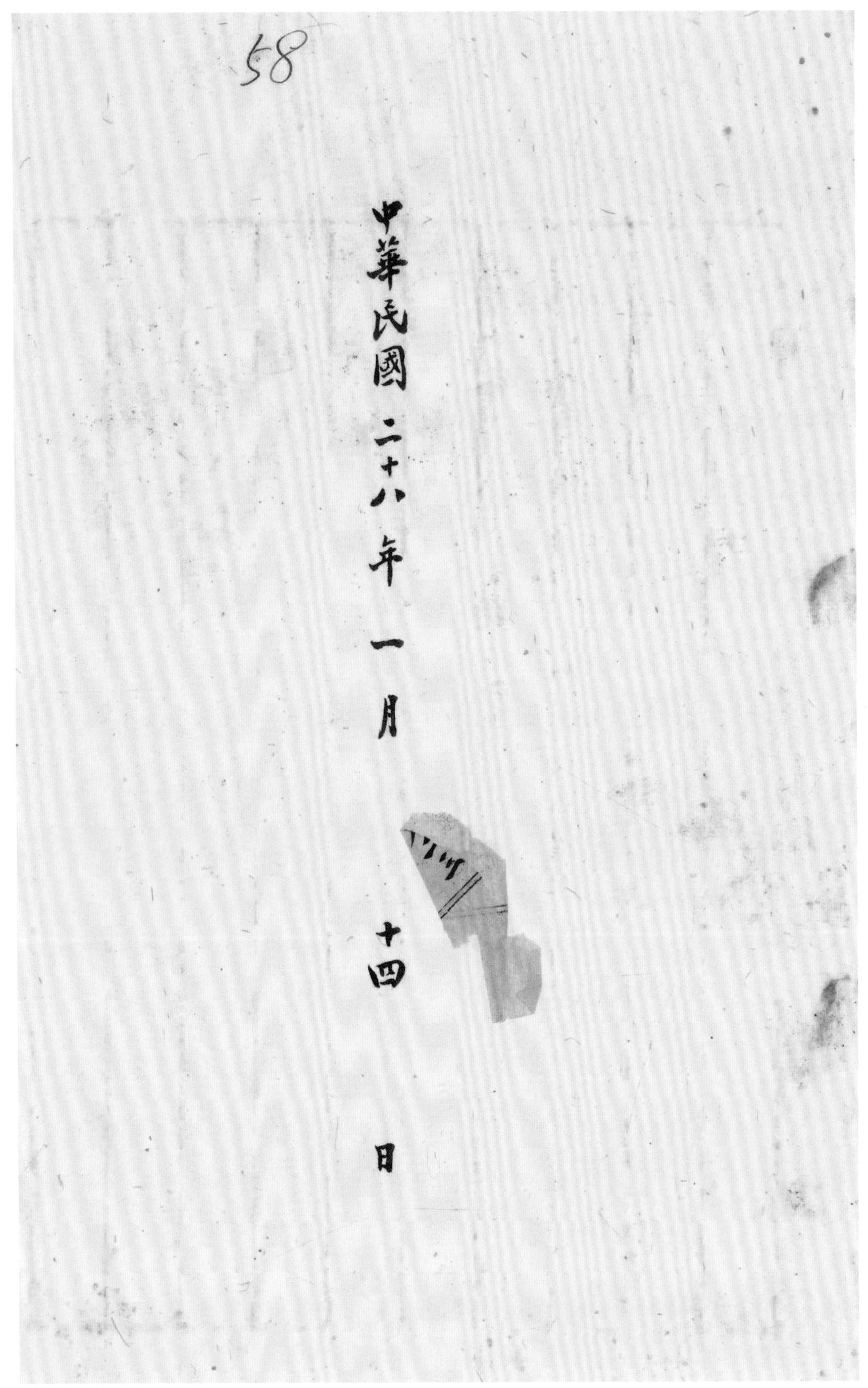

58

中華民國二十八年一月十四日

21

四川兵工廠造藥處廠基機械器具移交清冊

22

茲將四川兵工廠造藥處所有各房機械器具逐一造冊移交

計開

房別	機器名稱	數目	備考
蓄水台	大打水機	一部	零件不全
	水櫃	一個	
鍋爐房	大鍋爐	二座	零件不全已銹爛不堪用
	打水機	二部	零件不全
	吹水機	一部	同
馬力房	大馬力	一部	同
	發電機	二部	零件不全已銹爛不堪用

22-1

磨漂房	磨棉機	一部	零件不全
	漂棉機	一部	同
	施乾機	一部	同
	鐵水櫃	二個	
蒸洗房	大小木桶	八個	
	打水風箱	一部	
爛棉房	爛棉缸	一部	零件不全銹爛不堪用
	打風機	一部	同
	鏹水缸	四部	同
	合鏹水青鉛缸	一個	

硝鏹房	硝鏹爐	一座	零件不全已銹爛不堪用
	瓦器缸	一套	同
鏹水房	提鏹水爐	三座	同
堆機房	翅管	七一根	已銹爛在堆機房備存之件均係廢品
	風版	七塊	同
	水管	二六根	同
	壓乾機	一部	同
	酒精機	一部	零件不全已銹爛不堪用
	小汽機	一部	同
	起重機	一部	零件不全已銹

	軋花機	一部	零件不全已銹爛不堪用
	鍋爐身	五部	已銹
	鐵櫃	三個	同
	水龍	二部	零件不全已銹
銅冒房	小馬力	一部	同
	壓銅冒機	一部	同
	毛瑟冒藥機	一部	同
	木烘櫃	一個	
拌白藥房	拌白藥機	一部	零件不全已銹爛不堪用
白炸藥房	壓銅冒機	一部	零件不全已銹

24

	小鍋爐	一部	零件不全已銹爛不堪用
光藥房	篩藥木機	一部	零件不全
	光藥木機	三部	同
碾藥房	碾藥機	二部	同
	切藥機	一部	同
	剪藥機	一部	同
	篩藥木機	一部	同
合藥房	合藥機	一部	同
撕棉房	撕棉機	一部	同
	石油機	一部	零件不全已銹爛不堪用

24-1

酒精以脱房

名稱	數量	備註
頭次以脱機	一部	零件不全
二次以風機	一部	同
酒精機	一部	同
烤酒機	一部	同
打酒糟機	一部	同
磨麥芽機	一部	同
打水機	弍部	同
鐵酒櫃	三個	同
盤管	四架	兩種
大木桶	一九個	

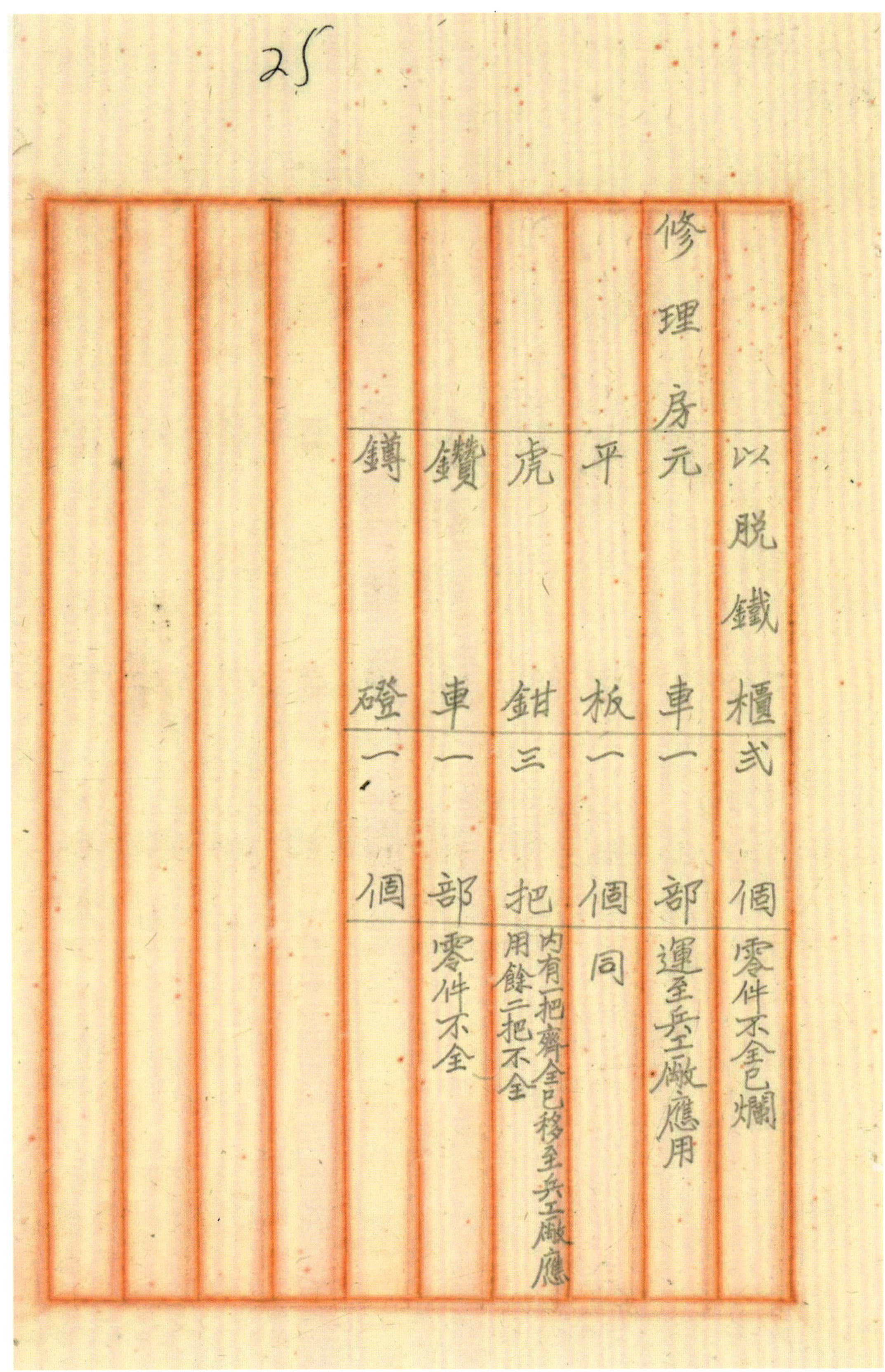

25

修理房

名稱	數量	單位	備考
以脱鐵櫃	弍	個	零件不全已爛
元車	一	部	運至兵工廠應用
平板	一	個	同
虎鉗	三	把	內有一把齊全已移至兵工廠應用餘二把不全
鑽車	一	部	零件不全
鏄磴	一	個	

26

茲將造葯處各房木器瓦器暨零碎鐵器錄列於后

計開

號數	房別	器物名稱	數目	尺碼	備考
1	庫房	木櫃台	一個	高〣〢尺長〦尺	
2		木立櫃	四個	高〧尺寬〦尺	
3		木立櫃	一個	高〨尺寬〦尺	
4		木立櫃	一個	高〦〤尺寬〦〤尺	
5		木立櫃	一個	高〧尺寬〧尺	
6		大小木箱	一二個		
7		瓦盤腸管	一個		

26-1

8	瓦管	二四個	高川呎8口徑封
9	瓦管	一一個	高川呎8口徑卄吋
10	瓦管	四個	高川呎口徑卄寸
11	瓦三囱	六個	
12	瓦彎頭	一個	口徑1呎
13	瓦彎頭	五個	口徑封
14	鏹水缸	一個	
15	鏹水罈	七個	
16	瓦彎管	六個	口徑纣
17	鐵板	一塊	長坂寬川呎 厚吩

27

27	26	25	24	23	22	21	20	19	18
鐵管	鐵管	鐵管	鐵管	鐵管	膠皮管	鐵藥碾	鐵蓋	鐵板	鐵板
一根	二根	二根	一根	四根	二根	一個	一個	一塊	一塊
長〤尺 口徑〡〨寸	長〥尺 口徑〢〨寸	長〤尺 口徑〢寸	長〤尺 口徑〣寸	長十〦尺 口徑〣寸	長十九尺 口徑〢〨寸	長〢尺	直徑〣〨尺 厚〢〨分	長十九尺 厚〡分 寬〤〨尺	長十〤尺 厚〡〤分 寬〤尺

271

28	29	30	31	32	33	34	35	36	51
									化驗室
鐵板	鐵輪	大小木架	鐵缸	瓦缸	木箱	木箱	大木桶	木風箱	木棹
二塊	一個	四個	一個	二個	一個	一個	一個	一個	二張
長〤尺 寬〣尺 厚〡分	直徑〣〥尺 寬〸〥寸		高〢尺 口徑〸〥寸		高〣尺 長〤尺	高〢尺 長〣〨尺	高〣尺 直徑〢尺		長十尺 高〣尺

28

號	地點	名稱	數量	尺寸
52		木桌	二張	長〸〤尺高〣尺
53		化驗台	一張	長〸〣尺高〤尺
54		化驗櫃	二套	長〥8尺高〣〡尺
55		化驗鐵櫃	一個	長〤尺高〡尺
56		化驗木罩	二個	高〣尺寬〣尺
57		檢查台	二個	高〣8尺
58		化驗石槽	二個	長〣尺高〡尺
59		翅管	八根	
101	鍋爐房	木工具箱	一個	高〣尺長〤尺
102		木工具架	一個	高〥尺寬〥尺

28-1

103		木工具箱	一個	高〢8尺 寬〤尺
104		木工具箱	一個	高〢尺 長〤尺
105		木工具箱	一個	高〡8尺 長〤尺5
106		木工具箱	一個	高〢8尺 長〣8尺
151	磨漂房	木槽	十個	高〡寸 長〣尺
152		木方棹	一張	
153		木工具櫃	一個	高〤尺 寬〣8尺
154		大小瓦缸	二個	
155		熟鐵桶	一個	高〣尺 直徑〡8尺
156		木箱	一個	高〢尺 長〣尺

157	201	202	251	252	253	254	255	301	302
	蒸洗房		爛棉房					鏹水房	
木箱	瓦缸	木工具箱	鐵桶	瓦缸	鏹水罈	大小工具木箱	木條棹	鐵板	工具櫃
一個	一個	二個	一個	一個	十一個	四個	一個	二塊	一個
高〣〨尺長〤〨尺			長〤尺直徑〣〤尺					長〤尺寬〤〨尺	高〥〨尺寬〣〨尺

29-1

303		磅秤	二把	
304		鐵水罐	一個	
351	硝鏹房	木槽	一個	長〤尺高〡尺
352		工具櫃	一個	高〥尺寬〣尺
353		鐵鍋	一口	
401	白鐵房	磨棉滾	一個	
402		八字輪	一個	直徑〤尺
403		漂缸管	一個	長[illegible]尺外徑〥寸
404		皮帶輪	一個	寬〡〥寸 直徑〣〢尺
405		皮帶輪	一個	寬十〥寸 直徑〣〥尺

30

編號	處所	品名	數量	尺寸
406		酒精管	二根	長〩尺
407		鐵管	一根	長〥尺口徑〤寸
408		爛棉機篩	一個	直徑〣〢尺
409		旋乾機套	一個	直徑〣〤尺
451	碾藥房	木工具櫃	一個	高〩〩尺寬〩尺
452		花藥木台	一個	長十〢尺寬〣〢尺
453		工木櫃	一個	
454		大小木架	四個	
501	水台	木工具箱	一個	高〣〩尺寬〤尺
502		木條棹	一個	

30-1

503	504	505	506	551	552	553	554	555	556
				修理房					
烟囱鐵蓋	鐵水管	鐵篩藥床	鐵翻耳	鐵輪	沙輪架	木架	水磨石	合藥羊角	箱台
一個	二根	一個	一個	一個	一個	一個	一塊	二個	一個
	口徑付			寬〣吋外徑〣呎			外徑〢〡尺		長〸〤尺寬〢〡尺

31

557		箱台	一個	長〥尺寬〢十尺
558		工具櫃	一個	寬〣尺高〥尺
559		木高櫈	一個	
560		木條桌	一個	長〣尺寬〢十尺
601	軋藥房	木台	三個	長〸〩尺高〣尺
602		立櫃	一個	寬〡〨尺高〡尺
603		立櫃	一個	寬〤〨尺高〥尺
604		立櫃	二個	寬〡〤尺高〡尺
605		木櫃台	一個	長〥尺高〣尺
606		電機鐵座	一個	

31-1

607		瓦缸	二個	
608		鐵掛	一付	
609		繪圖台	一張	
651	烘花房	木架	三個	寬〦尺高〦尺
652		木櫃台	一個	長〥尺高〣尺
653		工具櫃	一個	高〤尺寬〤尺
654		光葯木架	一個	
655		擺花木架	一個	長十〣尺高〣尺
701	合葯房	木工具櫃	一個	高〤尺寬〣〥尺
702		工作木台	一個	長十〣尺高〣尺

3✕

703	751	752	753	754	755	756	757	758	759
	酒精房								
鋲鐵桶	鐵架	工具櫃	箱台	木工具櫃	木工具箱	木工具箱	鋲鐵桶	熟鐵管	烟筒
六個	一個	一個	一個	一個	一個	一個	十個	一個	一個
		寬〤尺高〡尺	高〣尺寬〣尺	高〥尺寬〢尺		高〥尺寬〣尺			

52-1

编号	处所	名称	数量	备注
760		鐵架	一個	
761		酒罈	一個	
762		木輪盤	一個	寬川寸直徑上尺
763		瓦缸	一個	
764		磅稱	一把	
765		木桶	一個	
766		木篩	一個	
767		鐵水櫃	一個	
801	烘棉藥房	翅管	十五根	
802		烘花木架	二個	寬十8尺高上8尺

33

編號	地點	品名	數量	尺寸
803		烘花木架	一個	寬〣〥尺 高〦尺
804		木工具櫃	一個	寬〣尺 高〦尺
805		長木架	一個	高〦尺 長〹〢尺
806		翅管	八根	
807		烘葯木架	一個	高〩尺 寬〧尺
808		烘葯木架	一個	高〩尺 寬十〤尺
809		翅管	八根	
851	烘葯房	烘葯木架	一個	寬十〤尺 高〦〥尺
852		翅管	四根	
853		烘葯木架	一個	寬十〤尺 高〦尺

33-1

編號	地點	名稱	數量	備註
854		翅管	四根	
855		鐵烘花架	六架	寬〣尺 高九尺
856		翅管	十根	
857		磅秤	一把	
858		木蓋	一個	
859		木架	一個	長廿二尺 高土尺
860		翅管	六根	
901	銅冒房	工作台	二張	長土尺 高〣尺
902		條桌	一張	長土尺 高〣尺
903		木板	一塊	長訁尺 寬18尺

34

904	905	906	907	951	952	953	954	1001	1002
				拌白葯房				白炸藥房	
工具台	木架	熟鐵烘櫃	木箱	木箱	合葯機	木櫃	工具櫃	木櫃	生鐵拌葯架
一個	一個	一個	一個	一個	一架	二個	一個	一個	二塊
長〩尺 高〣尺	長〤尺 高〣〥尺	高〢尺 寬〢尺				寬〤尺 高〦尺	高〣尺 長〤〥尺	高〣尺 長〥尺	

34-1

编号	名称	数量	备注
1003	熟鐵烟囱	一根	長〸〤尺 直徑〣吋
1004	生鐵輪	一個	寬〣吋 外徑〥〦尺
1005	藥庫木藥架	一具	長〸〢尺 高〡尺
1006	車軸	四根	

附註：一、以上木瓦鐵三種器具均破濫銹蝕不堪應用

二、廠基四界以附圖所標註為準

重慶委員長行營監盤委員 邱耀聲

軍政部兵工署監盤委員 敬鹿笙

移交人軍政部兵工署四川兵工廠提調 張思孔

管理員 范奚明

35

接收人軍政部兵工署第五十工廠廠長　江杓

接管員　鄭大強

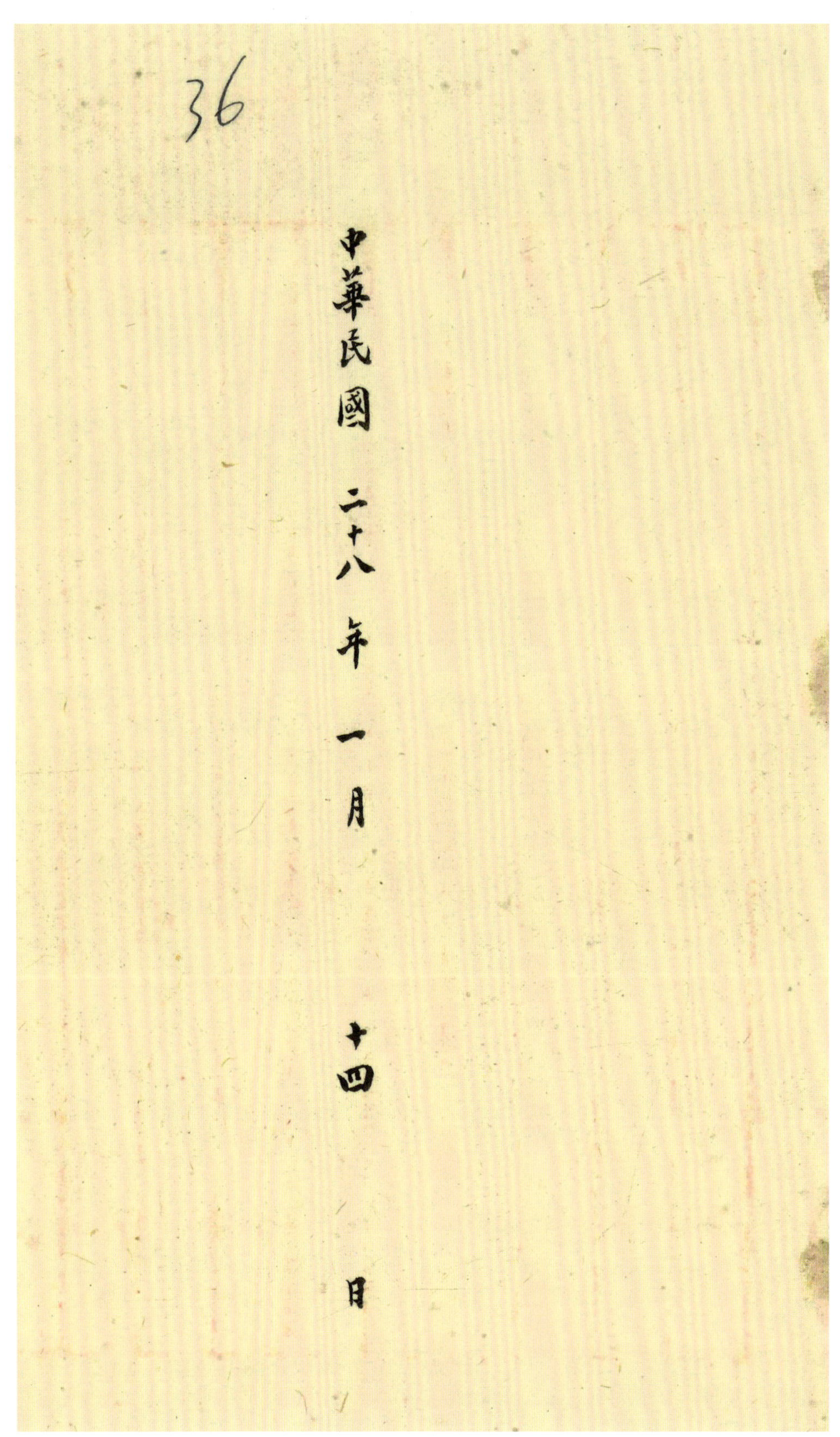
36

中華民國二十八年一月十四日

军政部兵工署第五十工厂为报送本厂征地略图及计划书致兵工署的呈（一九三九年二月七日）

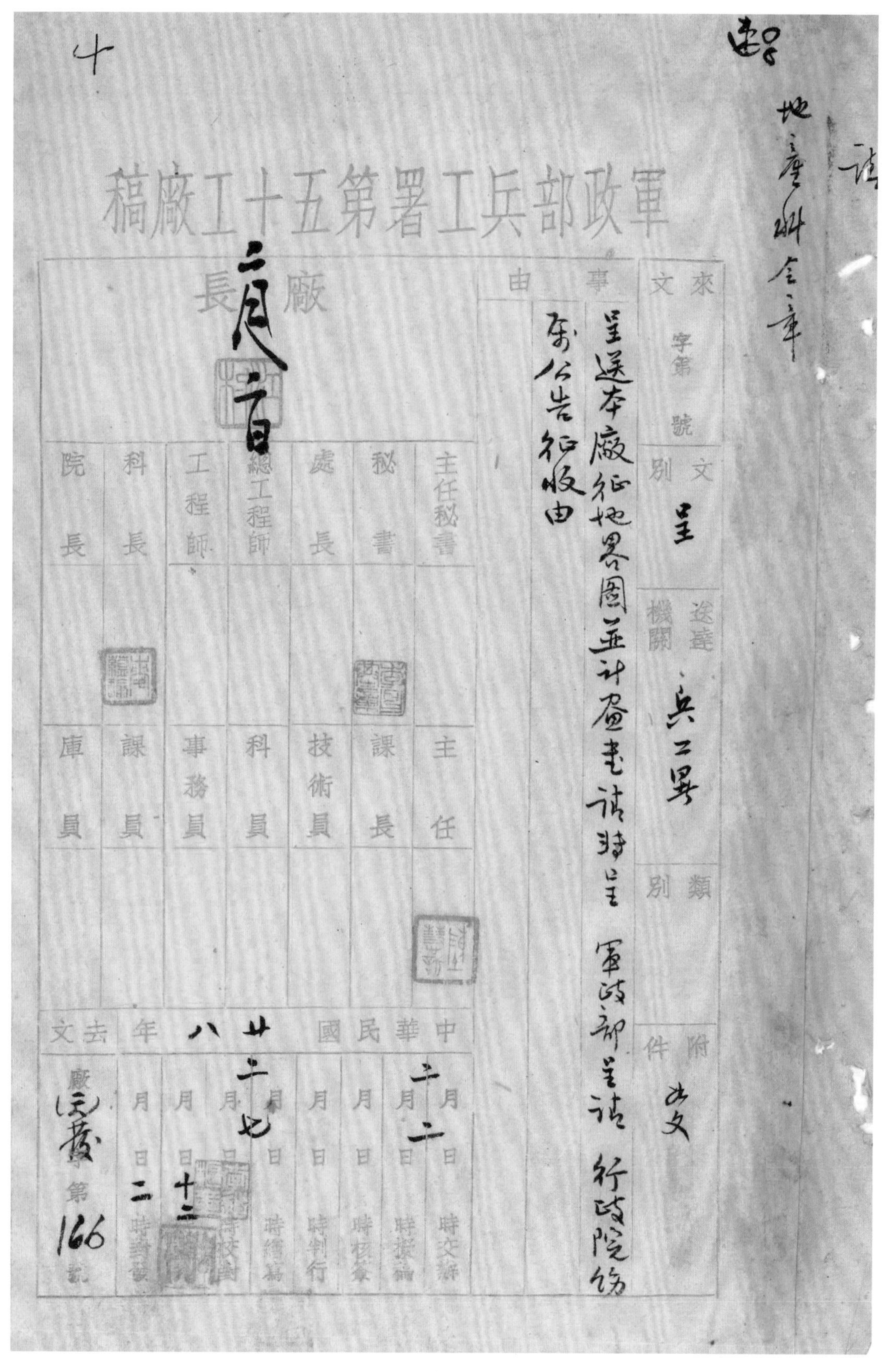
军政部兵工署第五十工厂稿

来文字第　号

文别：呈

送达机关：兵工署

类别

附件：如文

事由：呈送本厂征地略图并计画书请转呈军政部呈请行政院饬财政部公告征收由

厂长：二月七日

中华民国廿八年
二月二日
二月七日
二月十二日
厂(三)发字第166号

呈

案查本廠前奉

鈞令遷川，遵經勘定四川江北縣第二區郭家沱一帶地方，建築廠房一案，早經呈請

鈞署鑒核在卷。關於徵用民地一節，茲謹遵照

鈞署頒發之各廠徵地暫行手續第一條規定，繪具徵地略圖，註明四址，及約計面積，並擬定徵地計畫，擬請

鑒賜轉呈

軍政部呈請

行政院飭令公告徵收，並請根據土地法第三百六十五條後

5

半載之規定，特許先行使用，是否有當？理合檢同徵地略圖六張，計畫書六份，備呈送請

鑒核示遵！

謹呈

署長俞

附送徵地略圖六張，計畫書六份，與本事業之法令根據文件壹件共六份

全銜名

军政部兵工署第五十工厂为申请征用大兴场有关事宜致兵工署的呈（一九三九年二月八日）

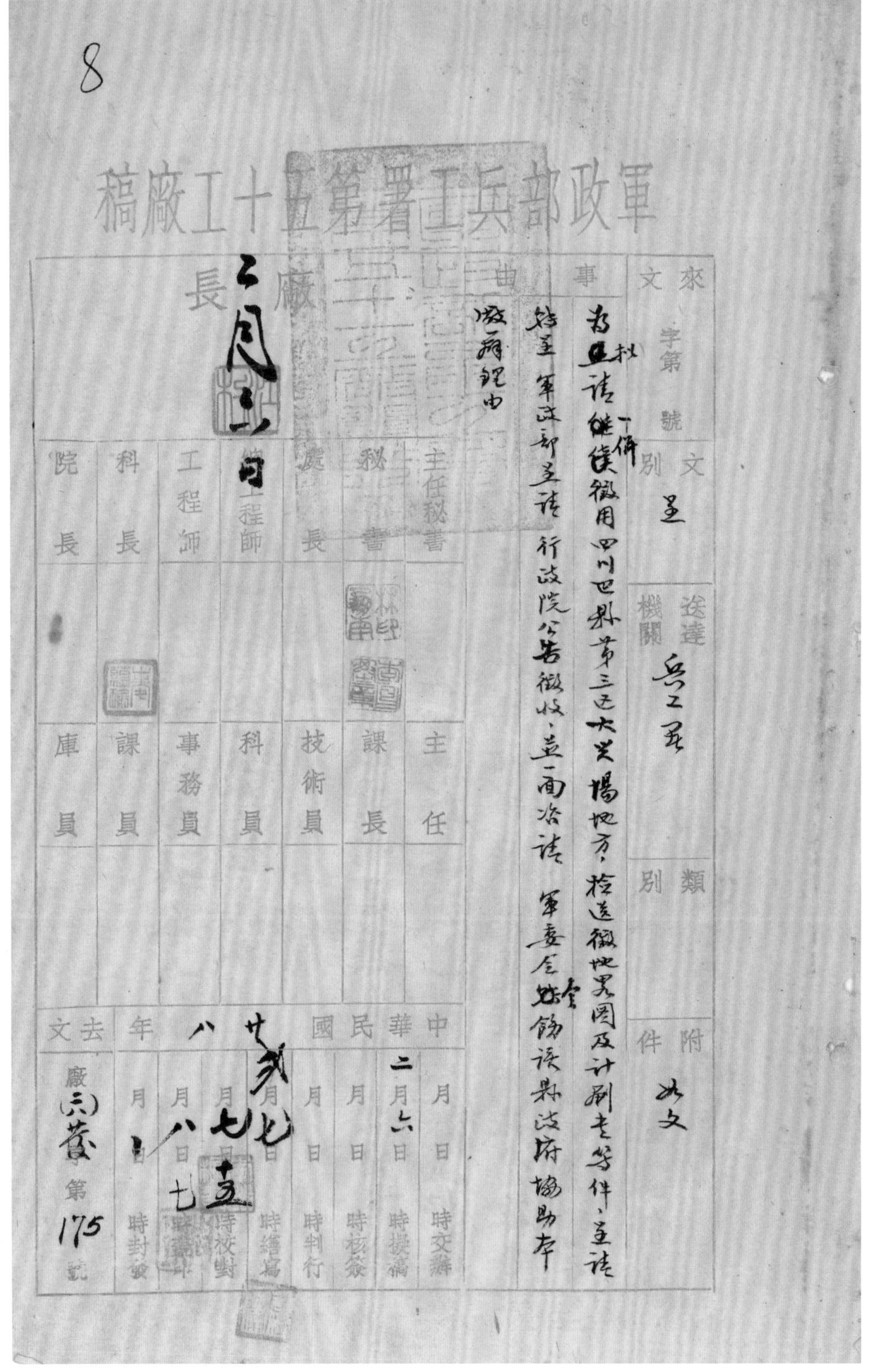

8

軍政部兵工署第五十工廠稿

來文：字第　號
文別：呈
送達機關：兵工署
類別：
附件：如文

事由：為呈請繼續征用四川巴縣第三區大興場地方，檢送征地界圖及計劃書等件，呈請鑒核轉呈軍政部呈請行政院公告征收，並一面咨請軍委會（？）飭該縣政府協助（？）由

廠長：二月八日

中華民國廿八年
二月六日時擬稿
廿七日七時繕寫
七日時校對
八日七時發
廠（二八）營第175號

8-1

呈

案查本厰因建築厰址，遴請准予徵用四川江北縣第二區郭家沱一帶民地一案，經於本年二月六日以厰(六)發字第一六六號呈送請

鈞署鑒核在卷。茲以本厰附屬建築，如職員住宅，機械士兵住宅及汽車房各項工程，亦須擇地建築，當擇定四川巴縣第三區大興場地方，較爲適宜，因該處原係集場，日常用品，已易購置，且遠離厰房，得減少空襲目標，而距厰地辦公地點，祇有一江之隔，且有下游可通，來往尚稱利便，以建上述工程，深合疏散佈置之原則，擬請將該處地方，准予一併徵用，合謹送具

鈞署頒發之兵廠徵地暫行手續第一条規定，繪具徵地界圖注明四址，及約計面積，並擬定徵地計劃書，恳請

鑒賜轉呈

軍政部並請

行政院公告徵收，並請根據土地法第三百六十五条後半截之規定，特許先行使用；一面咨請

軍事委員会轉飭巴縣政府協助本廠辦理徵地手續。是否有當？理合檢同徵地界圖六張，計劃書六份，備文呈送，請

鑒核示遵！謹呈

署長俞

附徵地界圖六張計劃書六份與本案之法令根據文件一件計六份

全銜名

徵收土地計劃書

查兵工署第五十工廠，因建造廠房，理合根據土地法第三百五十四條其土地施行法第八十二條之規定，擬具計劃書並附送興辦事業之法令根據文件，及徵地略圖、計劃圖各二份，呈請

鑒核示遵！謹呈

行政院

計開：

(一)徵收土地原因：建造廠房及其附屬工程。

(二)徵收土地所在地範圍及面積：四川江北縣第二區郭家沱及四川巴縣第三區大興場附近，四址詳圖，面積約共四千九百餘畝，其

10-1

中等耕田地約佔十餘畝，其他均係石岩。

(三)興辦事業之性質：製造軍械，以利抗戰。

(四)興辦事業之法令根據：二十七年四月七日奉　兵工署陽造漢電：「該廠全部機器着即遷川，亦即遷辦具報」。

(五)對帶徵收或地段徵收及其面積：一次徵收。

(六)土地定着物情形：少數民房墳墓。

(七)土地使用之現狀及其使用人之姓名住址：土地大部屬耕地，使用人之姓名住址，正在調查中。

(八)四鄰接連土地之使用狀況及其定着物情形：與(六)(七)兩條同。

(九)土地區內有無名勝古蹟並記明其現狀及沿革：並無古蹟。

11

(十)曾否與土地所有權人經過協訂手續及其經過情形，未經協議。

(十一)土地所有權人或管有人之姓名住所，正在調查中。

(十二)被徵土地之使用配置：建造廠房及其附屬工程。

(十三)興辦事業所擬工程設計大概：事關軍事秘密，擬請免列。

(十四)應需補償金額總數及其分配：因田畝正在清丈中，須待清丈後方能統計補償金額總數。

(十五)準備金額總數及其分配：由　署撥給專款，準備充分。

附送徵地略圖二份，計劃圖因關軍事秘密，擬請免送。興辦事業之法令根據文件詳第四條。

11-1

需用土地人 军政部兵工署第五十工厂

12

興辦事業法令根據文件

照抄 兵工署二十七年四月七日陽造漢電一件

江廠長進密 該廠全部機器着悉運川希即遵辦具

報 大維 陽造漢

军政部兵工署第五十工厂关于填送一九三八年业务报告表致兵工署的呈（一九三九年三月三日）

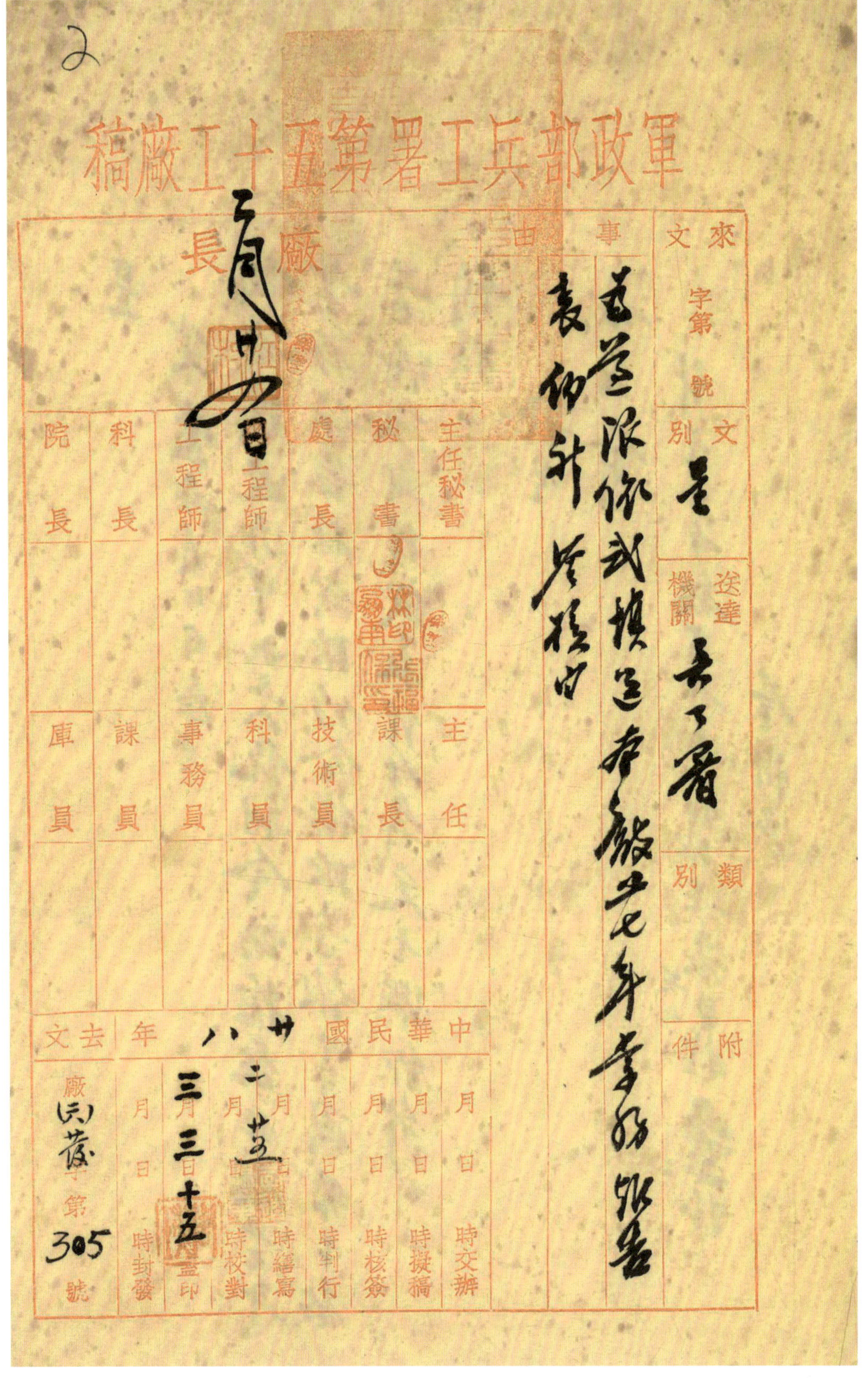

軍政部兵工署第五十工廠稿

來文：字第 號
文別：呈
送達機關：兵工署
類別：
附件：
事由：茲遵限依式填送本廠廿七年業務報告表仰祈鑒核由

廠長 周 廿四日

中華民國廿八年
月 日 時交辦
月 日 時擬稿
月 日 時核簽
月 日 時判行
月 日 時繕寫
二月廿五日 時校對
三月三日 時蓋印
月 日 時封發
去文 廠(兵)蓉字第305號

呈

案查本年月七日奉

鈞署渝造元甲九三六號訓令飭檢發本廠廿七年

業務報告格式限飭令依限造報等因案下敝

廠經依式填成表理合備文呈繳仰祈

鈞核

謹呈

署長俞

計呈送本廠廿七年業務報告表共七日程[illegible]二份

全銜名

附（一）军政部兵工署第五十工厂一九三八年职员动态表

6

軍政部兵工署第五十工廠二十七年上半年職員動態表

類別 月份	原編制人數	增加額外人員數	新任或調任	免職	死亡	現有人數	比較上月份增減數	備考
一月份	346		3	1		123	增2	
二月份			1	6		118	減5	
三月份			3	3		118		
四月份			2			120	增2	
五月份			5	7		118	減2	
六月份			9	3		124	增6	
備註								

軍政部兵工署第五十工廠二十七年下半年職員動態表

類別 / 月份	原編制人數	增加額外人員數	新任或調任	免職	死亡	現有人數	比較上月份增減數	備考
七月份			4	2		126	增2	
八月份			14	2		138	增12	
九月份			29	1		166	增28	
十月份			3	2		167	增1	
十一月份			10	2		175	增8	
十二月份			20	3		192	增17	
備註								

附（二）军政部兵工署第五十工厂一九三八年工务处工人增减表

12

軍政部兵工署第五十工廠二十七年上半年工務處工人增減表

類別 人數 月份	原有數	增加數	減少數	實有數	比較上月增減數	備考
一月份	115	0	1	114	減1	
二月份	114	1	3	112	減2	
三月份	112	1	3	110	減2	
四月份	110	0	0	110		
五月份	110	1	0	110	增1	
六月份	111	0	0	111		
備註						

14

軍政部兵工署第五十工廠二十七年下半年工務處工人增減表

類別人數／月份	原有數	增加數	減少數	實有數	比較上月份增減數	備考
七月份	111	0	3	108	減3	
八月份	108	0	5	103	減5	
九月份	103	0	0	103		
十月份	103	5	0	108	增5	
十一月份	108	2	0	110	增2	
十二月份	110	4	0	114	增4	
備註						

附（三）军政部兵工署第五十工厂器材迁运统计表

16

軍政部兵工署第五十工廠器材遷運統計表

項別 品名	起止及到達地點	噸數	運輸方式	起運及到達日期	備攷
機器	由廣東湛江經株州宜昌達重慶	780	1.火車：（湛株） 2.拖輪：（株宜） 3.輪船：（宜渝）	二十七年五月三日開始裝運至年終運畢	
材料	湛江至郭家沱 香港至〃〃	597 210	火車木船及輪船	〃	
其他	湛江至郭家沱	264	〃	〃	
備註	運輸方式即指用輪船火車或木船卡車等方法運輸				

軍政部兵工署第五十工廠二十七年上下半年機器遷運表

項數	名稱	遷運數目	安裝數目	未裝數目	未裝原因	備考
1	車床	115架		115架	新廠房未完成	
2	鉋床	15〃		15〃	〃	
3	鍘床	9〃		9〃	〃	
4	銑床	29〃		29〃	〃	
5	鏇床	35〃		35〃	〃	
6	磨床	25〃		24〃	〃	
7	擋床	6〃		6〃	〃	
8	鋸床	5〃		5〃	〃	
9	電磨機	2〃		2〃	〃	
10	電鏇	3〃		3〃	〃	
11	試驗機	8〃		8〃	〃	
12	硬度機	4〃		4〃	〃	
13	打風機	4〃		4〃	〃	
14	焊機	4〃		4〃	〃	内有電氣焊等.
15	鉚釘機	2〃		2〃	〃	

18

16	壓　機	16〃		16〃	新廠未完成	
17	氣　錘	5〃		5〃	〃	印模錘在内.
18	截料機	5〃		5〃	〃	切口機在内.
19	劃螺紋機	5〃		5〃	〃	
20	烘　爐	9個		9個	〃	烘柜在内.
21	油漆機	3架		3架	〃	
22	刷銅壳機	6〃		6〃	〃	
23	滚花機	2〃		2〃	〃	
24	噴鑄機	1〃		1〃	〃	
25	打鐵爐	2個		2個	〃	
26	剪　機	9架		9架	〃	折鐵器在内.
27	儲氣柜	1個		1個	〃	
28	彎輪機	1架		1架	〃	
29	熱度表	2個		2個		
30	淬火爐	3〃		3〃		
31	退火爐	1〃		1〃		
32	精量機	1架		1架		
33	油　池	1個		1個		

第二頁

34	摇　鋸	1架		1架	新廠未完成	
35	割筍機	1〃		1〃	〃	
36	彎木機	1〃		1〃	〃	
37	裝輪機	1〃		1〃	〃	
38	緊輪擂機	1〃		1〃	〃	
39	螺旋器	1〃		1〃	〃	
40	平衡器	1〃		1〃	〃	
41	準心機	1〃		1〃	〃	
42	浸洗器	1〃		1〃	〃	
43	軋底機	1〃		1〃	〃	
44	起重機	2〃		1〃	〃	
45	汽　車	2〃		1〃	〃	廠内運貨車
46	柴油機	3〃		3〃	〃	
47	抽水機	8〃		8〃	〃	
合　計		365架		365架	〃	

第三頁

19

軍政部兵工署第五十工廠二十七年下半年機器設備添置表

項數	名稱	數量	已否運到	已否安裝	備考
1	R式自動車床	1架	已運到	未裝	車砲彈，由武器修理所接收
2	R式自動車床	1〃	〃	〃	光砲彈 〃
3	鑿方眼機	1〃	〃	〃	〃
4	刻綫機	1〃	〃	〃	〃
5	自動轉刀車床	1〃	〃	〃	引信工作 〃 造曲綫盤專門工具四件。
6	求砲彈中心自動機	1〃	〃	〃	由武器修理所接收
7	5/8自動車床	1〃	〃	〃	車引信，由武器修理所接收
8	萬能砂輪機	1〃	〃		由武器修理所接收， 借給第二十三工廠
9	V式自動車床	1〃	〃	〃	由武器修理所接收
10	臥鑽床	2〃	〃	〃	由砲技處撥交本廠
11	拔絲床	1〃	〃	〃	〃
12	擦磨床	1〃	〃	〃	〃
13	光磨床	1〃	〃	〃	〃
14	鉋床	1〃	〃	〃	〃
15	銑床	7〃	〃	〃	
合計		22架			

24

附（四）兵工署第五十工厂一九三八年现金收支表

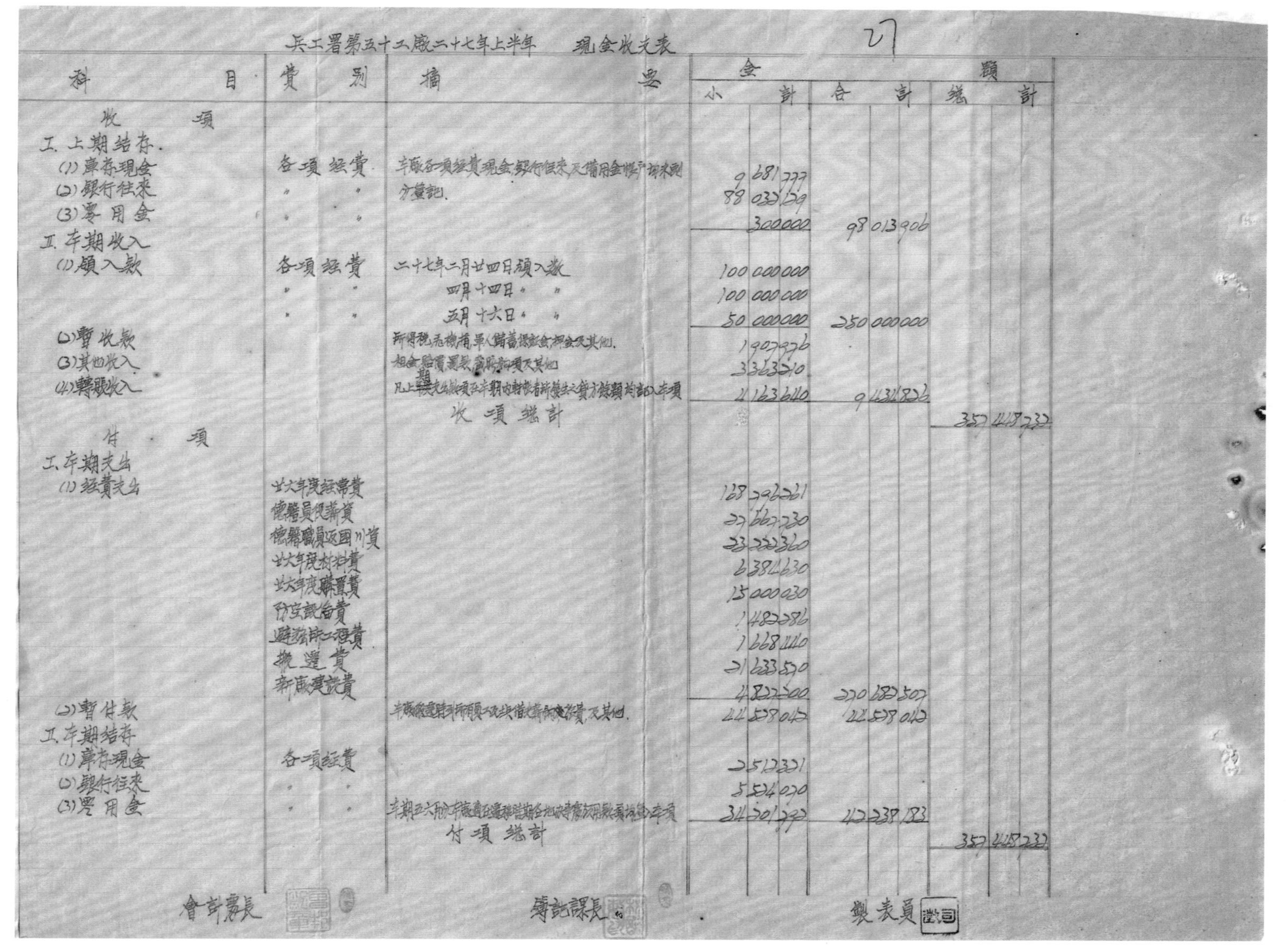

兵工署第五十工廠二十七年上半年　現金收支表　27

科目	費別	摘要	金額 小計	金額 合計	金額 總計
收項					
Ⅰ.上期結存					
(1)庫存現金	各項經費	本廠各項經費現金、銀行往來及備用金帳戶均未劃分登記。	9 681 777		
(2)銀行往來	〃 〃		88 032 129		
(3)零用金	〃 〃		300 000	98 013 906	
Ⅱ.本期收入					
(1)領入款	各項經費	二十七年二月廿四日領入數	100 000 000		
	〃 〃	四月十四日〃 〃	100 000 000		
	〃 〃	五月十六日〃 〃	50 000 000	250 000 000	
(2)暫收款		所得稅、無線補、單人儲蓄保証金、押金及其他。	1 907 976		
(3)其他收入		租金、賠償、罰款、賣賄卸費及其他	3 363 210		
(4)轉賬收入		凡上期支出款項在本期內收回者所發生之貸方餘額均記入本項	4 163 640	9 431 826	
		收項總計			357 448 232
付項					
Ⅰ.本期支出					
(1)經費支出	廿六年度經常費		128 296 261		
	德籍員役薪資		27 667 230		
	德籍職員返國川資		23 222 360		
	廿六年度材料費		6 384 630		
	廿六年度購置費		15 000 030		
	防空設備費		1 482 286		
	避彈所工程費		1 668 440		
	搬遷費		21 633 570		
	新廠建設費		4 822 200	220 682 507	
(2)暫付款		本廠派員赴外採購員工及工人借支薪餉旅費及其他。	44 538 042	22 538 042	
Ⅱ.本期結存					
(1)庫存現金	各項經費		2 512 321		
(2)銀行往來	〃 〃		5 524 070		
(3)零用金	〃 〃	本期五六月份本廠遷至重慶請各地辦事處支用款項均記入本項	34 201 792	42 238 183	
		付項總計			357 448 232

會計處長　　　　稽計課長　　　　製表員

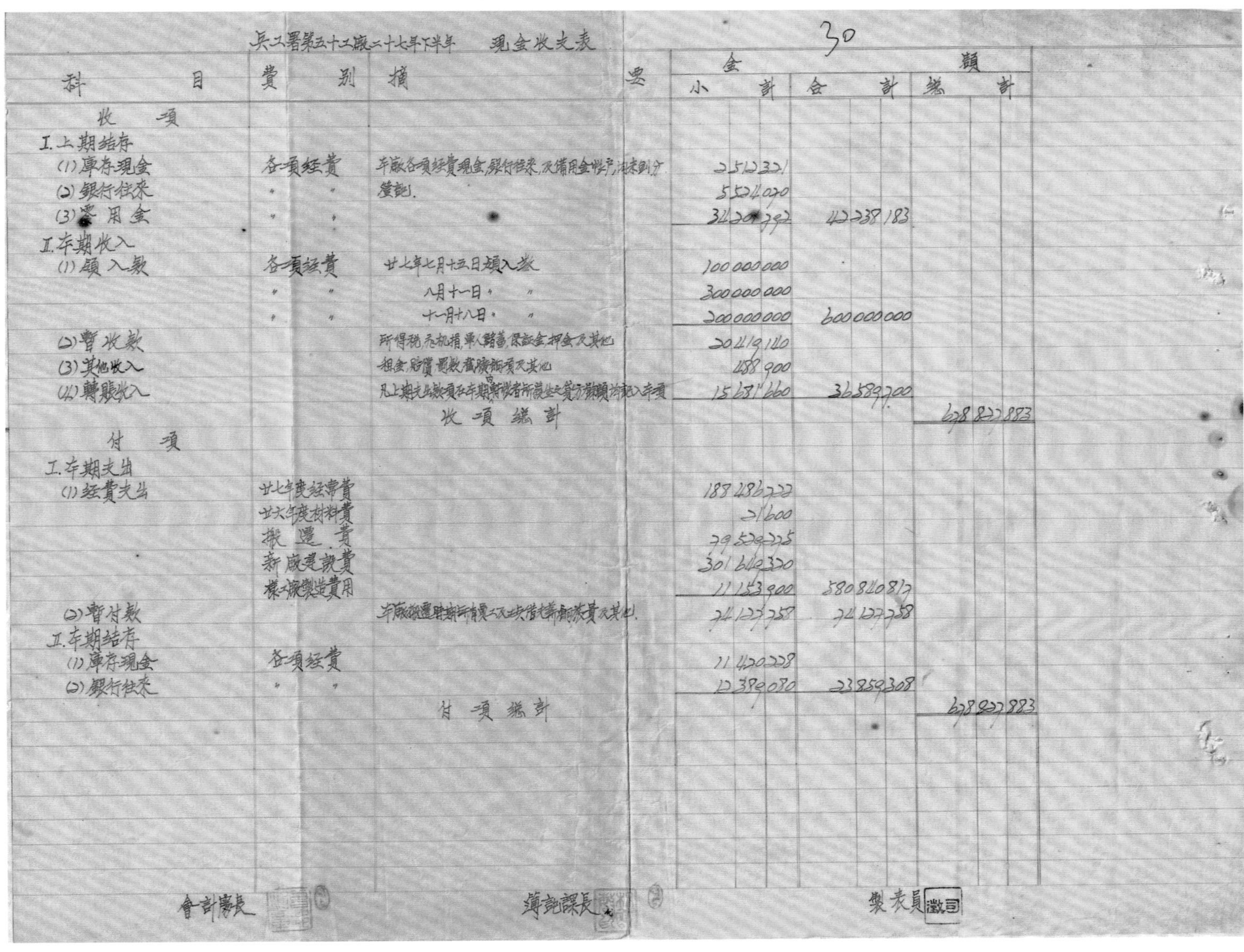

30

兵工署第五十工廠二十七年下半年　現金收支表

科目	費別	摘要	金額 小計	金額 合計	金額 總計
收項					
I.上期結存					
(1)庫存現金	各項經費	本廠各項經費現金,銀行往來,及備用金帳戶,均未劃分	2512321		
(2)銀行往來	〃 〃	釐訂.	5524070		
(3)零用金	〃 〃		34201792	42238183	
II.本期收入					
(1)領入數	各項經費	廿七年七月十五日領入數	100000000		
	〃 〃	八月十一日〃 〃	300000000		
	〃 〃	十一月十八日〃 〃	200000000	600000000	
(2)暫收款		所得稅,飛機捐,華人儲蓄,保證金,押金及其他	20419140		
(3)其他收入		租金,賠償,罰款,截曠捐項及其他	488900		
(4)轉賬收入		凡上期支出款項在本期內轉帳者所發生之貸方數額均記入本項	15681660	36589700	
		收項總計			678827883
付項					
I.本期支出					
(1)經費支出	廿七年度經常費		188486222		
	廿六年度材料費		21600		
	搬遷費		79529275		
	新廠建設費		301640320		
	樣工廠製造費用		11153900	580840817	
(2)暫付款		本廠搬遷時期所有員工及工夫借支薪餉旅費及其他.	24127758	24127758	
II.本期結存					
(1)庫存現金	各項經費		11420228		
(2)銀行往來	〃 〃		12389080	23859308	
		付項總計			678827883

會計處長[印]　　簿記課長[印]　　製表員[印]

附（五）军政部兵工署第五十工厂一九三八年下半年建筑工程概况表

軍政部兵工署第五十工廠二十七年下半年建築工程概況表

項目	名稱	數量	工程概要	所需經費	開工期 年	開工期 月	竣工期 年	竣工期 月	自營或招商承包	備考
1	臨時倉庫	十四所計面積4370m²	細綁式竹棚篾蓆圍壁	6090 00	27	6	27	12	榮記棚廠、周猶長棚廠、德勝棚廠	
2	臨時馬路	基面寬度6m 長600m	沙土路面、木涵洞	1670 00	27	6	27	7	繆根興營造廠	
3	臨時警衛隊駐所排哨及廚房廁所	五所共計面積495m²	細綁式竹棚木地台篾蓆圍壁	1040 00	27	8	27	9	榮記棚廠	
4	臨時工場	三所共計面積392m²	細綁式竹棚竹批灰泥壁水泥混凝土地台	2100 00	27	10	27	11	竹棚：德勝棚廠 地台：蜀華公司	
5	臨時職工住所	六所共計面積443m²	細綁式竹棚竹批灰泥壁及篾蓆圍壁灰土地台及土地台	1185 00	27	11	27	12	榮記棚廠 德勝棚廠	
6	廠區馬路涵洞	基面寬度3.50-5.50支幹綫合計長約6040m涵洞57座	沙土簡易路面水泥白灰沙漿結砌條石平涵及拱涵	68345 00	27	10			永慶公司 永新公司 裕川公司	正式路面尚未興築未計在內
7	製砲所廠房	十一座共計面積5236.54m²	條石墩子片石牆土牆及竹批泥牆青瓦屋面水泥混凝土地台共中五座有5噸重吊車設備	199030 00	27	10			地盤土石方：永慶公司 條石護土牆：裕川公司 房屋：蜀華公司 地台：[illegible]	地盤土石方及護土牆在內
8	彈夫所廠房	九座共計面積3294.41m²	無吊車樑設備餘同上	135490 00	27	7			條石護土牆：華美公司 房屋：裕慶廠 餘同上	已完工三所 仝上
9	引信所廠房	三座共計面積914.75m²	仝上	25770 00	27	7			仝上	已完成二所 仝上
10	鍛工所廠房	二座共計面積783.15m²	其中一所有吊車樑設備餘同上	30680 00	27	7			條石護土牆：裕川公司餘同上	已完成一所 仝上
11	木工所廠房	三座共計面積656.67m²	無吊車樑設備餘同上	28460 00	27	7			條石護土牆：華美公司餘同上	已完成一所 仝上
12	工具所廠房	三座共計面積656.55m²	仝上	22870 00	27	7			仝上	仝上
13	鑄工所廠房	一座共計面積640.64m²	細綁式竹棚竹批灰泥壁沙地台	3900 00	27	12			地盤土石方：裕川公司	廠房由德勝棚廠造 地盤土石方工程費在內
14	職員宿舍	十二座共計面積1127.81m²	泥牆土瓦屋面木板地台及條面石地台	34640 00	27	8	27	12	地盤土石方：永慶 房屋：裕慶	仝上
15	機械士兵宿舍	六座共計面積1155.84m²	泥牆土瓦屋面灰沙三合土水泥粉光地台	28560 00	27	10	27	12	裕慶建築廠	
16	柴油機動力廠房	一座共計面積217.40m²	水泥混凝土拱座鋼筋混凝土拱面用露天山洞方式建築	38760 00	27	10			土石方：永慶公司 廠房：裕慶廠	所用4800公斤鋼筋未計在內
17	滾水堰	一座4m高共長14m	連二條石水泥灰沙漿結砌上架4m寬14m長木橋一座	26950 00	27	12			裕川公司	聯絡土堤及復墳在內
18	黑巡子橋及附設抽水機房	32m長4m寬10m高橋一座面積10.75m²抽水機房	連二條石水泥沙漿結砌橋子本橋面條石牆壁土瓦屋面木板地台抽水房一座	9050 00	27	12			張寶成	聯絡土堤工程費在內
19	橡板廠廠房	十四座共計面積1008m²	開鑿山洞及加30m水泥混凝土條石砌	51250 00	27	9			永新公司 張寶成 生文華	
20	防空山洞	2×2m山洞三座	30m水泥混凝土結石砌長132m木架支撐200m	28840 00	27	9			華美公司	
總計				744680 00						

附說：本廠工程除一小部份臨時倉庫及臨時馬路係於廿七年六月間開工外，其餘均係七月後開工者，故上半年概況表不列。

二十八年 月

地產科編製

军政部兵工署为收到第五十工厂征地呈件已转呈军政部的指令（一九三九年三月十一日）

軍政部兵工署指令

渝造(六)丙字第2026號

中華民國二十八年三月十一日發

令第五十工廠廠長江杓

二十八年二月六日廠(六)字第一六六號呈暨二月七日廠(六)業字第一七五號呈爲呈送征地計劃書及征地界圖請轉呈公告征收並請軍委會令飭巴縣及江北縣政府協助本廠辦理由

呈件均悉。案經呈奉

軍政部渝需丁字第三九六號指令内開：

「呈暨附件均悉。業經轉呈行政院依法公告，並

19

請准予特許先行興工，暨電請川省府查照，與電飭江北及巴縣縣政府會同辦理在案，仰即知照，此令附件存轉」等因奉此，合行令仰知照，此令。附件存轉。

署長 俞大維

军政部兵工署为第五十工厂征地计划已获行政院核准并电四川省政府协办的训令（一九三九年三月三十一日）

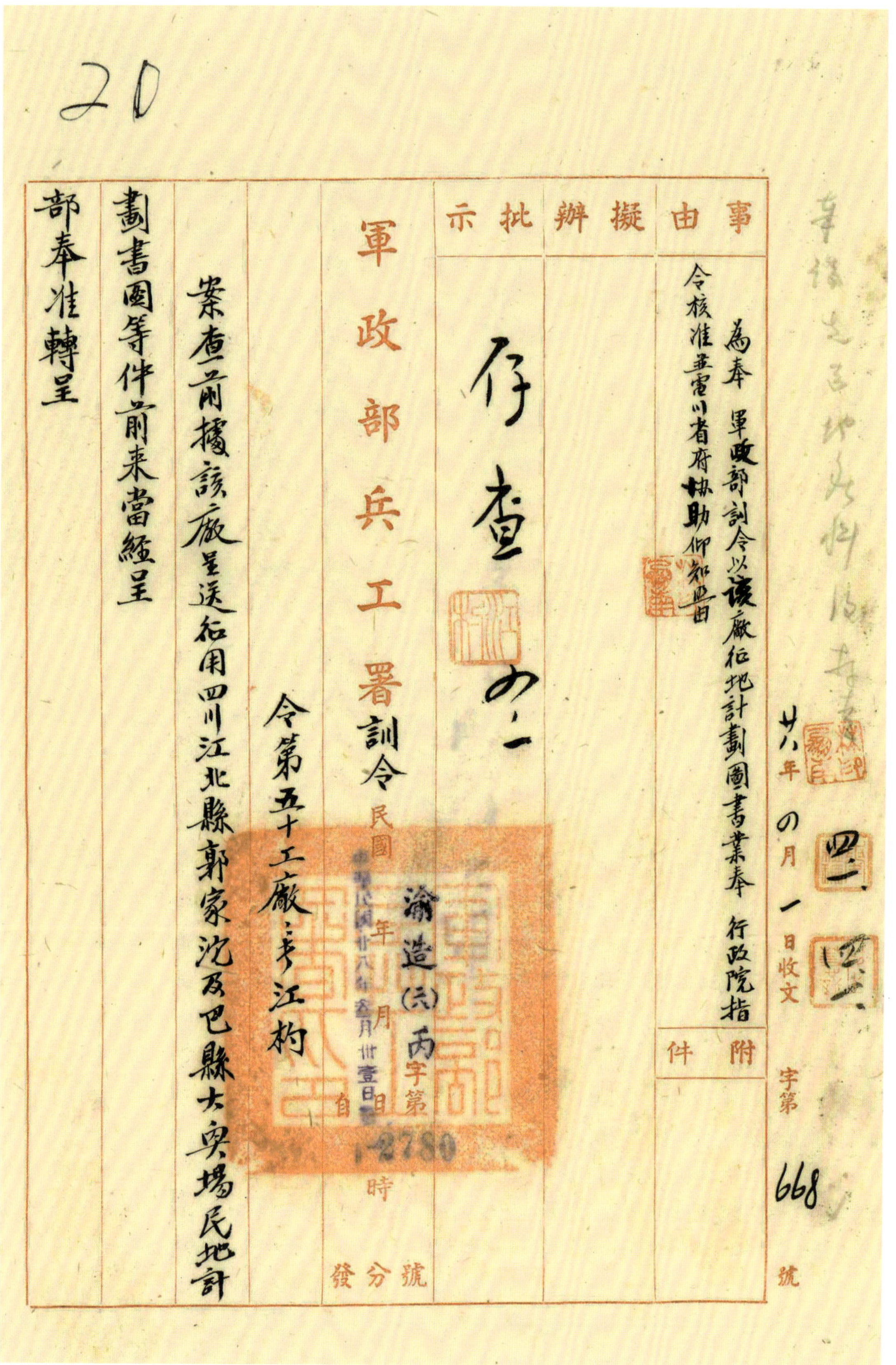
20

事由：為奉軍政部訓令以該廠征地計劃圖書業奉行政院指令核准並電川省府協助仰知照由

擬辦批示：存查

廿八年四月一日收文 字第668號

軍政部兵工署訓令 渝造（六）丙字第2780號

中華民國廿八年叁月卅壹日

令第五十工廠丁廠長江（天）杓

案查前據該廠呈送征用四川江北縣郭家沱及巴縣大興場民地計劃書圖等件前來，當經呈部奉准轉呈

20-1

行政院依法公告暨代電川省府轉飭協助辦理並指令知照在案。

茲奉

軍政部渝需丁字第六五九號訓令節開：

「茲奉 行政院呂字第二六一七號指令內開：『呈件均悉。應予核准，並特許先行進入被征地內實施工作，除令四川省政府轉飭依法公告征收，並飭知內政部外，仰即知照。此令。』等因，奉此。合行令仰該署長知照。此令。」

等因，奉此，正核轉間復奉

軍政部渝需丁字第六六一號訓令節開：

「茲准川省府篠代電內開：『案准貴部渝需丁第三九四

21

號代電以第五十工廠遷川業經勘定江北縣郭家沱及巴縣大興場地方建築廠房亟待征用特飭江北及巴縣々政府迅將用地範圍先行咨飭各業户知照並派員協助辦理等由准此查此案有關國家軍事對於抗戰前途甚為重要自應照辦除分飭江北及巴縣々政府遵照並派員協助辦理外相應電復查照」等由准此合行令仰該署長知照此令。

等因奉此合行令仰知照此令。

军政部兵工署炮兵技术研究处为检送炮厂机件及动力厂机件交接清册致第五十工厂的公函（一九三九年四月二十五日）

附：清册四份

123

軍政部兵工署砲兵技術研究處公函

砲技（公） 九六二

事由：為檢送砲廠機件及動力廠機件交接清冊即請查收會印袖存一份後擲還以便呈

署由

逕啟者：查本處所有砲廠機件及動力廠機件，上年間奉

署令移交

貴廠，並經派員分別接收在案。相應檢齊前項機件之交接清

冊四份，函請

查收，會印袖存一份後擲還，以便呈

署備案為荷！

第　頁

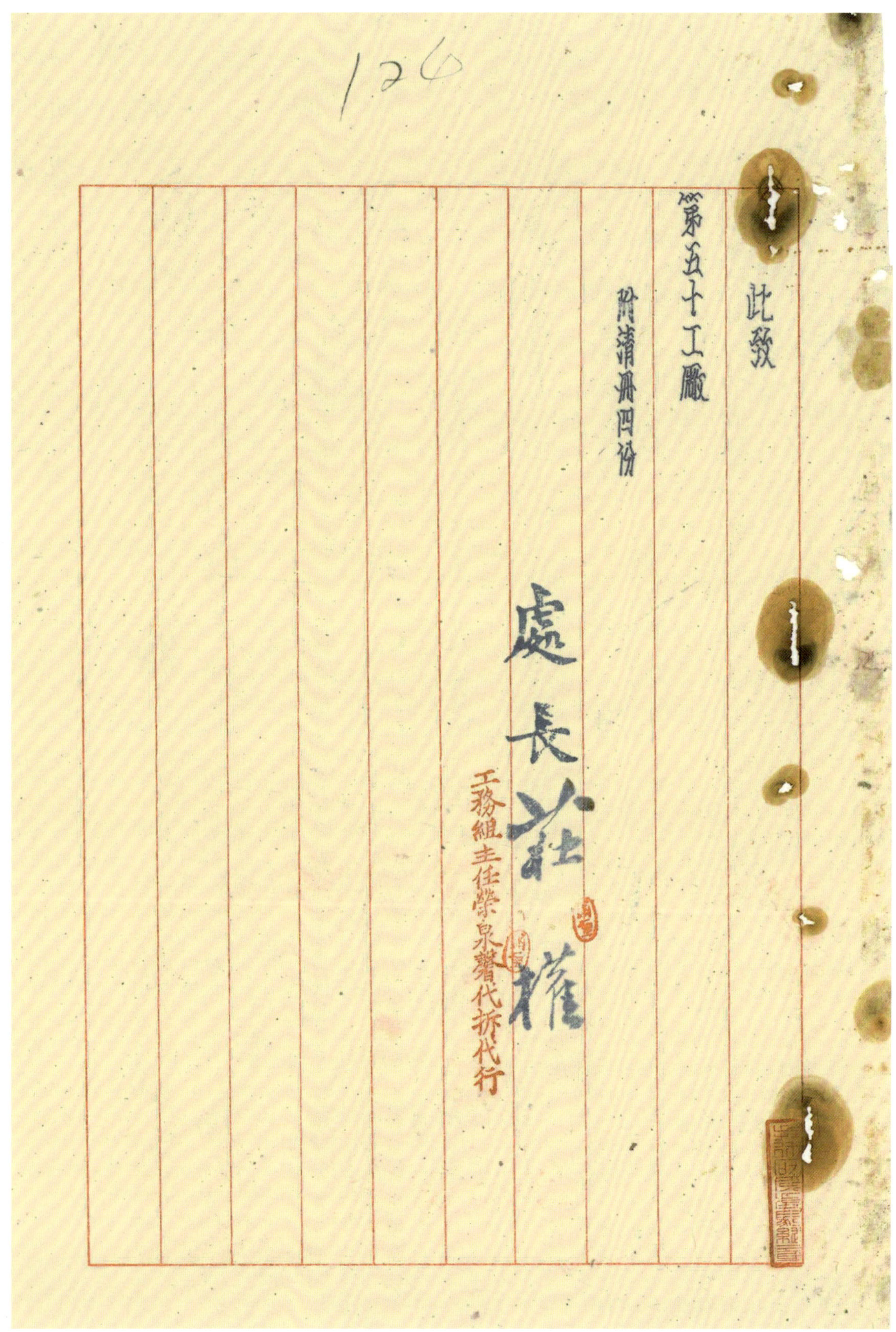

126

此致

第五十工厂

附清册四份

处长 杜○权

工务组主任荣泉馨代拆代行

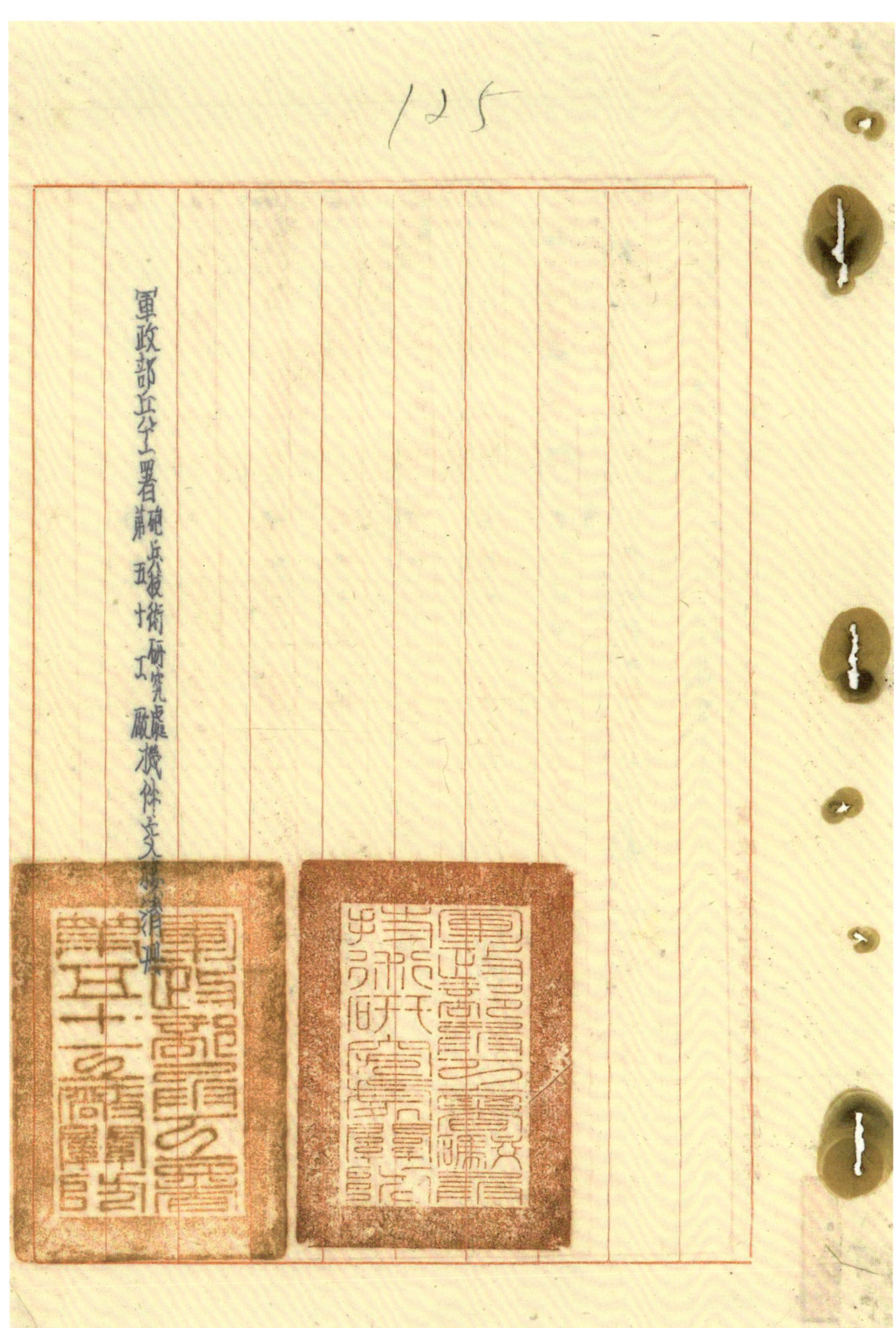

125

軍政部兵工署第五十工廠砲兵技術研究處機件交接清冊

軍政部兵工署砲兵技術研究處第五十工廠機件移交清冊

項目	摘要	標號	數量		重量	移交					備註
						月	日	地点	砲技處經手人	五十廠經手人	
1	電動机及油閘閥等	B 170 M / C C Nr. 1	1	箱	204	7	20	株州	陳松齡	鄭大強	
2	〃	〃 Nr. 2	1	〃	204	〃	〃	〃	〃	〃	
3	〃	〃 Nr. 3	1	〃	52	〃	〃	〃	〃	〃	
4	〃	〃 Nr. 4	1	〃	39	〃	〃	〃	〃	〃	
5	〃	〃 Nr. 5	1	〃	215	〃	〃	〃	〃	〃	
6	〃	〃 Nr. 6	1	〃	323	〃	〃	〃	〃	〃	
7	〃	〃 Nr. 7	1	〃	130	〃	〃	〃	〃	〃	
8	〃	〃 Nr. 8	1	〃	392	〃	〃	〃	〃	〃	
9	〃	〃 Nr. 9	1	〃	546	〃	〃	〃	〃	〃	
10	〃	〃 Nr. 10	1	〃	196	〃	〃	〃	〃	〃	
11	〃	〃 Nr. 11	1	〃	134	〃	〃	〃	〃	〃	
12	机器另件及精密表類	B 7500 M / C C No. 1	1	〃	246	〃	〃	〃	〃	〃	
13	〃	〃 No. 2	1	〃	260	〃	〃	〃	〃	〃	
14	〃	〃 No. 3	1	〃	182	〃	〃	〃	〃	〃	
15	〃	〃 No. 4	1	〃	155	〃	〃	〃	〃	〃	
16	〃	〃 No. 5	1	〃	340	〃	〃	〃	〃	〃	
17	〃	〃 No. 6	1	〃	251	〃	〃	〃	〃	〃	
18	〃	〃 No. 7	1	〃	91	〃	〃	〃	〃	〃	

軍政部兵工署砲兵技術研究處

軍政部兵工署砲兵技術研究處第五十工廠機件交接清冊

項目	摘要	標號	數量		重量	移交 月	日	地點	砲技處經手人	五十廠經手人	備註
1	電動机及油開關等	$\frac{B}{C}170\frac{M}{C}$ Nr. 1	1	箱	204	7	20	株州	陳松齡	鄭大強	
2	〃	〃 Nr. 2	1	〃	204	〃	〃	〃	〃	〃	
3	〃	〃 Nr. 3	1	〃	52	〃	〃	〃	〃	〃	
4	〃	〃 Nr. 4	1	〃	39	〃	〃	〃	〃	〃	
5	〃	〃 Nr. 5	1	〃	215	〃	〃	〃	〃	〃	
6	〃	〃 Nr. 6	1	〃	323	〃	〃	〃	〃	〃	
7	〃	〃 Nr. 7	1	〃	130	〃	〃	〃	〃	〃	
8	〃	〃 Nr. 8	1	〃	392	〃	〃	〃	〃	〃	
9	〃	〃 Nr. 9	1	〃	546	〃	〃	〃	〃	〃	
10	〃	〃 Nr. 10	1	〃	196	〃	〃	〃	〃	〃	
11	〃	〃 Nr. 11	1	〃	134	〃	〃	〃	〃	〃	
12	机器另件及精密表類	$\frac{B}{C}7500\frac{M}{C}$ No. 1	1	〃	246	〃	〃	〃	〃	〃	
13	〃	〃 No. 2	1	〃	260	〃	〃	〃	〃	〃	
14	〃	〃 No. 3	1	〃	182	〃	〃	〃	〃	〃	
15	〃	〃 No. 4	1	〃	155	〃	〃	〃	〃	〃	
16	〃	〃 No. 5	1	箱	340	〃	〃	〃	〃	〃	
17	〃	〃 No. 6	1	〃	251	〃	〃	〃	〃	〃	
18	〃	〃 No. 7	1	〃	91	〃	〃	〃	〃	〃	

軍政部兵工署砲兵技術研究處

項目	摘要	標號	數量		重量	移交					備註
						月	日	地点	炮技處經手人	五十廠經手人	
19	機器另件及精密表類	B/C 3500 M/C No. 8	1	箱	992	7	3	株州	陳松齡	鄭大猷	
20	〃	〃 No. 9	1	〃	663	7	20	〃	〃	〃	
21	〃	〃 No. 10	1	件	316	6	22	〃	〃	〃	
22	〃	〃 No. 11	1	〃	316	6	22	〃	〃	〃	
23	〃	〃 No. 12	1	箱	1,270	7	20	〃	〃	〃	
24	過熱器接頭總管	〃 No. 13	1	〃	1,020	7	3	〃	〃	〃	
25	角鉄及其他另件	〃 No. 14	1	〃	1,468	7	3	〃	〃	〃	
26	〃	〃 No. 15	1	〃	1,219	7	3	〃	〃	〃	
27	飼煤机及附件	〃 No. 16	1	〃	610	7	20	〃	〃	〃	
28	引風送風机及其另件	〃 No. 17	1	〃	408	7	3	〃	〃	〃	
29	〃	〃 No. 18	1	〃	404	7	3	〃	〃	〃	
30		〃 No. 19	1	〃	1,345	8	19	〃	〃	〃	
31	〃	〃 No. 20	1	〃	380	7	3	〃	〃	〃	
32	〃	〃 No. 21	1	〃	364	7	20	〃	〃	〃	
33	過熱器管子及其另件	〃 No. 22	1	〃	1,118	6	22	〃	〃	〃	
34	〃	〃 No. 23	1	〃	1,176	6	22	〃	〃	〃	
35	〃	〃 No. 24	1	〃	1,173	6	22	〃	〃	〃	
36	〃	〃 No. 25	1	〃	1,173	6	22	〃	〃	〃	
37	〃	〃 No. 26	1	〃	1,185	6	22	〃	〃	〃	

軍政部兵工署砲兵技術研究處

項目	摘要	標號	數量		重量		移文					備考
							月	日	地点	移拨處經手人	五收處經手人	
38	過熱器管子及其附件	B 3500 M C C No.27	1	箱	3	630	8	19	株州	陳松齡	鄭大強	
39	反門及面温度表等	〃 No.28	1	〃		606	7	20	〃	〃	〃	
40	〃	〃 No.29	1	〃	1,	373	7	20	〃	〃	〃	
41	樓梯及附件	〃 No.30	1	〃	2	390	7	26	〃	〃	〃	
42	過熱器管温度表及其附件	〃 No.31	1	〃	1,	028	7	20	〃	〃	〃	
43	炉門及炉內各項鐵件等	〃 No.32	1	〃	1,	553	7	3	〃	〃	〃	
44	〃	〃 No.33	1	〃	1,	950	7	3	〃	〃	〃	
45	〃	〃 No.34	1	〃	1,	960	7	3	〃	〃	〃	
46	〃	〃 No.35	1	〃	1,	414	8	26	〃	〃	〃	
47	汽压表及其他另件	〃 No.36	1	箱		810	7	20	〃	〃	〃	
48	儲汽鼓	〃 No.37	1	件		831	7	20	〃	〃	〃	
49	〃	〃 No.38	1	〃		828	7	20	〃	〃	〃	
50	〃	〃 No.39	1	〃		821	7	20	〃	〃	〃	
51	〃	〃 No.40	1	〃		823	7	20	〃	〃	〃	
52	下汽鼓	〃 No.41	1	〃	2	927	7	20	〃	〃	〃	
53	〃	〃 No.42	1	〃	2	942	7	20	〃	〃	〃	
54	〃	〃 No.43	1	〃	2	935	7	20	〃	〃	〃	
55	〃	〃 No.44	1	〃	2	948	7	20	〃	〃	〃	
56	上汽鼓	〃 No.45	1	〃	3	228	7	20	〃	〃	〃	

軍政部兵工署砲兵技術研究處

項目	摘要	標號	數量		重量	移交					備註
						月	日	地点	移交機關經手人	接收機關經手人	
57	上汽鼓	BMC 2500C No.46	1	件	3240	7	20	株州	陳松齡	鄭大強	
58	〃	〃 No.47	1	〃	3238	7	20	〃	〃	〃	
59	〃	〃 No.48	1	〃	3245	7	20	〃	〃	〃	
60	鍋炉水管	〃 No.49	1	箱	3110	8	19	〃	〃	〃	
61	鍋炉飼水机及水管等	〃 No.50	1	〃	2205	7	26	〃	〃	〃	
62	〃 〃 (2A)	〃 No.51	1	〃	753	7	3	〃	〃	〃	
63	風道及鍋炉飼水機	〃 No.52	1	〃	277	6	20	〃	〃	〃	
64	〃 〃	〃 No.53	1	〃	809	7	20	〃	〃	〃	
65	省煤器水管	〃 No.100-125	26	〃	21629	6	26	〃	〃	〃	
66	水管湾頭	〃 No.126	1	〃	527	7	20	〃	〃	〃	
67	U字鉄	〃 No.127-134	8	件	432	6	26	〃	〃	〃	
68	〃	〃 No.135-142	8	〃	664	6	26	〃	〃	〃	
69	噴管(5U)	〃 No.143	1	箱	198	7	3	〃	〃	〃	
70	汽压表温度表吹灰管等	〃 No.145 146	2	〃	164	7 7	20 26	〃	〃	〃	
71	支水管	〃 No.147 148	2	箱	175 180	7	20	〃	〃	〃	
72	兩頭釘洗灌器及盤等	〃 No.149	1	箱	633	7	3	〃	〃	〃	
73	檔板及底板	〃 No.150	1	〃	250	7	3	〃	〃	〃	
74	雙湾水管湾頭	〃 No.151 152	2	〃	614 610	7 7	3 20	〃	〃	〃	
75	球形噴水凡司及安全凡司	〃 No.153 154	2	〃	108 108	7	20	〃	〃	〃	

軍政部兵工署砲兵技術研究處

130

130-1

項目	摘要	標號	數量		重量	移交					備註
						月	日	地点	炮技處經手人	五十廠經手人	
76	石綿質支柱(搖臂)	$\frac{B}{C}750\frac{M}{C}$ No.155	1	箱	328	7	20	株州	陳拯齡	鄭大強	
77	鉄支柱	〃 No.156	1	〃	337	7	3	〃	〃	〃	
78	〃	〃 No.157	1	〃	337	7	3	〃	〃	〃	
79	〃	〃 No.158	1	〃	261	7	3	〃	〃	〃	
80	水輪(手扳輪式及鏈輪試)	〃 No.159	1	〃	181	7	20	〃	〃	〃	
81	炉条頂	〃 No.201	1	〃	2632	7	20	〃	〃	〃	
82	〃	〃 No.202	1	〃	2150	7	20	〃	〃	〃	
83	〃	〃 No.203	1	〃	2150	7	20	〃	〃	〃	
84	炉 〃 柵	〃 No.204	1	〃	1136	7	20	〃	〃	〃	
85	〃	〃 No.205	1	〃	1136	7	20	〃	〃	〃	
86	〃	〃 No.206	1	〃	1136	7	20	〃	〃	〃	
87	空氣箱	〃 No.207	1	〃	2718	7	20	〃	〃	〃	
88	〃	〃 No.208	1	〃	2718	7	20	〃	〃	〃	
89	主架板	〃 No.209	1	〃	1886	7	26	〃	〃	〃	
90	氣塞,渣塞,兩頭釘等	〃 No.210	1	〃	2578	7	26	〃	〃	〃	
91	前後鏈齒輪軸手扳炉板等	〃 No.211	1	〃	2027	7	26	〃	〃	〃	
92	角鉄連鏈,鉄板軸墊等	〃 No.212	1	〃	1136	7	26	〃	〃	〃	
93	聯動机座盖門各種鏈及兩頭釘等	〃 No.213	1	〃	1499	7	26	〃	〃	〃	
94	〃	〃 No.214	1	〃	1499	7	26	〃	〃	〃	

軍政部兵工署炮兵技術研究處

項目	摘要	標號	數量		重量	移交					備註
						月	日	地点	炮技處經手人	五十廠經手人	
95	蓄煤器及其附件蓋及附件	B/C 7500 M/C No.215	1	箱	1503	7	26	〃	陳松齡	鄭大強	
96	〃	〃 No.216	1	〃	1441	7	26	〃	〃	〃	
97	鏈動餇煤机零件	〃 No.217	1	〃	2195	8	5	〃	李纘遜	〃	
98	〃	〃 No.218	1	〃	2159	8	5	〃	〃	〃	
99	〃	〃 No.219	1	〃	2159	8	5	〃	〃	〃	
100	〃	〃 No.220	1	〃	1136	8	10	〃	〃	〃	
101	〃	〃 No.221	1	〃	1136	8	10	〃	〃	〃	
102	〃	〃 No.222	1	〃	1136	8	10	〃	〃	〃	
103	〃	〃 No.223	1	〃	1441	8	10	〃	〃	〃	
104	〃	〃 No.224	1	〃	2718	8	10	〃	〃	〃	
105	〃	〃 No.225	1	〃	1499	8	10	〃	〃	〃	
106	〃	〃 No.226	1	〃	1499	8	10	〃	〃	〃	
107	〃	〃 No.227	1	〃	2718	8	5	〃	〃	〃	
108	〃	〃 No.228	1	〃	2027	8	5	〃	〃	〃	
109	〃	〃 No.229	1	〃	2578	8	5	〃	〃	〃	
110	〃	〃 No.230	1	〃	1136	8	10	〃	〃	〃	
111	〃	〃 No.231	1	〃	1503	8	10	〃	〃	〃	
112	〃	〃 No.232	1	〃	1441	8	10	〃	〃	〃	
113	遣手机件	〃 No.300	1	〃	5422	8	5	〃	〃	〃	

軍政部兵工署砲兵技術研究處

項目	摘要	標號	數量		重量	移交 月	日	地点	炮技處經手人	五十廠經手人	備註
114	透平机件	B 2500 M C C No.301	1	箱	2014	8	10	株州	李繼遷	鄭大强	
115	〃	〃 No.302	1	〃	432	7 8	25 10	〃	陳松齡	〃	
116	〃	〃 No.303	1	〃	880	8	10	〃	汪承祝	〃	
117	〃	〃 No.304	1	〃	3597	8	10	〃	李繼遷	〃	
118	〃	〃 No.305	1	〃	1375	8	10	〃	汪承祝	〃	
119	〃	〃 No.306	1	〃	433	8	10	〃	李繼遷	〃	
120	〃	〃 No.501	1	〃	367	8	10	〃	汪承祝	〃	
121	〃	〃 No.502	1	〃	349	7	25	〃	陳松齡	〃	
122	〃	〃 No.503	1	〃	815	8	10	〃	李繼遷	〃	
123	〃	〃 No.504	1	〃	2320	8	5	〃	〃	〃	
124	〃	〃 No.505	1	〃	4251	8	10	〃	〃	〃	
125	〃	〃 No.506	1	〃	1068	8	10	〃	〃	〃	
126	〃	〃 No.507	1	〃	3538	8	10	〃	〃	〃	
127	〃	〃 No.508	1	〃	8623	8	10	〃	〃	〃	
128	〃	〃 No.509	1	〃	4050	8	5	〃	〃	〃	
129	〃	〃 No.510	1	〃	615	8	10	〃	汪承祝	〃	
130	〃	〃 No.511	1	〃	430	7	25	〃	陳松齡	〃	
131	〃	〃 No.512	1	〃	309	8	10	〃	汪承祝	〃	
132	〃	〃 No.513	1		14607	8	10	〃	李繼遷	〃	

軍政部兵工署砲兵技術研究處

133

項目	摘要	標號	數量		重量	移交 月	日	地点	搬放處經手人	到廠點經手人	備註
133	遠平机件	B/C 500 M/C No.514	1	箱	No 320/245	8	10	株州	李繼遠	鄭大強	
134	〃	〃 No.515	1	〃	396	8	10	〃	〃	〃	
135	〃	〃 No.516	1	〃	6610	8	5	〃	〃	〃	
136	〃	〃 No.517	1	〃	182	7	25	〃	陳松齡	〃	
137	〃	〃 No.518	1	〃	667	7	25	〃	〃	〃	
138	〃	〃 No.519	1	〃	542	7	25	〃	〃	〃	
139	〃	〃 No.520	1	〃	575	8	10	〃	李繼遠	〃	
140	〃	〃 No.521	1	〃	〃	8	10	〃	江承祺	〃	
141	〃	〃 No.522	1	〃	〃	8	10	〃	〃	〃	
		:									
142	〃	〃 No.523	1	〃	〃	8	10	〃	李繼遠	〃	
143	〃	〃 No.524	1	〃	〃	7	25	〃	陳松齡	〃	
144	〃	〃 No.525	1	〃	〃	7	25	〃	〃	〃	
145	〃	〃 No.526	1	〃	910	8	10	〃	李繼遠	〃	
146	〃	〃 No.527	1	〃	6470	8	5	〃	〃	〃	
147	〃	〃 No.528	1		4085	8	5	〃	〃	〃	
148	〃	〃 No.529	1		656	8	10	〃	〃	〃	
149	〃	〃 No.530	1		402	8	10	〃	〃	〃	
150	〃	〃 No.531	1		800	8	10	〃	〃	〃	
151	〃	〃 No.532	1		1095	8	10	〃	〃	〃	

133-1

軍政部兵工署砲兵技術研究處

項目	摘要	標號	數量		重量	移交					備註
						月	日	地点	移交經手人	接收經手人	
152	透平机件	B/C 350 M/0/C No.532	1	箱	1095	8	10	株州	李繼遠	鄭大強	
153	〃	〃 No.533	1	〃	315	8	10	〃	〃	〃	
154	〃	〃 No.534	1	〃	2710	8	5	〃	〃	〃	
155	〃	〃 No.535	1	〃	2240	8	10	〃	〃	〃	
156	〃	〃 No.536	1	〃	264	8	10	〃	汪承祝	〃	
157	〃	〃 No.537	1	〃	780	8	10	〃	李繼遠	〃	
158	〃	〃 No.538	1	〃	363	8	10	〃	汪承祝	〃	
159	〃	〃 No.539	1	〃	1037	8	10	〃	〃	〃	
160	〃	〃 No.540	1	件	158	7	25	〃	陳松齡	〃	
161	〃	〃 No.541	1	〃	5120	8	5	〃	李繼遠	〃	
162	〃	〃 No.542	1	〃	3670	8	5	〃	〃	〃	
163	鍋炉架	B/C 500 M/C 1—204	78 4 122	扎 箱 件	22800	8	7	〃	李繼遠	〃	鉄4箱
164	方棚木油開關及配電板件	B/C 25 M/14/C No.1	1	箱	1665	8	10	〃	〃	〃	
165	〃	〃 No.2	1	〃	340	7	25	〃	陳松齡	〃	
166	〃	〃 No.3	1	〃	344	7	25	〃	〃	〃	
167	〃	〃 No.4	1	〃	342	7	25	〃	〃	〃	
168	〃	〃 No.5	1	〃	360	7	25	〃	〃	〃	
169	〃	〃 No.6	1	〃	592	7	25	〃	〃	〃	
170	三相交流電表	B/C 25 M/C No.1	1	〃	42	7	25	〃	〃	〃	

軍政部兵工署砲兵技術研究處

項目	摘要	標號	數量		重量	移交 月	日	地点	炮技處經手人	五十廠經手人	備註
171	配電板及量電表	B/C 386 M/C No.1	1	箱	175	7	25	株州	陳松齡	鄭大強	
172	〃	〃 No.2	1	〃	475	7	25	〃	〃	〃	
173	配電板另件	B/C 381 M/C No.1	1	〃	746	7	25	〃	〃	〃	
174	〃	〃 No.2	1	〃	132	7	25	〃	〃	〃	
175	〃	〃 No.3	1	〃	120	7	25	〃	〃	〃	
176	〃	〃 No.4	1	〃	545	7	25	〃	〃	〃	
177	鍋炉管	S3353C shanghai No.1-446	526	支	13210			〃	〃	〃	内{直者 410支 弯者 20支 短弯者 16扎每扎6支
178	1000KVA 变压器	AEG B22302 Nr.31335/1	1	箱	4955	7	26	〃	〃	〃	
179	〃	〃 Nr.31335/2	1	〃	4955	7	26	〃	〃	〃	
											10
180	〃	〃 Nr.31335/3	1	〃	4955	7	26	〃	〃	〃	
181	〃	〃 Nr.31335/4	1	〃	4977	7	26	〃	〃	〃	
182	变压器附件	〃 Nr.31335/6	1	〃	164	7	26	〃	〃	〃	
183	避雷器	〃 No.19308	1	〃	112	7	26	〃	〃	〃	
184	大理石接線板等	〃 No.2982	1	〃	311	7	26	〃	〃	〃	
185	電流計油開關及变流器等	〃 No.2983	1	〃	212	7	26	〃	〃	〃	
186	遮断路開関油開関等	〃 No.2984	1	〃	212	7	26	〃	〃	〃	
187	铁架磁管操縱桿等	〃 No.2985	1	〃	426	7	26	〃	〃	〃	
188	大理石接線板等	〃 No.2986	1	〃	292	7	26	〃	〃	〃	
189	变流器油開関活動磁石等	〃 No.2987	1	〃	223	7	26	〃	〃	〃	

軍政部兵工署砲兵技術研究處

136

136-1

項目	摘要	標號	數量		重量	移交					備註
						月	日	地点	地[illegible]經手人	工[illegible]經手人	
190	電流計油開関変流器等	AEG B22302 No.2988	1	箱	208	7	26	株洲	陳松齡	鄭大強	
191	鉄架磁管銅支桿等	〃 No.2989	1	〃	348	7	26	〃	〃	〃	
192	電吊車	[illegible] No.1	1	〃	136	7	25	〃	〃	〃	
193	〃	〃 No.2	1	〃	130	7	25	〃	〃	〃	
194	新火磚		10	〃	2200	7	26	〃	〃	〃	
194A	食水蒸溜設備	BYT1183 Arbab No.1	1	箱		7	25	〃	〃	〃	
194B	〃	〃 No.2	1	〃		7	25	〃	〃	〃	
194C	〃	〃 No.3	1	〃		7	25	〃	〃	〃	
194D	〃	〃 No.4	1	〃		7	25	〃	〃	〃	
194E	〃	〃 No.5	1	綑		7	25	〃	〃	〃	

軍政部兵工署砲兵技術研究處

項目	摘要	標號	數量		重量	移交					備註
						月	日	地点	炮技處經手人	五十廠經手人	
195	副　　機	CHIGE 529 Nr.1	1	件	528	8	16	株州	陳松齡	鄭大強	
196	主　　機	〃 Nr.2	1	〃	2335	8	16	〃	〃	〃	
197	〃	〃 Nr.3	1	〃	1985	8	16	〃	〃	〃	
198	副　　機	〃 Nr.4	1	〃	660	8	16	〃	〃	〃	
199	〃	〃 Nr.5	1	〃	2535	8	16	〃	〃	〃	
200	〃	〃 Nr.6	1	〃	550	8	16	〃	〃	〃	
201	〃	〃 Nr.7	1	〃	665	8	16	〃	〃	〃	
202	主　　機	〃 Nr.8	1	〃	2002	8	16	〃	〃	〃	
203	〃	〃 Nr.9	1	〃	1925	8	16	〃	〃	〃	
204	〃	〃 Nr.10	1	〃	2345	8	16	〃	〃	〃	
205	〃	〃 Nr.11	1	〃	535	8	16	〃	〃	〃	
206	〃	〃 Nr.12	1	〃	664	8	16	〃	〃	〃	
207	輪　　機	〃 Nr.13	1	〃	1282	8	16	〃	〃	〃	
208	〃	〃 Nr.14	1	〃	1280	8	16	〃	〃	〃	
209	〃	〃 Nr.15	1	〃	1280	8	16	〃	〃	〃	
210	起重機件	〃 Nr.16	1	箱	1820	8	16	〃	〃	〃	
211	〃	〃 Nr.17	1	〃	1810	6	16	〃	〃	〃	
212	〃	〃 Nr.18	1	〃	1820	8	16	〃	〃	〃	
213	〃	〃 Nr.19	1	〃	604	8	16	〃	〃	〃	

軍政部兵工署砲兵技術研究處

項目	摘要	標號	數量		重量	移交					備註
						月	日	地点	接收處經手人	移交處經手人	
214	起重机件	CHIGE 579 Nr.20	1	箱	612	8	16	株洲	陳福鴻	龔大強	
215	〃	Nr.21	1	〃	610	8	16	〃	〃	〃	
216	〃	Nr.22	1	〃	2725	7	26	〃	〃	〃	
217	〃	Nr.23	1	〃	2960	7	26	〃	〃	〃	
218	〃	Nr.24	1	〃	2685	7	26	〃	〃	〃	
219	〃	Nr.25	1	扎	630	8	16	〃	〃	〃	長角鉄及長扁鉄
220	〃	Nr.26	26	塊	1250	8	16	〃	〃	〃	蜂巢鉄板及角尾鉄
221	Nr.22箱附件	GES Nr.27	1	箱		8	16	〃	〃	〃	馬達 NO.23之附件
222	Nr.24箱附件	〃 Nr.28	1	〃		8	16	〃	〃	〃	馬達
223	長鉋床	K 5	1	〃	11150	6	22	〃	〃	〃	
224	板絲床	K 17/1	1	〃	3850	6	22	〃	〃	〃	
225	搽磨床	K 18/1	1	〃	6035	6	22	〃	〃	〃	
226	銂〃床	A 17	1	〃	1800	6	26	〃	〃	〃	舊（用皮帶傳動）
227	〃	A 18	1	〃	4000	6	26	〃	〃	〃	舊 同上
228	鉋〃床	B 45	1	〃	4000	6	22	〃	〃	〃	舊 同上
229	〃	B 46	1	〃	4000	6	22	〃	〃	〃	舊 同上
230	〃	B 47	1	〃	4000	6	22	〃	〃	〃	舊 同上
231	卧鑽床	G 99	1	〃	5200	6	26	〃	〃	〃	舊 同上
232	〃	G 100	1	〃	5200	6	26	〃	〃	〃	舊 同上

軍政部兵工署砲兵技術研究處

139

項目	摘要	標號	數量		重量	移交 月	日	地点	移交經手人	接收經手人	備註
233	銑床	BYT566/1	1	箱	6385	5	18	株州	陳松齡	鄭大強	直立式 Müller and Montag 廠造
234	〃	〃 566/2	1	〃		5	18	〃	〃	〃	〃
235	〃	〃 566/3	1	〃		5	19	〃	〃	〃	〃
236	〃	〃 566/4	1	〃		5	19	〃	〃	〃	〃
237	〃	BYT683/1 Artab	1	〃	14800	6	2	〃	〃	〃	卧式，Köllmann 廠造
238	〃	BYT683/2 Artab	1	〃	14800	7	25	〃	〃	〃	〃
239	〃	BYT683/3 Artab	1	〃	14800	7	25	〃	〃	〃	〃
240	卧鏜床	K15/1	1	〃	16500	7	9	岳陽	金鐵聲	喻義	
241	〃	K15/2	1	〃	740	7	9	〃	〃	〃	
242	〃	K16	1	〃	13770	7	9	〃	〃	〃	
243	拔絲床	K17/2	1	〃	2600	7	9	〃	〃	〃	
244	〃	K17/3	1	〃	2600	7	9	〃	〃	〃	
245	〃	K17/4	1	〃	1500	7	9	〃	〃	〃	
246	〃	K17/5	1	〃	1700	7	9	〃	〃	〃	
247	〃	K17/6	1	〃	1880	7	9	〃	〃	〃	
248	〃	K18/2	1	〃	2515	7	9	〃	〃	〃	係擦磨床
249	〃	K18/3	1	〃	1470	7	9	〃	〃	〃	同上
250	〃	K18/4	1	〃	1600	7	9	〃	〃	〃	同上
251	〃	K18/5	1	〃	14300	7	9	〃	〃	〃	同上

14

軍政部兵工署砲兵技術研究處

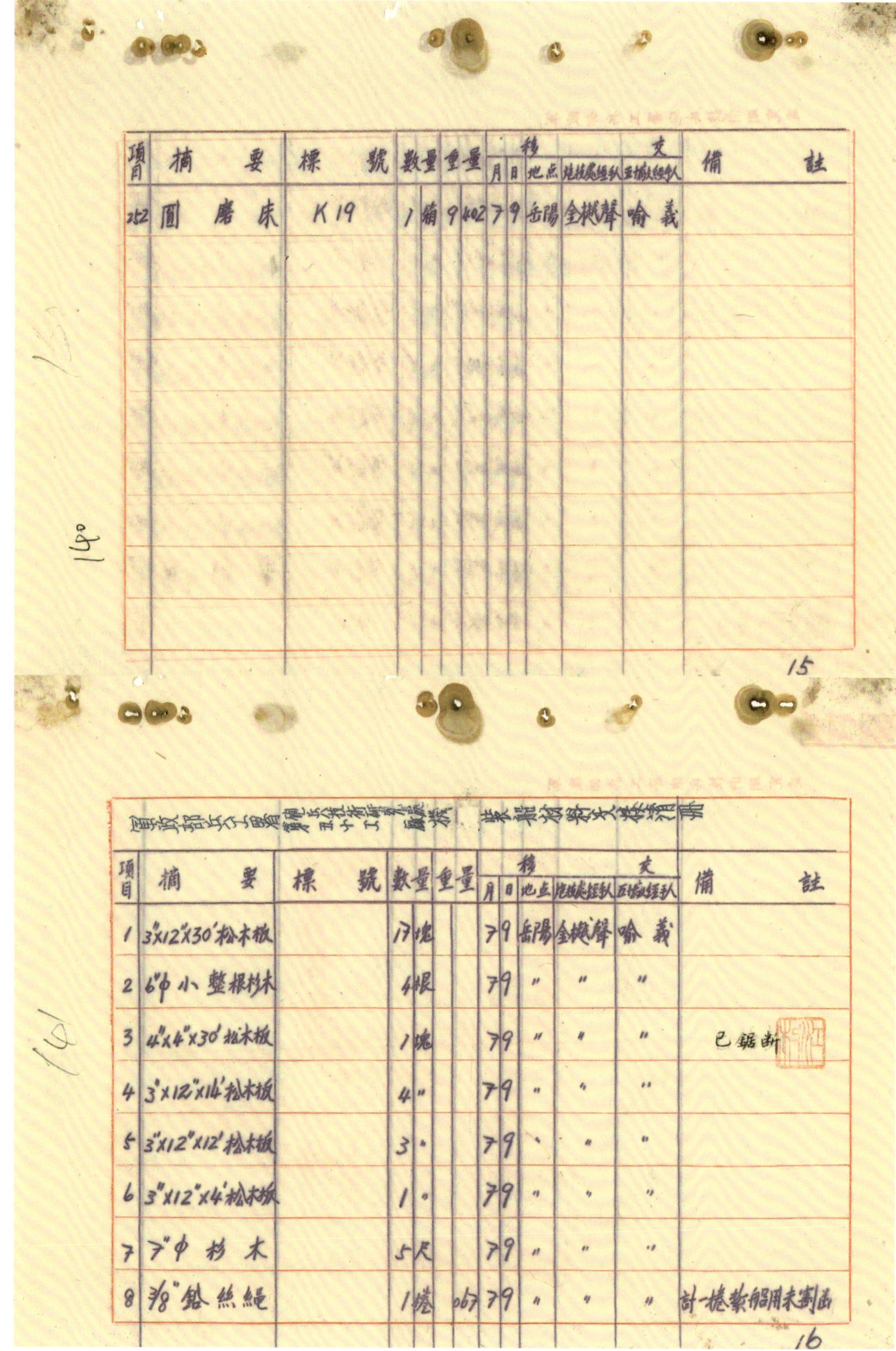

140

項目	摘要	標號	數量		重量		移交 月	日	地點	移交處經手人	接收處經手人	備註
252	圓磨床	K19	1	箱	9	402	7	9	岳陽	金樹聲	喻 義	

15

141

軍政部兵工署[illegible]清冊

項目	摘要	標號	數量		重量		移交 月	日	地點	移交處經手人	接收處經手人	備註
1	3"×12"×30'松木板		17	塊			7	9	岳陽	金樹聲	喻 義	
2	6"φ小整根杉木		4	根			7	9	〃	〃	〃	
3	4"×4"×30'松木板		1	塊			7	9	〃	〃	〃	已鋸斷
4	3"×12"×14'松木板		4	〃			7	9	〃	〃	〃	
5	3"×12"×12'松木板		3	〃			7	9	〃	〃	〃	
6	3"×12"×4'松木板		1	〃			7	9	〃	〃	〃	
7	7"φ杉木		5	尺			7	9	〃	〃	〃	
8	3/8"鉛絲繩		1	捲		067	7	9	〃	〃	〃	計一捲載船用未割出

16

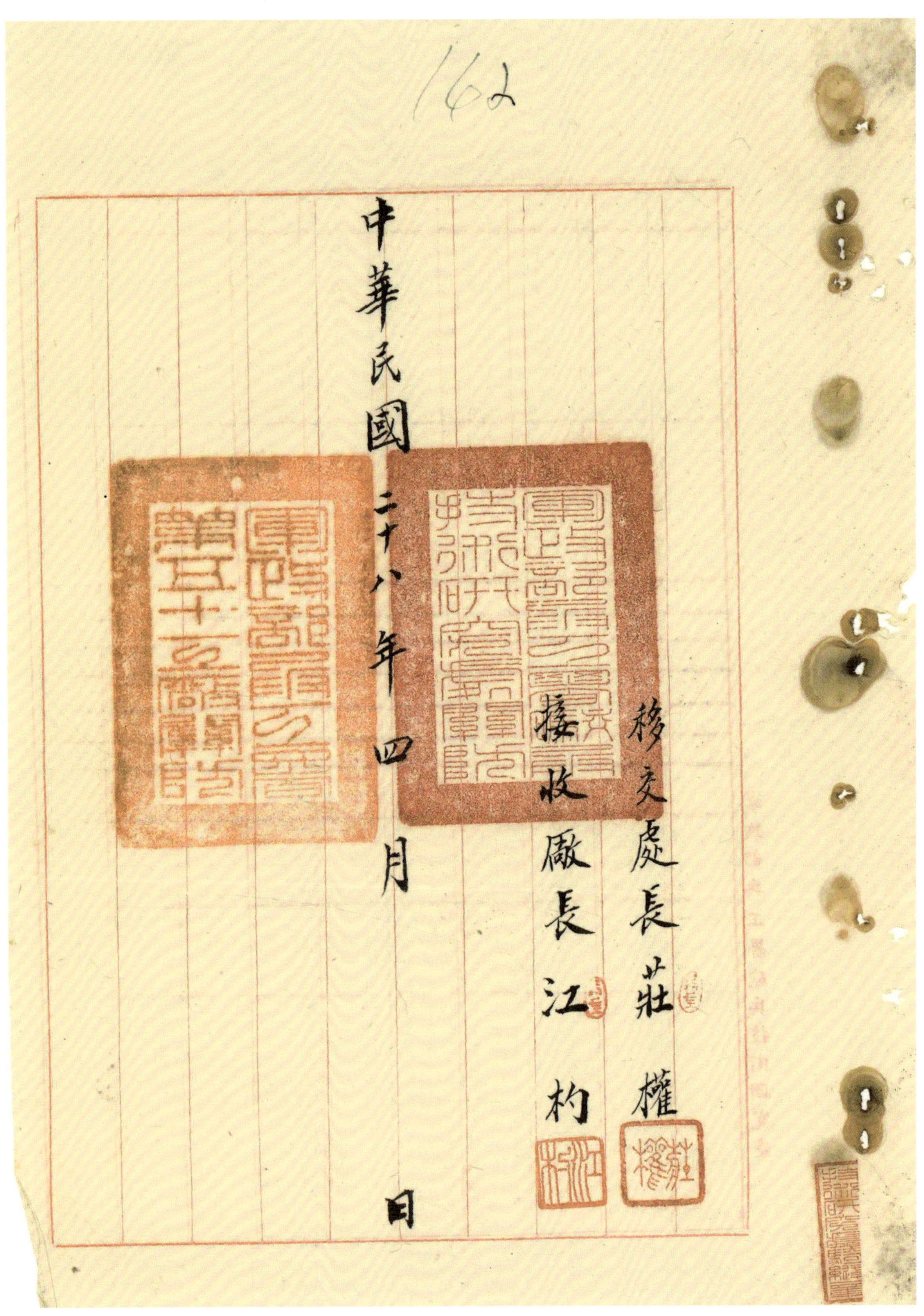

162

移交處長莊權

接收廠長江杓

中華民國二十八年四月　日

军政部兵工署第五十工厂为申报与江北县政府协议征用郭家沱民地地价经过致兵工署的呈（一九三九年四月二十六日）

54

軍政部兵工署第五十工廠稿

來文	字第 號
文別	呈
送達機關	兵工署
類別	
附件	

事由：为申报本厂征用郭家沱一带民地与江北县府协议地价经过，呈请鉴核由

廠長 四月廿六日（印）

主任秘書 | 秘書（印）呈 | 處長 | 工程師 | 工程師 | 科長 | 院長

主任 | 課長 | 技術員 | 科員 | 事務員 | 課員 | 庫員

中華民國廿八年四月廿四日十三時（印）……

去文 廠字第 664 號

54/1

呈

業查案奉

鈞署本年四月谷渝造（六）丙字第三〇五九號訓令以轉奉

軍政部渝需丁字第七六八號訓令節開：「據江北縣政府呈稱：「遵查五十

工廠在本縣郭家沱附近一帶徵用民地建築廠房，現被徵用地各業户地價尚未

評發，呈請轉飭從速評發地價，以卹民困」等情。應即將該項地價從速

議定發給，令仰轉飭迅予遵照辦理」等因。合行令仰遵照」

等因。奉此，正遵辦間，又奉

鈞署同月廿四日渝造（六）丙字第三四八七號訓令以奉 交下川省府咨據

江北縣政府呈同前情，咨（經充究叙）行令仰迅即遵照辦理

等因。先奉此，查本廠前在四川江北縣屬郭家沱一帶徵用民地，關

於協議地價一節，曾於廿七年十一月三十日以廠發（二〇）字第五九七號公函請該縣

府轉傳各業户攜驗契據，以免假冒，並將被徵地畝分別估一切實價目，

到廠面商，俾便協議去後；嗣准復稱：「以該縣土地價格，原無一定標準，

前時碚兵技術研究處購買縣屬忠恕沱民地，計田一畝，價值法幣一百二十元，地

價為田二分之一，荒地為田四分之一，業經分別收買在案」等由過廠。當復以「本廠

55

徵地面積廣大，若照此價格徵收，所費過鉅，核與軍事徵用原則，似猶不符，
且時地互異，自不能以該處地價為標準，應俟另行協議，呈奉核准後，
再行決定。請煩查照查卷。按遷建委員會徵收巴縣二塘火藥庫民地，最
高價格，上等水田，每畝祇有四十元，上等土地每畝祇有十元，茲北碚縣府所開
地價，竟至一百二十元之多，以致雙方意見，難臻妥協，其對該項地價，我廠
從速議定發給，實由該縣府故予提高地價所致，其非本廠所願
有意延緩，事至明顯。本廠今為困，自應請求，除函請江北縣
府會同本廠召集各業戶協議地價外，理合先將本案辦理經過，具文呈請
鑒核轉呈
軍政部俯賜轉咨四川省政府令飭江北縣府轉飭該業主，就本廠徵用郭家沱一帶民地協議地價，以期切實協助，俾
利公務。
謹呈
署長俞
全銜名

军政部兵工署第五十工厂为报送征收郭家沱民地协议地价纪录请准予发给地价致兵工署的呈（一九三九年六月十五日）

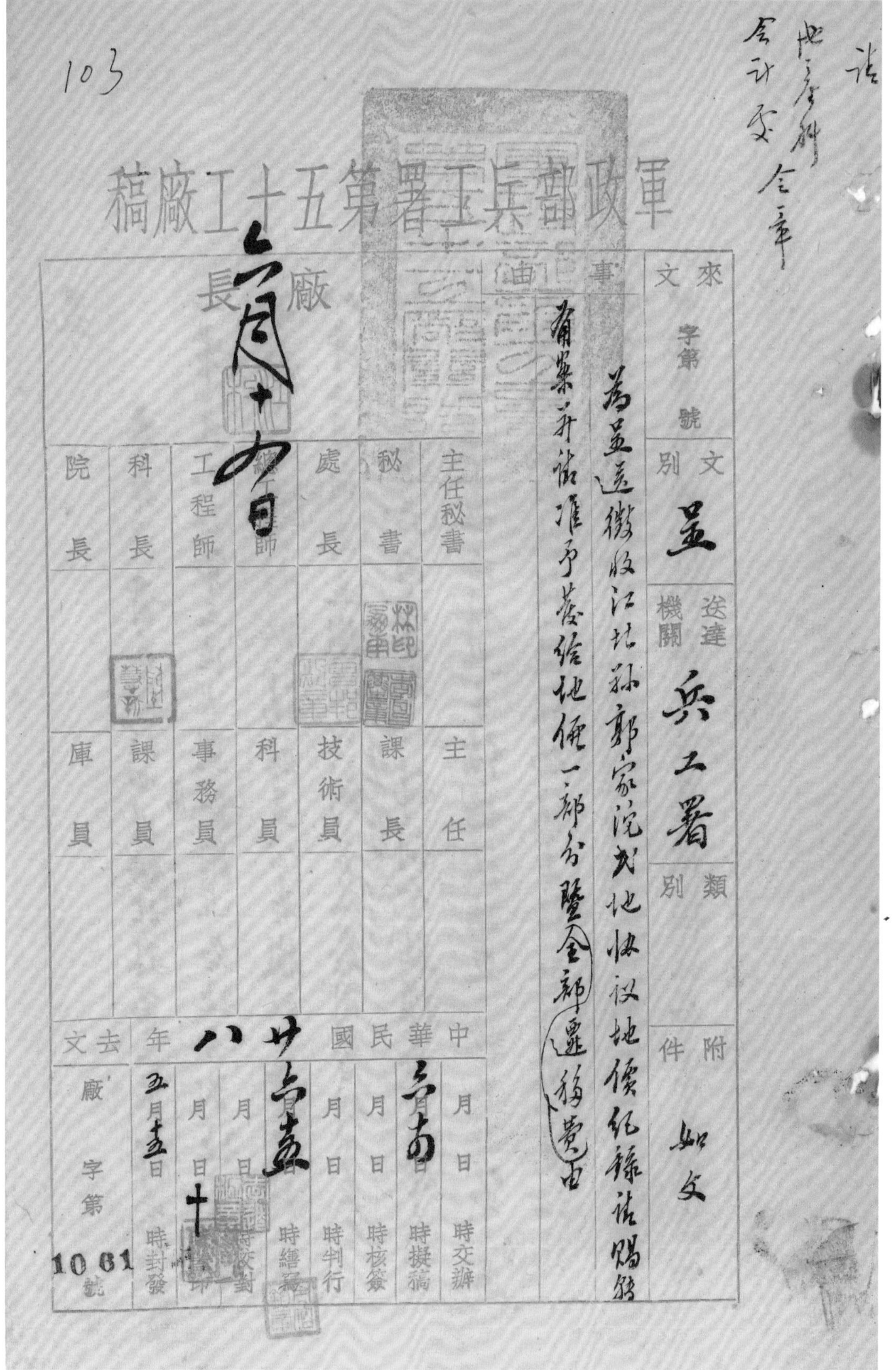
軍政部兵工署第五十工廠稿

來文字第號
文別：呈
送達機關：兵工署
類別
附件：如文
事由：為呈送徵收江北縣郭家沱民地協議地價紀錄請鑒核准予發給地價俾一部分全部還務費由

廠長
主任秘書　秘書　處長　總工程師　工程師　科長　院長
主任　課長　技術員　科員　事務員　課員　庫員

中華民國廿八年
去文廠字第10061號

呈

查本廠前呈徵收四川江北縣第二區郭家沱一帶，及巴縣第三區大興場附近各地方民地，共計面積四千九百餘畝，請轉呈公告徵收一案，經於二十八年二月間造送徵地計劃書及界圖等件，呈奉鈞署渝造（六）丙字第2026號指令及第2780號訓令照准各在案，茲以該各地價，亟應依照手續協議決定，除巴縣第三區大興鄉徵收地價，迄經協議尚待解決外，其江北縣第二區郭家沱一帶徵地價格，經於本年五月廿七日會同江北縣府召集被徵地各業戶協議妥

104

宅：计水田每亩陆拾叁元、宅地熟地每亩叁拾元、水塘荒地每亩玖元、荒山每亩叁元，至其他地上附着物拆迁费，如瓦房平房每方柒元、楼房加半给价、草房与铁房每方叁元、砖墙每方壹元、青苗费无论菜果园稻麦等苗一律每亩陆元、坟墓迁葬费每棺伍元。理合抄送协议纪录三份，备文呈请鉴核，赐予转呈备案，并请准予先行发给该各地价百分之四十及全部拆迁费。是否可行？并祈示遵！谨呈

署长俞

附抄呈征收四川江北县郭家沱一带民地协议地价纪录三份

全衔名

105

第五十二廠徵收四川江北縣第二區郭家沱民地協議地價紀錄

(一)協議事項：徵收地價。

(二)協議地點：五十二廠。

(三)協議日期：二十八年五月二十七日下午一時。

(四)出席代表：五十二廠代表陳慧新 李昌岩

江北縣府代表詹叔尧

江北縣魚嘴鎮聯保辦公處代表田維亨

(五)出席業戶：李仲紀等二十人

(六)協議結果：

一、(1)水田不分等級每畝陆拾叁元正

(2)宅地不分等級每畝叁拾元正(附註)宅地須在水位捌拾英尺以上否則作荒地給價

(3)水塘荒地每畝拾伍元正

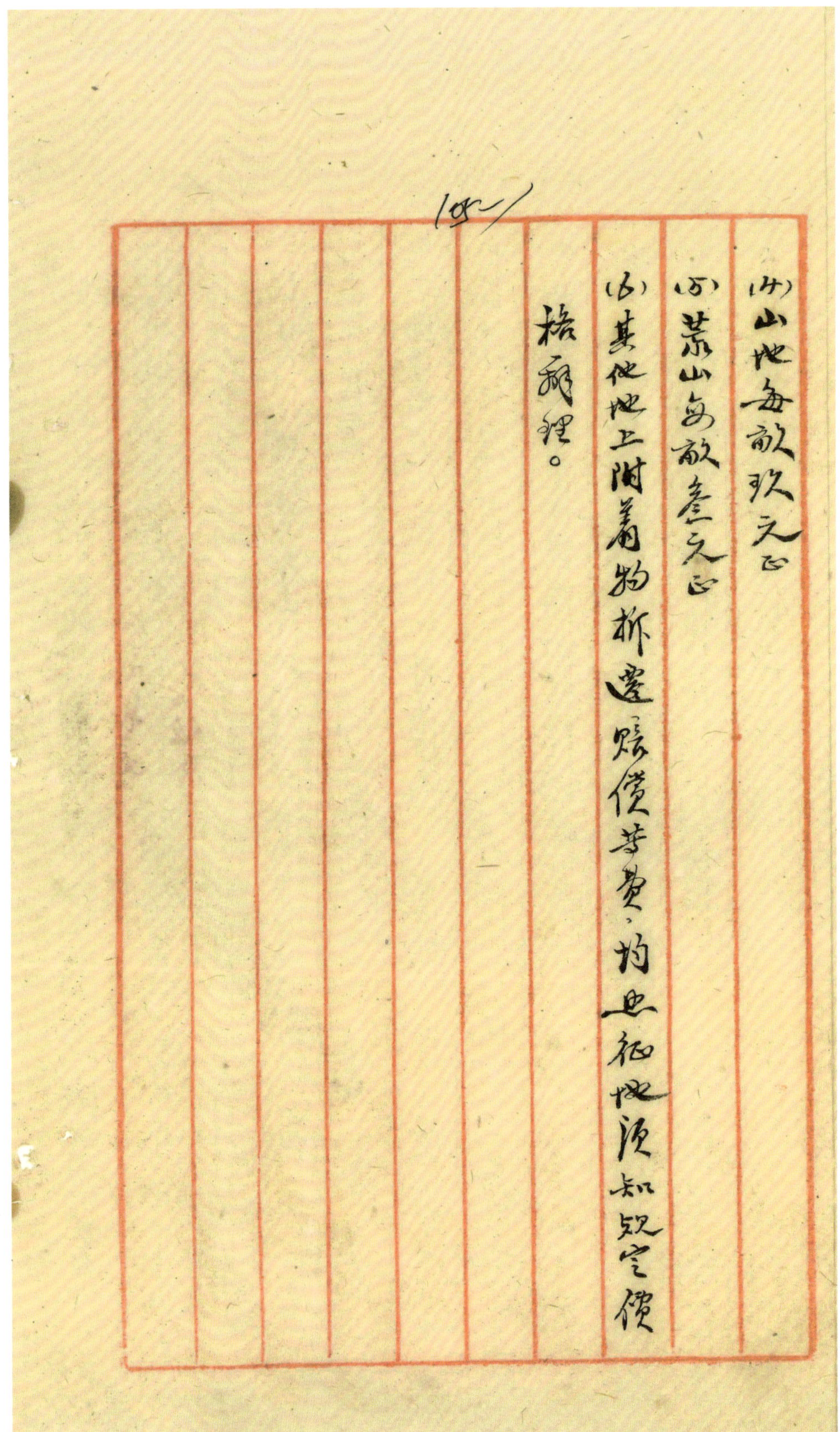

（152）

(4) 山地每亩玖元正

(5) 荒山每亩叁元正

(6) 其他地上附着物拆迁赔偿等费，均照征地须知规定价格办理。

江北县政府、军政部兵工署第五十工厂为发给所征郭家沱土地地价的往来公函

江北县政府致军政部兵工署第五十工的公函（一九三九年六月十六日）

江北縣政府公函

事由	擬辦	批示	備考
為地價評定函請查照迅發儲以資俾郵由			

中華民國廿八年六月十六日

收文（元）字第1466號

24-1

江北縣政府公函　廿八年建十九字第一六一號

案據本府科員詹啟堯簽呈稱：

竊職奉命於五月廿七日赴魚嘴鎮郭家沱軍政部兵工署第五十工廠出席徵收土地評價會議，是日午后一時到場者有該廠李秘書、陳科長、魚嘴鎮聯保辦公處田書記、業主李仲紀等四十餘人，當由李秘書主席報告，提出土地徵收須於規定為標準：最上水田二十元，宅地十元，熟地十元，山地八元，荒地五元，水塘五元，荒山三元（通照一畝計算），業主

25

李仲紀等以為依照政府規定收買則人民吃虧
不少要求政府体卹從優給價以免云端什倍
戚認為依照土地徵收須將規定田地土等級不免
使人民過於吃苦如依照當地市價又未免過高
結果乃照磋商以六十六元徵收土地為準則
討論甚久始決定水田一畝六十三元宅地每畝一十二
畝為三十元山地一畝九元荒地一畝十五元水塘一畝
十五元荒山一畝三元至於山地係限於種松柏青棡
等樹若種有桃李等菓樹仍以每畝一株論以上各項
決定是否有當理合簽呈鈞座鑒核示遵。

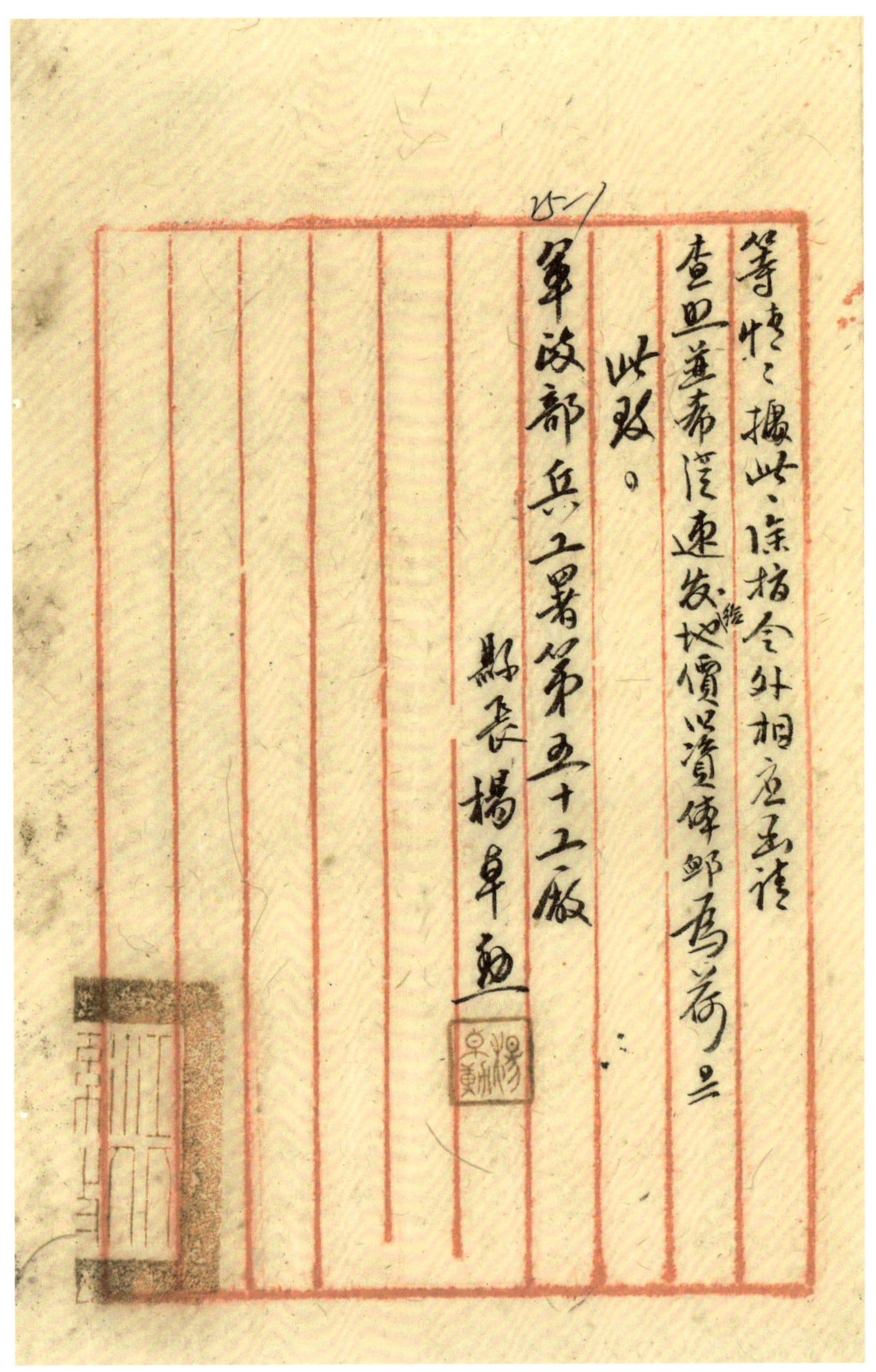

等情。据此，除指令外，相应函请
查照，并希从速发给地价，以资偿邮为荷。
此致
军政部兵工署第五十工厂
县长杨卓勋

26

中華民國廿八年　月　日

中華民國廿八年六月拾[illegible]

監印江鑑書

核對江鑑書

军政部兵工署第五十工致江北县政府公函（一九三九年六月十八日）

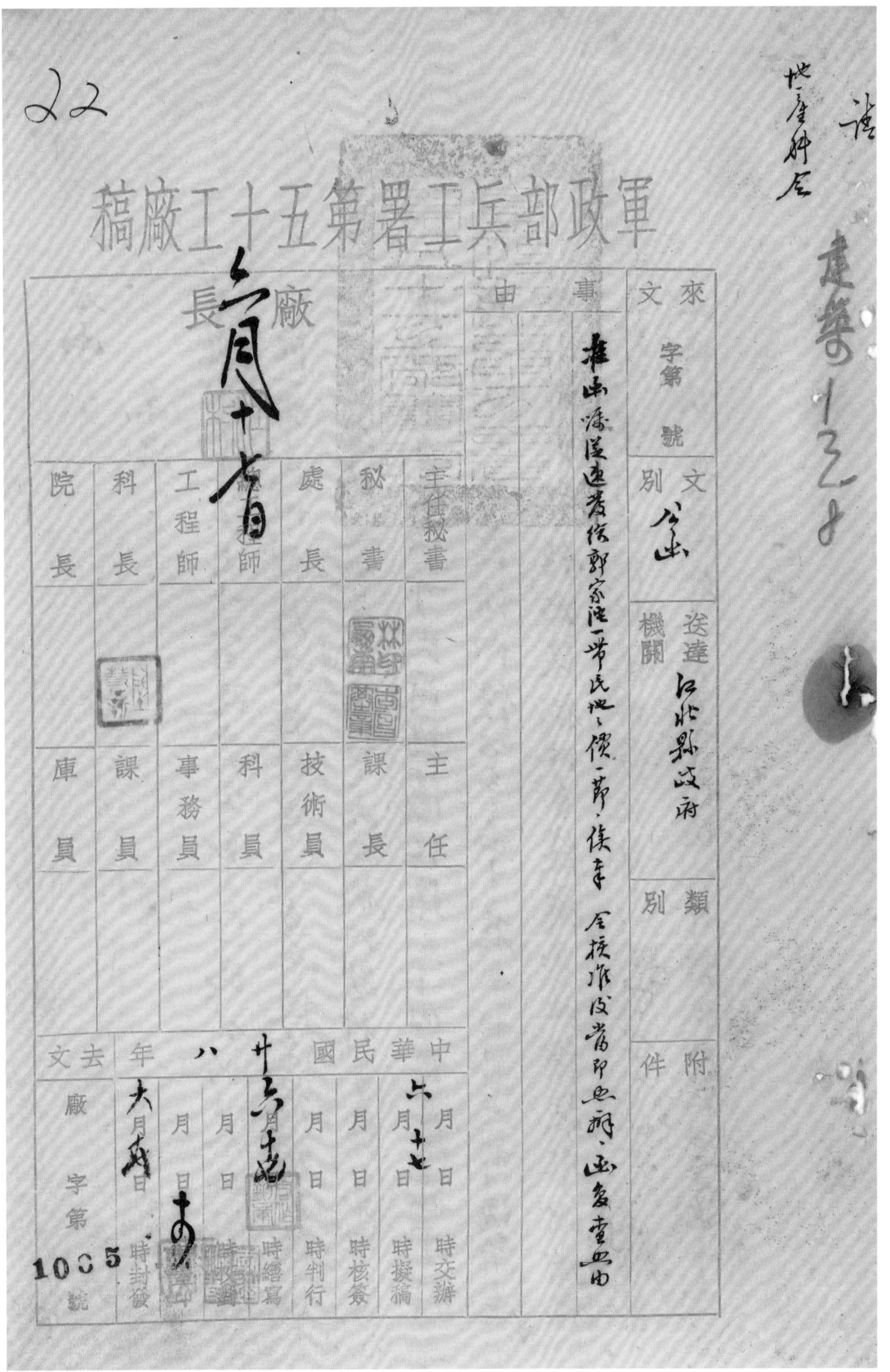
軍政部兵工署第五十工廠稿

22—1

公函

案准

貴縣府本年六月十三日建十九字第一六一號公函，以本廠徵收鄭家沱一帶民地，價格業經評定，囑查照從速發給地價，以資救恤等由過廠。查（道照）署頒之本廠徵地辦法手續第四條地價協議妥定後，可先將協議紀錄呈請備案，並可同時呈請先行發給地價百分之四十及全部或一部份拆遷費，以卹民艱，俟徵地手續辦妥，地價核准後補發之規定，業將該項協議地價紀錄，以（廠）六發字第一零六一號呈呈送請兵工署核准備案，並請先行發給地價百分之四十及

23

全部拆迁费在卷。除全部拆迁费迭经函准贵县府派员莅厂会同照发外，其地价一项，应俟奉令核准后，始可照发。准函前由，相应函复，即希查照转饬知照为荷。再来函所开山地熟地及宅地之标准，似有含混之处。查当日协议订定种植桃李等菓树之山地，须视现在年有收益者，始作熟地论；若系初种，现无收益者，仍以山地给偿。至宅地须在水位捌拾英尺以上，否则作荒地论，应併叙明。此致

江北县政府

厂长江〇

军政部兵工署为所征郭家沱民地准予部分发给地价及全部拆迁费给第五十工厂的指令
（一九三九年六月二十二日）

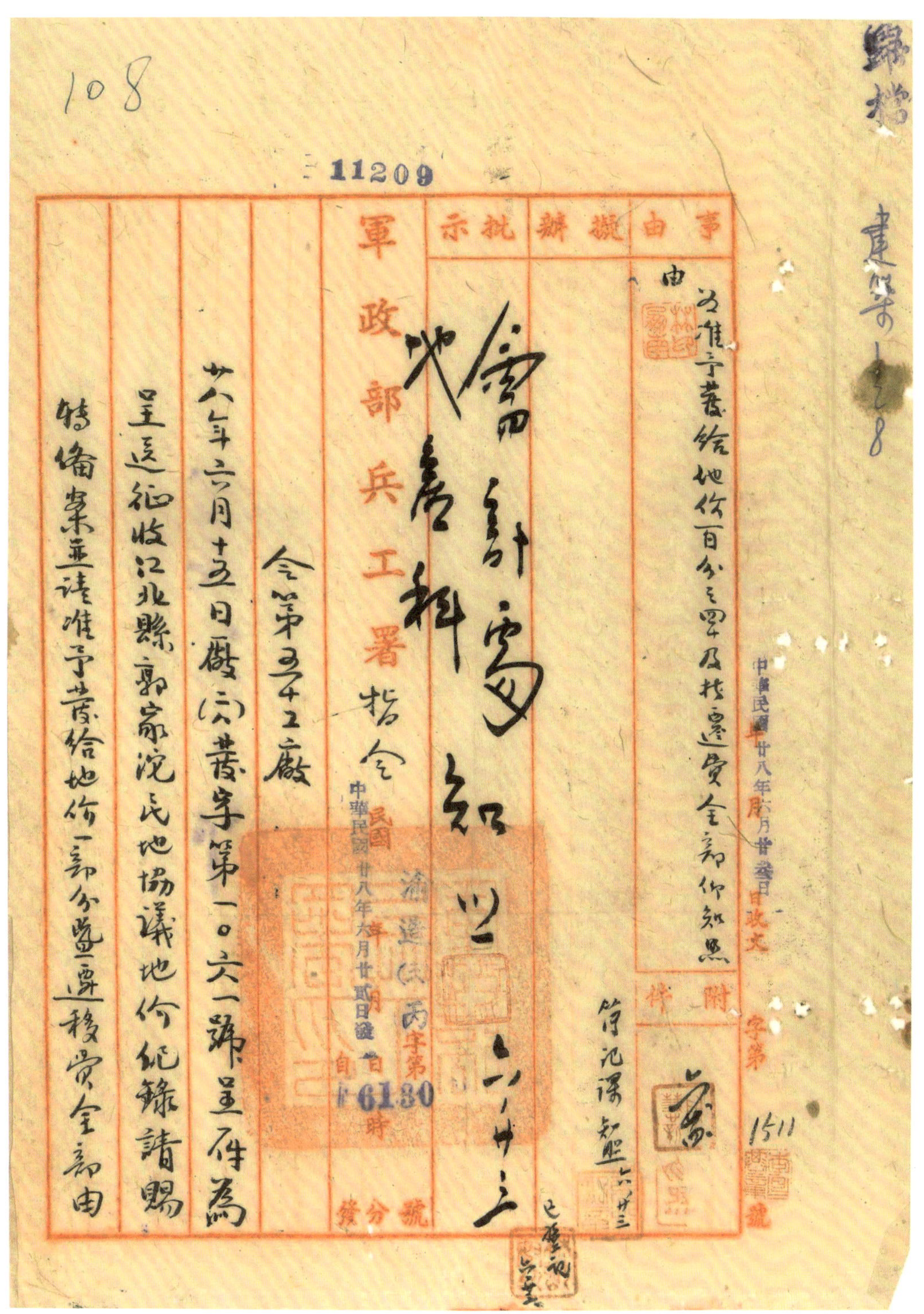

事由：為准予發給地價百分之四十及拆遷費全部仰知照由

軍政部兵工署指令

令第五十工廠

廿八年六月十五日廠(六)黃字第一〇六一號呈件為呈送徵收江北縣郭家沱民地協議地價紀錄請賜轉備案並請准予發給地價一部分暨遷移費全部由

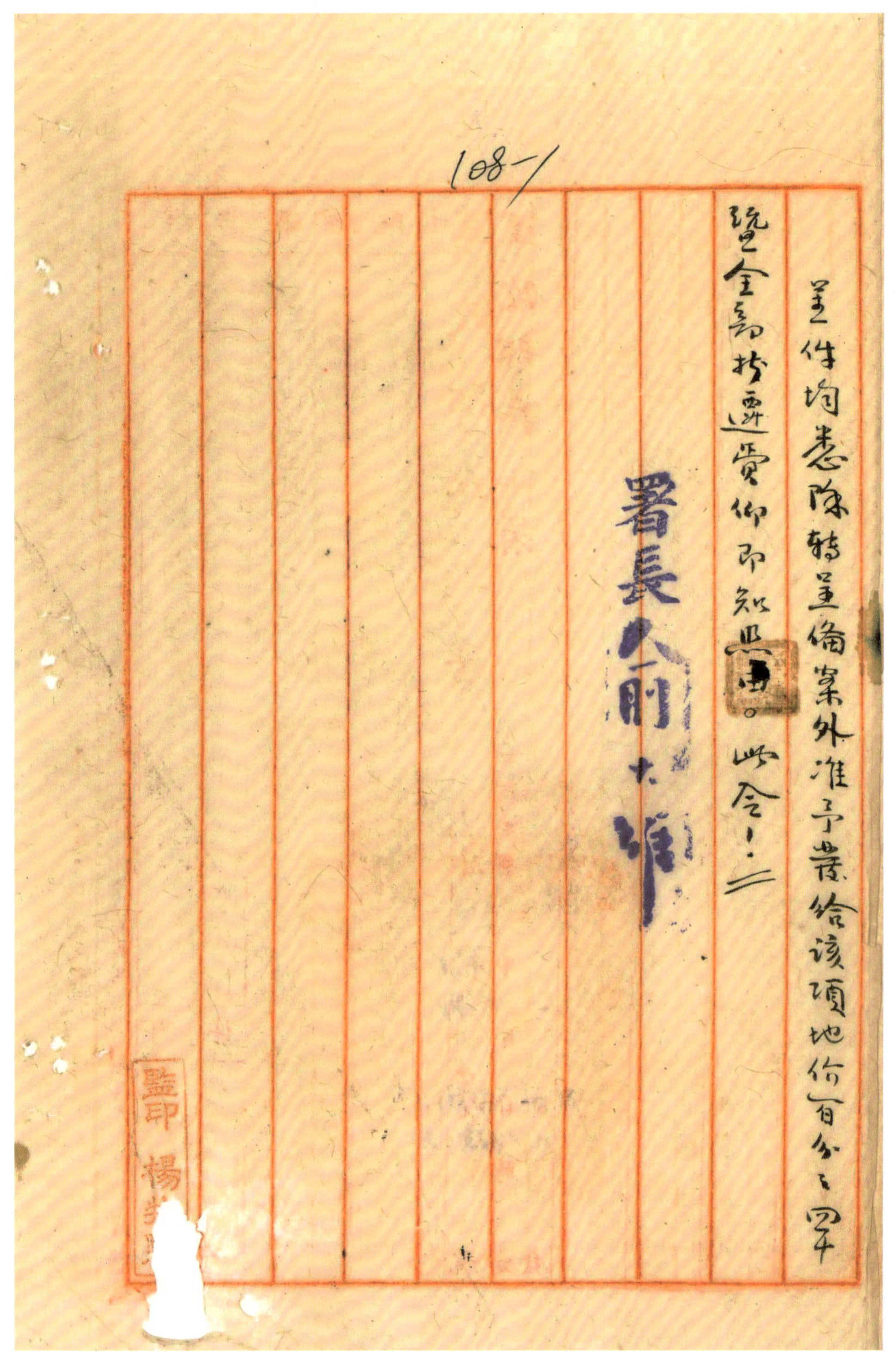

108-1

呈件均悉。除轉呈備案外，准予發給該項地價百分之四十，充全部拆遷費，仰即知照。此令！

署長 俞大維

監印 楊

军政部兵工署第五十工厂为报送征收巴县大兴乡民地协议地价纪录请准予发给地价致兵工署的呈（一九三九年七月六日）

軍政部兵工署第五十工廠稿

廠長 　110

事由：為呈送徵收四川巴縣大興鄉民地協議地價紀錄請鑒核備案並請准予先行發給地價百分之四十及全部遷移費由

文別：呈

送達機關：兵工署

附件：如文

中華民國二十八年七月五日

110-1

呈

查本厰徵用四川江北縣第二區郭家沱及巴縣第三區大興鄉各地方民地案內，關於協議地價一節，除江北縣屬郭家沱被徵地價，業經協議妥定，並於本年六月十五日以厰發(六)字第一零六一號呈奉

鈞署渝造(六)丙字第六一三零號指令准予備查各案外；茲巴縣第三區大興鄉徵地價格，經於本年七月四日會同巴縣政府代表召集被徵地各業戶協議妥定，計水田每畝陸拾叁元，宅地熟地每畝各叁拾元，水塘荒地每畝各拾伍元，山地每畝玖元，荒山每畝叁元，地上附着物拆遷費，如瓦房平房每方柒元，樓房加半給價，

111

草房白錢房每方各叁元，磚牆每方壹元，青苗無論菜菓稿麥等苗，一律每畝陸元，坟基遷葬費每棺伍元（附經紀錄在卷）。理合抄送協議紀錄二份，備文呈請

鑒核，賜予轉呈備案，並請准予先行發給該各地價百分之四十，及全部拆遷費，以恤民艱，是否可行，并祈

示遵！

謹呈

署長谷

附抄呈徵收巴縣大興鄉民地協議地價紀錄二份

全衡名

112

底

徵收巴縣大興鄉民地地價協議紀錄

(1) 協議事項：大興鄉民地地價

(2) 協議日期：廿八年七月廿四日（星期二）

(3) 協議地點：五十工廠

(4) 出席代表：巴縣縣政府 [illegible]

五十工廠 李[illegible]

(5) 出席業戶：

陳棟樑到　張紹庚到

張致和到　鍾玉順到

張善全到　胡炳江到

張貫夫到　張甫臣到

112-1

至善堂到

胡長發到

王雨夕到（代表胡長友）

姜紹金到

協議結果：

（一）水田不分等級每畝國幣陸拾叁元

（二）宅地 墓地 不分等級每畝國幣叁拾元 宅地須在五佰公平英尺以上否則作荒地給價

（三）水塘 荒地 每畝國幣壹拾伍元

（四）山地每畝國幣玖元 凡種植桃李等樹之山地現在年有收益者作為熟地 如係初種現時尚無收益者仍以荒山地給價

（五）荒山每畝國幣叁元

（六）地上附着物拆遷賠償等費均由徵地[illegible]照規定價

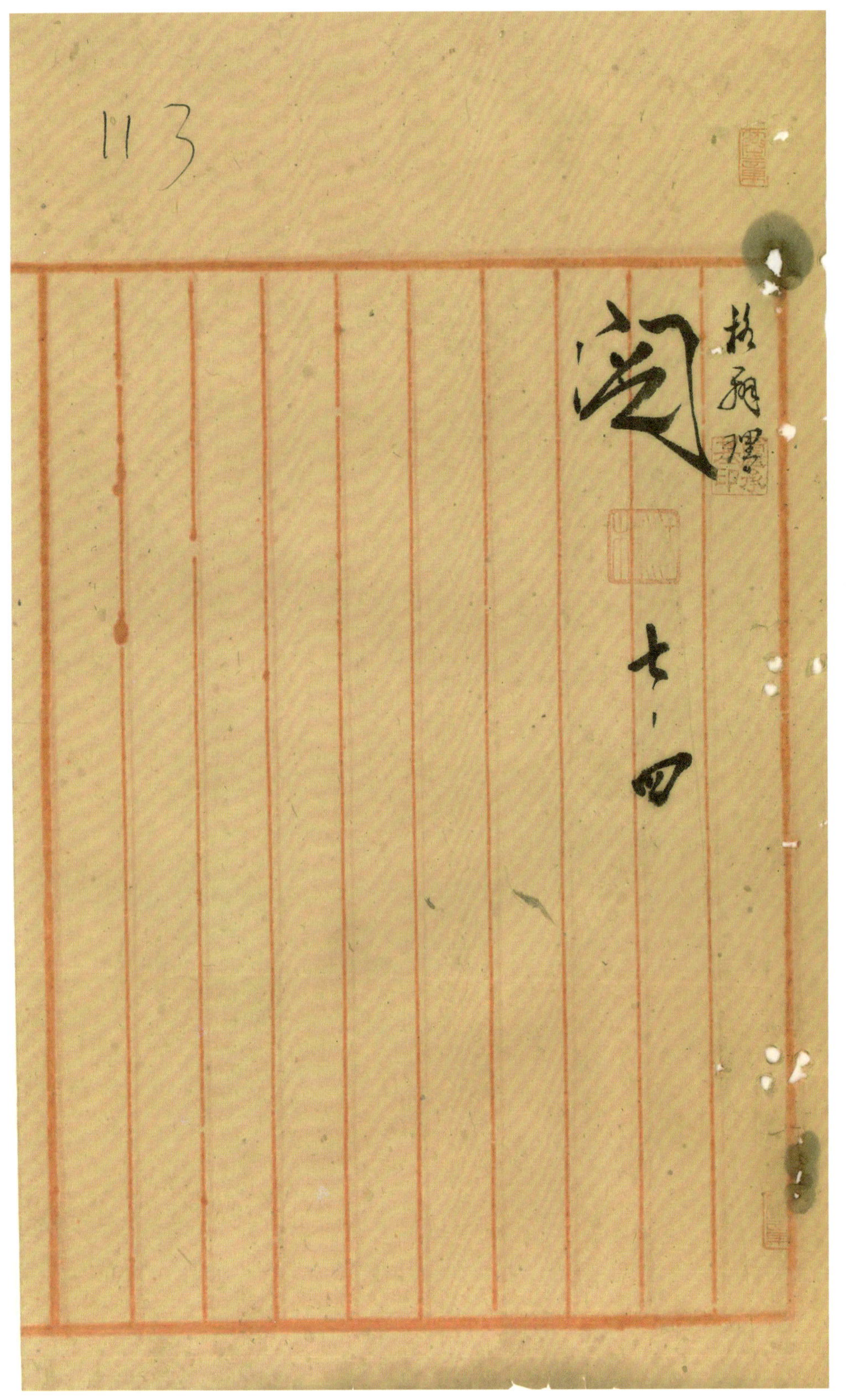

军政部兵工署第五十工厂为申请继续征用巴县大兴乡民地有关事宜致兵工署的呈（一九三九年七月十一日）

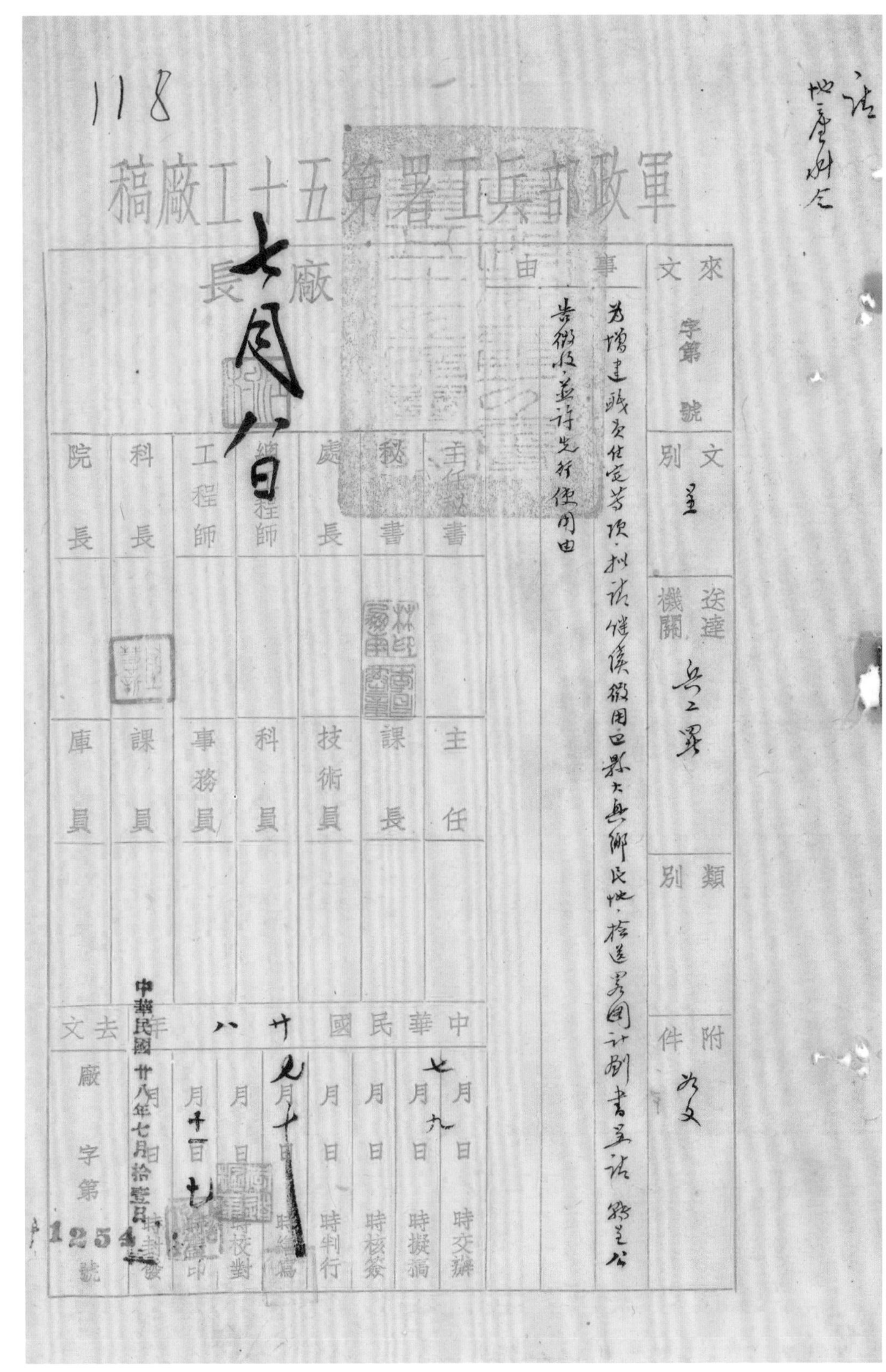

118

軍政部兵工署第五十工廠稿

來文	事由	廠長
字第　號	為增建職員住宅等項，擬請繼續徵用巴縣大興鄉民地，檢送畧圖計劃書呈請鑒核，並請先行使用由	七月八日
文別：呈		
送達機關：兵工署		
類別		
附件：如文		

院長	科長	工程師	總程師	處長	秘書	主任秘書

庫員	課員	事務員	科員	技術員	課長	主任

中華民國廿八年

中華民國廿八年七月拾壹日

去文	月　日　時封發	月十一日　時蓋印	月　日　時校對	九月十日　時繕寫	月　日　時判行	月　日　時核簽	七月九日　時擬稿	月　日　時交辦
廠字第1254號								

呈

案查本厰改在四川巴縣第三區大興鄉之員工住宅區，原計徵地六十六畝，僅供建造職員住宅五十戶，機械士兵住宅四十八戶及汽車房二所之用。茲以業務需要，員工增多關係（並在郭家沱一帶賃居之眷屬均待疏散遷移該區），亟須加建員工住宅一千一百戶，職工子弟學校、醫院分診所、合作社、警衛隊分駐所各一所，及其他附屬建築等等，計需用地面積壹百畝，按照近代都市設計兼顧防空計，自以疏散佈置為宜，加以道路、運動場、農場、公墓等所佔之地，共計須徵地四百餘畝，始敷分配。又為便利管理起見，所徵之地，應取天然形勢為界。擬在該住宅區毗連處，繼續徵收民地陸百柒拾捌市畝（間有百分之二

119

十五號荒山）以爲拓充建築之用。遵照
鈞署頒發之五廠徵地暫行手續第一條規定，理合繪具徵地界圖，註明
四址及約計面積，並擬定徵地計劃書，備文呈送，敬請
鑒賜核呈
軍政部呈請
行政院公告徵收，並請根據土地法第三六五條後半截之規定，特許先
行使用，是否有當，統祈
核示祗遵。謹呈
署長俞

計附呈徵地界圖六張、計劃書六份

全銜名

120

徵收土地計劃書

查兵工署第五十工廠，因建築醫院分診所、職工子弟學校、合作社及員工住宅等項，擬請准予繼續徵用四川巴縣第三區大興鄉民地約計陸百拾捌畝，理合根據土地法第三百五十四條與土地施行法第八十二條之規定，填具計劃書並附送興辦事業之法令根據文件及徵地略圖、計劃圖各二份，呈請

鑒核示遵！

謹呈

行政院

計開：

一、徵收土地原因：建造醫院分診所、職工子弟學校、合作社、警衛隊

120

今駐所及員工住宅、及公墓等工程。

(二) 徵收土地所在地範圍及面積：四川巴縣第三區大興鄉，四址詳圖，面積約計陸百柒拾捌畝。

(三) 興辦事業之性質：為謀福利員工，使得安心工作，增加製造軍械效率。

(四) 興辦事業之法令根據：二十七年四月七日奉 兵工署陽造渝電：「該廠全部機器着即速運川，希即遵辦具報」。

(五) 坿帶徵收或地段徵收及其面積：繼續徵收。

(六) 土地定着物情形：少數民房墳墓。

(七) 土地使用之現狀及其使用人之姓名住址：土地為部屬耕地約百分之七十五，其餘盡為荒山，使用人之姓名住址：正在調查中。

(八)四鄰接連土地之使用狀況及其定着物情形：與(六)(七)兩条同。

(九)土地區内有無名勝古蹟並記明其現狀及沿革：並無名勝古蹟。

(十)曾否與土地所有權人經過協訂手續及其經過情形：未經協議。

(十一)土地所有權人或管有人之姓名住所：正在調查中。

(十二)被徵土地之使用配置：建造醫院學校住宅等工程

(十三)興辦事業所擬工程設計大概：建造醫院分診所二座、職工子弟學校一座、合作社一所、警衛隊分駐所一所、職員住宅[illegible]户、機械士兵及工人住宅壹千壹百户、公共墳場一處、供水廠一所、以及其他附屬工程。

（十四）应需补偿金额总数及其分配，因地亩正在清丈中，须待清丈完竣后，方能统计补偿金额总数。

（十五）準备金额总数及其分配，由兵工署拨给专款，準备充足。

附送征地略图二份，计划图因关军事秘密，拟请免送县办事。

業之法令根据文件详第四条。

需用土地人军政部兵工署第五十二厂

军政部兵工署为所征大兴乡民地准予部分发给地价及全部拆迁费给第五十工厂的指令

（一九三九年七月十二日）

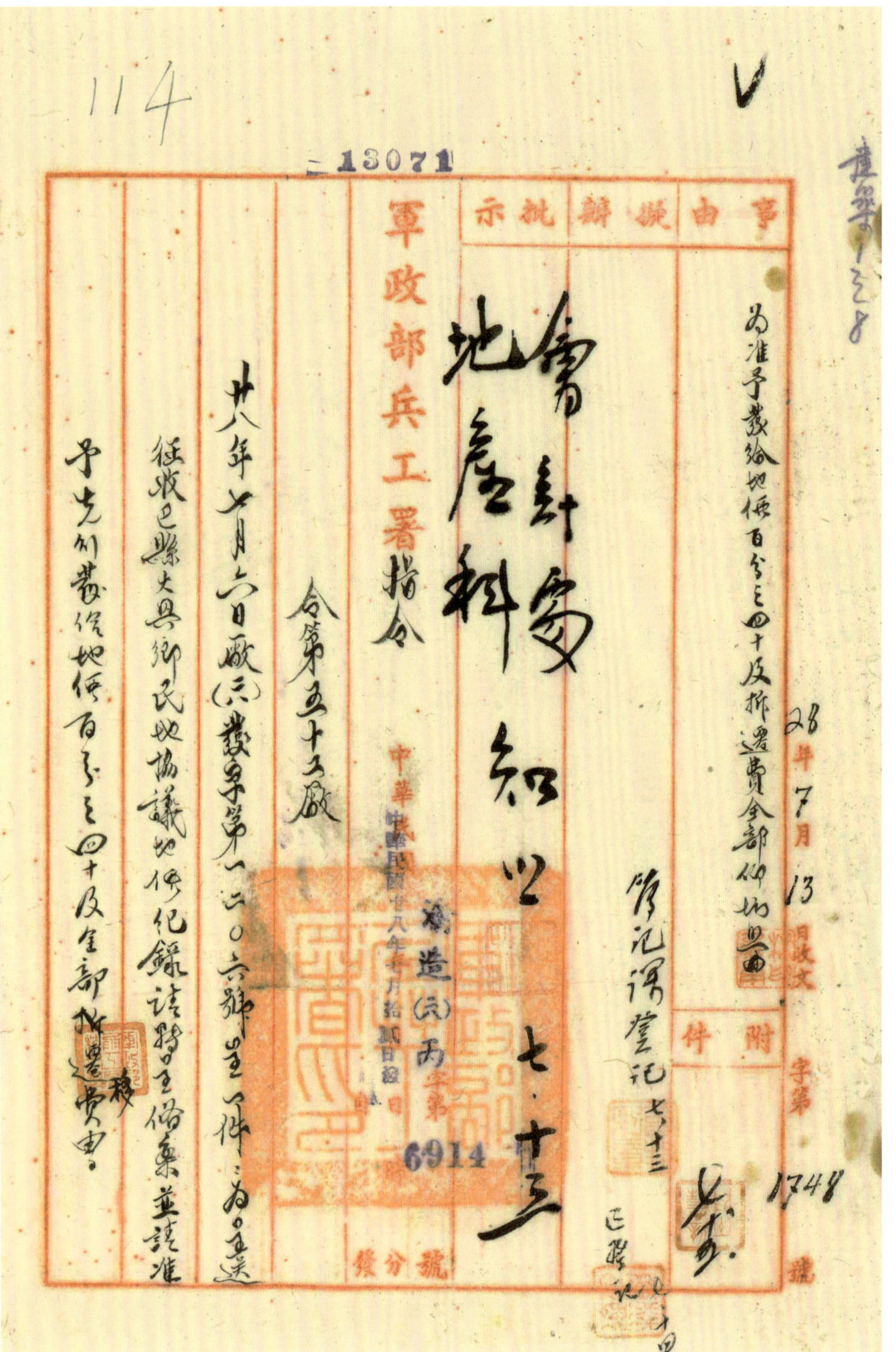

军政部兵工署指令

令第五十工厂

廿八年七月六日厂（六）发字第一六〇六号呈一件，为呈送征收巴县大兴乡民地协议地价纪录，请转呈备案，并请准予先行发给地价百分之四十及全部拆迁费由。

呈悉。准予发给地价百分之四十及拆迁费全部，仰即知照。此令。

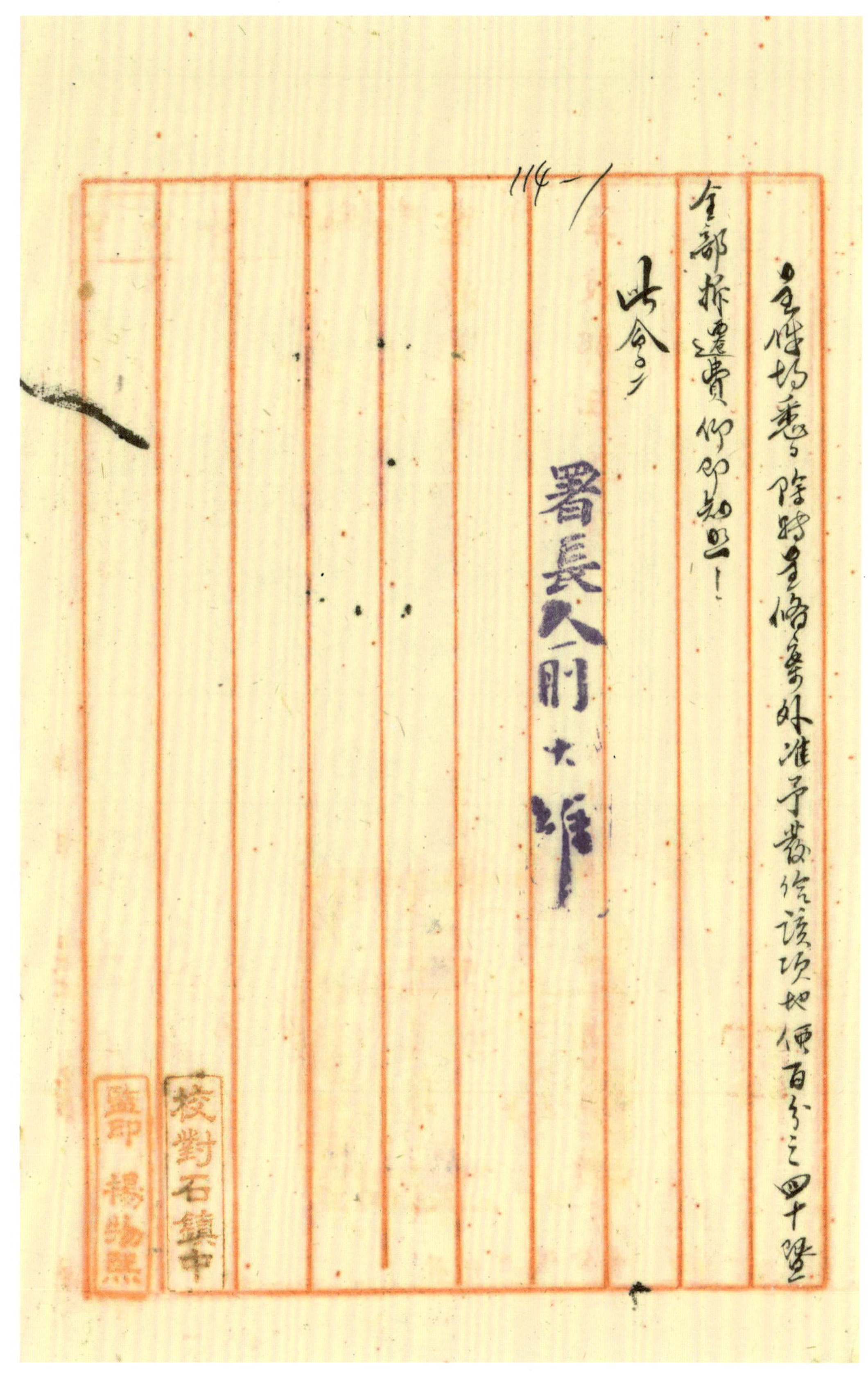

114-1

呈件均悉。除特准修築外准予發給該項地價百分之四十暨全部拆遷費，仰即知照！

此令。

署長俞大維

校對 石鎮中

監印 楊煬熙

江杓关于检送兵工署第五十工厂编制及编制表说明书致周典礼的函（一九三九年七月二十四日）

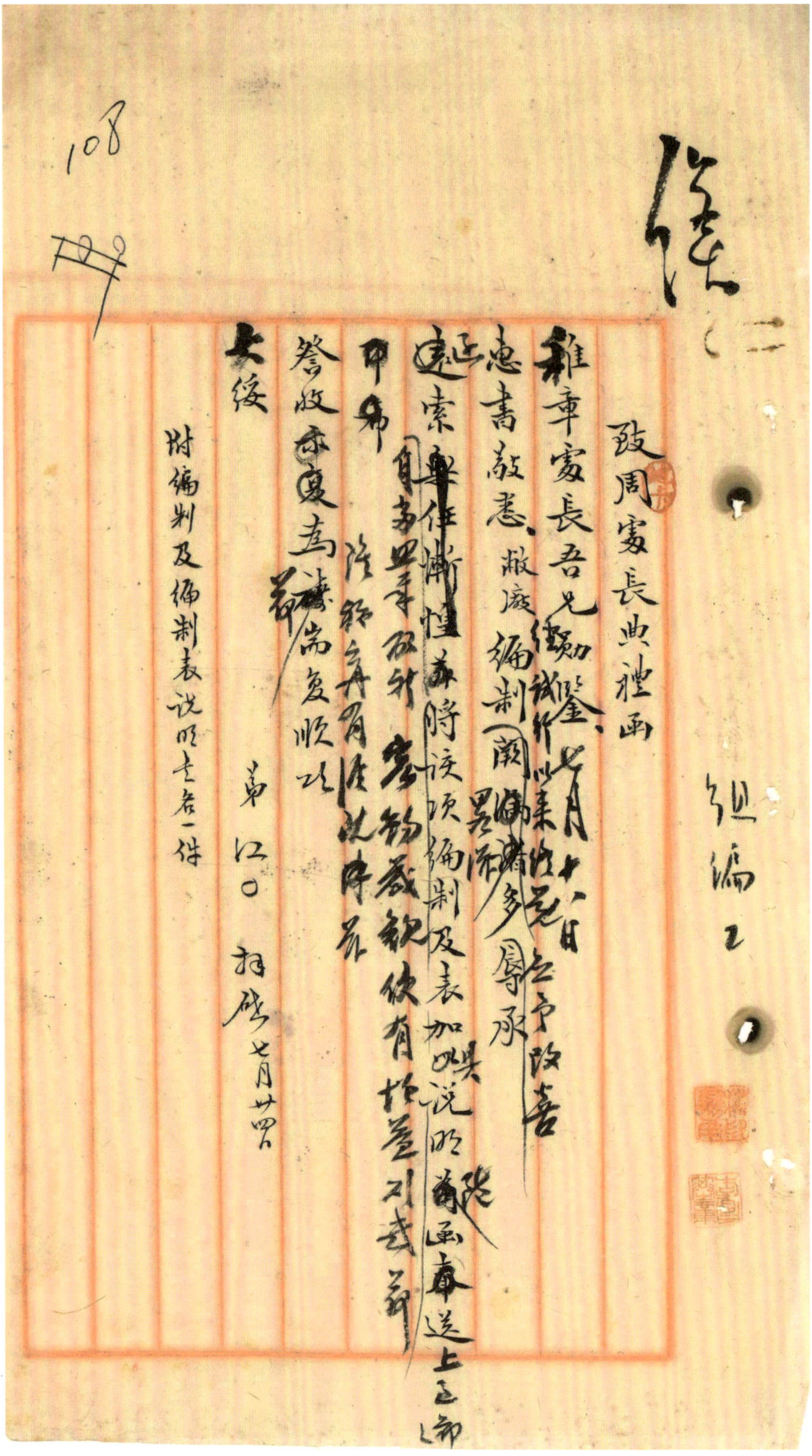

108

致周處長典禮函

[illegible]處長吾兄勛鑒：七月十八日

惠書敬悉。[illegible]

[illegible]

[illegible]

答[illegible]

大綏

弟江○拜啟 七月廿四

附編制及編制表說明書各一件

第五十工廠發行編制説明

查本廠原為廣東第二兵工廠，自去年五月奉　令改為今名後，其編制仍舊，未加修改。其中組織，與他廠略有不同：例如主任秘書一職，其職責等於副廠長，庶務室則兼具副官室之性質，關於管理勤務伕役及辦理廠內外之運輸事宜，莫不屬之。稽查室則司考勤警戒風紀等事，並負維護廠内秩序及治安之責，所有稽查員均為尉官待遇，警衛隊則專司外圍之警戒。採購科辦理全廠購置事項，即零星雜物在他廠屬於庶務室辦理者，本廠亦劃歸該科承辦。地產科即等於他廠之土木工程室，惟範圍較廣，如全廠之不動産，亦由該科主持。檢驗科即他廠之審檢處，因其工作範圍甚小，故改為科。保管科，則因全廠資産，均劃由該科保管

109-1

收發、即外購或署撥之器材，亦先由該科入帳，然後轉交其他部份或人員使用，故其組織特大。工程師室即他廠之繪圖室，凡軍械工具種種之研究設計、製圖，以及全廠圖樣之管理收發，均由該室主持，故其内容頗為充實，現因職責綦重，乃將該室劃由廠長直轄。工務處下置各課，分任工務方面之先決事項，俾各所主任及各技術員，得專心於考勤及工作法之改進。會計處較他廠多一工薪計算課，因本廠須行包工制度，計算工資，甚為繁重，故特預為設置。職工福利處之大小，則視廠址之環境如何而定。但上述編制，自施行以來，間有亟待改善者。如庶務室，並以辦理運輸事項，未免過於紛繁，按諸事實，殊難兼顧，擬予另行設立運輸室，歸廠長直轄。稽查室以與警衛隊事務，在在有關，為便利辦理與聯

存

110

並呈

請核示

緣起見，擬將隊長兼稽查室主任，職保管科以與採購科事

事関連，如請購手續，則由保管科執掌，採購手續，則由採購科

執行，故採購科對於保管科之支配，必要，以收指臂之效。

又保管科職掌為保管與收發之責，故其名稱擬改為材料供應科。

似較恰當。至工程師室擬改設計室，工務室擬改為製造室，分別設立，

職責，以符名實。

军政部兵工署第五十工厂为报送一九三九年上半年度工作总检阅报告表致兵工署的呈（一九三九年七月二十六日）

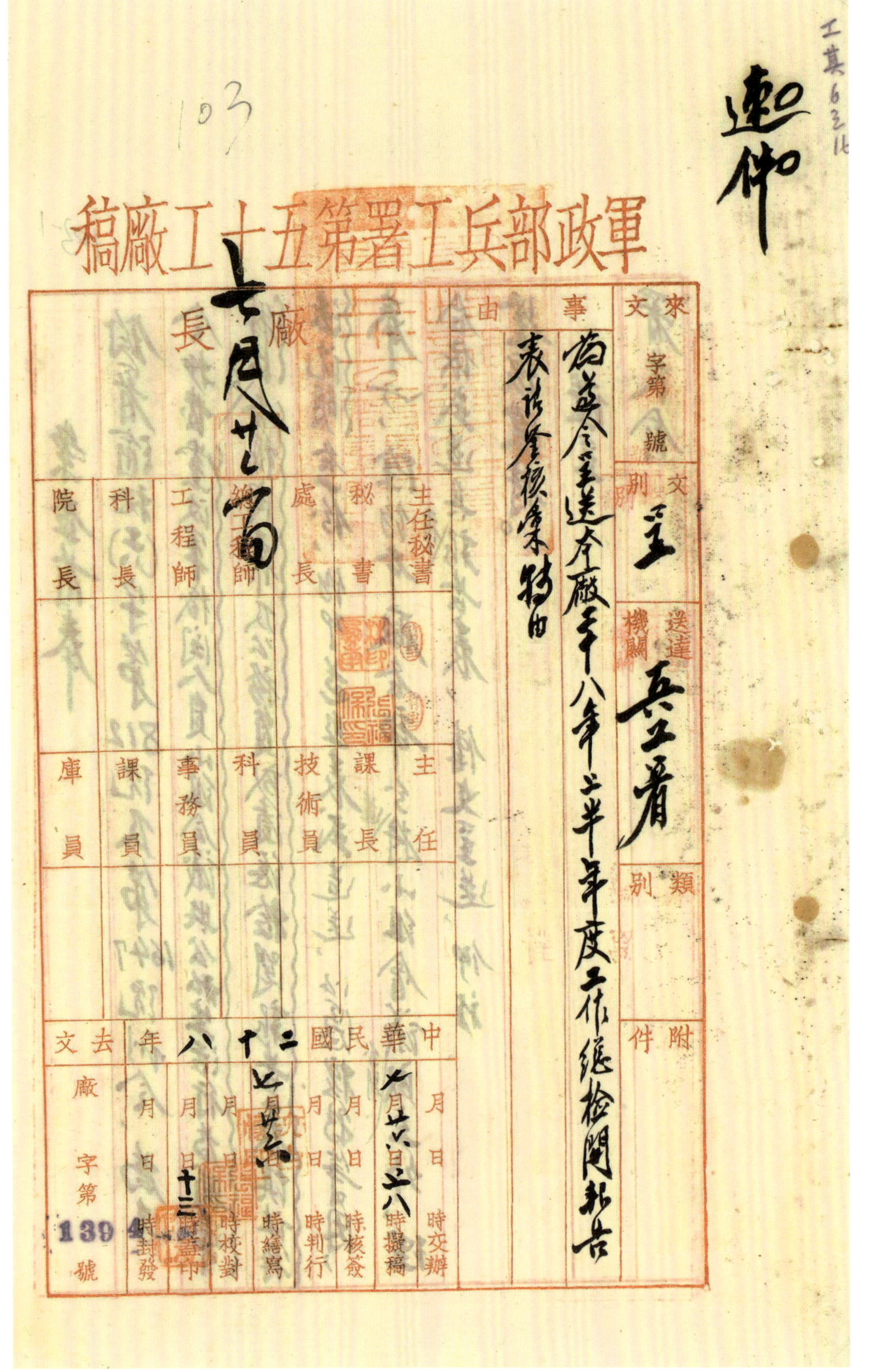

軍政部兵工署第五十工廠稿

103-1

案查前奉

鈞署渝秘(六)字第812號及第1647號訓令，為奉

令抄發黨政軍機關人員小組會議與公私生活行為輔導辦法及各機關工作及公務員成績總檢閱報告表填註辦法說明各一份，飭即遵照表式造送，以憑核辦等因，

奉此，除飭本廠各部分將小組會議分別成立外，理合依式造具報告表，備文呈送，仰祈

鑒核案轉。

謹呈

署長俞

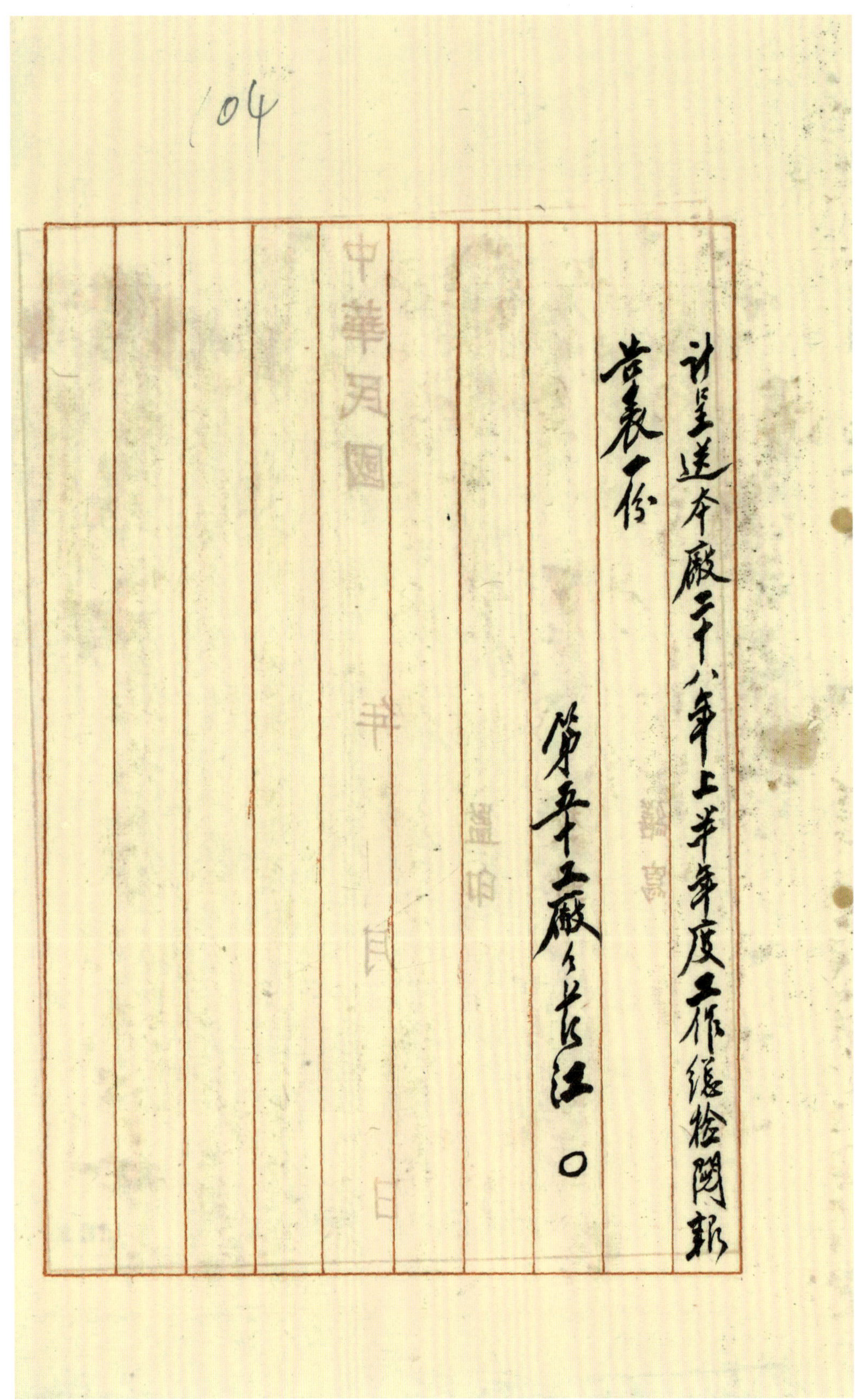

104

计呈送本厂二十八年上半年度工作总检阅报告表一份

第五十工厂厂长江〇

中华民国　　年　　月　　日

所屬各部分工作報告摘要

工務處——全廠機器由臨時倉庫搬入廠房，重要機器，均已安裝完畢，開始製造。所屬各所之主要工作如次：

（一）製砲所：製造夾具工具鑽15公分迫擊砲筒、修理各種海砲山砲野砲及要塞砲。

（二）彈夾所：車製7.5公分山砲彈。

（三）引信所：製造7.5公分砲彈引信。

（四）鍛工所：壓製底火。

（五）木工所：製造本廠自用用具砲彈木箱及

翻砂模型。

（六）工具所：製造7.5公分山砲彈所用工具及夾具。

（七）鑄工所：鑄造7.5公分山砲彈體。

（八）水電所：安裝柴油機全廠電力線及電話線。

（九）樣板所：製造本廠7.5公分山砲彈樣板及各廠定造樣板。

（十）火工部分：裝配7.5公分山砲彈。

（十一）臨時工場：製造本廠應用機器，如鼓風機、鎔鐵爐、起重機、運貨車等，製造彈夾所、引信所工具夾及修理各項機器。

工程師室——工程師室工作摘敘於次：

(一)描印廠中各部份機器之安裝圖樣。

(二)預備本廠開工時之所需砲、砲彈、銅壳、引信及其他出品之製造圖樣。

(三)設計并繪製砲件、彈、引信、銅壳之夾具工具及樣板等。

(四)設計繪製新建廠房內之設備圖樣。

(五)依照本廠在製造上之需要，設計并繪製工具機等圖樣。

(六)其他修配之零星機件圖樣。

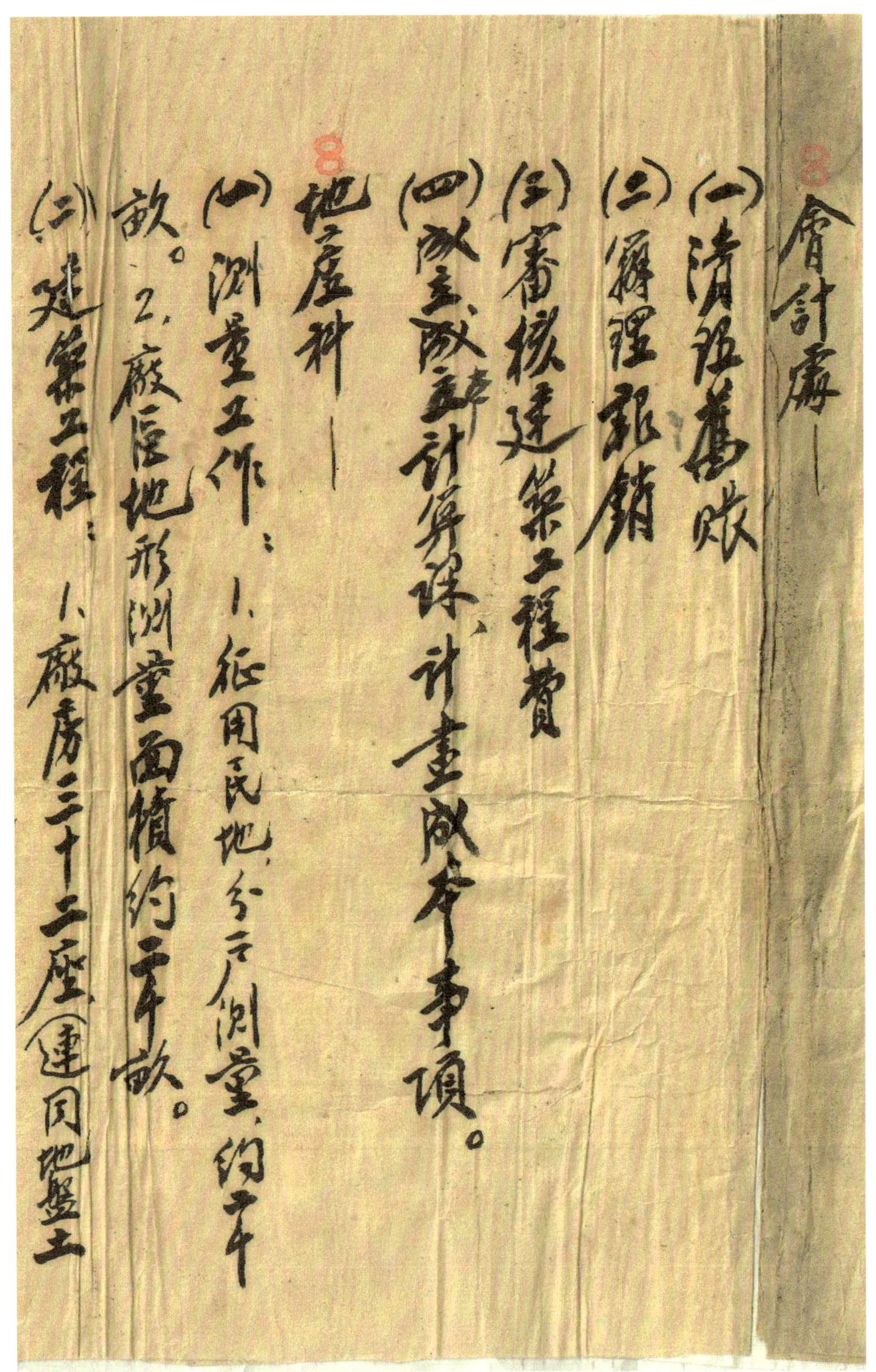

會計處一

（一）清理舊賬

（二）辦理報銷

（三）審核建築工程費

（四）成立成本計算課，計畫成本事項。

地產科一

（一）測量工作：1、征用民地，分戶測量，約二千畝。2、廠區地形測量面積約二千畝。

（二）建築工程：1、廠房二十二座（連同地盤土石方護土牆混凝土地台等）2、山洞動力廠房一座，3、職工宿舍二十六座，4、職工住宅二十四座，5、馬路及涵洞計六公里，6、橋梁及水閘各一座，7、防空山洞五座。

（三）林場工作：1、移植樹木約八千株，2、開闢苗圃約八十畝。3、培植樹苗約六十萬株。

（四）其他工作：1、籌理本廠各廠房備裝事宜。2、其他零星工程如修繕房屋及参移等事項。

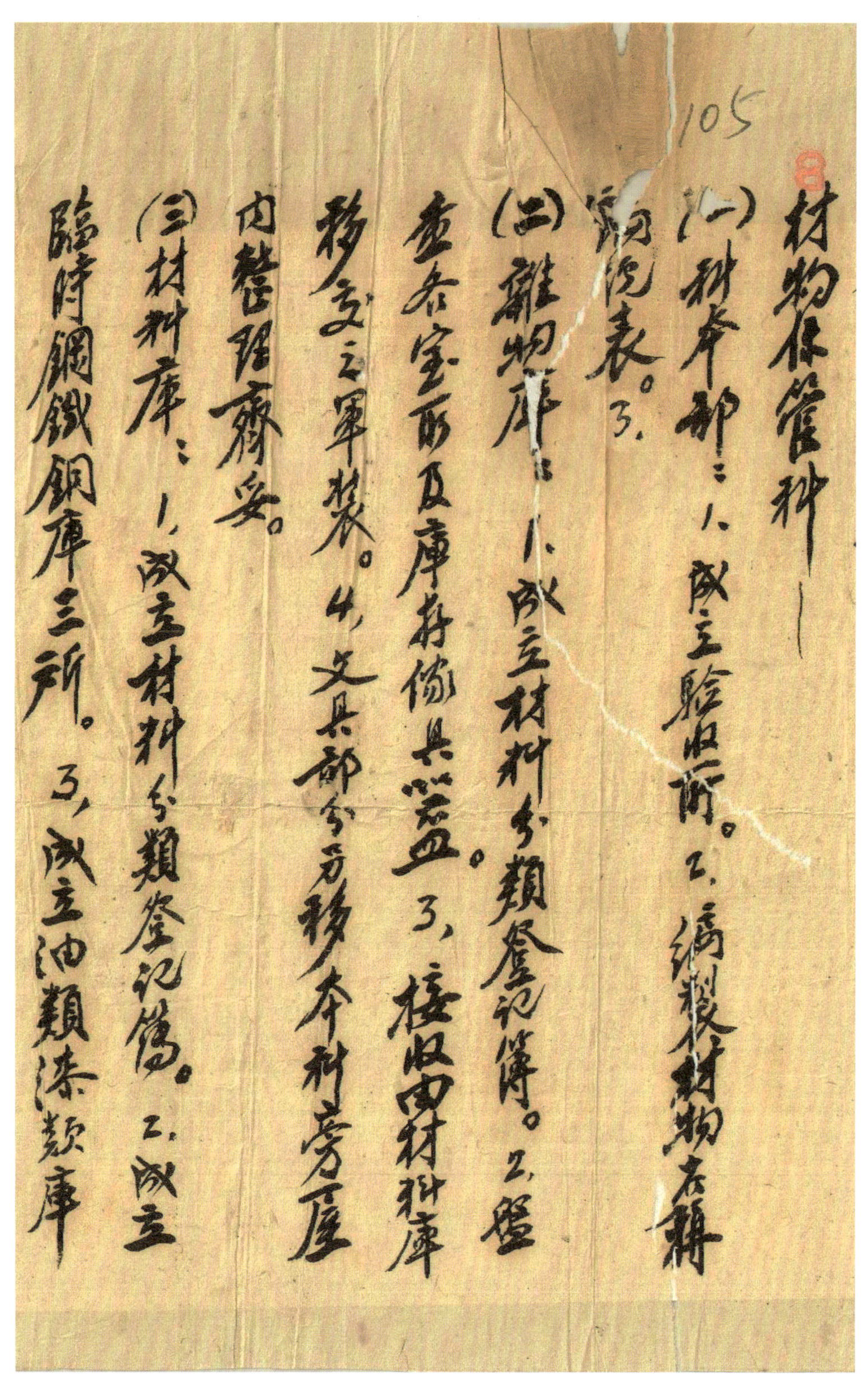
105

材物保管科——

(一)材本部：1、成立验收所。2、编制核材料存转调况表。3、

(二)杂物库：1、成立材料分类登记簿。2、整查各室所及库存储具器皿。3、接收材料库移交之军装。4、文具部分移本科旁屋内整理齐妥。

(三)材料库：1、成立材料分类登记簿。2、成立临时钢铁铜库三所。3、成立油类漆类库

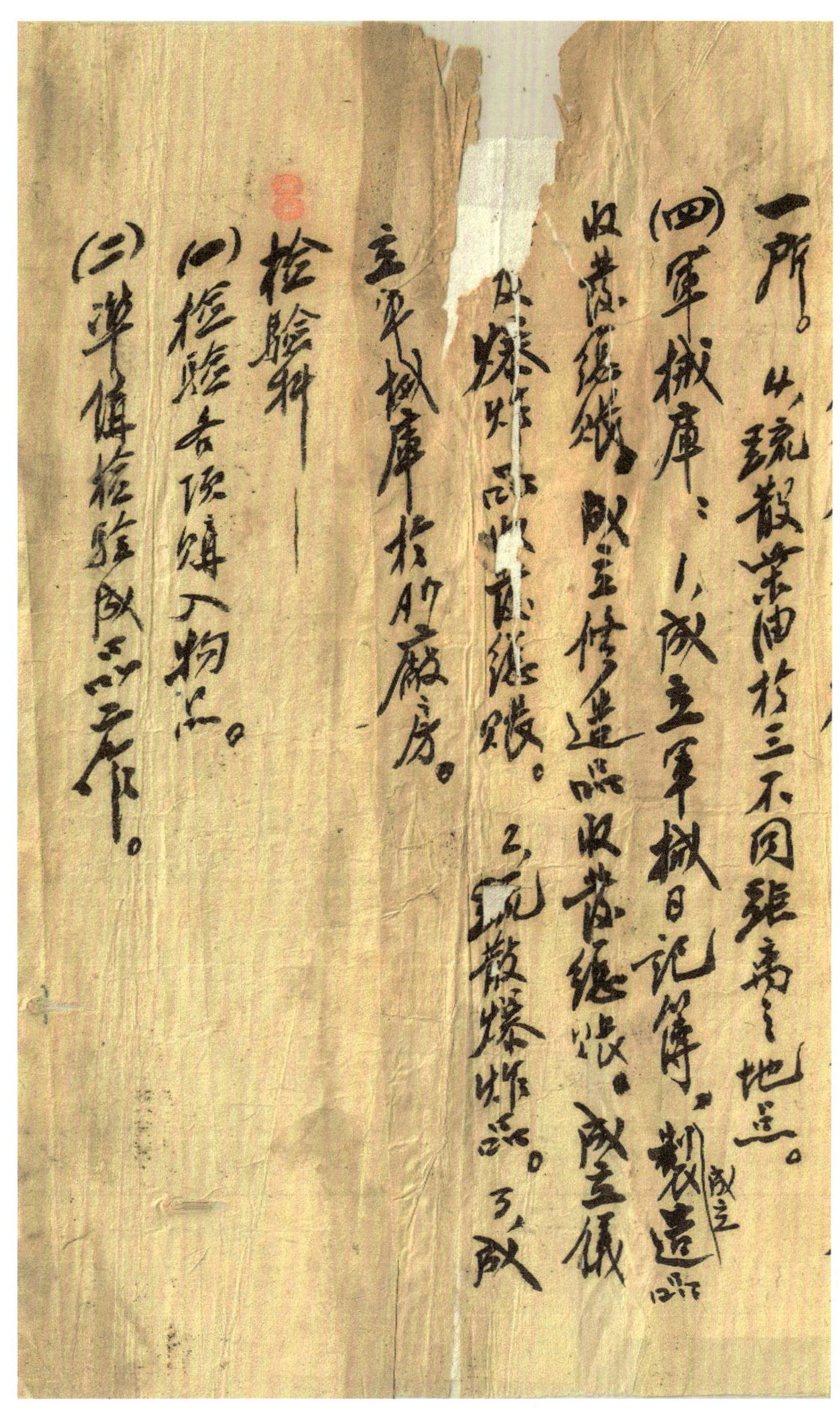

一所。4、疏散業由於三不同距離之地點。

(四)軍械庫：1、成立軍械日記簿，成立製造品收發總帳。成立修造品收發總帳。成立儀器爆炸品收發總帳。2、疏散爆炸品。3、成立軍械庫於分廠廠房。

檢驗科——

(一)檢驗各項購入物品。

(二)準備檢驗成品工作。

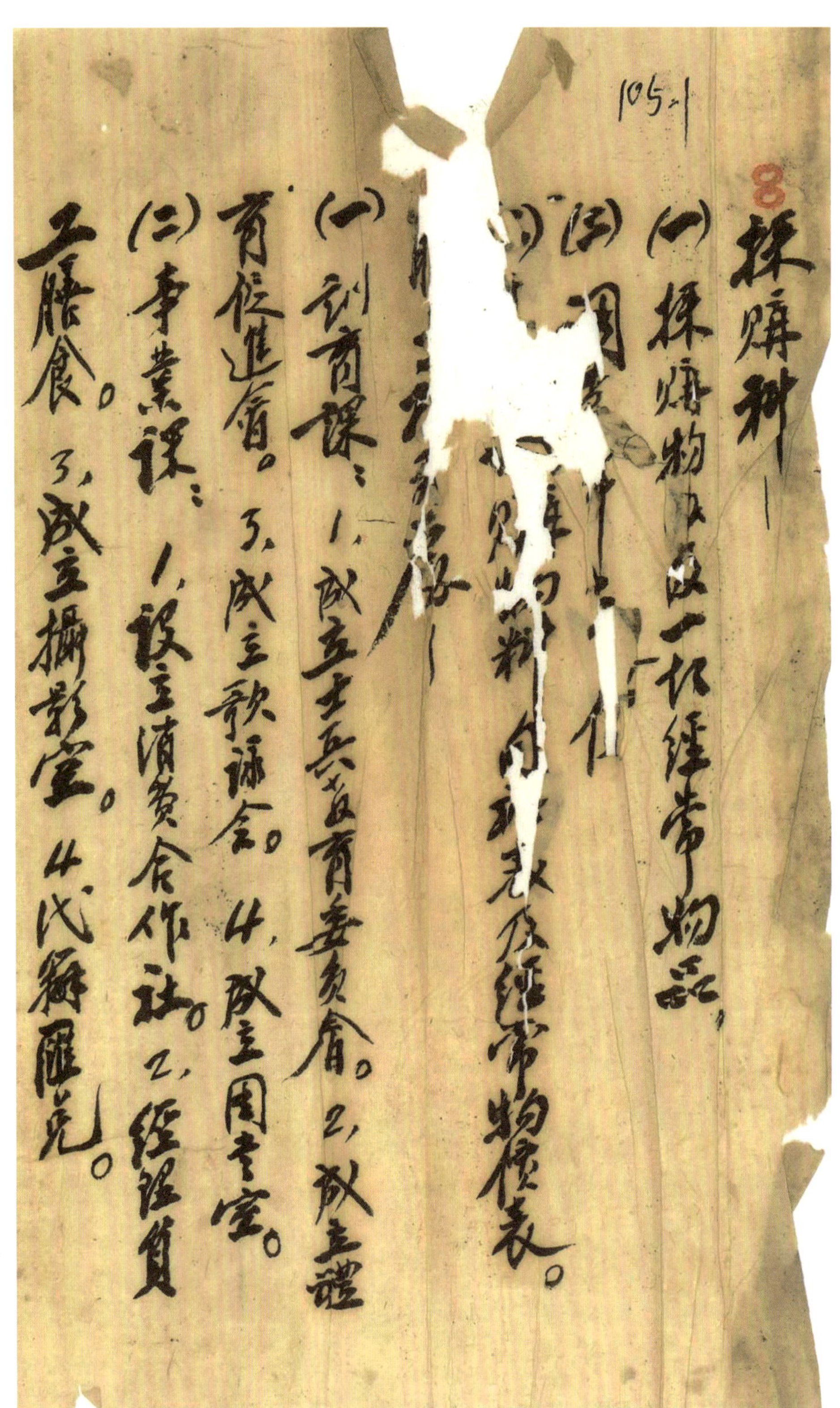

105-1

8

採購科—

(一)採購物料及一切經常物品。

(二)同[illegible]作

(三)[illegible]物料[illegible]收支及經常物價表。

[illegible]務[illegible]—

(一)訓育課:1,成立士兵教育委員會。2,成立體育促進會。3,成立歌詠會。4,成立圖書室。

(二)事業課:1,設立消費合作社。2,經理貨品膳食。3,成立攝影室。4,代辦匯兑。

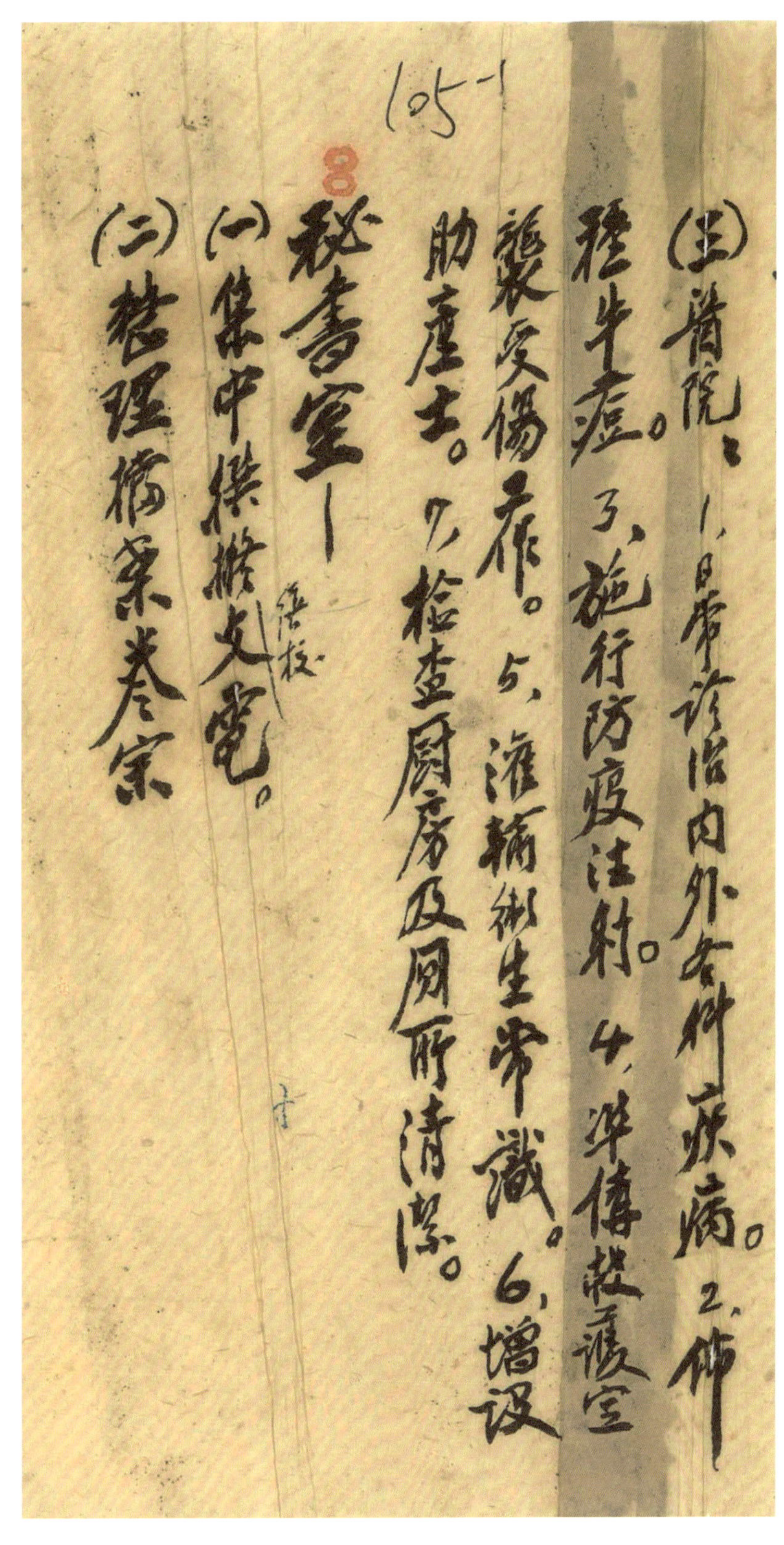

（三）醫院、1、日常診治內外各科疾病。2、作種牛痘。3、施行防疫注射。4、準備救護室護救受傷者。5、灌輸衛生常識。6、增設助產士。7、檢查廚房及廁所清潔。

秘書室—

（一）集中撰擬文電。保校

（二）整理檔案卷宗

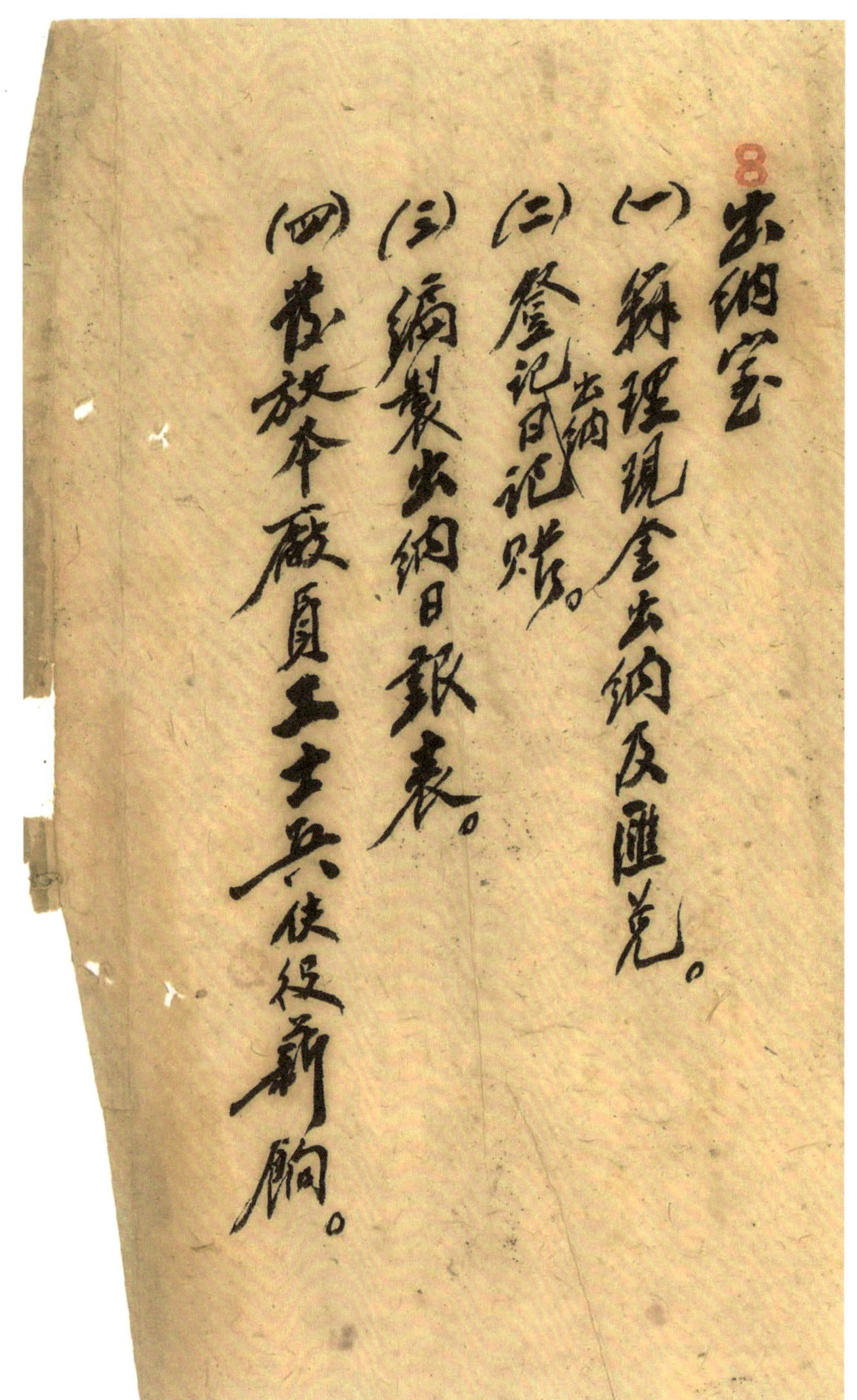

出納室

(一)辦理現金出納及匯兌。

(二)登記出納日記賬。

(三)編製出納日報表。

(四)發放本廠員工士兵伕役薪餉。

稽查室——

（一）登記指導稽查人員分任勤務。

（二）厥下稽查所三處，分派稽查員執行職務。

（三）編查廠區內戶口，[illegible]研究。

庶務室——

本室工作，以運輸為最重要，半年以來合計運入機器為壹百零叁噸，材料約壹千壹百叁拾柒噸，關於輸出方面，因現時尚無出品，故輸出零件，半年內僅有十餘噸。

警衛隊——

（一）巡緝本廠內外圍警戒。

（二）監督各項器材運輸。

（三）訓練各隊士兵。

106

卅八年上半年度業務進度摘要

（一）建設：建成廠房三十二座、山洞動力廠房一座、員工宿舍廿六座、員工住宅二十四座、馬路路基六公里、橋梁隧洞各一座、防空山洞五座、樣板所山洞開鑿工程約完成百分之八十，並培植樹苗六十萬株、所有重要機器及電線、均已安裝竣工、儲藏設備、亦已逐步成就。

（二）製造：描印及設計繪製各種機器安裝、砲、砲彈、銅殼、引信、工具、夾具、樣板、鍛壓工具、交通工具、熔焊工具、機件及其他修配之機件圖樣、總計五千七百餘張，配製各種工具、夾具、刀具、模型等共計二萬五千二百四十件，配製各式大砲零件四百二十八件，修理各式大砲十三門，砲彈旧銅壳改千個，製造各種樣板三千四百件，75公分砲彈引信六千個，鑄造藥筒製75公分砲彈彈藥二千個，壓製底火三千個，鑽十五公分迫擊砲管十八枝。至仿私製造之37平射砲，則尚待料與工。

(三)其他：(甲)採取公開考試，前後分批登报招考工程人員、會計人員、事務人員及各項練習生、各種機械士兵等，經錄取約額；又選送成都設立藝徒學校，收容各地難童，加以養教，儲為兵工幹部之選。(乙)改革会計，依序進行，審核制度，並臻嚴密。(丙)材料驗收，經由關係處科

107

会组验收所，负责办理。(丁)材物名称表，编制完成后，材物收发之登记统计，分别着办、杂物、材料、军械等库，以次完成。(戊)成品及半成品之检验，亦派专员负责。(己)经办采购之人员，须以鲜绝风潮。(庚)全厂文件之撰核缮校，集中办理。(辛)成立各稽查分所，严切内围警戒，分拨队警担任外围，并联合当地兵分组便衣队，随时稽查汉奸。(壬)职工福利之事项，实事求是，以求职工衣食住行之合理化。(癸)实行精神总动员。

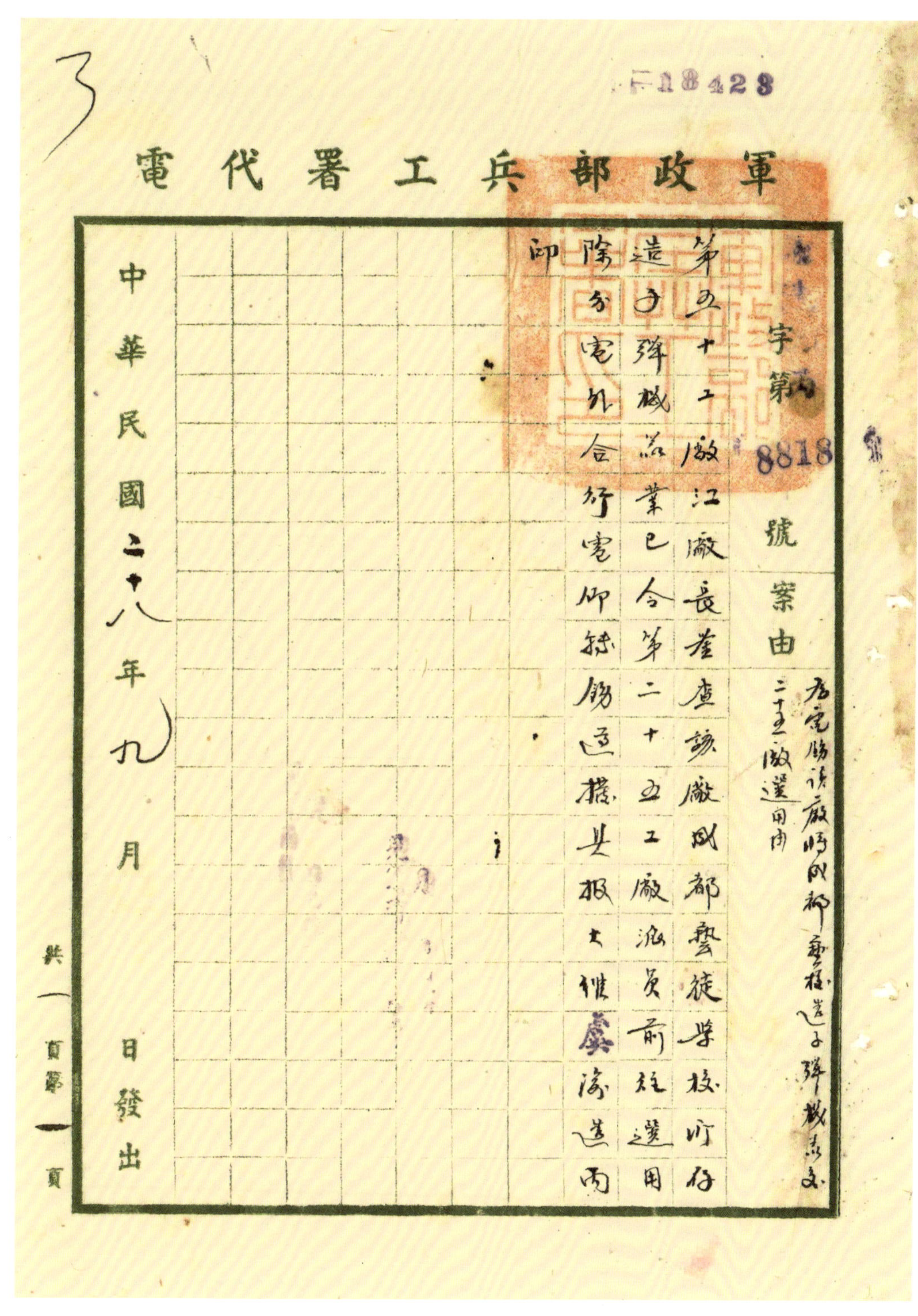

F18423

軍政部兵工署代電

字第8818號

案由：為電飭該廠將所存成都藝徒學校造子彈機器交二十五廠選用由

第五十工廠江廠長杓：查該廠成都藝徒學校所存造子彈機器，業已令第二十五工廠派員前往選用，除分電外，合行電仰轉飭遵撥具報。大維。虞。渝造丙印

中華民國二十八年九月　日發出

共一頁第一頁

军政部兵工署为将成都艺徒学校所存造子弹机器拨交第二十五工厂致第五十工厂的代电（一九三九年九月七日）

军政部兵工署关于抄发李华英检视总评意见、附表给第五十工厂的训令（一九三九年十月五日）

187

E21332

事由：为抄发李参事检视总评意见仰知照由

军政部兵工署训令　渝造（六）甲字第9778号

令第五十工厂厂长江杓

案奉

军政部渝务兵字第九二七八号训令开：

「查本部前派李参事华英、陈参事隐冀检视所属机关业将陈参事所呈检视意见书分行核办在案。兹复据李参事华英呈送检视总报告表暨受检机关意见书，除分行外，合行摘抄总报告表并检同受检机关意见书令仰核办具报」

等因；奉此。除分行外，合行抄发对于该厂总评，令仰知照。此令。

187-1

附抄考績評意見表乙帋

中華民國二十八年十月伍日

署長俞大維

總評意見表

受檢機關及兵官姓名	總評
兵工署第五十三廠廠長 江杓	遇事妥善慎一般努力

郑大强为奉令移交第二十五工厂子弹机器事致江杓的签呈（一九三九年十一月二十二日）

附：清册

13

簽呈　藝字第548號　二十八年十一月二十二日

事由：為本校奉令移交二十五廠子彈機器全部現已點交清楚呈賫移交清册恭請　核備由

說明：查本校奉　令將前四川兵工廠子彈機器全部移交二十五廠接收利用現經點交該廠朱技術員接收完竣並已起運去渝理合檢呈接收清册兩份備文呈請

鑒核備案

謹呈

廠長江

附呈接收清册二本

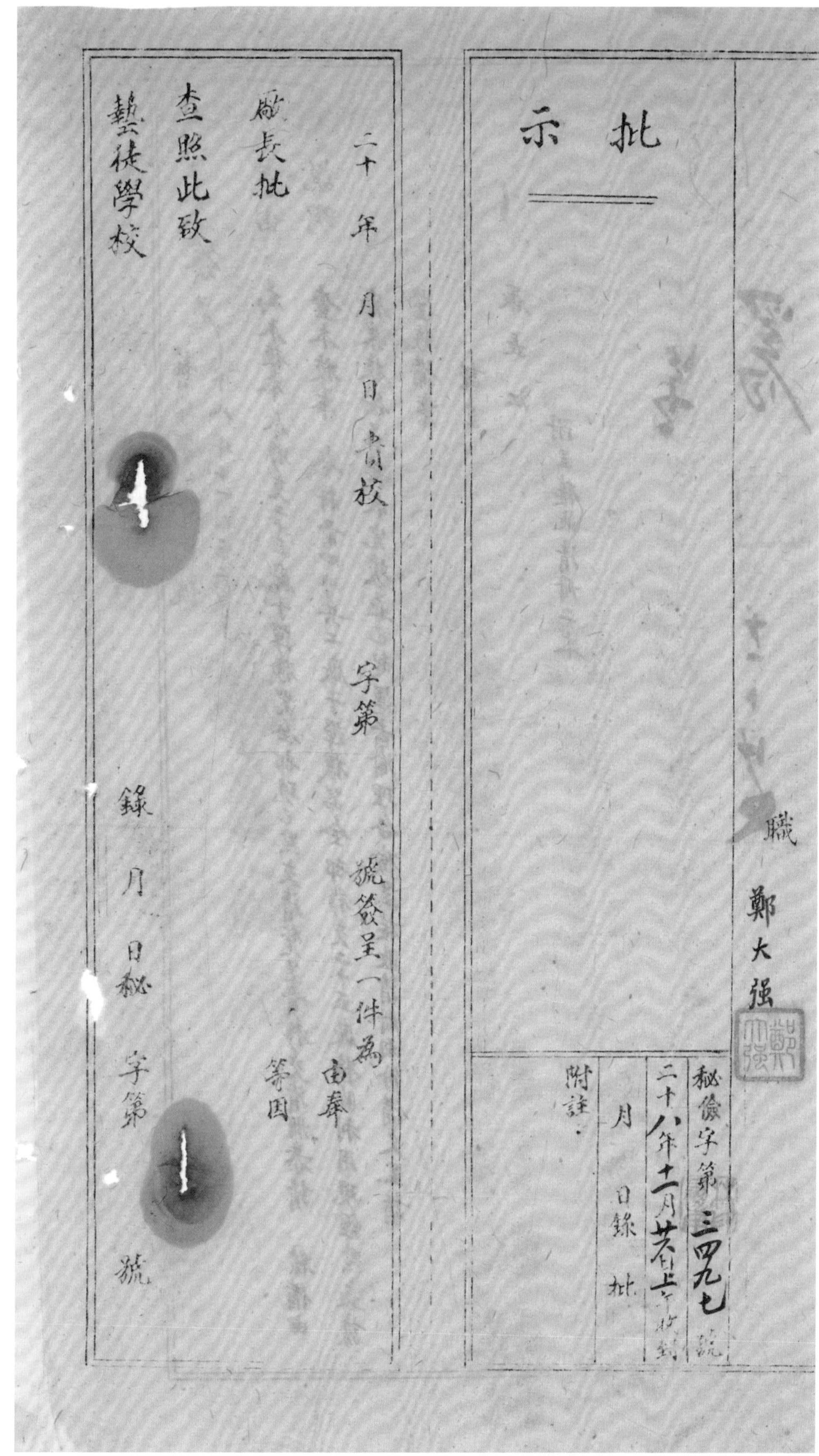

批示

職 鄭大強

秘儉字第三四九七號

二十八年十二月廿六日上午收封

月 日錄 批

附註

二十 年 月 日貴校 字第 號簽呈一件為 由奉

廳長批

等因

查照此致

藝徒學校

錄 月 日秘 字第 號

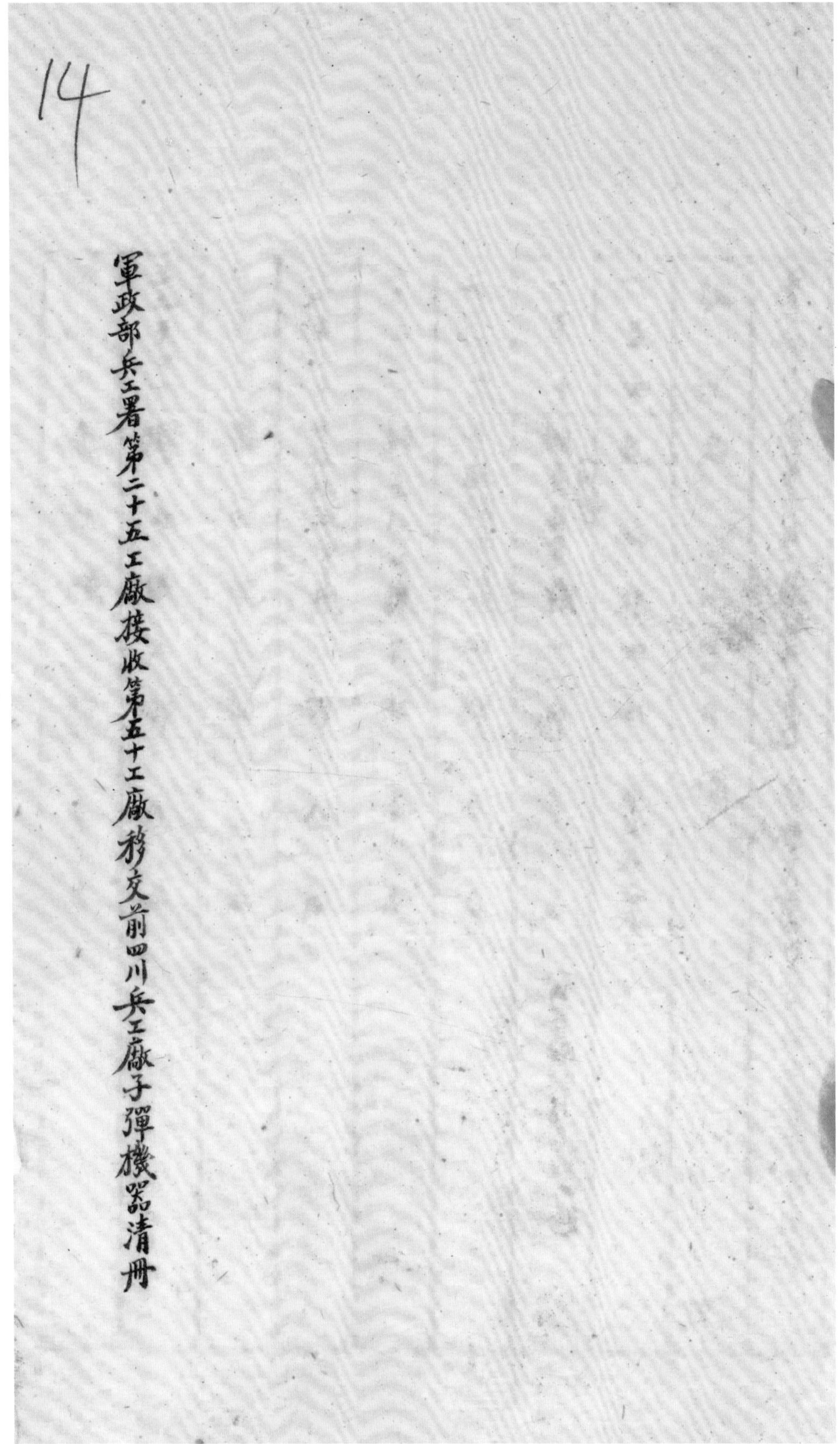

14

軍政部兵工署第二十五工廠接收第五十工廠移交前四川兵工廠子彈機器清册

軍政部兵工署第二十五工廠接收第五十工廠移交前四川兵工廠子彈機器清冊

編號	名稱	數目	備攷
一至四	軋銅機	四部	均殘缺不全
一至二十	銅壳引長機（臥式）	二十部	仝右（内有鋼彈引長機四部）
二十五至二八	手板銅壳切口機	四部	仝右
二九至三三	銅壳切口機	五部	仝右
三四至三五	手板鋼彈切口機	二部	仝右
三六至三八	圓凹機	三部	仝右
三九至四一	壓底機	三部	仝右
四二	舂鉛機	一部	仝右

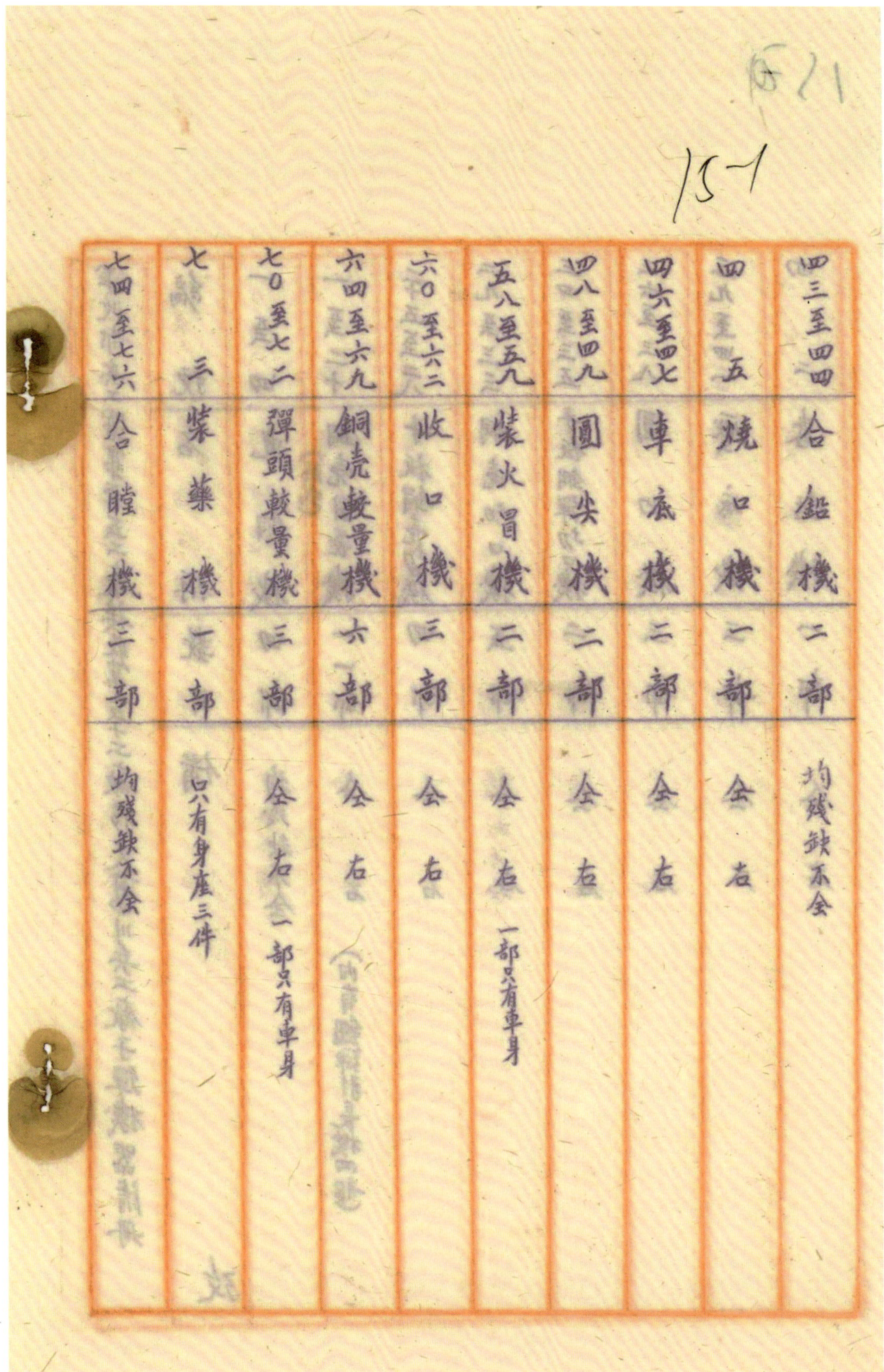

四三至四四	合鉛機	二部	均残缺不全
四五	燒口機	一部	仝右
四六至四七	車底機	二部	仝右
四八至四九	圓尖機	二部	仝右
五八至五九	裝火冒機	二部	仝右一部只有車身
六〇至六二	收口機	三部	仝右
六四至六九	銅壳較量機	六部	仝右
七〇至七二	彈頭較量機	三部	仝右一部只有車身
七三	裝藥機	一部	只有身座三件
七四至七六	合膛機	三部	均残缺不全

16
十五

編號	名稱	數量	備考
七七	壓鉛條機	一部	殘缺不全
七八至七九	剪鉛條機	二部	仝右
八〇至八三	秤彈頭機	四部	只有車身
八四	銅殼點膠機	一部	仝右
八五	磨樸機	一部	
八六	手板切口機	一部	殘缺不全
八七至九二	鉸口機	六部	仝右
一〇四	沖元心機	一部	仝右
一〇八至一一六	壓銅輥	九個	
一一八至一二七	壓銅輥	十個	

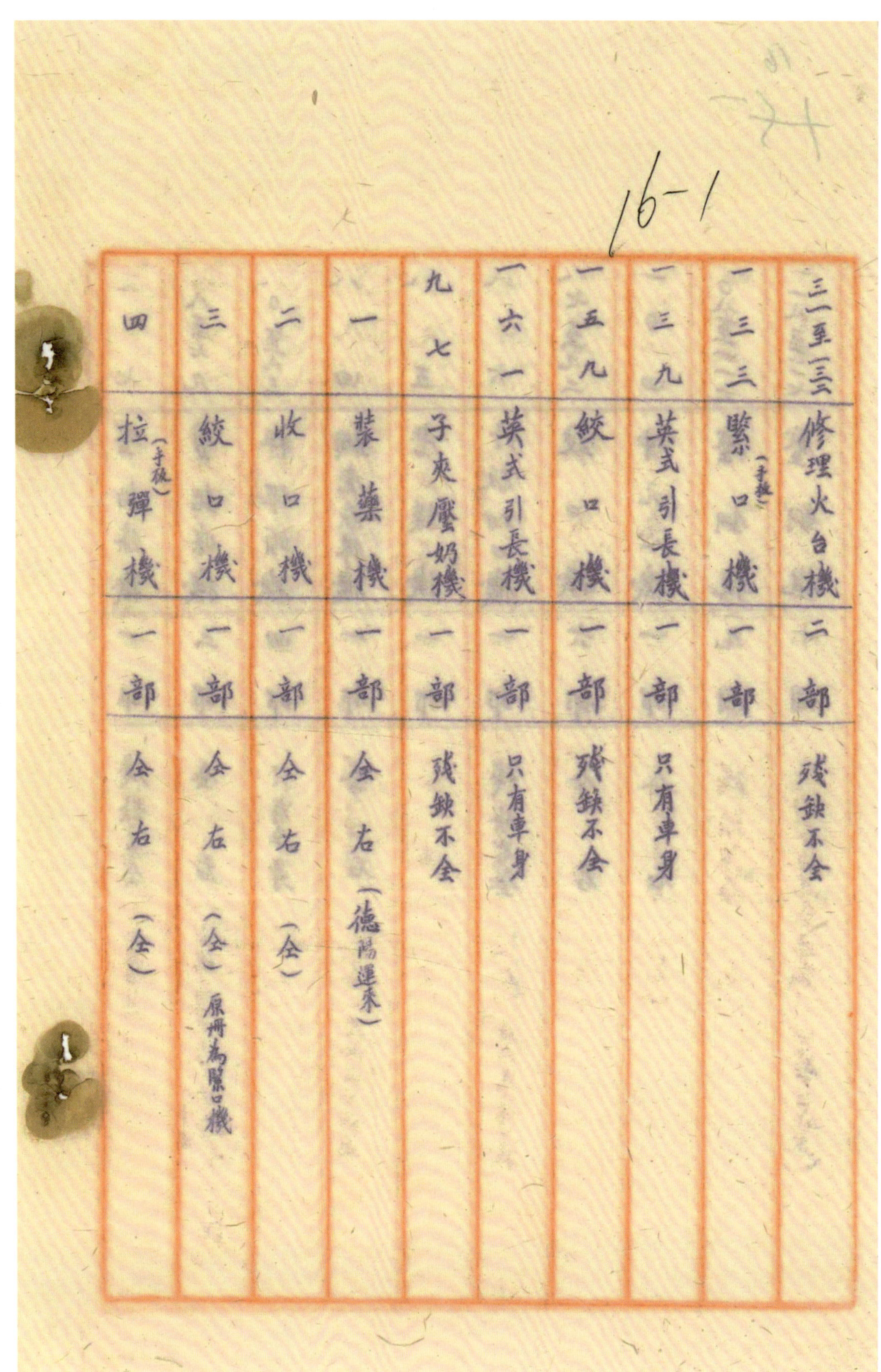

16-1

編號	名稱	數量	備註
三一至一三二	修理火台機	二部	殘缺不全
一三三	緊口機（手扳）	一部	
一三九	英式引長機	一部	只有車身
一五九	絞口機	一部	殘缺不全
一六一	英式引長機	一部	只有車身
九七	子夾壓奶機	一部	殘缺不全
一	裝藥機	一部	仝右（德陽運來）
二	收口機	一部	仝右（全）
三	絞口機	一部	仝右（全）原册為緊口機
四	拉彈機（手扳）	一部	仝右（全）

17.

五	切（手扳）口機	二部	殘缺不全（由德陽運來）
六	磨口機	一部	仝右（由綿陽運來）即鋸壳切口機（手扳）
七	緊（手扳）口機	一部	（仝）
八	打火台機	一部	只有車身（仝）原冊為打脛機
九	立式引長機	一部	仝右（仝）
十	切（手扳）口機	一部	殘缺不全（仝）原冊為齊口機
十一	提尖機	一部	仝右（仝）
十二	車底機	一部	只有車身（仝）
十三	絞口機	一部	殘缺不全（仝）
十五	火冒機	一部	殘缺不全且無車脚（由綿陽運來）

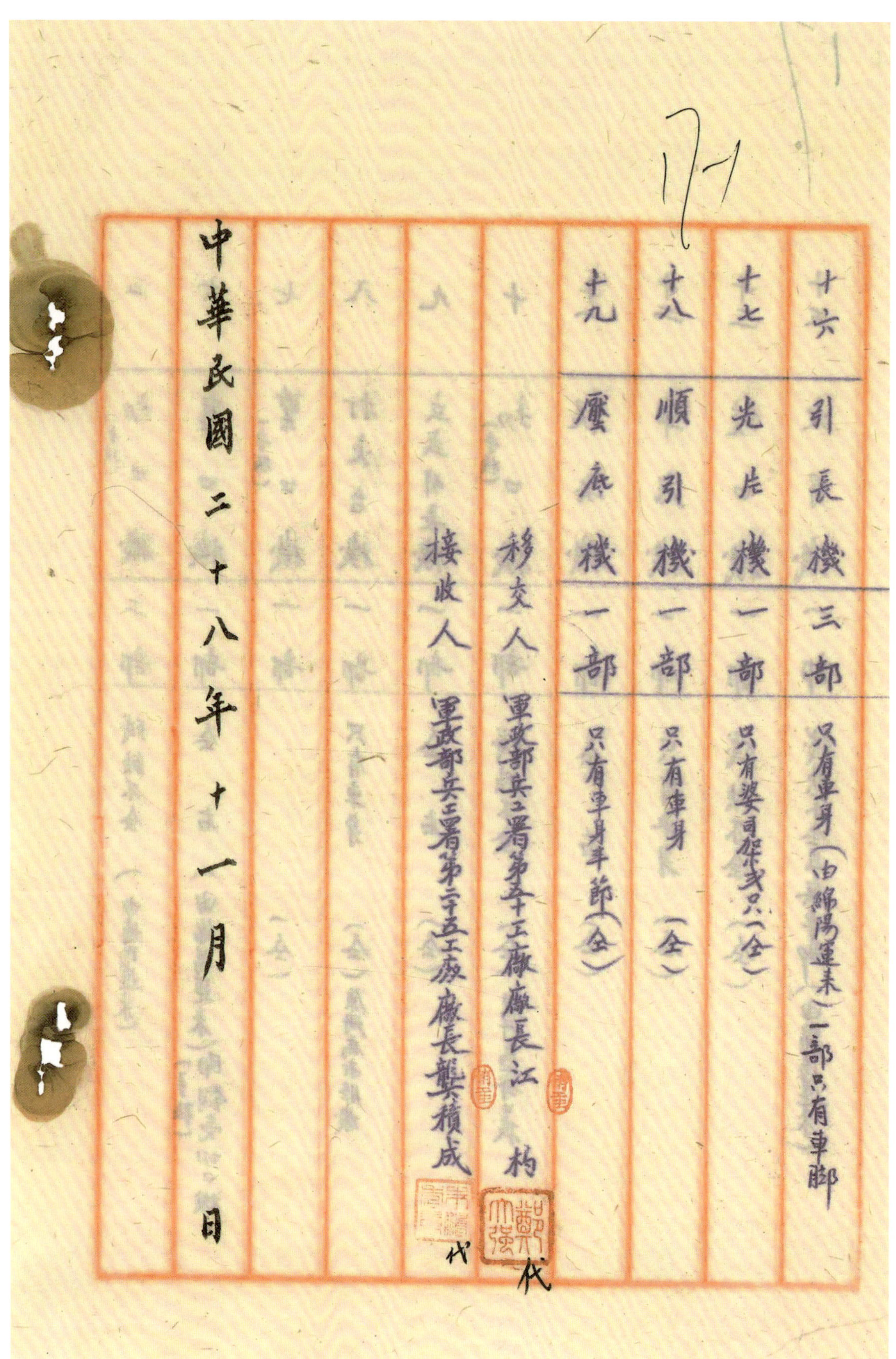
十六 引長機 三部 只有車身(由綿陽運來)一部只有車脚
十七 光庄機 一部 只有婆司架弍只(全)
十八 順引機 一部 只有車身(全)
十九 壓床機 一部 只有車身車節(全)

移交人 軍政部兵工署第五十工廠廠長江杓 代
接收人 軍政部兵工署第二十五工廠廠長龔積成 代

中華民國二十八年十一月 日

军政部兵工署第五十工厂组织系统表（一九三九年）

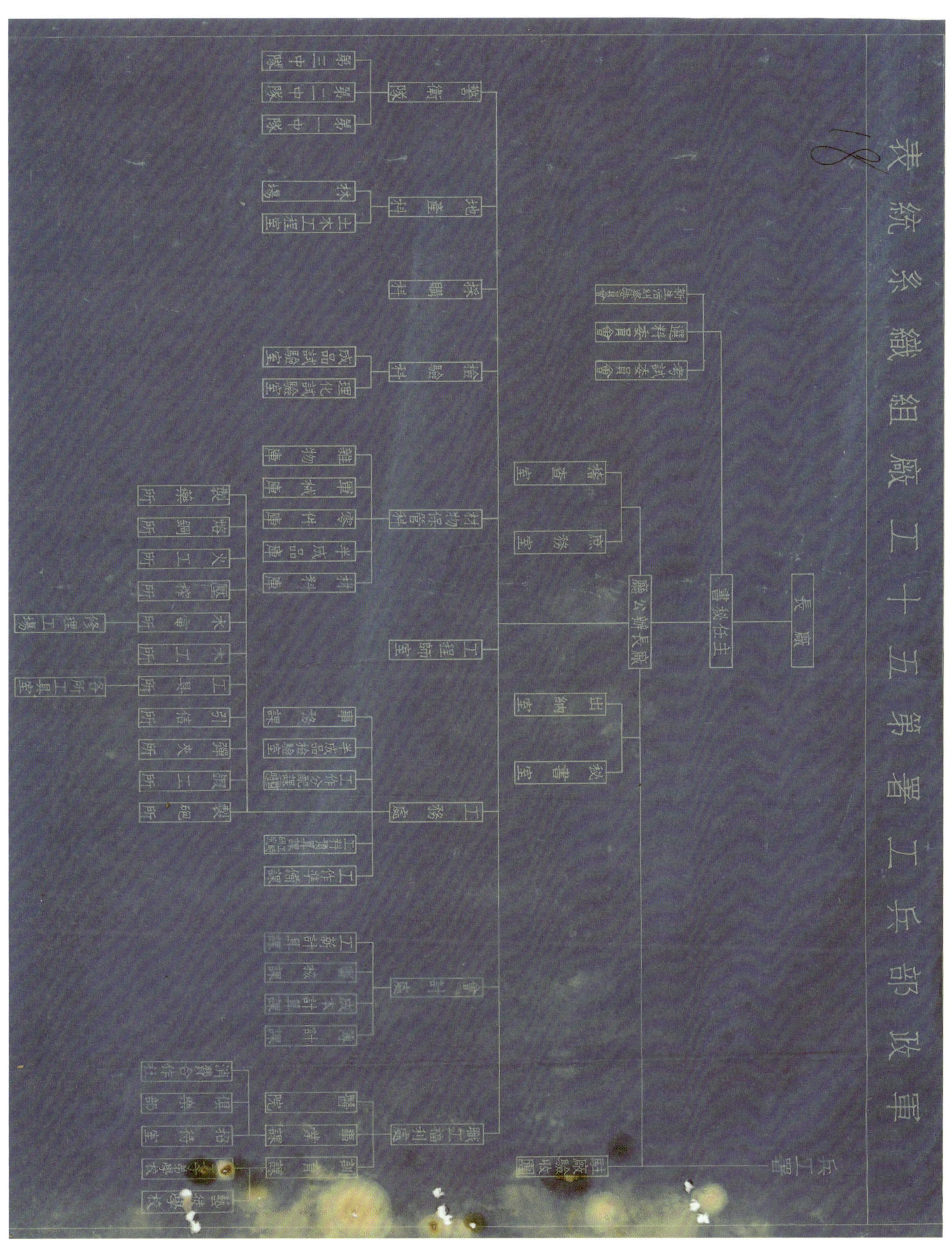

军政部兵工署第五十工厂检视情况报告表（一九三九年）

廠名	軍政部兵工署第五十工廠
廠址	四川江北縣郭家沱
主要出品	砲、砲彈
廠長	江杓

類別	檢視項目	檢視狀況	成績意見
人事	官佐應到數	一八九	
	官佐實到數		
	士兵應到數	二三三	
	士兵實到數		
	工人應實到數		
	官兵服務之勤情		
內務	房舍保管概況	管理及清潔派人專司	
	辦公秩序		
	文卷函表之整理	分別管理	
	值星勤務	廠長常川駐廠稽查，原有助理室輪值	
	督率狀況	由各廠科室主官平時躬往	
	軍紀風紀		
業務概要	工場設備	主要製砲及砲彈，另附工具樣板、木工、鍛工、鑄工及電氣等設備	
	出品效能	暫時尚無出品，惟樣板代他廠所製樣板工具均準確可用	
	出品數量	樣板可承造各項樣板、量輪、銑刀等件，其餘大部分正在安裝中，故未能計算	
	盈虧概況	因工作尚有準計	
	製造能力	約計每月可造3.7平射砲卅門，砲彈一萬發	
	修理情形	大部分機器正在安裝中，現修理者除少部分安裝機器（一）門外，大部份由臨時工場及工具廠承修	
	保管方法	現時暫行適宜及儲存組織，嚴密管理為便利	
備考			

類別	項目	情形
管理概況	成品及材料儲藏方法	將來有大宗成品待要儲藏於山洞，普通材料均暫存於[illegible]附竹棚內
	儲藏品種及數量之核定	現無出品，故品種數量尚難核定
	機器保管情形	各機器由各所負責保管，[illegible]暫存放於竹棚內
	廢品數量及估價之考核	廢品隨時撥報，其估價則由會計處核算
	廢品處置辦法	廢品分爲能利用及不能利用兩種，隨時處置
	出納統計	備有材料分類登記簿及各材料登記片，隨時登記
	防濕處置	[illegible]箱類及木料均設法架高，并利用電風扇通風
	通風狀況	仝上
	警衛處置	稽查室及警衛組織尚屬[illegible]，[illegible]布置
衛生狀況	廚房及飲食狀況	由醫院隨時檢查
	廁所浴室	廁所時間[illegible]，浴室[illegible]
	醫務設施	每日由醫院分別診視員工疾病
	一般清潔情形	除每日由[illegible]清掃外，并隔一星期舉行大掃除一次
消防	器具設備	滅火機、唧水筒、水桶、小[illegible]
	使用及預防方法	分配[illegible]
防空	偽裝	正在布置中
	隱蔽	利用樹林等
	人員隱藏	由山上疏散及山洞隱藏
	空襲時卷宗處理	[illegible]山洞內安放
	有無防空洞（壕）	有防空洞
職工生活	教育方式	職員有技術講演，機械士兵有學課訓練班
	工人組織與管理	組織[illegible]時指導分配，自治組織，管理[illegible]
	休息場所之設施	現設有休息場三處，正[illegible]

80

生活起居之飲食管理	膳食分級管理，起居亦經規定時間
經費出納及經費出納簿記	會計與出納完全分開分別負責，出納簿記亦列有系統，以免紊亂
經理表冊	會計室有各項表冊，並分置歸檔備稽
遷移安置經過	上年五月由廣東曲江遷移至渝，現遷移安置完竣即可開工
總評	
附記	

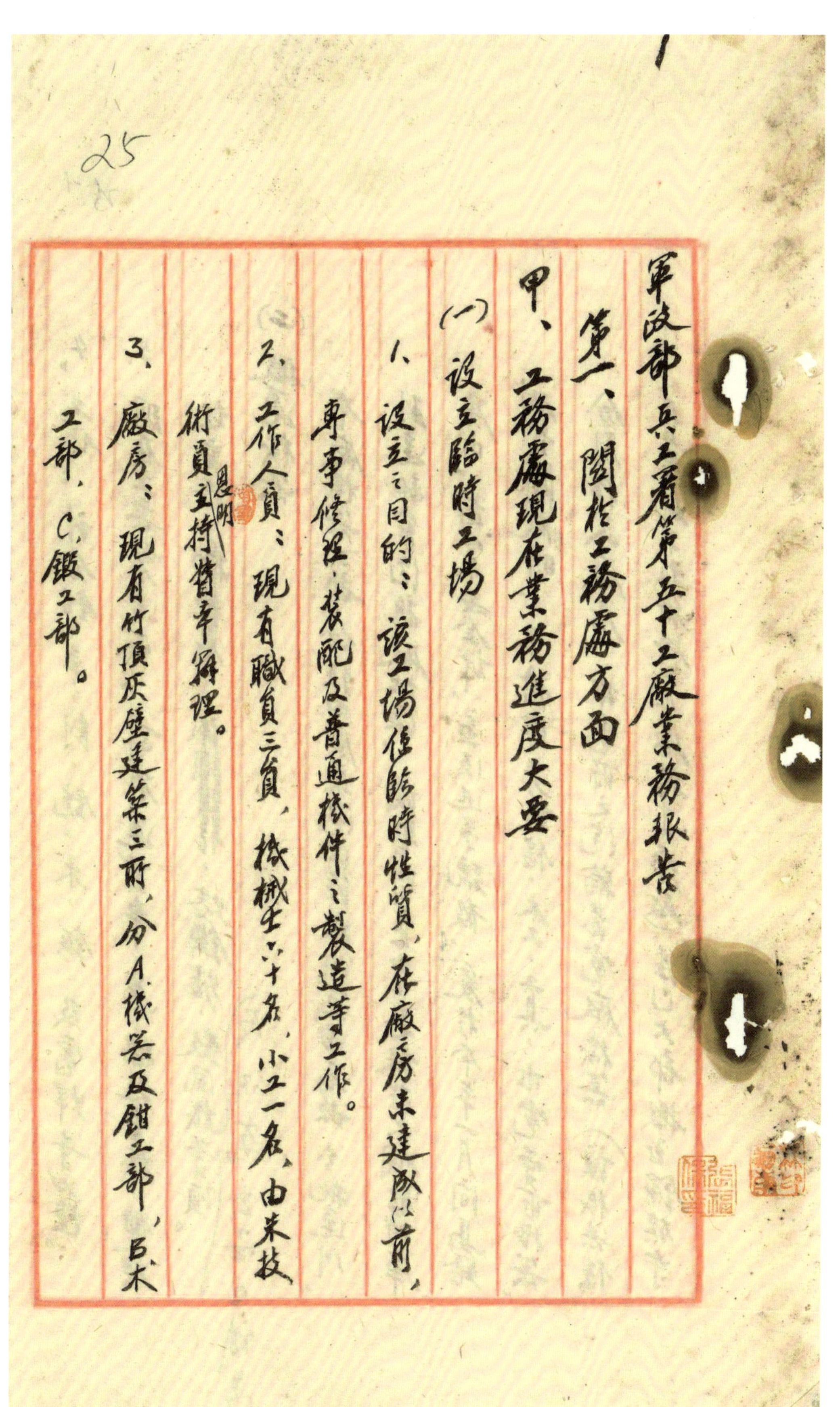

25

軍政部兵工署第五十工廠業務報告

第一、關於工務處方面

甲、工務處現在業務進度大要

(一) 設立臨時工場

1、設立之目的：該工場係臨時性質，在廠之房未建成以前，專事修理、裝配及普通機件之製造等工作。

2、工作人員：現有職員三員，機械生六十名，小工一名，由朱技術員恩明主持督率辦理。

3、廠房：現有竹頂灰壁建築三所，分A.機器及鉗工部，B.木工部，C.鍛工部。

25-1

4、工作：計分鉗、車、刨、銑、木、鍛、及電焊等七種。

5、現在主要製造品：計有運貨車、單樑起重機、雙樑起重機、熔鐵爐、鼓風機等項。

及研究中之試造

（二）搬運機器

本廠機器大部份係由廣東滬江經株州宜昌萬縣，分批運川，到達郭家沱新廠址後，均暫時集中存放於六個臨時庫房內，為策安全計，亟須迅予疏散，爰於本年一月間為路務告闕段時，即將彈夾引信、木工、工具、水電等部機器，分別移入廠房，水電所之汽輪發電廠機器（該機器係兵工署砲兵技術研究處撥歸本廠）經已大部搬至鑼旗寺軍政部兵工署第五十工廠業務報告 八、製砲所機器，亦開始積極疏散。

(三) 安裝機器

1、彈夾所：廠房大致築成，機器之整理及安裝，業已開始進行。除活機部分外大都已完竣。

2、引信所：廠房大致築成，機器之整理及安裝，正在進行工作中。

3、工具所：因廠房尚未完成，暫時借用引信所一部分廠房，安裝機器，現已完竣。

4、木工所：廠房業已築成一所，機器亦經安裝完竣。

5、水電所：全廠電綫網及電話網，已開始進行安設，柴油機

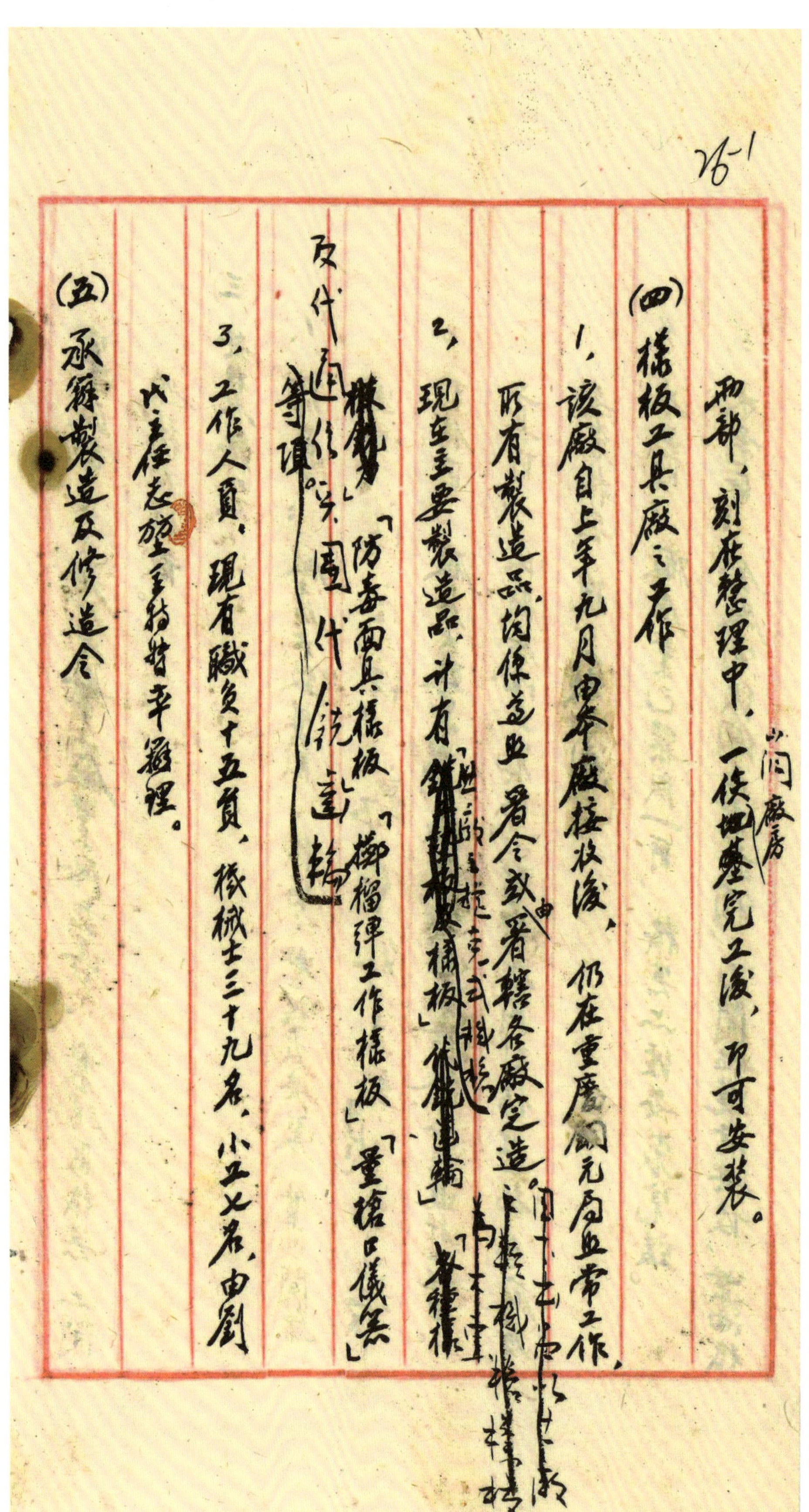

75-1

西部，刻在整理中，一俟简厂房地基完工后，即可安装。

（四）样板工具厂之工作

1、该厂自上年九月由本厂接收后，仍在重庆铜元局照常工作，所有制造品均系遵照署令或署辖各厂定造。

2、现在主要制造品，计有「防毒面具样板」「榴弹工作样板」「量枪口仪器」及代通信兵团代铣连接等项。

3、工作人员，现有职员十五员，机械士三十九名，小工七名，由刘代主任志琏负责督率办理。

（五）承办制造及修造令

1、製造令：二十七年十月二十一日起至十二月三十日止，共三十五件，二十八年一月一日起至二月二十二日止，共十六件。

2、修造令：二十七年十月二十六日起至十二月三十日止，共五十二件，二十八年一月三日起至二月二十一日止，共一百零一件。

（六）總工程師室之工作（請總工程師核！）

1、描印廠中各部分機器之安裝圖樣，現已陸續描印發電所、鍛工所、製砲所、彈夾所、彈信所等之機器安裝圖樣四百餘張。

2、預備本廠開工時所需砲、砲彈、引信以及其他出品之製造圖樣：三七平射砲、七五輕榴彈砲、七五野砲、十

已送工程師室核記

27-1

生五榴砲彈砲彈引信及銅壳等、有圖樣五千五百餘張、并已繪竣三千二百餘張、其餘尚在陸續描印中、又本廠擬以餘力製造小件出品，現正設計擲彈筒、擲榴彈及法式迫擊砲等。

3、設計并繪製各機件之夾具樣板及工具圖樣，出品速度及準確程度、固視機器優劣而異、但製造時之附屬設備、如夾具工具樣板等，須合於製件形狀及製造方式、尤為重要、蓋非此無以求製造之精速也、業經設計正在製造中者、有彈壳鑄型、彈壳定心機及軋銅帶機等、現正在設計中者為三叉砲件、十生五砲彈、七生五砲彈銅壳及碰炸引信等之各件夾具工具及樣板等。雷管裝药機及砲管等熱處爐，亦在設計中。

4、設計并繪製新建廠房之設備（如起重設備、鎔鐵爐、鎔銅爐等）圖樣。本廠播遷粗定，創建伊始，運輸起重之工具，多屬缺如，而廠房內之設備，多待新製。千斤頂、運貨車、起重機，均經本室設計，現正設計中者，為鑄工所之全部設備，如熔鐵爐、熔銅爐、鼓風機、烘房及其他用具。

5、依照本廠在製造上之需要，設計并繪製工具機圖樣。本廠機器多為新穎，益於有餘力時，用以添造工具機，以[illegible]

28-1

增加出品，甚為適宜，故現正利用尚未正式開工期間，就現有機器內，測繪構造優異之部份，以為將來自行設計工具機時之參考，計已經測繪者，有德國基式車床，自動砲彈車床，旋轉刀架等。

6、其他添配之零件圖樣，（如配造被炸機器之機件時所需者）機器在滬有被炸毀之零件，須重行繪圖配造，安裝所需器具有須添造者，亦均由本室隨時趕製圖樣。

上述1、6兩項，祇以目前為限，將來開工後，此兩項工作當不甚多，惟2、3、4、5四項工作，預計開工後，必有加無已，而尤以屬於3項者為甚。

乙、工務處以後業務進行計劃大要

（一）本廠廠房，均係新建，刻尚未完全築成，一俟工竣，隨即加緊安裝工作，以期在最短時間內裝妥，積極籌劃製造出品。（廠房隨建隨用）

(二)安裝工作

1、製砲所現正加緊搬運機器，預定在本年三四月間將重要機器安裝完竣。

2、彈夾所現已開始安裝，大部份機器，預計在三月間裝妥。

3、引信所機器現亦開始安裝，預計在三月間完成。

4、鍍工所因廠房及馬路尚在建築中，故機器之搬運及安裝工作，須略為遲延，但預定三月間亦將開始。

5、木工所一部份機器已經裝妥。烘木房正在計劃中，俟建築完成，立即進行安裝。

6、工具所機器，大部份已裝妥，預定最近即將完竣裝設，俟通電後即開始製作。

7、水電所擬在三月間，將柴油機兩部安裝，并將全廠各所之重要網綫佈置妥當，定四月間方開始供電。

8、鑄工所正在籌備中，因本廠需用鑄件甚急，擬加緊於三月間將廠房建成，開始鑄造。

（三）製造工作

1、製砲所機器安裝完竣後，即行承修各種火砲，并預定先製37平射砲一種，所需材料，經已定妥，俟到達後即可開始製造。

2、彈夾所機器安裝完竣後，先行開始製造75鑄造榴彈，

鍾銑山[illegible]

6

30

又署令飭造之10.5砲彈，亦當同時進行。

3、引信所預定四月間，開始製造引信。

4、利用彈夾引信兩部新廠機器製造擲榴彈及擲彈筒。

第二、關於會計處方面

甲、會計處現在業務進度大要

本處自新廠建立以來，處內工作增多，由原有（在滬廠）人員十二人，加至二十八人，將在滬時尚未成立之成本計算課設立之，共計分四課，（一）簿記課（二）審核課（三）工數計算課（四）成本計算課，綜合各課業務進度，可舉其大要如左：

（一）清理舊賬

自本廠移川後，在此數月中，人員分散各處，賬簿支……

30-1

目紊亂，整理極為不易，因此簿記、工務兩課，工作特別繁忙，除辦理日常事務外，尚須抽時清理舊賬，（職員士兵伕役機械士等借支薪俸及旅費與各款遲組賬）現在大致可告結束。

（二）審核建築工程費

新廠建築工程，多由各公司承包辦理，以致平日完成，而各項工程費，均須分別立賬，以致審核課工作，特別加重。

（三）計劃成本事項

自樣板工具廠劃歸本廠後，本廠成本計算課，即開

31

7

始工作，并按照兵工會計規程草案，參酌本廠情況，設計關於本廠帳目及各種表格。

（四）辦理報銷

本廠在未開工以前，所有經臨各費，均須造送支出計算書，故自民廿六年六月起至廿七年十二月止，每月經常費，已造送呈署核銷，廿八年三四兩月份經常費計算書，近正在編造中，至若各種臨時費，已造送之調用人員來粵旅費，防空設備費，臨時遷移避難場所工程費，遣留員華旅費，職員返國川資費，德籍員役薪資費，兼辦香港轉運軍用品費等，

原則有出入

乙、（一）項已送經保管科修改

31-1

均由本會帳戶核銷。

乙、會計處以後業務進行計劃大要

（一）計劃本廠一部份開工成本帳目

此項計劃，擬一方面繼續使用原有帳目制度，顧及經費之報銷，一方面增加成本帳目，以便計算出品成本，俟全部開工時，則將舊有經費帳制度廢除，全部採用成本帳制度。

第三、關於材物保管科方面

甲、材物保管科現在業務進度大要

（一）本廠係新建廠址，因工程進行緩急不同，與夫移來擁塞各料

8

32

之關係，除具永久性及合於防空原則之各庫，均未能着手辦理，不得已以較敏捷之方法，搭蓋臨時庫房以資併行暫為儲存，復因人工缺乏，及料件觸源源而至，致一部份仍有一時未能分類入庫者，幸廠外環境甚佳，同時本廠稽查與警衛組織，均極嚴密，保管尚屬便利。

乙、材物保管科以後業務進行計劃大要

(一)依照製造所地勢，選擇適宜地點，建築永久庫房，以減領料時間為原則，并將未入庫各料件，從速搬入。

現有庫房之所，均係臨時性，俟將來山洞廠房完成逐漸遷入後，各庫則依各製造所之需要及運輸之遠近，將選擇現造廠房一部分改為庫房。

(二)危險物料及貴重料件，應擇適宜地點，挖建山洞，分別存儲，以防空襲損害。

32-1

(三)各庫間及各庫與各製造所間之道路，擬設法削平，并利用小型送料車，往返送料，以期迅速。

(四)臨江卸料碼頭，亟應改進，擬設法利用相當起重機，以利裝卸。

(五)各庫庫員，須輪流分赴各庫，訓練認料收發及賬務等事項，俾任何庫員，如遇差假等事故，不致發生貽誤工作之影響。

(六)本科為統制材物便利起見，即將着手根據存料片之記載，每日登記分類簿。

(七)俟經相當之時期，（最少半年）根據分類簿之記載，除特種料物不計外，將各通用料物之經消耗數量平均之，再加相當成數之數量，以為預算下期每月之準備採購數量。

9

第四、關於地產科方面

甲、地產科現在業務進度大要

奉料經辦各項工程，有已完成者，有正在建築中者，約分如下：

(一)臨時倉庫：此項倉庫，為本廠臨時存放器材之用，計工程係以竹架搭棚、篾席圍壁，共計十四所。

(二)臨時馬路：為本廠卸運器材之用，係用砂土路面，於木涵洞。

(三)臨時警衛隊駐所排哨及厨房厕所：為本廠警衛隊駐紮之用，係以竹架搭棚、篾席圍壁、木板為地

33-1

台，共计五座。

（四）臨時工場：為安裝發電機及機械士兵臨時存之用，係用竹架搭棚，竹批灰泥壁，水泥混凝土地台，共计三所。

（五）臨時職工住所：為本廠臨時工人住宿之用，係用竹架搭棚，竹批灰泥壁，或篾席圍壁，灰土地台及土地台，共计七所。

（六）廠區馬路涵洞：路基面暫用沙土，又涵洞五十七座，係係石白灰沙漿結砌，共计平涵五十二座，拱涵五座。

（七）鍛礎所廠房：係用條石墩子，片石墻，土墻，及竹批泥牆、青瓦屋面、水泥混凝土地台、共計十一座。

(八)彈夾所廠房：工程同前、惟無吊車樑設備、共計九座。

(九)引信所廠房：工程同前、共計三座。

(十)鍛工所廠房：共計二座、其中有一座有吊車樑設備。

(十一)木工所廠房：無吊車樑設備、其餘工程同前、共計三座。

(十二)工具所廠房：工程同前、共計三座。

(十三)鑄工所廠房：一座、其工程係用竹架搭棚、竹批灰泥壁、沙土地台。

(十四)職員宿舍：係用泥牆、土瓦屋面、木板地台、及稜角石地台、共計十二座。

34-1

（十五）機械士兵宿舍，係用泥牆土瓦屋面，灰沙三合土水泥粉光地台，共計六座。

（十六）柴油機動力廠房，為本廠最重要部分，為避免空襲計，故用通天山洞方式建築，以水泥混凝土拱座，鋼筋混凝土拱面，計一座。

（十七）滾水堰，為各廠房給水之用，係用連二條石水泥黃沙漿結砌，上架木橋一座。

（十八）石墩木橋，為連絡東廠中兩路交通，以連二條石水泥沙漿結砌橋墩，木板橋面，附以條石牆壁，土瓦屋面，木板地面之抽水機房，為便利柴油機等廠給水之用。

（九）樣板廠山洞廠房：為安放樣板工具廠貴重機器之用，共計開鑿山洞十四座。

（十）防空山洞：為本廠員工及重要文件在空襲避免危險之用。間用水泥混凝土結砌，或以木架支撐，共計三座。

（十一）引信所各廠房之偽裝及各廠房之移植工作，現由林場積極辦理。

乙、地產科以後業務進行計劃大要

（一）製砲廠山洞廠房，

（二）彈夾廠山洞廠房，

（三）樣板工具廠山洞廠房，

以上三項工程，係為謀永久安全及管理便利起見，於

35-1

將廠房築建於山洞之內，立石馬崗開鑿山洞為製砲廠，銅鑼峽開鑿山洞為彈夾廠及樣板工具廠，任何空襲危險，均可避免。

(四)總辦公廳：本廠現在總辦公廳，係臨時租賃李姓房屋，結構簡單，不敷應用，擬另行擇地建築。

(五)醫院：現時醫院附設於總辦公廳內，諸感不便，擬選擇相當地点，建築一較有規模而合於實用之醫院。

(六)營房：本廠警衛隊，計有一營人數，警衛區域，又甚遼闊，現在駐棚均係臨時搭蓋，實不敷用，擬另建營房，俾便分配駐紮。

12

36

（七）稽查所：為便利稽查員工勤惰及器材出入起見，此項稽查所暨各分所，均擬分別籌設。

（八）員工宿舍：本廠員工攜眷同居者，為數甚多，分賃民房，散居各處，諸多不便，擬另築宿舍。

（九）廠區內防空山洞：為員工及重要文件避免空襲危險計，擬於廠區範圍內多築防空山洞。

（十）廠房偽裝：本廠各廠房，雖分建於各山間，但因造林需時，擬將廠房屋頂及牆加以偽裝，藉避空襲。

（十一）築路：廠東廠中西路，約六公里，路基涵洞，雖告完工，惟石子路面猶需鋪築，又廠西路基及涵洞橋梁，約六五

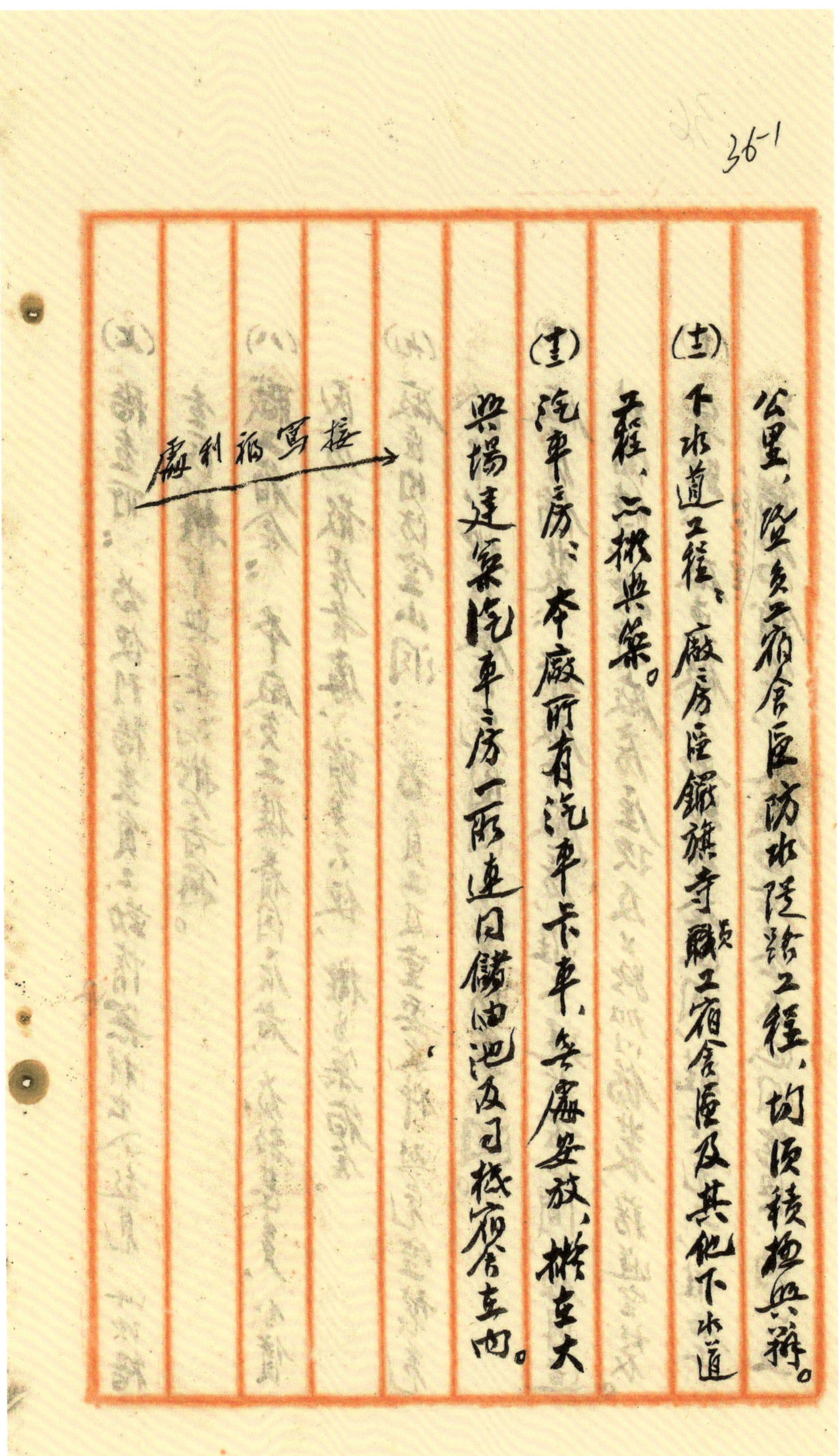

36-1

公里，暨员工宿舍区防水隧路工程，均须积极兴办。

（十一）下水道工程、厂房区镶旗寺职员工宿舍区及其他下水道工程，亦拟兴筑。

（十二）汽车房：本厂所有汽车卡车，无处安放，拟在大兴场建筑汽车房一所，连同储油池及司机宿舍在内。

廖利稿写接

第五、關於職工福利處方面

甲、職工福利處現在業務進度大要

(一)訓育課

1、成立士兵教育委員會：本廠警衛隊士兵，多不識字，因成立此項委員會，辦理調查各士兵教育程度，分別訓練，以使人人能作能寫及瞭解公民常識為目的。

2、成立體育促進會：本廠為使員工於公餘鍛鍊身體起見，成立此項促進會，推行各項運動，其種類約分足球籃球及乒乓球等項。

3、成立歌詠會：依現代情勢，採取抗戰歌曲教材，

37-1

成立歌詠會，發揚各員工抗戰情緒。

4、成立圖書室：本廠原有圖書室，設備簡陋，現正積極擴充，徵集各項圖書，以便各職員參考及公餘閱讀之用，並附設各種報章雜誌藉資瀏覽。

(二)事業課

1、設立消費合作社：本廠前在滬江，原設有消費合作社，現仍繼續籌理，其股本係由全體員工集合而成。

2、經理員工膳食：本廠員工為數甚多，特派專員經理膳食，又以新建廠區遼闊，往返甚感不便，除在廠房適中地點，設置經濟食堂，俾在廠外工作各員工，得以就近用膳。

3、設立攝影室：各員工攜帶之廠門出入證，及新到員工之履歷表等，需用照片甚多，惟本廠廠址遠在鄉村，無法傳辦，因成立攝影室，代為攝製，其所需材料費，仍由原人担任。

4、代辦匯兌：本廠員工，多由各省遠道而來，因廠址地處偏僻，平時匯寄家庭生活款項，諸感困難，因指派專員隨時赴渝，代為匯兌。

38-1

㈢醫院

1、日常診治内外各科疾病：

本院除診治員工疾病外，所有員工眷屬及建築包工人之有病者，亦附帶治療，現因氣候關係，多係呼吸氣管病、皮膚病及各種傳染病，如腸窒扶斯、麻疹等，亦間有發現，每日到院請診者，約有六七十人，并於每月終由院造具統計表報告一次。

2、佈種牛痘：本廠前在琶江，均於每年春秋兩季佈種牛痘二次，并派人分往琶廠附近各村莊廣為

15

此冊據李院長說，早經印成，尚未散。

39

佈種，本年在川，仍依成例辦理，現正開始進行。

3、施行防疫注射：每年五月施行霍亂傷寒防疫注射，每人注射二次，現正籌備辦理。

4、救護工作：平時以救護員工之受傷者為最要原則，最近因抗戰關係，本廠成立防空指揮部，分組任事，由醫院擔任救護組，預備擔架伕擔臨時救護藥品，如遇空襲有受傷者，隨時救護。

5、灌輸衛生常識：關於衛生事項，時加注意，經編纂各種疾病預防常識，印成小冊，分散各員工隨時閱覽。

39-1

7、增設助產士：現因本廠員工常有眷屬者甚多，遇有生產，在鄉村方面，極為困難。因依照編制考取助產士一員，以備臨時接生，并酌收醫藥費。

7、檢查厨房清潔：本院醫師隨時往厨房將菜蔬肉類等物分別加以檢查，以重衛生。

二、職工福利處以後業務進行計劃大要

(一)訓育課

1、籌辦職工子弟學校：本廠職工子弟甚多，以廠址僻在鄉區，一般兒童，未能就學，為免除失學起見，擬籌辦職工子弟學校一所。

2、籌辦職工家屬工讀補習班：職工家屬，尚有不識字者，擬着手調查，籌辦工讀補習班。

3、籌辦民衆學校：本廠、區範圍內，居近地方，居民甚衆，加之建築各公司工人，亦不在少數，擬設立民衆學校若干所，每所分設成人及兒童各一班。

(二)事業課

1、籌設公共浴室：本廠人數衆多，無處可以沐浴，擬於適宜地點，籌設公共浴室一處。

2、籌辦職工儲蓄：現應盡力提倡節約，擬

40-1

將各職工所入工資，每月酌提若干，代為儲蓄。

3、洽辦郵政代辦所：本廠地屬偏隅，應設立郵政代辦所，以便通訊，擬與渝市郵局接洽辦理。

（三）醫院

1、建築醫院：現時醫院蟄伏於一室內，設備均極簡陋，擬選擇適當地點，建築一較有規模之醫院，以便病重者可入院治療，並擬於廠房附近，設一臨時治療所，便利工人受傷者，得以就近醫治。

2、設備藥房及化驗室開刀間：此項藥房，可備齊各

41

17

種藥品、化驗室可舉行各種試驗、開刀間、對於光綫佈置、擬加求科學化。

3、購辦太陽燈電療器X光，因太陽電療器可治療皮膚系神經系各病，X光，可為診斷及治療上之一大助力，故擬設法購辦。

军政部兵工署第五十工厂为拟第二期续征巴县大兴乡民地致兵工署的呈（一九四〇年三月二十九日）

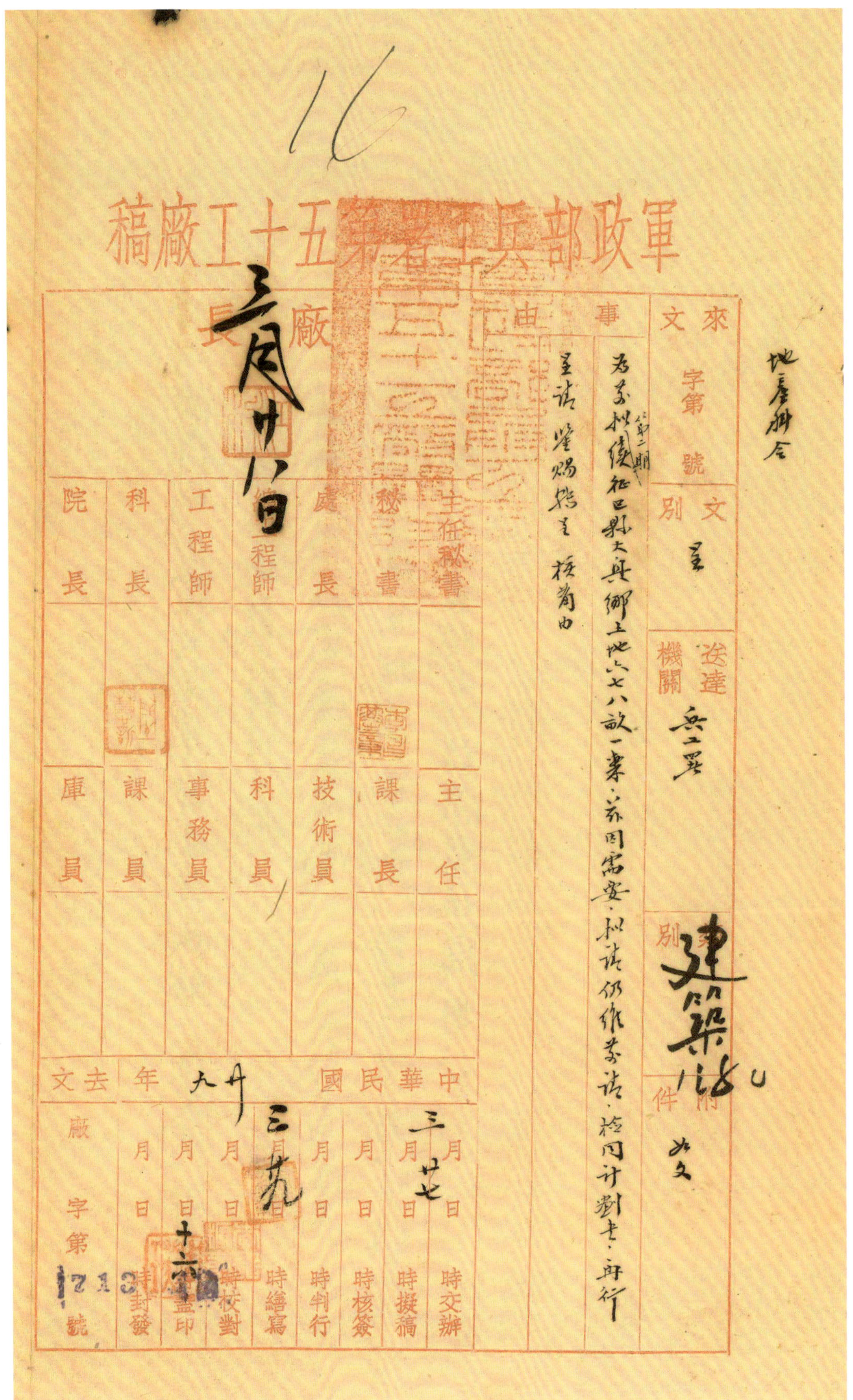

16

軍政部兵工署第五十工廠稿

廠長 丁〔天雄〕 三月廿八日

來文字號：

文別：呈

送達機關：兵工署

事由：為奉批第二期續征巴縣大興鄉土地六七八畝一案，前因需要，擬請仍維奉諾，檢同計劃書，再行呈請鑒賜核示祇遵由

類別：建築 168

附件：如文

地產冊令

中華民國廿九年　去文

三月廿七日擬稿　三月廿九日繕寫

廠 字第 17136 號

16-1

呈

查本廠前爲建築附屬工程，擬在巴縣大興鄉（第二期）續徵民地六百七十八畝，檢同計劃書圖等件，呈請公告徵收，並准予先行使用一案，頃奉

鈞署渝造（二九）丙字第二七五二號訓令節開：

「奉　部令下：行政院廿九年三月晉陽字第四三五九號指令以，案經飭據內政部議復前來，應准如議辦理。仰即遵照內政部議復原文抄發等因。合行抄發原件，令仰遵照。」

等因。奉此，本應遵辦，惟查本廠前奉核准徵收土地，計大興鄉僅有六十餘畝，除建築職員住宅五十户、職工住宅四十八户及汽車房一座外，已覺隙地不用。至在江北縣郭家沱徵用土地，係專供廠建築廠房及同辦公處所之用，面積雖有四千餘畝，但多屬石山、岡陵起伏，可供建屋者甚少，且所有廠房，均係遵照疏散佈置之原則辦理，佔地自多，若將職工住宅同建於斯，微特有礙疏散，抑亦空襲堪虞。況此次所擬增建住宅，計有一千一百户，連職工子弟學校、醫院分診所、疏散分駐所、合作分社及郵局等工程，當兹前項核准徵地之範圍，不以容納，以故非續徵該鄉土地六百七十八畝，不敷使用。兹此項建築設

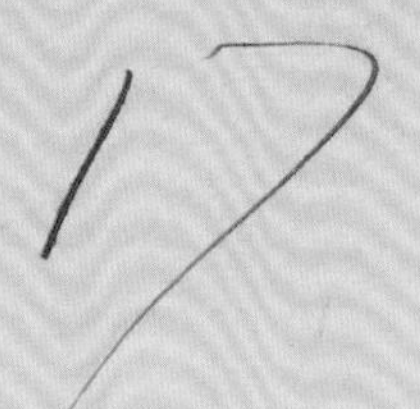

计，以限于地形，及避免于耕熟地，未能疏散布置，如遂也

钧署二十八年十二月十二日渝造（六）丙字第二一四四号指令，应有相当距离，以免目标显露一节办理，则此次拟请续征地亩，犹嫌不足（将来如有必需时，或予继续徵收，亦为不可避免之事）。复查此次拟请续征土地，概由仅估全部面积百分之二十七，溪沟以北，黄房荒山、熟地尤占少数，谨按内政部议复：如确因实际需要，必须续徵土地时，此项续征面积亦应尽量缩减，并避免于耕熟地等语，则本厂请予续徵该乡地亩一案，原无不合，为此，拟请仍维前请，准将该项地亩，予以公告征收，并将许可执行使用，理合检同计划图二份（计划书前经呈报，拟请免送），再行备文呈送，敬祈

鉴核，并祈转呈核备！

谨呈

署长俞

计附呈徵地计划图二份

全衔名

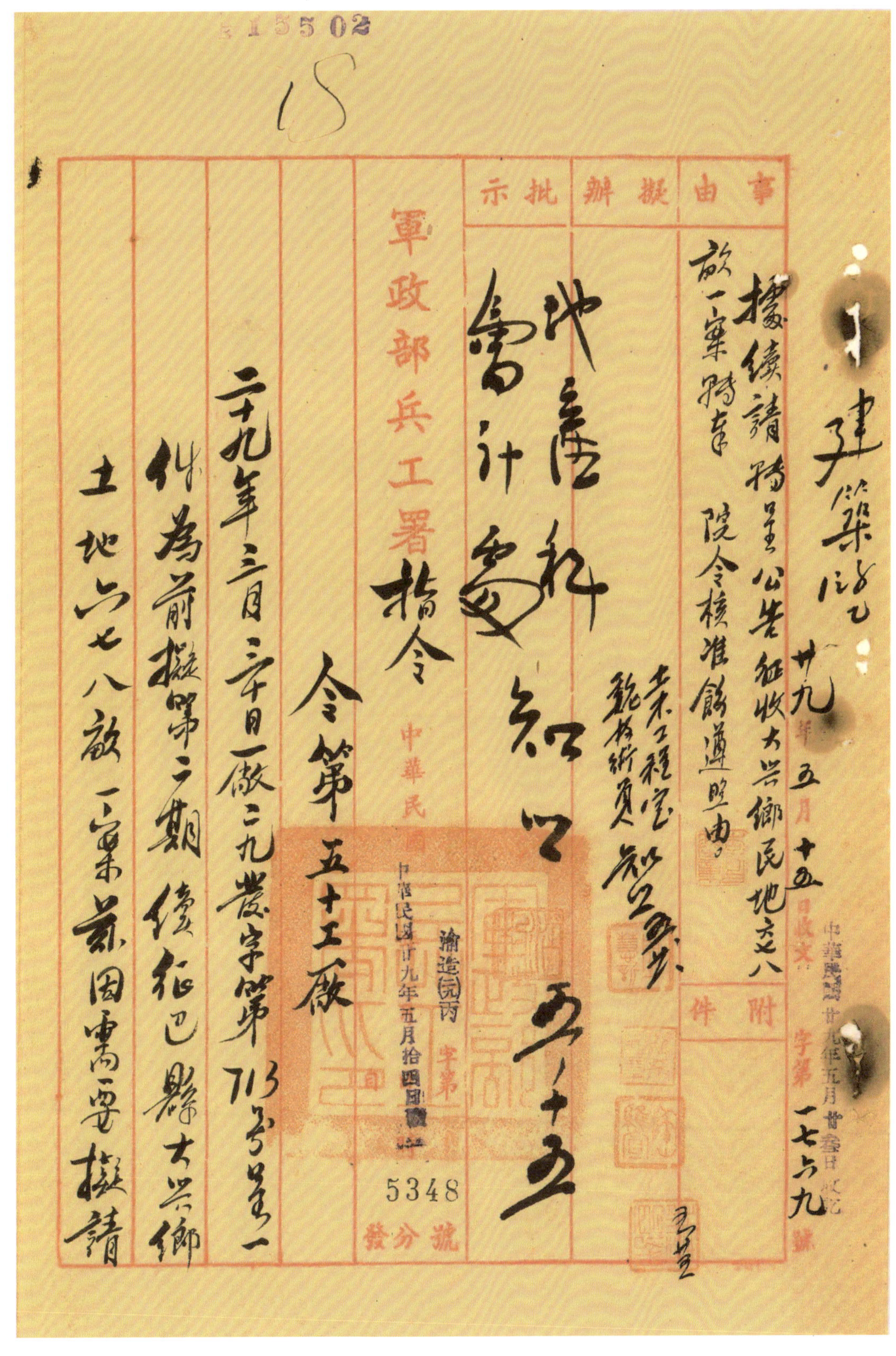

军政部兵工署为行政院核准第二期续征大兴乡民地给兵工署第五十工厂的指令（一九四〇年五月十四日）

18-1

仍繕前請檢同計劃書函引呈

請鑒賜轉呈核備由。

呈件均悉。據經承辦部稿轉呈在案茲

奉 交下

行政院二十九年五月七日陽字第九七六九号指令內開：

「呈件均悉。應予核准由四川省政府

轉飭依法公告徵收並特許先行進入被

徵地內實施工作，惟查此項鑛址土地面積

計六百七十八畝雖係根據實際需要但據

該廠前齎鑛地計劃書第七項所載暨

18

此次秦主席稱約百分之七十五係荒耕地稻田佔全部面積百分之七十以上核與本院二十八年十二月廿日呂字第一六一二六號訓令仍有未合應將飭就核准範圍內儘量避免使用可耕熟田以免有碍食糧之生產量擬由院轉飭面積若干仍應報院備查其徵地之地價並應依法從優補償以重民生除令四川省政府遵照並飭知內政部外仰即遵照此令」等因奉此仰即遵照辦理儘量避免使用可耕熟田並將實征面積報候核轉爲要！、

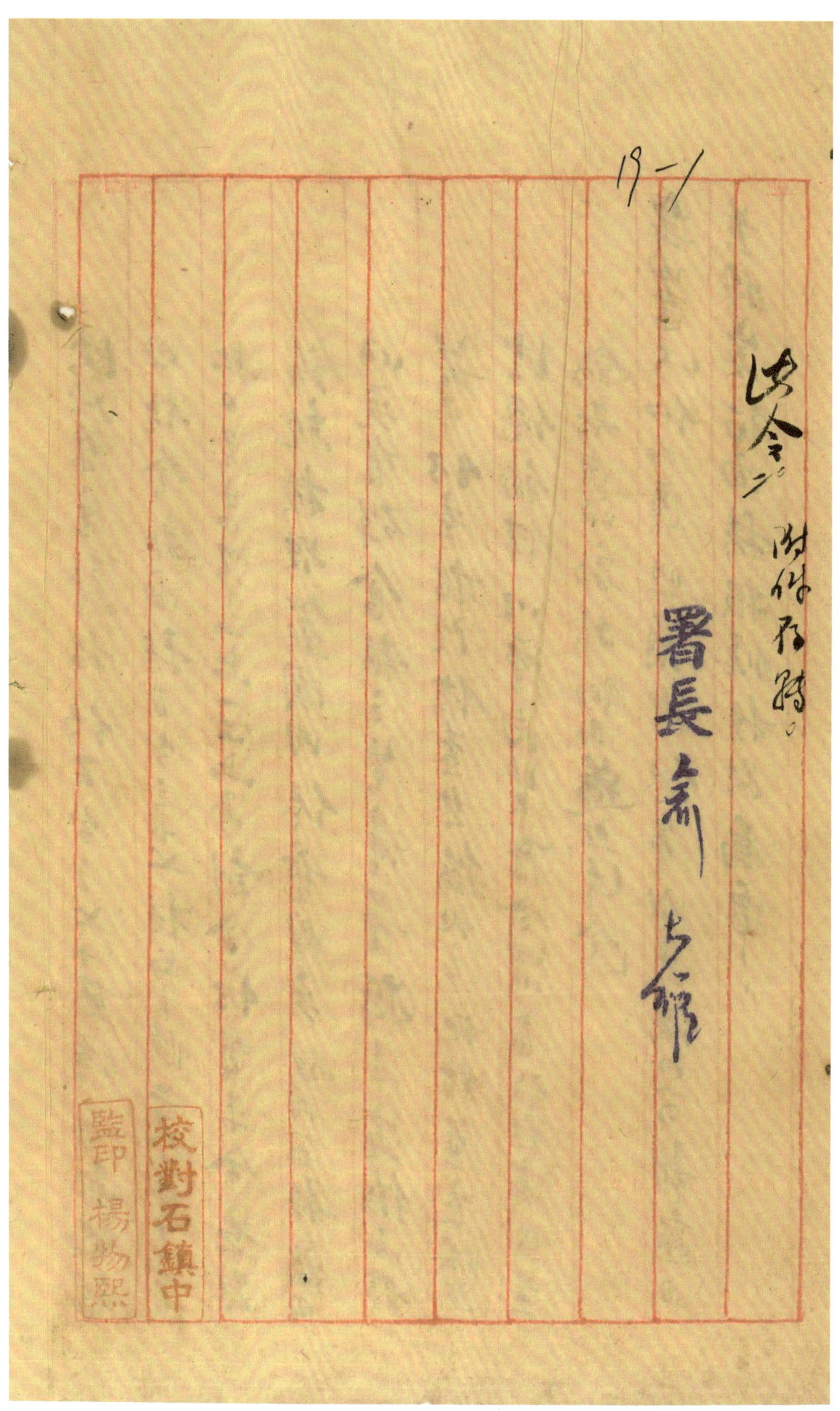
19-1

法令。附件存移。

署長俞大維

監印　楊揚熙

校對石鎮中

军政部兵工署第五十工厂为拟将前四川兵工厂改为该厂成都分厂致兵工署的呈（一九四一年四月二十八日）

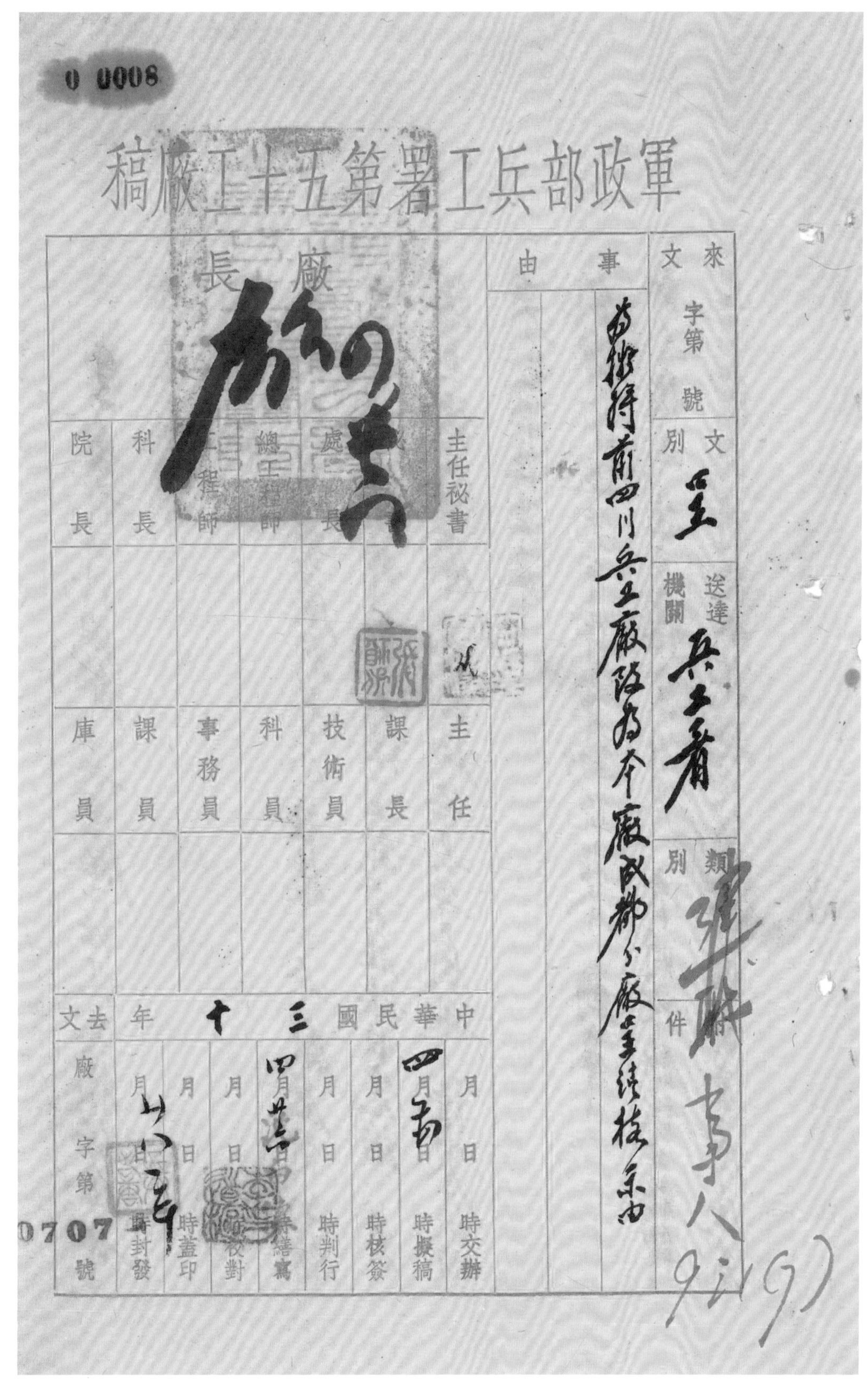

0 0008

軍政部兵工署第五十工廠稿

來文	字第　號
文別	呈
送達機關	兵工署
類別	
附件	

事由：為擬將前四川兵工廠改為本廠成都分廠呈請核示由

廠長

主任秘書	處長	總工程師	工程師	科長	院長

主任	課長	技術員	科員	事務員	課員	庫員

中華民國三十年

月日時交辦	四月廿五日時擬稿	月日時核簽	月日時判行	四月廿六日時繕寫	月日時校對	月日時蓋印	廿八日時封發

去文　廠　字第　號　0707

87

案查前四川政府兵工廠廠址及其機器全部、
前經呈蒙
鈞署轉呈
前委員長重慶行營令飭撥交本廠應用，令飭
據本廠工程師鄭大強呈報前往接收完竣，並
繕具該兵工廠廠基機械器具等圖冊，請察核前
來。當經呈奉
鈞署渝造（六）甲字第1399號指令，轉奉
部令核示，准予備案在卷。當時除飭該工程師
進行設法，將接收機器從事修理，所有房屋着

予修繕，及就近招募工人，準備恢復工出品外，旋因本廠亟需造就低級機械幹部人才，乃利用該兵工廠原址及其舊有機器，先行擬就藝徒學校編制預算概算各書表，呈奉
鈞府渝道（六）甲字第2930號指令，轉奉
部令核准，並將該校系統編制修正附發，飭即遵照籌組在案。茲查該前成都兵工廠復工籌備情形，已屬就緒，計

一、廠房方面：廠房千餘間，現均修理完竣，可資開工之用。

97

二、機器方面：機器除原接收前四川兵工廠者外，并自外縣各部軍收回該兵工廠散置之機器，計有式伯部，該項機器，原係以腐爛不堪，經二年時間之次第修理，現均可資利用，如連同自行添置之機器，一併計算，其總數已在三百部以上，值兹抗戰時期，亟應設法利用，以便增加國防之生產量。

三、工人方面：查該廠原設之藝徒學校，計先後招有藝徒五百四十名，經兩年來之訓練，現均已漸有生產之能力，擬即予以為國効力機會，輔助生產。

今後本

鈞令，飭由成都從速製造六公分迫擊砲及彈，以應前方需要，并製造手榴彈拉火綫等，以應各廠需用，擬[illegible]以衡，劃撥前四川兵工廠，現既修繕完竣，并將各項籌備齊全，仍有改為本廠成都分廠之必要，將本分廠正式成立以後，其生產力量，經費預計如下：

1. 每月可出小迫擊砲彈二萬至五萬發。

2. 小迫擊砲每月可製十門。

3. 現在各廠機器，購自外洋，運輸極為不易，所有應行補充之各種機器，如車床鑽床鉋床铣床等，拟即自制，每月可出十部。

4. 各厂所用之手榴弹拉火线，均值甚钜，购办至感困难，现已由敝厂试制，成绩尚属优良，兹后当可大量制造，以应需要。

综观以上情形，拟请

钧长准将接收前四川兵工厂改为本厂敝厂分厂，以资策划而利进行，是否有当，理合备文呈报，

仰祈

鉴核示遵！！再原有之第一技工学校，拟即仍附设于分厂内，以便继续训练，合并陈明。

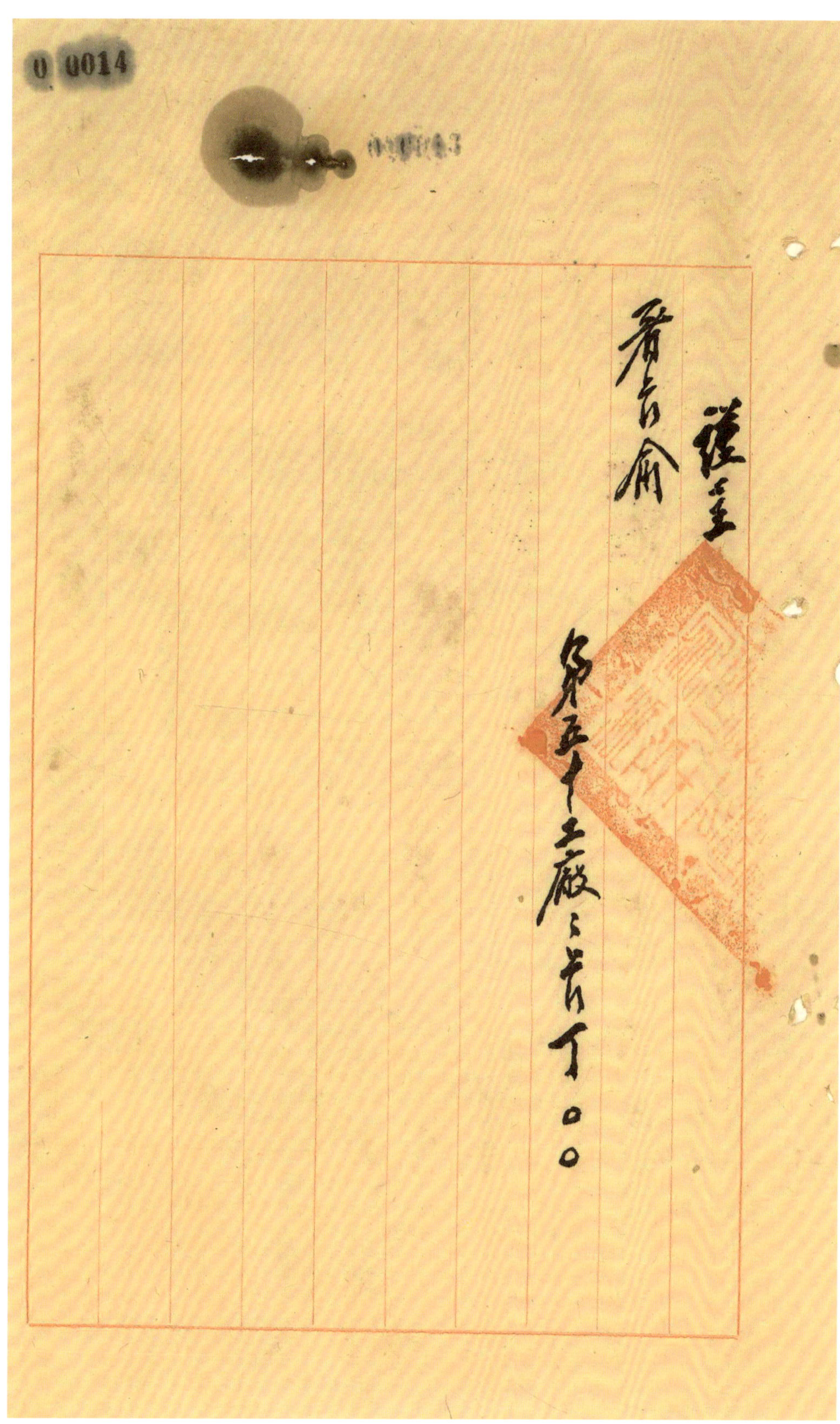

肴公俞 謹呈

第五十工廠廠長丁○○

丁天雄为就任兵工署第五十工厂厂长致第二工厂的公函（一九四一年四月）

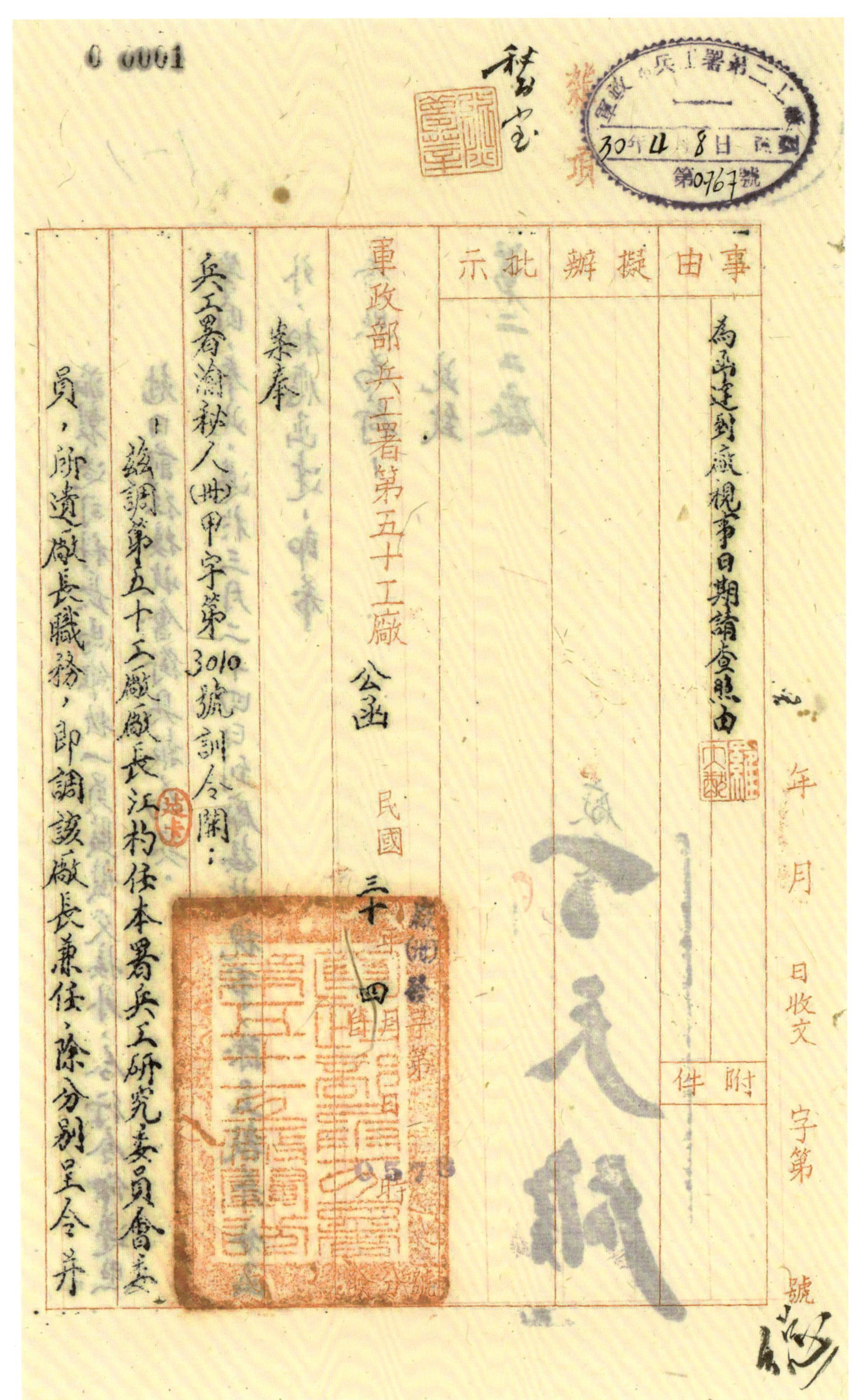

事由：為函達到廠視事日期請查照由

軍政部兵工署第五十工廠公函

民國三十年四月 日 發字第 號

案奉

兵工署渝秘人(卅)甲字第3010號訓令開：

「茲調第五十工廠廠長江杓任本署兵工研究委員會委員，所遺廠長職務，即調該廠長兼任，除分別呈令并

丁天雄

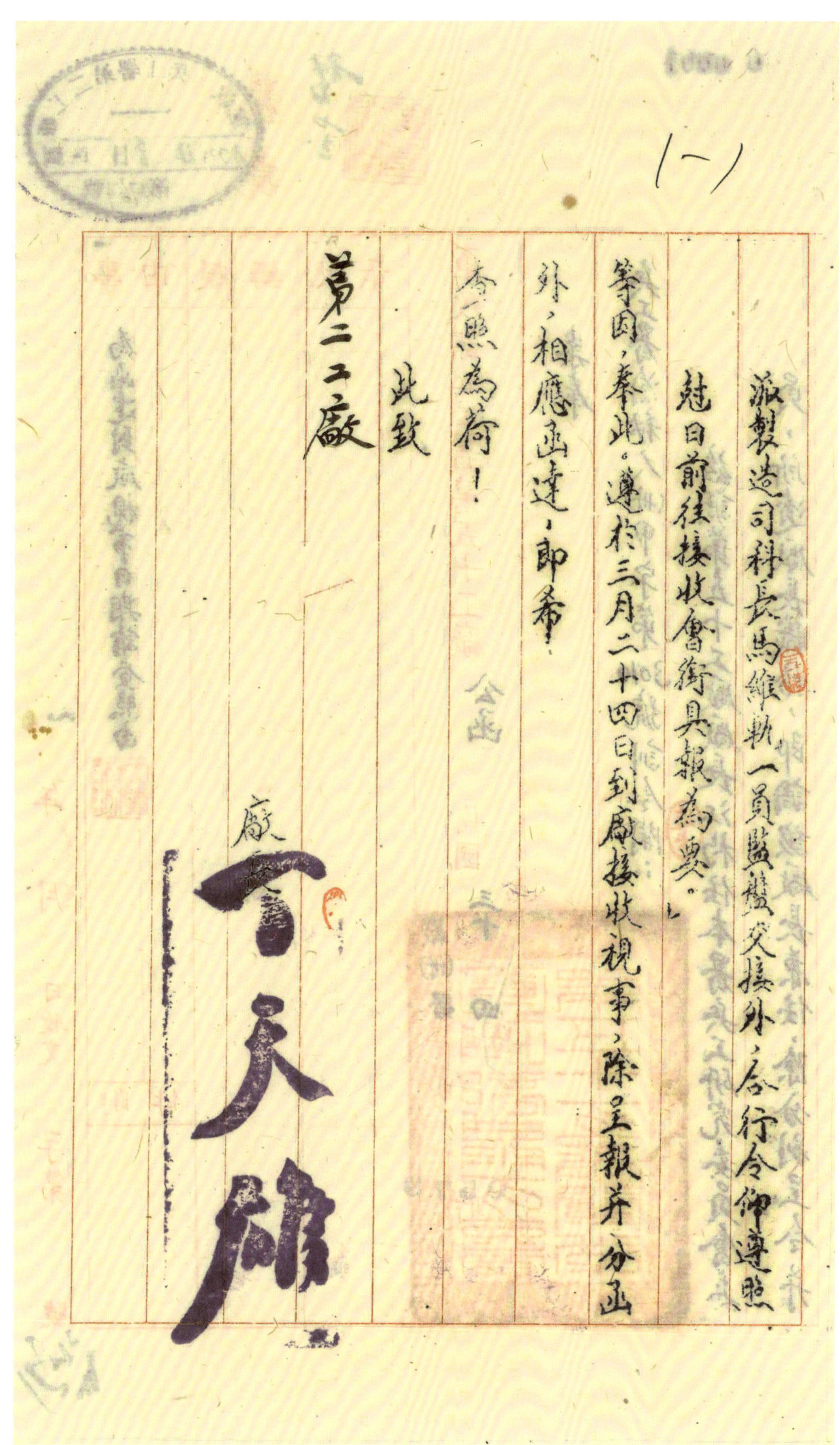

（一）

派製造司科長馬維勳一員監盤交接外，合行令仰遵照

尅日前往接收，會銜具報為要。」

等因，奉此。遵於三月二十四日到廠接收視事，除呈報并分函

外，相應函達，即希

查照為荷！

此致

第二工廠

廠長 丁天雄

军政部兵工署关于同意将前四川兵工厂改为兵工署第五十工厂成都分厂的指令（一九四一年五月十六日）

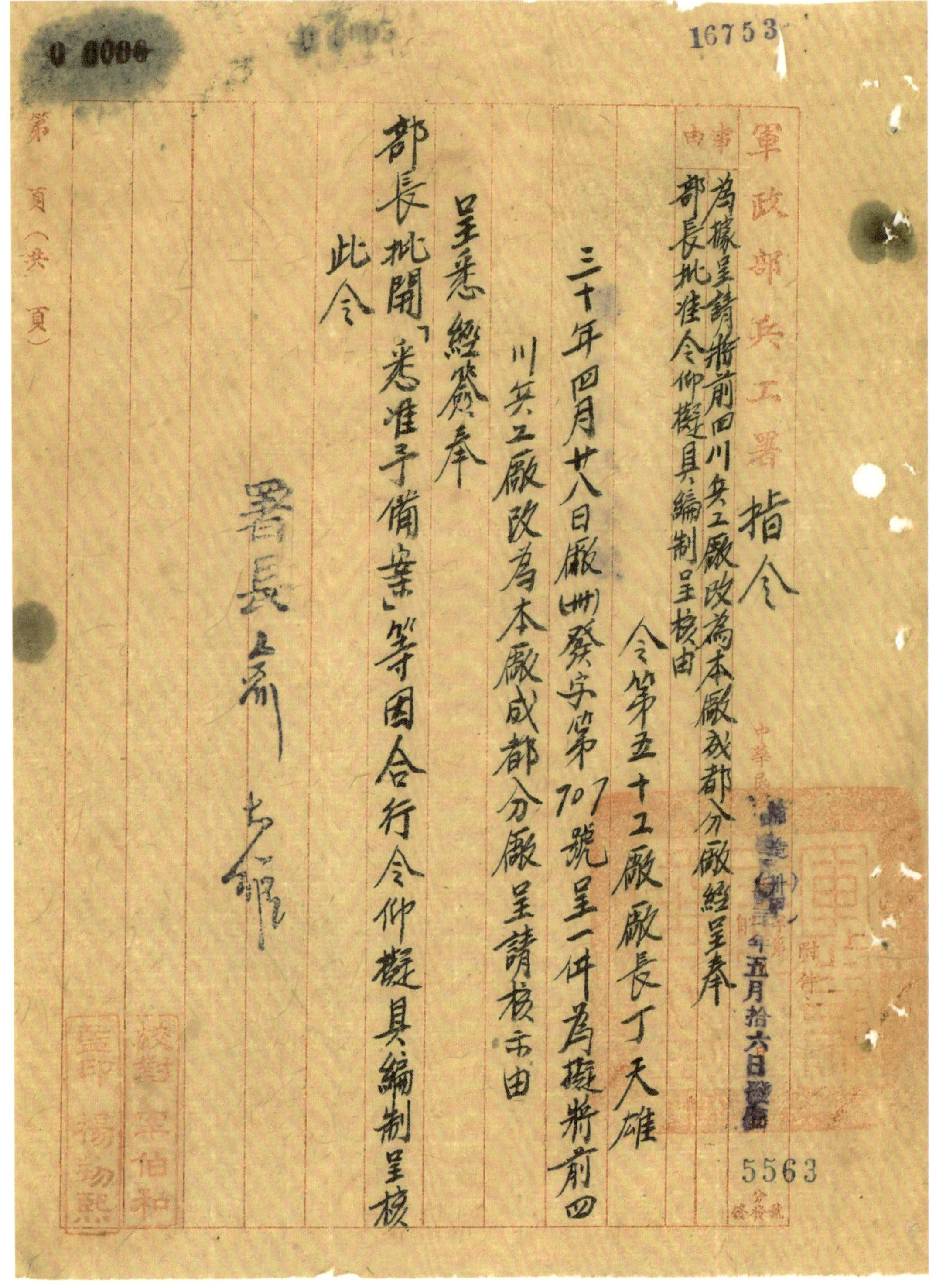

0 0006

16753

軍政部兵工署指令

事由：為據呈請將前四川兵工廠改為本廠成都分廠經呈奉部長批准令仰擬具編制呈核由

中華民國三十年五月拾六日發

令第五十工廠廠長丁天雄

三十年四月廿八日廠(卅)發字第707號呈一件為擬將前四川兵工廠改為本廠成都分廠呈請核示由

呈悉。經簽奉

部長批開「悉准予備案」等因，合行令仰擬具編制呈核

此令

署長 俞大維

校對 覃伯和

監印 楊揚熙

5563

军政部兵工署第五十工厂为报送成都分厂编制表草案上兵工署的呈（一九四一年五月二十七日）

附：军政部兵工署第五十工厂成都分厂编制表草案

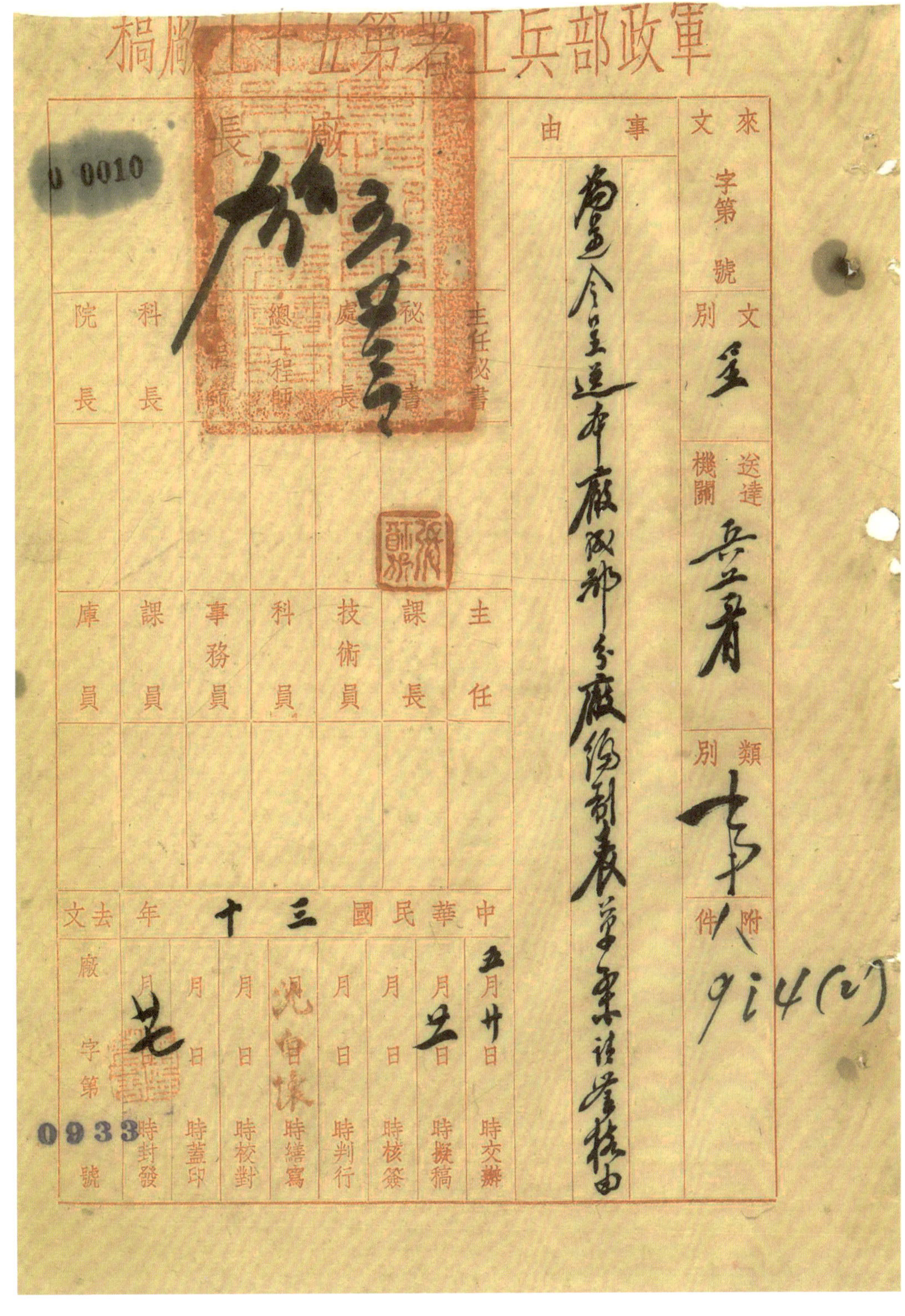
軍政部兵工署第五十工廠稿

來文字第號

文別：呈

送達機關：兵工署

類別：人事

附件：

事由：為呈送本廠成都分廠編制表草案請鑒核由

廠長

院長　科長　處長　總工程師　處長　秘書　主任秘書

庫員　課員　事務員　科員　技術員　課長　主任

中華民國三十年

五月廿日交辦　月日擬稿　月日核簽　月日判行　月日繕寫　月日校對　月日蓋印　月日封發

去文廠字第0933號

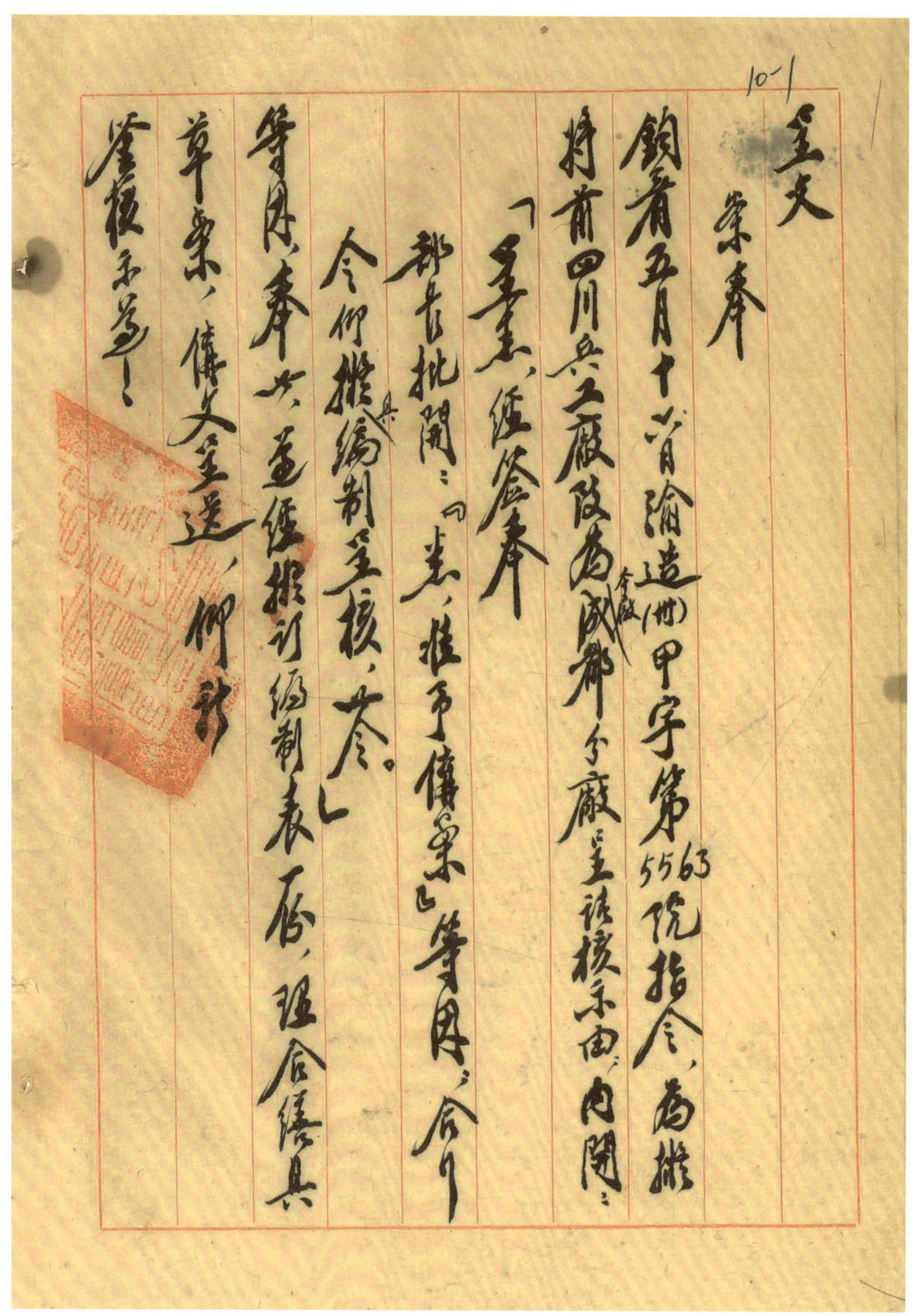

10-1

呈文

案奉

鈞署五月十一日渝造(卅)甲字第5563號指令，為擬將前四川兵工廠改為成都分廠呈請核示由，内開：

「呈悉，經簽奉

部長批開：「呈悉，准予備案」等因，合行令仰擬[具]編制呈核。此令」

等因，奉此，兹經擬訂編制表底，理合繕具草案，備文呈送，仰祈

鑒核示遵！

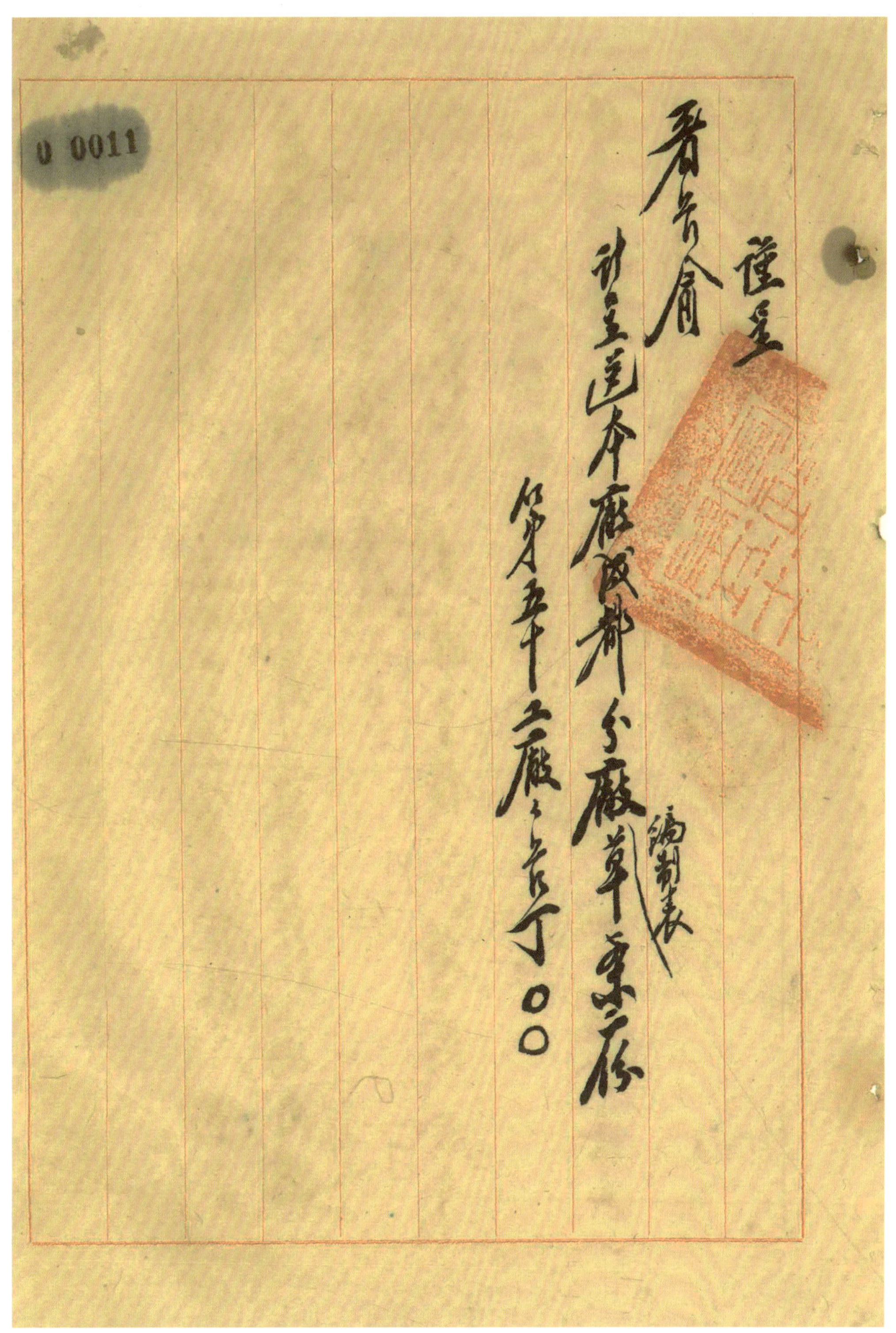

0 0011

謹呈
署長俞
附呈遞本廠改隸分廠草案編制表一份
第五十二廠廠長丁〇〇

軍政部兵工署第五十工廠成都分廠編制表草案

職別	階級	員額	說明
分廠主任	薦三至簡六	一	秉承總廠廠長命令處理分廠一切事宜
秘書	薦六至薦二	一	輔佐分廠主任處理廠務
總務科科長	薦六至薦二	一	
文書股股長	少（中）校	一	職掌文電收發擬繕管理檔卷典守印信及人事等事項
股員	上（少校）尉	一	
股員	中（上尉）尉	二	
司書	同准（少）尉	二	
庶務股股長	少（中）校	一	職掌辦公用品之保管收發公役之訓練支配交通工具之管理及交際雜務等事項

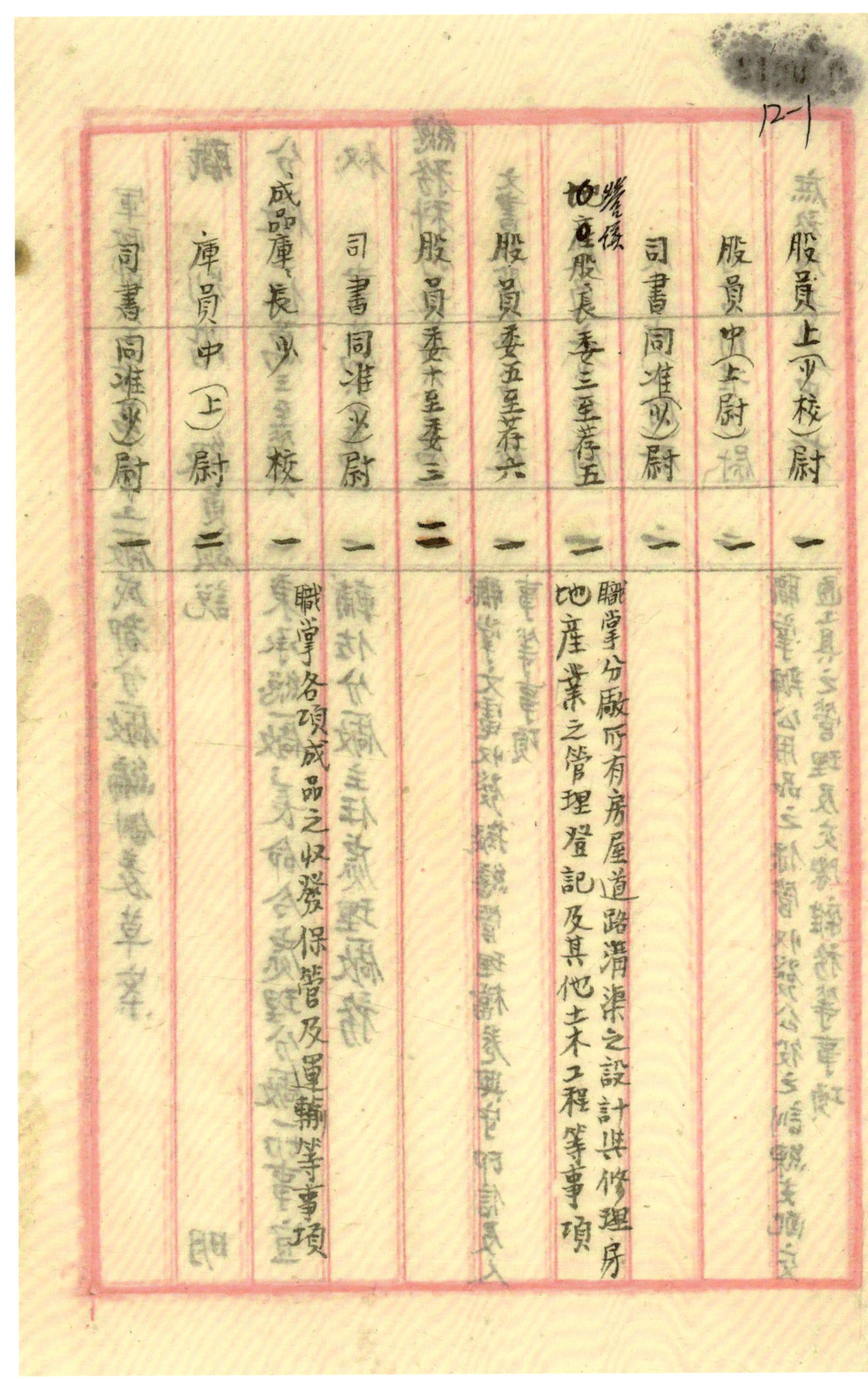

職別	官階	員額	職掌
股員	上（少校）尉	一	
股員	中（上）尉	一	
司書	同准（少）尉	一	
營繕地產股長	委三至薦五	一	職掌分廠所有房屋道路溝渠之設計與修理房地產業之管理登記及其他土木工程等事項
股員	委五至薦六	一	
股員	委十至委三	二	
司書	同准（少）尉	一	
成品庫庫長	少校	一	職掌各項成品之收發保管及運輸等事項
庫員	中（上）尉	二	
司書	同准（少）尉	一	

出納股股長	少(中)校	一	職掌分廠現金出納事項
股員	上(少校)尉	一	
股員	中(上)尉	一	
司書	同准(少)尉	一	
稽查股長	少(中)校	一	職掌員工考勤核对保証書維持全廠治安防空消防及警衛士兵之訓練等事宜
稽查員	上(少校)尉	一	
稽查員	中(上)尉	五	因須分駐廠本部第二製造所(化工廠)桑田相距均為三華里
書記	同少(中)尉	二	
司書	同准(少)尉	一	
警衛隊隊長	上尉	一	分三分隊每分隊分三班每班士兵十四名

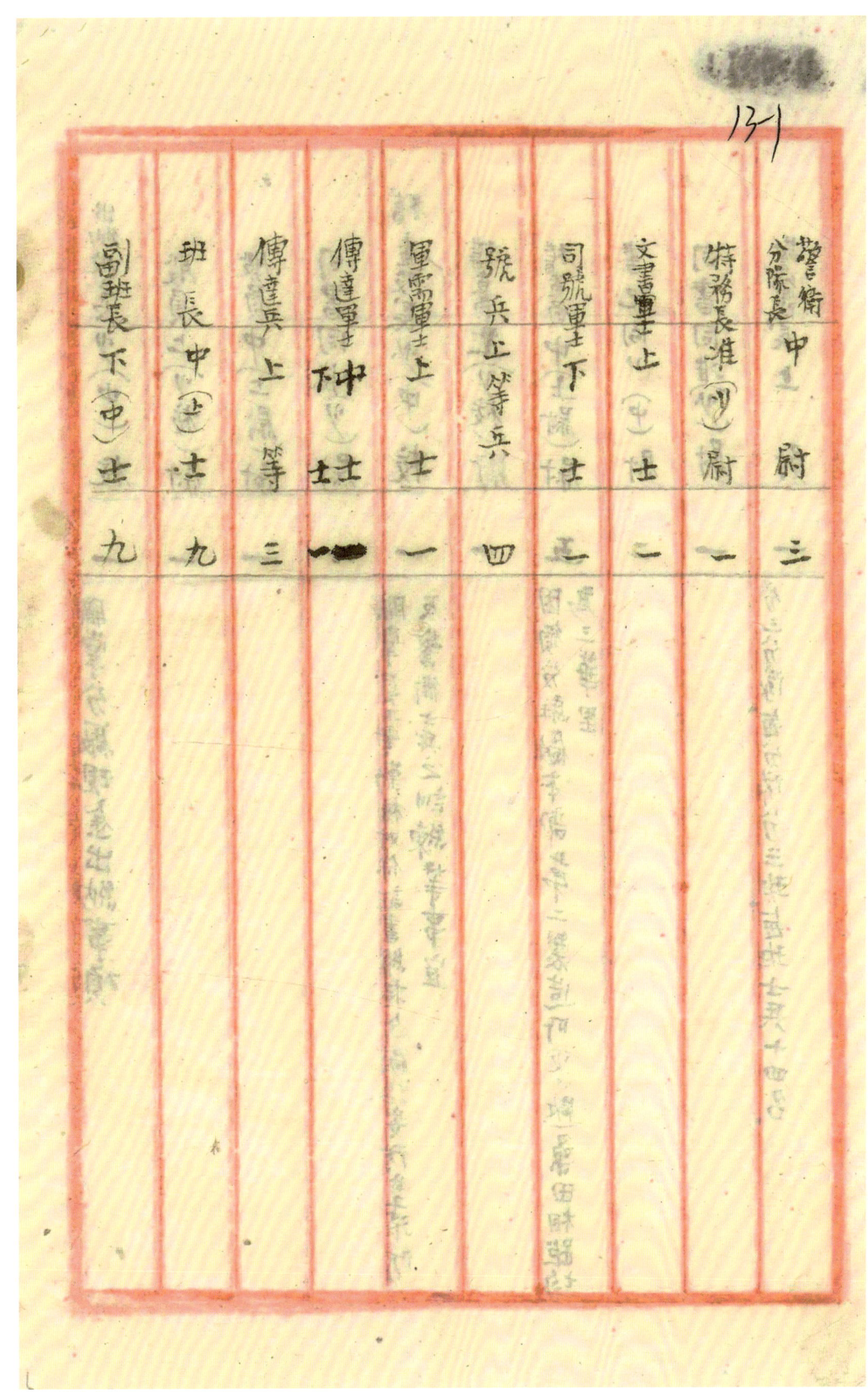

131

警衛分隊長	中尉	三	
特務長	准(少)尉	一	
文書軍士	上(中)士	一	
司號軍士	下士	一	
號兵	上等兵	四	
軍需軍士	上士	一	
傳達軍士	中士 下士	一	
傳達兵	上等	三	
班長	中(上)士	九	
副班長	下(中)士	九	

列兵	上二一等兵	三六 五四 一八	
炊事兵	上等兵	一	
	一(二)等兵	八	
福利科科長	薦六至薦二	一	
事業股股長	少(中)校	一	職掌全廠職工學生之膳食及住宿各項管理支配及全廠職工及其家眷生活必需品之調查購買售賣等事宜
股員	上(少校)尉	二	
股員	中(上)尉	二	
司書	准(少)尉	一	
醫務股股長	薦六至薦二	一	職掌全廠人員疾病之調查及預防診治等事項
醫師	委四至荐四	二	

141

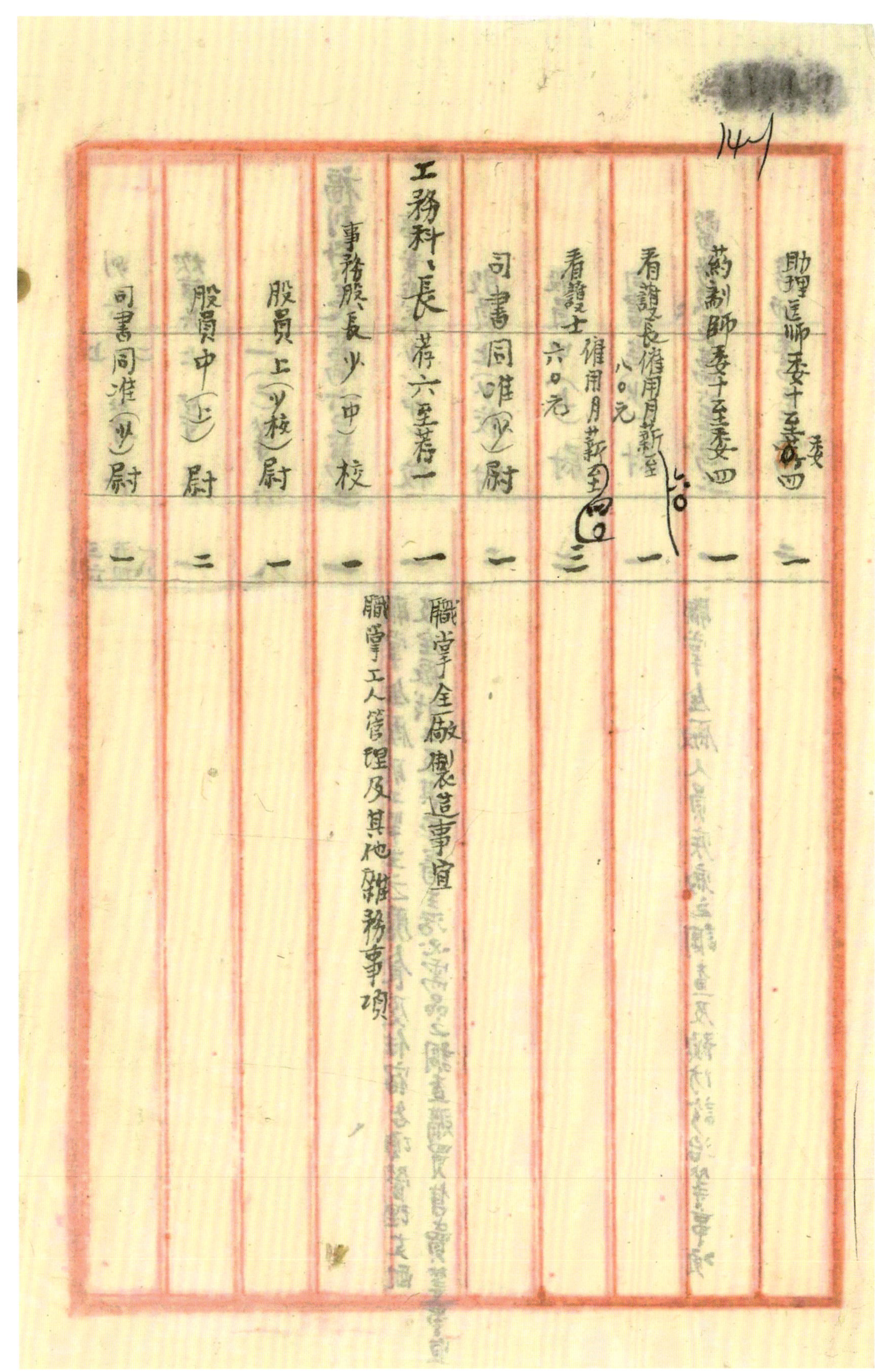

職别	官等	員額	職掌
助理醫師	委十至委四	二	
藥劑師	委十至委四	一	
看護長	僱用月薪八〇元至一〇〇	一	
看護士	僱用月薪六〇元至四〇	三	
司書	同准(少)尉	一	
工務科長	薦六至薦一	一	職掌全廠製造事宜
事務股長	少(中)校	一	職掌工人管理及其他雜務事項
股員	上(少校)尉	一	
股員	中(上)尉	二	
司書	同准(少)尉	一	

設計股長	荐六至荐二	一	職掌全廠有關設計製圖及圖說之保管事項
工程師	委二至荐三	二	
技術員	委六至委二	二	
繪圖員	委八至委四	二	
司書	同准（少）尉	一	
工作支配股長	委二至荐四	一	職掌各廠工作之統籌支配如工作命令之製發及編製工務報告表等事項
股員	委四至荐六	一	
股員	委十至委一	二	
司書	同准（少）尉	一	
工作準備股長	委二至荐四	一	職掌各部工作上需用材料工具之調查補充核發保管外来机件之驗收保管及全廠內材料之運發等事項

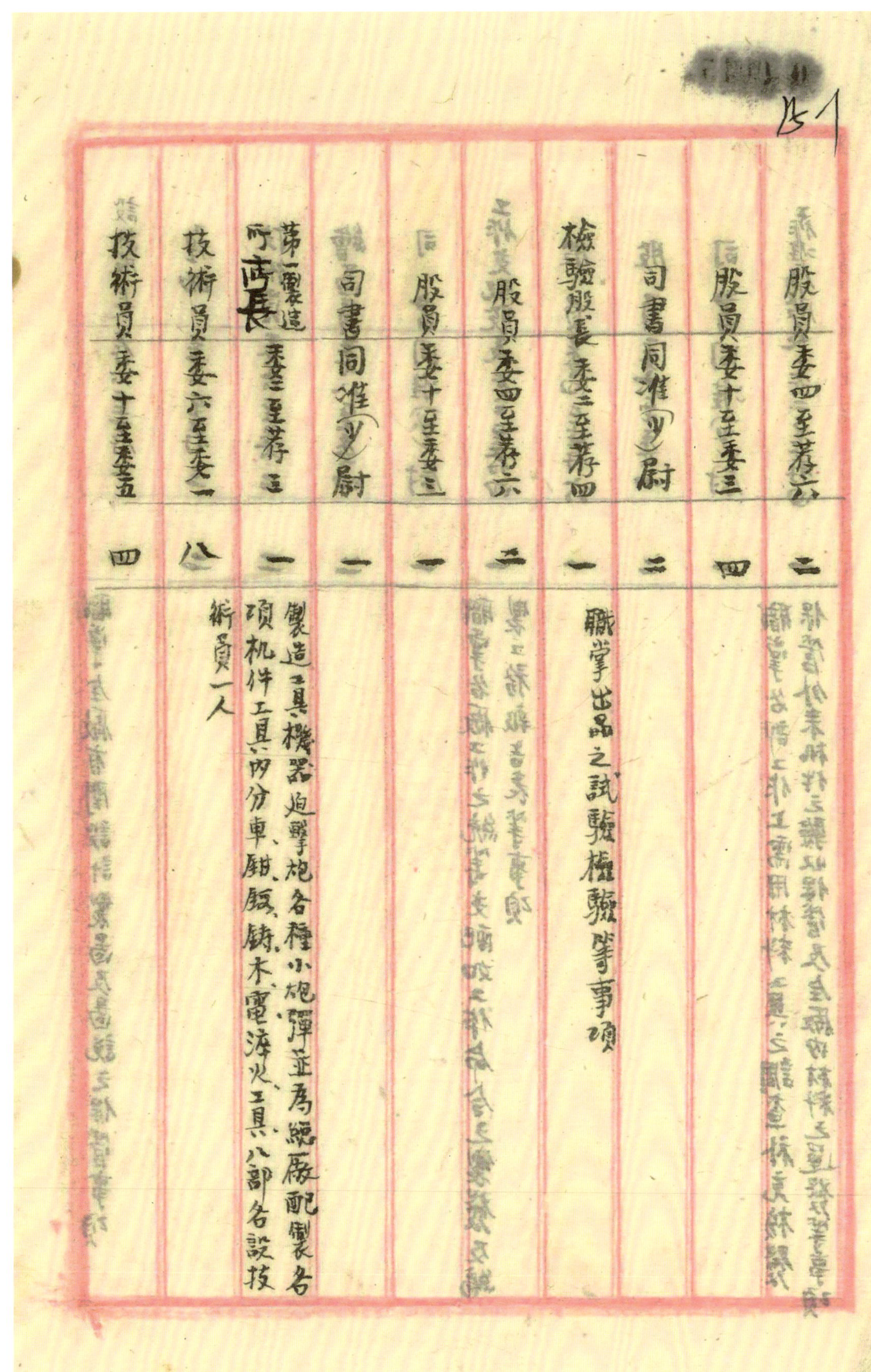

職別	官階	員額	備考
股員	委四至薦六	二	
股員	委十五至委三	四	
司書	同准（少）尉	二	
檢驗股長	委三至薦四	一	職掌出品之試驗檢驗等事項
股員	委四至薦六	二	
股員	委十五至委三	一	
司書	同准（少）尉	一	
第一製造所所長	委三至薦三	一	製造工具機器迫擊炮各種小炮彈並爲總廠配製各項机件工具，內分車、鉗、鍛、鑄、木、電、焊火、工具八部，各設技術員一人
技術員	委六至委一	八	
技術員	委十五至委五	四	

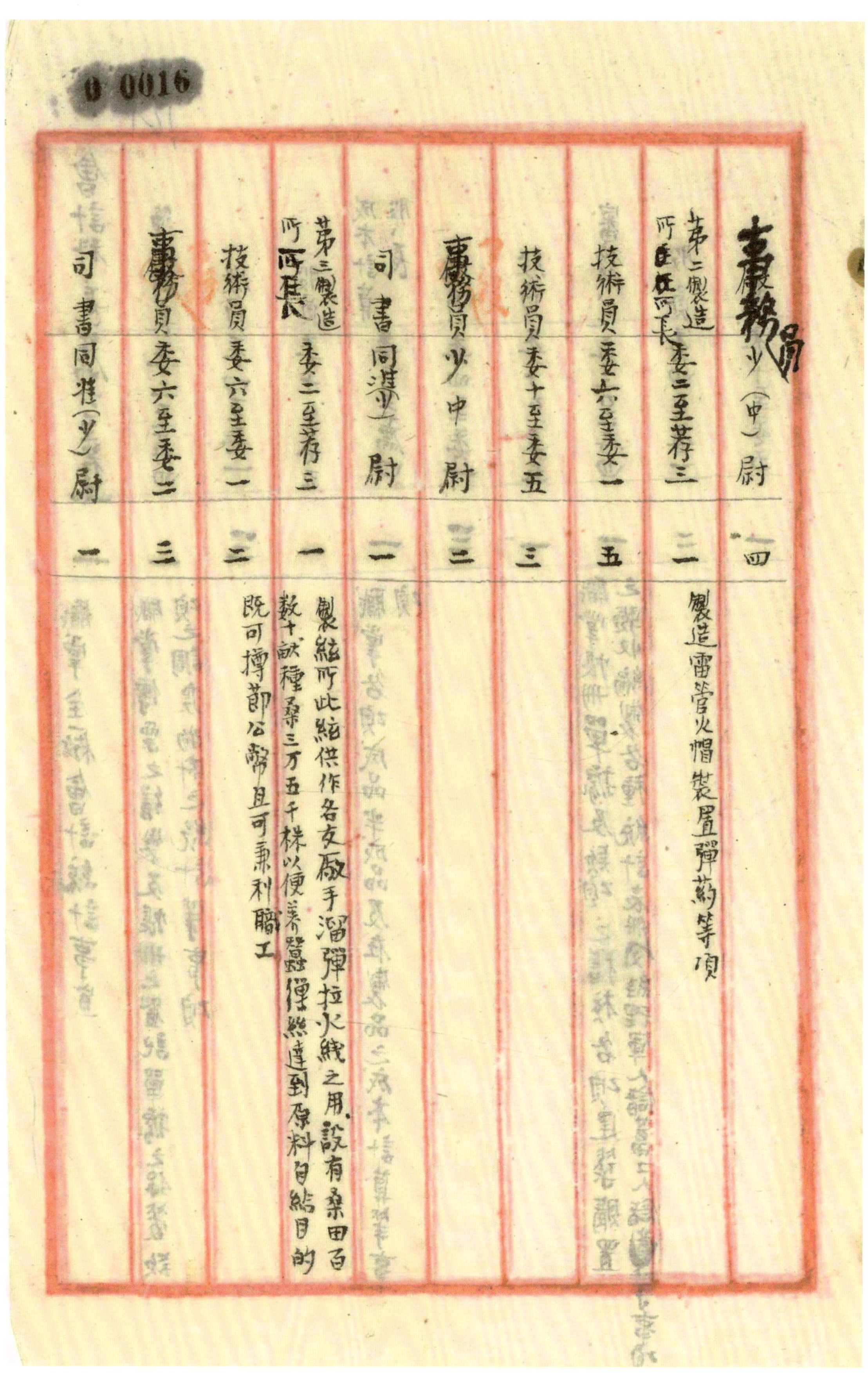

職別	官階	員額	備考
事務員	少（中）尉	一四	
第二製造所正（副）所長	委二至薦三	二	製造雷管火帽裝置彈藥等項
技術員	委六至委一	五	
技術員	委十至委五	三	
事務員	少中尉	三	
司書	同准（上）尉	一	
第三製造所所長	委二至薦三	一	製絲所此絲供作各支廠手溜彈拉火綫之用，設有桑田百數十畝，種桑三万五千株，以便養蠶，俾無遠到原料目的，既可撙節公帑，且可兼利職工
技術員	委六至委一	二	
事務員	委六至委二	三	
司書	同准（少）尉	一	

職別	官等	員額	職掌
會計科長	薦六至薦二	一	職掌全廠會計統計事宜
簿記股長	委三至薦四	一	職掌傳票之繕製及帳冊之登記單據之保管款項之調度物料之統計等事項
股員	委四至委一	三	
股員	委十至委五	一	
成本計算股長	委三至薦四	一	職掌各項成品半成品及在製品之成本計算等事項
股員	委四至委一	三	
股員	委十至委五	一	
審核股長	委三至薦四	一	職掌帳冊單據及款項之稽核各項建築購置之驗收編製各種統計表冊及經理軍人儲蓄工人儲蓄等事項
股員	委四至委一	二	
股員	委十至委五	一	

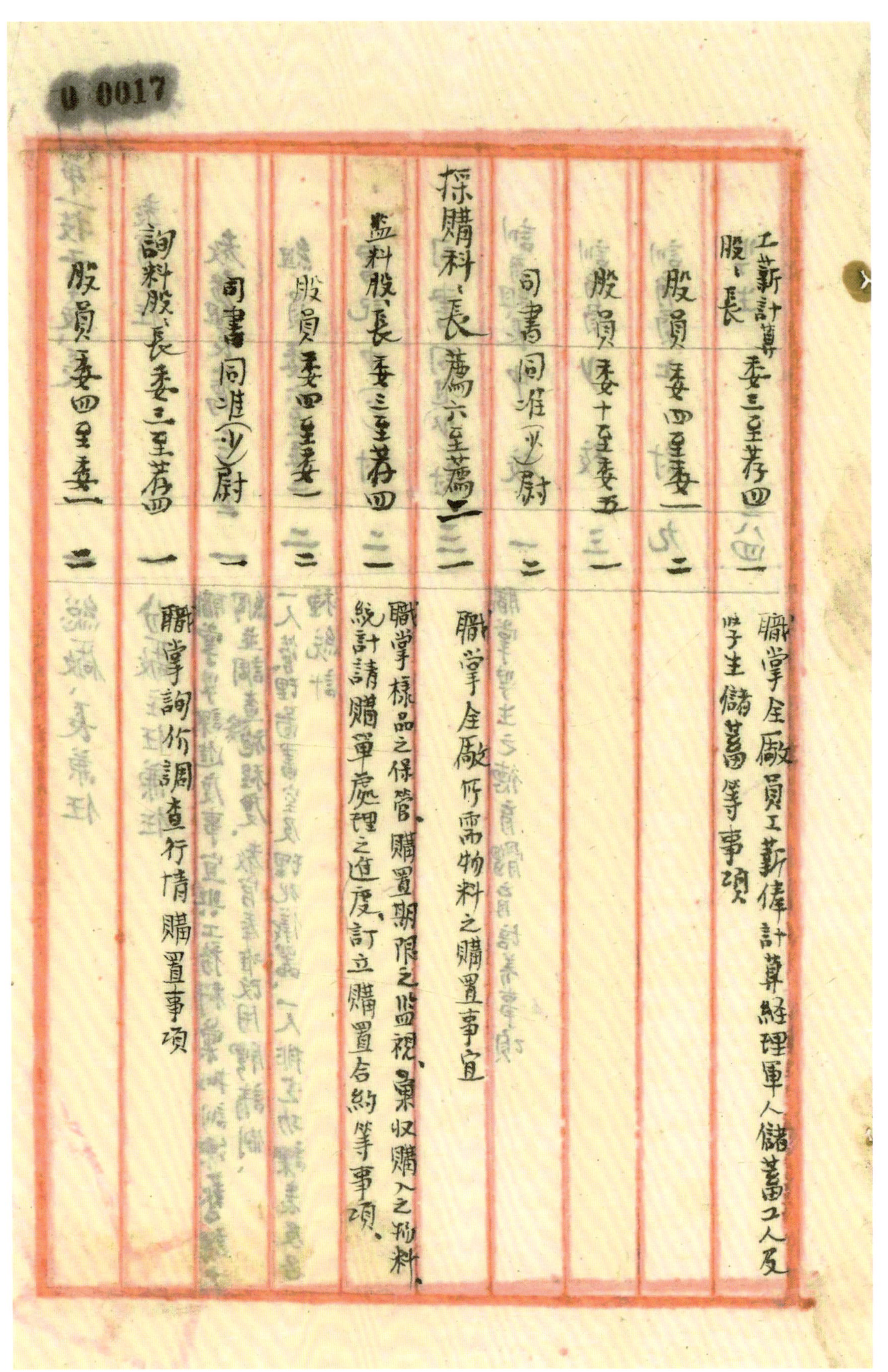

0 0017

工薪計算股長	委三至荐四	一	職掌全廠員工薪俸計算經理軍人儲蓄工人及學生儲蓄等事項
股員	委四至委一	二	
股員	委十至委五	三	
司書	同准(少)尉	二	
採購科長	薦六至薦二	一	職掌全廠所需物料之購置事宜
監料股長	委三至荐四	一	職掌樣品之保管、購置期限之監視、彙收購入之物料統計請購單處理之進度、訂立購置合約等事項、
股員	委四至委一	二	
司書	同准(少)尉	一	
詢料股長	委三至荐四	一	職掌詢價調查行情購置事項
股員	委四至委一	二	

171

職別	官等	人數	備考
第一技工學校、長		一	總廠、長兼任
教育主任		一	分廠主任兼任
教務組長	薦三至薦二	一	職掌學課進度事宜與工務科彙擬訓練藝課大綱並調查實施程度，教官奉准改用聘請制、
組員	委六至委三	二	一人管理圖書室及理化儀器、一人排定功課表及各種統計
書記	中(上)尉	二	
司書	同准(少)尉	三	
訓育組長	中校	一	職掌學生之德育體育培養事項
訓育員	少校	三	
訓育員	上尉	九	
學生		二八四	

公役　一二三四五六　等　二二四六八八　供全分廠之用

炊事兵　上一二　等　四八八　全右

附註

一、第一技工學校之事務組免予設置由其他各科股兼辦之

二、學生定額為一八四名以後視事實需要得增減之

三、國防工業委員會技工訓練處分派本廠之技工訓練班編制另訂之　現有學生二五〇名

四、奉命辦理事務員訓練班現有學員一九五名

第○子弟學校校長　一　由分廠主任兼任職掌全廠職工子弟及工徒之教育訓練另訂

教育科長　由職員中擇優充任

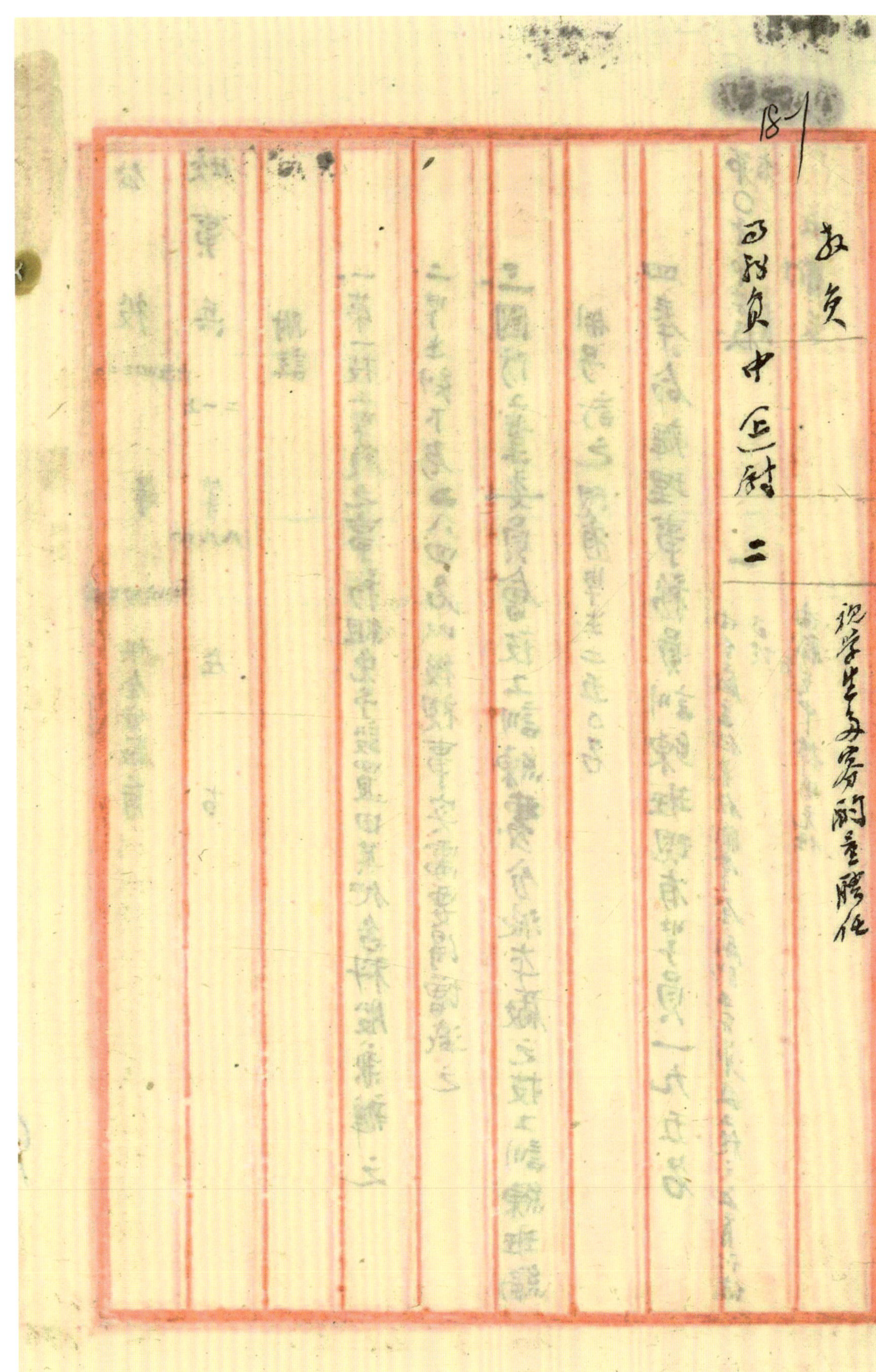
181

教員

政訓員中（上）尉 二

現學生手寄的查聘任

丁天雄为请于一九四一年七月一日先行成立成都分厂并委郑大强为主任致该员的代电（一九四一年六月二十七日）

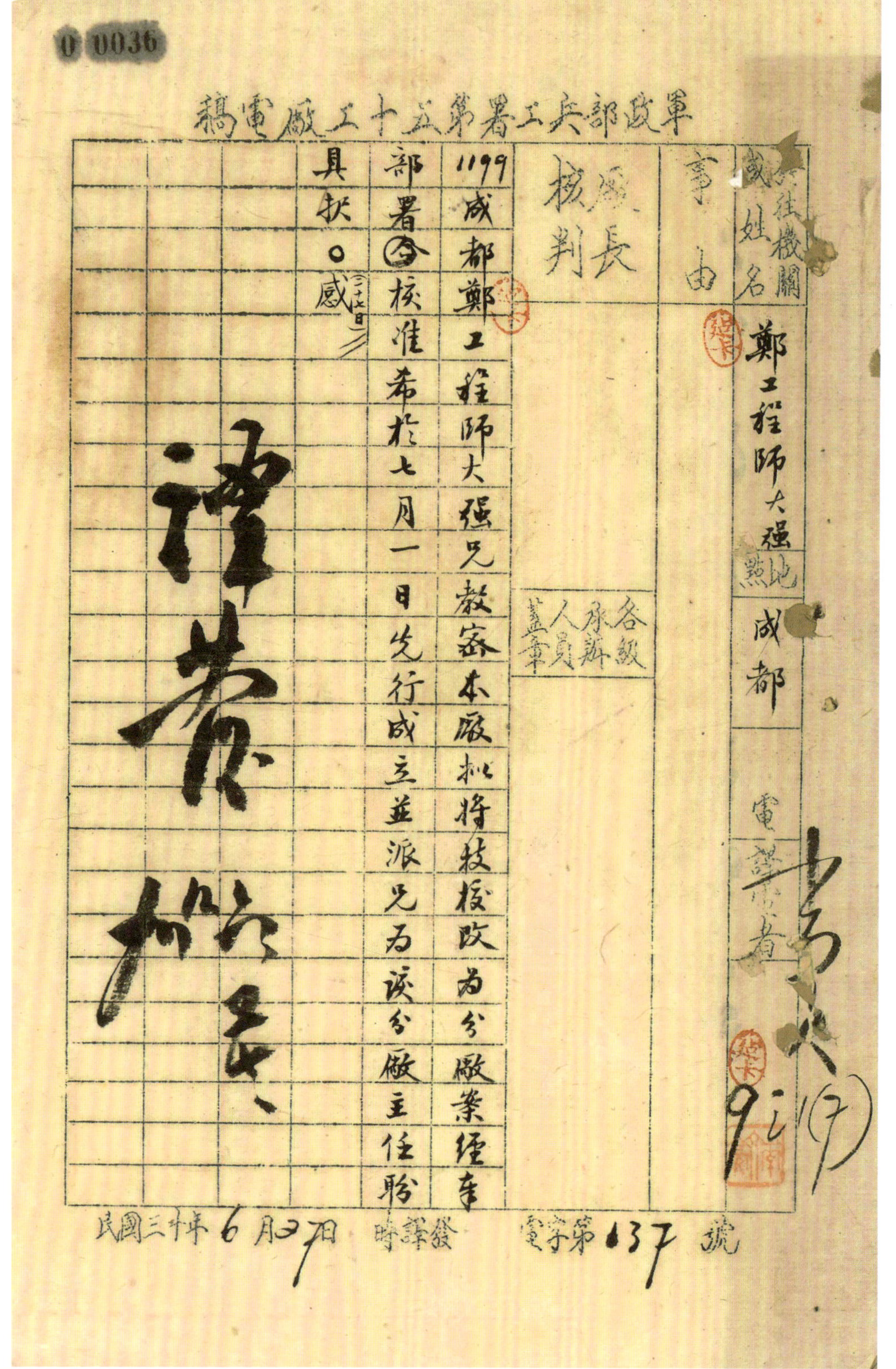

軍政部兵工署第五十工廠電稿

發往機關或姓名	事由	核判
鄭工程師大強勛鑒 成都		廠長

各級承辦人員蓋章

1199 成都鄭工程師大強兄勛鑒：本廠擬將技校改為分廠，業經奉部署令核准，希於七月一日先行成立，並派兄為該分廠主任，聘具狀。○感（三十六日）

請發

民國三十年6月27日 時譯發 電字第137號